CW01661436

C# Eğitim Kitabı

dikeyeksen® 73

ISBN 978-605-4898-66-4
Yayıncılık Sertifika No 19703
1. Baskı: Kasım **2018**
2. Baskı: Ağustos **2019**
3. Baskı: Kasım **2020**
4. Baskı: Kasım **2021**

Yayın Yönetmeni: Suat Özdemirci
Yayın Koordinatörü: Fatma Zehra Altınor
Editör: Rahmi Dalıcı
Sayfa Düzeni: Bahri Emre
Baskı: Mutlu Basım

Bu kitabın bütün yayın hakları Dikeyeksen Yayın Dağıtım, Yazılım ve Eğitim Hizmetleri San. ve Tic. Ltd. Şti.'ne aittir. Yayınevimizin yazılı izni olmaksızın kısmen veya tamamen alıntı yapılamaz, kopya çekilemez, çoğaltılamaz ve yayınlanamaz.

dikeyeksen® Yayın Dağıtım, Yazılım ve Eğitim Hizmetleri San. ve Tic. Ltd. Şti.
Elalmış Cd. Tarık Buğra Sk. No:23/A Ümraniye/İSTANBUL
Tel: 0 216 420 19 80 **Fax:** 0 216 415 19 80
e-posta: merkez@dikeyeksen.com
web: **www.dikeyeksen.com**

C# Eğitim Kitabı

Murat Yücedağ

Murat Yücedağ

1993 yılında Elazığ'da doğan yazarımız liseyi Adana Çukurova Anadolu Teknik Lisesi Bilişim Teknolojileri bölümünde, üniversiteyi Fırat Üniversitesi Yazılım Mühendisliği Bölümünde tamamlamıştır. İşinin mühendislik boyutunu eğitimle birleştiren Murat Yücedağ Temmuz 2014 yılından beri YouTube ve Udemy platformlarında aktif olarak "C#, SQL, Veri Yapıları, Bilgi Güvenliği, DevExpress, HTML, ASP.Net, C, Algoritma Akış Diyagramları, MVC, Core MVC, PostgreSQL, Entity Framework, Linq" gibi onlarca farklı başlıkta 1500'den fazla eğitim videosu yayınlamıştır ve yayınlamaya devam etmektedir. Çalışma hayatına İstanbul'da Home&Office olarak devam eden yazarımız davet edildiği etkinlikler kapsamında her yıl onlarca Lise ve Üniversitede binlerce öğrenciyle bir araya gelip konferans ve workshop etkinlikleri kapsamında çalışmalarını ve sunumlarını eğitim ağırlıklı olarak sürdürmektedir.

Teşekkür

Ailenin hakkı ne olursa olsun asla ödenmez. Dünyaya gözünüzü açtığınız ilk andan itibaren sizi gözünden sakınan o güzel elleri öpülesi anne babaların hakkını ne olursa olsun ödeyemezsiniz. Beni bu günlere getiren aileme, attığım her adımda, aldığım her kararda yanımda olan dünyalar güzeli müstakbel eşime, başlangıcını yaptığımız her işin mutlaka başarıyla sonuçlanacağına inanan kardeşime kardeşim Mesut'a, "Hocam şu kitabı artık çıkarın, bakın kitap manevi olarak çok güçlü bir eser" diye ısrar eden ve bugün sizlerin bu kitabı okumasında en büyük pay sahibi olan tanıdığım en mükemmel en kıymetli büyüğüm Ömer Dönmez'e, sevgili dostum Yunus İnce'ye, ablam Funda'ya, ablalarım Funda ve Sinem'e, kitabın her aşamasında kahrımı çeken sürekli telefonlarla maillerle kendisini rahatsız ettiğim sevgili editörümüz Rahmi Bey'e, ilkokuldan üniversiteye kadar üzerimde emeği olan benim nazarımda dünyanın en kutsal mesleğini yapan sevgili öğretmenlerime, gerek YouTube, gerek Udemy, gerekse de diğer sosyal platformlardan takip eden, videolarımı izleyen tüm yüreği güzel insanlara teşekkür ediyor, günün birinde bir otobüs durağında, bir üniversite konferansında, bir vapur yolculuğunda güzel Anadolu'nun herhangi bir yerinde buluşmak ümidiyle.

Hasan Ali YÜCEL, İsmail Hakkı TONGUÇ ve kendini Türk insanını eğitmeye adamış tüm yüce ruhlu güzel insanların anısına…

Hasan Âli YÜCEL
Millî Eğitim Bakanı

İsmail Hakkı TONGUÇ
M.E.B. İlköğretim Genel Müdürü

ÖNSÖZ

Yeşilçam klişeleri gibi olacak ama şu gerçekle başlamak istedim. Meslek lisesinde öğrenim görüp ilk bilgisayarını üniversiteye başladıktan birkaç ay sonra alabilmiş bir öğrenci olarak meslek lisesinde öğretmenlerimizin yaptığı programlama sınavlarına çalışmak için ya öğretmenlerimden izin alıp boş derslerde bilgisayar laboratuvarlarını kullanır ya da bilgisayarı olan arkadaşlarımın yanına giderek onların bilgisayarından kodlama çalışan biriydim. Evde bilgisayarım olmamasına rağmen programlama derslerinden hep çok yüksek notlarla geçmeyi başarıyordum. Lise sonda hiç ara vermeden aynı sene üniversiteyi kazandım.

Yazılım mühendisliği 3. sınıf öğrencisiyken bir ramazan ayında Temmuz 2014 tarihinde ilk eğitim videomu canlı yayınla gerçekleştirip daha sonra yaptığım yayınları kaydedip YouTube'da paylaşmaya başladım. Kısa sürede ciddi bir talep oluşması, dönüşlerin çok ciddi oranda olumlu olması şevkimi her geçen gün biraz daha arttırıp beni mühendislikten eğitime doğru kaydırıyordu. Eğitmenlik fikri çok hoşuma gitmeye başlamıştı. Özellikle YouTube'da ismimin duyulmasını sağlayan ilk 100 Derslik C# Eğitim Videolarını tamamladıktan sonra bu işe devam etmem gerektiğini fark ettim. Sonra algoritma ve akış diyagramları, C# Console dersleri gibi videolarla eğitimlere devam ettim. Bugün yani Kasım 2020 itibariyle YouTube'da 100 Bin civarında abone, 15 Milyona yakın izlenme, Udemy'de 45 Bin'den fazla öğrenci öğrenci ve 3 farklı kitap ile her geçen gün biraz daha büyüyen bir kitleye ulaştım. Elinizdeki C# Eğitim Kitabı size tek başına C# programlama dilini öğretmeye yetmez. Ancak sosyal kanallarımda paylaşmış olduğum C# Eğitim Videoları için çok ciddi bir takviye kaynağı olacaktır.

C# Eğitim Kitabımızı YouTube ve Udemy'de hazırlamış olduğum C# eğitimlerine paralel bir müfredatla oluşturduk. Tam anlamıyla Ocak 2018'de başlayan yazım süreci Ağustos 2018'de tamamlandı. Sizler videoları izlerken izlediğiniz konuları pekiştirmek adına hemen ilgili bölümün örneklerini uygulayıp kodları yazıp pratiğinizi arttıracaksınız. Bugün dünya dil popülaritesi sıralamasında ilk 5 içindeki yerini koruyan C# Programlama dili yeni gelişmeleri bünyesinde barındırıp değişime ve yeniliğe oldukça açık olduğundan çok uzun yıllar daha bu popülerliğini korumaya devam edecektir.

Kitabımızın ilk bölümünde C# Programlama dili ile neler yapıldığını öğreneceksiniz. Hayal gücü, matematik ve İngilizce üçlüsü bir araya gelince kodlamada yapabileceğiniz şeylerin hudutları olmayacaktır. İzlediğiniz videolardaki örnekleri kitaptaki uygulamalarla birleştirdiğiniz zaman kodlama öğrenmeye giden bu yolda bir adım daha yukarı çıkacağınızdan hiç şüphem yok. Güzel yarınları, teknolojini, kodlamanın gündem olduğu günleri görebilmek ümidiyle.

"Yalnız tek bir şeye ihtiyacımız vardır, çalışkan olmak. Servet ve onun tabii neticesi olan refah ve saadet yalnız ve ancak çalışkanların hakkıdır." Diyen Mustafa Kemal Atatürk'ün sözünü lütfen hiç aklınızda çıkarmayın.

Murat YÜCEDAĞ

Kasım 2020 - İstanbul

Kitaba dair örnek uygulama ve kaynak kodları aşağıdaki linkten indirebilirsiniz.

https://github.com/MuratYucedag/testproje

Değerli okurlarım kitabımıza başlamadan önce bir ricam olacak.

Kitapta hata gördüğünüz de hemen kızmayın, sizlerin de desteğiyle hatalarımızı ve eksikliklerimizi tarafıma bildirmeniz durumunda bir sonraki baskıda düzeltilecektir. :)

Murat YÜCEDAĞ

muratyucedag.wordpress.com

facebook.com/murattyucedag

twitter.com/murattyucedag

linkedin.com/in/murat-yücedağ-186933149

udemy.com/user/murat-yucedag-3

youtube.com/user/YazilimHerYerde

github.com/MuratYucedag/testproje

yucedagmurat23@gmail.com

İÇİNDEKİLER

1

Giriş

Bu Bölümde

Bu bölümde programlamanın ilk ve en önemli adımı olan algoritma kavramını öğrenerek başlayıp; kod, yazılım, derleyici gibi teknik terimlere değineceğiz. Projelerimizi kodlayacağımız program olan Visual Studio hakkında bilgi sahibi olacak ve kitabımızın özünü oluşturan C# programlama dili ile neler yapılabileceğine genel hatları ile değineceğiz.

Nasıl başlayacağım konusunda hep kararsız kalmışımdır. İlk cümleleri bulmak benim için zordu ve zor olmaya devam ediyor. Ama ilk cümleleri kurduktan sonra devamı çorap söküğü gibi geliyor. 21. yy'da 3 yaşında ki çocuktan 60 küsur yaşında ki amca ve teyzelere kadar herkesin elinde telefonların tabletlerin olduğu bir dönem yaşıyoruz. Bundan birkaç sene öncesine kadar **o telefonu bırak eline yapıştı** diyen ebeveynler bugün sosyal medya kullanıyorlar. İnsanlar için zaman kavramı çok büyük önem taşıyor. Markete gitmek yerine market size gelsin ilkesi yaşamamızın bir parçası oldu. Her şeyin sadece bir tık ötede olduğu küresel bir dünyada yaşıyoruz.

Dünyanın en gelişmiş ülkelerini bu kadar güçlü kılan şey **teknoloji** ve **yazılım** alanlarında yaptıkları yatırımlar ve attıkları adımlardır. İlkokullarda dahi kodlama dersi zorunlu hale getirildi. Kodlama ve yazılım artık her yerde! Kendini bu alanda geliştirmek, sistemin tüketen değil üreten bir parçası olmak isteyenler için hazırlamış olduğum kitabımda sizlerden ricam acele etmeden istikrarlı bir şekilde tüm bölümleri okuyup bölüm içindeki uygulamaları yaparak pratiğinizi arttırıp kodlama dünyasına büyük bir adım atmanızdır.

Büyük sporcuların, en hızlı koşucu atletlerin dahi bu işe ilk önce adım atarak başladığını sakın unutmayın.

Günlük hayatta karşımıza çok sık çıkan bir kavram vardır algoritma. Peki, nedir bu algoritma kısaca tanımlayacak olursak; "bir problemin çözümündeki adımlar bütünüdür." Yaşadığımız her anda verdiğimiz bütün kararlar bir algoritma sonucudur. Algoritmanın en önemli kurallarından birisi adımlara ayrılmış olmasıdır. Misal çok acıktınız ve makarna yapmanız gerekiyor. Öyleyse bu işi algoritmaya dökelim.

Problem: Acıkmış olmamız.

Çözüm: Karnımızı doyurmak.

Yöntem: Makarna yapmak.

Algoritma Adımları

1. Tencereyi çıkaralım.
2. Yarısından biraz fazlaca su koyalım.
3. Ocağımızı yakalım.
4. Tencereyi ocağın üstüne koyalım.
5. Su biraz ısınmaya başlayınca içerisine makarnamızı koyalım.

6. Yapışmaması için tenceremize tuz ve yağ ekleyebiliriz.
7. Makarna yumuşayana kadar haşlanmaya devam etsin.
8. Haşlanma işlemi bitince ocağı kapatalım.
9. Tenceremizdeki makarnayı süzgece boşaltalım.
10. Hamurlaşmaması için biraz soğuk suya tutalım.
11. Tenceremizi yeniden ocağa koyup ocağı yakalım.
12. İçerisine biraz salça ve yağ ekleyip karıştıralım.
13. Süzgeçte ki makarnayı tencereye boşaltalım.
14. Salça eriyene kadar karıştıralım.
15. Ocağı kapatıp tenceredeki makarnayı tabaklara servis edelim.
16. Afiyet olsun :)

İşte bu adımları takip eden birisi makarna yapabilecektir. Algoritmalar çok göreceli kavramlardır. **Örneğin;** siz makarna içine kekik ve pul biber eklemek isterseniz algoritma adımları arasına ekleme yaparak işlemleri düzeltebilirsiniz.

Algoritma kavramının zihinlerde yavaş yavaş oturmaya başladığını düşünüyorum. Peki, "yazılım" nedir? Vikipedi'de şöyle güzel bir tanım mevcut; "değişik ve çeşitli görevler yapma amaçlı tasarlanmış elektronik aygıtların birbirleriyle haberleşebilmesini ve uyumunu sağlayarak görevlerini ya da kullanılabilirliklerini geliştirmeye yarayan makine komutlarıdır. Yazılım, elektronik aygıtların belirli bir işi yapmasını sağlayan programların tümüne verilen isimdir."

Günlük hayatımızın her alanında var olan insan yaşamını kolaylaştıran tüm teknolojik unsurlar birer yazılım ürünüdür. Televizyondan bilgisayarlara, Mp3 çalarlardan telefonlara kadar hepsi yazılımın elektronik ile birleşmesiyle ortaya çıkan icatlardır.

Kod dediğimiz kavramda kısaca yazılımların oluşması için programcılar tarafından ortaya konulan bilgisayarın anlayacağı komutlar bütünüdür. Programlama dillerini de tıpkı İngilizce, Almanca veya Türkçe gibi birer dil olarak düşünelim. Nasıl ki bir turist ile konuşup anlaşmak için karşılıklı olarak birbirimizin dillerini bilmemiz gerekiyorsa kodlamada da o kodun dilini bilip bilgisayarın anlayacağı formata çevirerek anlamlı yapıları haline getirmemiz lazım. Yazlım ve kodlamada başarı için 3 temel nokta çok önemli;

Pratik + İstikrar + Zaman

Ve tabi biraz matematik, biraz İngilizce çokça hayal gücü gerekir. Sonuçta yazılım sektöründeki insanlar müşterilere hayal güçlerinin somut hallerini satmaktalar. Son olarak değinmek istediğim bir başlık daha var bu da derleyici. Derleyici dediğimiz ortam kodların programlama dilinden makine diline çevrilmesini sağlayan programladır. Yani yeni programlar oluşturmak için de bir programa ihtiyacımız var. İşin temeli bilgisayarların özü olan 0 ve 1'den oluşan ikilik kodlama sistemine kadar gitmektedir. Şimdi kodlarımızı yazacağımız platform olan Visual Studio hakkında kısa bir bilgi verip sonrasında indirme ve kurulum işlemlerine geçelim.

VISUAL STUDIO

Microsoft Visual Studio, Microsoft tarafından geliştirilen bir tümleşik geliştirme ortamıdır. Microsoft Windows, Windows Mobile, Windows CE, .NET Framework, .NET Compact Framework ve Microsoft Silverlight tarafından desteklenen tüm platformlar için yönetilen kod ile birlikte yerel kod ve Windows Forms uygulamaları, web siteleri, web uygulamaları ve web servisleri ile birlikte konsol ve grafiksel kullanıcı arayüzü uygulamaları geliştirmek için kullanılır.

Visual Studio, değişik programlama dillerini destekler, bu da kod editörü ve hata ayıklayıcısının neredeyse tüm programlama dillerini desteklemesini sağlamaktadır. Dahili diller C/C++ (Görsel yoluyla C++), VB.NET (Visual Basic .NET üzerinden), C# (Visual C# ile), ve F# (Visual Studio 2010 itibarıyla) içermektedir.

İNDİRME VE KURULUM

Aşağıda görüldüğü gibi Visual Studio'nun kendi web sitesine girerek **Download** kısmından size uygun geliştirme ortamını seçerek indirme işlemini başlatabilirsiniz.

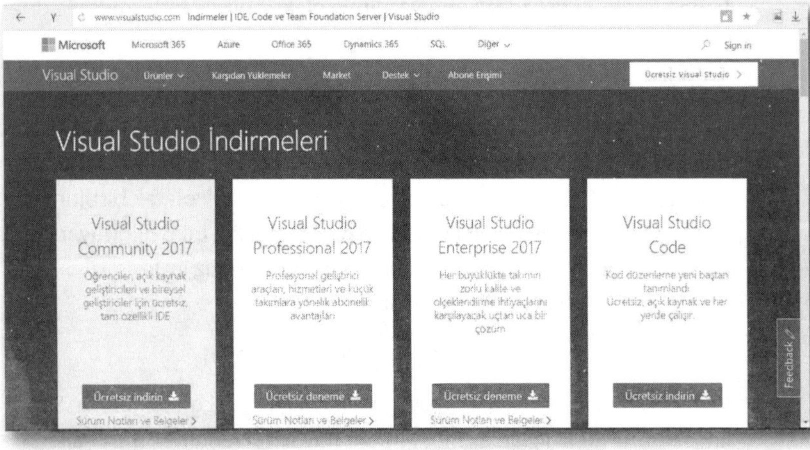

Bu noktada sizlere tavsiyem **Professional** ya da **Enterprise** sürümü indirmeniz. **Comunity** yetersiz kalabilir. Aralarındaki fark kapsamlarından kaynaklanmaktadır. Tıpkı yemek için gittiğiniz bir lokantanın 20 TL'lik menüsünde 4 çeşit yemek varken 35 TL'lik menüsünde 10 çeşit yemek olması gibi. Visual Studio son kullanıcılar tarafından ücret talep edilen bir platform değildir. Bundan dolayı ücretsiz olarak kullanılabilir. İndirdikten sonra kurulumu başlatabilirsiniz.

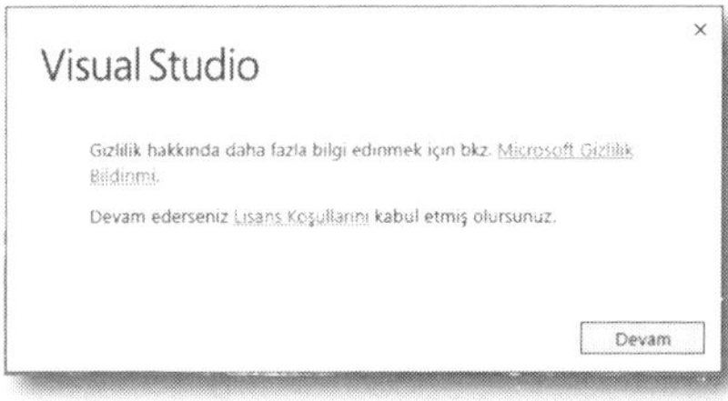

Devam seçeneğine tıkladıktan sonra karşınıza aşağıdaki gibi bir görsel gelecektir. Buradan masaüstü kısmını seçelim.

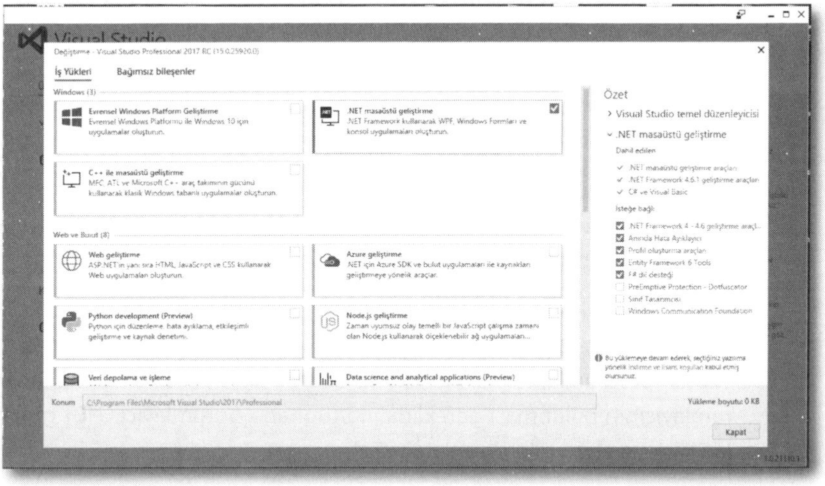

Kurulum bu noktadan sonra tamamlanacaktır. Artık Visual Studio programımızı kullanabilir. **Başlat** menüsüne **Visual Studio** yazarak programımızı çalıştırabiliriz. Kitabı yazarken kullandığım sürüm 2013'tü. Arada pek fark yok. Sizlerde de 2015 2017 veya başka bir sürüm varsa onlar üzerinden de çalışmalarınızı yapabilirsiniz. Herhangi bir sorun teşkil etmeyecektir. Visual Studio programını açtığınız zaman karşınıza aşağıdaki gibi bir görsel ara yüz çıkacak.

Burada ki alanların bir kısmını ikinci bölümde bir kısmını da dersler ilerledikçe diğer bölümlerde öğreneceğiz. Şimdi son ve en önemli başlıklardan biri olan C# dili hakkında bilgi verelim.

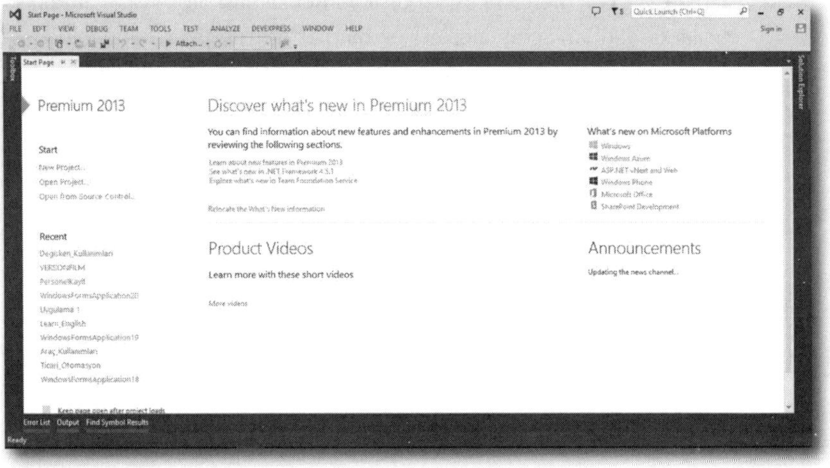

C# NEDİR?

C# (si şarp şeklinde telaffuz edilir), Microsoft'un geliştirmiş olduğu yeni nesil programlama dilidir. Yine Microsoft tarafından geliştirilmiş .NET Teknolojisi için geliştirilen dillerden biridir.

Bu dilin tasarlanmasına Pascal, Delphi derleyicileri ve J++ programlama dilinin tasarımlarıyla bilinen **Anders Hejlsberg** liderlik etmiştir.

Birçok alanda JAVA'yı kendisine örnek alır ve C#'da JAVA gibi C ve C++ kod sözdizimine benzer bir kod yapısındadır. .NET kütüphanelerini kullanmak amacıyla yazılan programların çalıştığı bilgisayarlarda uyumlu bir kütüphanenin ve yorumlayıcının bulunması gereklidir. (Kütüphane, yorumlayıcı, .NET gibi kavramları ilerleyen bölümlerde anlatacağız).

C#, .NET orta seviyeli programlama dillerindendir. Yani hem makine diline hem de insan algısına eşit seviyededir. Buradaki orta ifadesi dilin gücünü değil makine dili ile günlük konuşma diline olan mesafesini göstermektedir. Örneğin; Visual Basic .NET (VB.NET) yüksek seviyeli bir dildir dersek bu, dilin insanların günlük yaşantılarında konuşma biçimine yakın şekilde yazıldığını ifade etmektedir. Dolayısıyla VB.NET, C#.NET'ten daha güçlü bir dildir diyemeyiz.

Not

C# basit, modern, genel-amaçlı, nesneye yönelik programlama dili olarak tasarlanmıştır.

C# İLE NELER YAPILABİLİR?

Dünya üzerinde yazılım dillerinin popülerlik sıralamasında ilk 5 içinde yer alan C# Programlama dili ile;

» Otomasyon projeleri,

» Veritabanı kayıt uygulamaları,

» Akıllı sistemler,

» Stok takip ve kontrol uygulamaları,

» 2D Oyunlar,

» Plaka tanımlama sistemleri,

» Görüntü işleme,

» Parmak izi okuma,

» Öğrenci takip ve yönetim sistemleri,

» Elektronik cihazlar ile entegreli olarak sıcaklık sensörleri,

» Aritmetik işlemler,

» Arşiv uygulamaları,

» ASP temeli ile web projeleri,

» XML yapıları,

» Gömülü sistem çalışmaları,

» Güvenlik sistemleri, ve daha binlerce farklı başlıkta hayal gücünüze paralel neredeyse her şeyi gerçekleştirebilirsiniz.

Aşağıdaki görselde 2017 yılının dünya dil popülaritesi sıralaması verilmiştir. Dünya genelinde 2000'den fazla programlama dili bulunmaktadır ve C# bu listede ilk 5 içinde kendisine yer bulmuştur.

Dec 2017	Dec 2016	Change	Programming Language	Ratings	Change
1	1		Java	13.268%	-4.59%
2	2		C	10.158%	+1.43%
3	3		C++	4.717%	-0.62%
4	4		Python	3.777%	-0.46%
5	6	↑	C#	2.822%	-0.35%
6	8	↑	JavaScript	2.474%	-0.39%
7	5	↓	Visual Basic .NET	2.471%	-0.83%
8	17	⇈	R	1.906%	+0.08%
9	7	↓	PHP	1.590%	-1.33%
10	18	⇈	MATLAB	1.569%	-0.25%
11	13	↑	Swift	1.566%	-0.57%
12	11	↓	Objective-C	1.497%	-0.83%
13	9	⇊	Assembly language	1.471%	-1.07%
14	10	⇊	Perl	1.437%	-0.90%
15	12	↓	Ruby	1.424%	-0.72%
16	15	↓	Delphi/Object Pascal	1.395%	-0.55%
17	16	↓	Go	1.387%	-0.55%
18	25	⇈	Scratch	1.374%	+0.19%
19	20	↑	PL/SQL	1.368%	-0.13%
20	14	⇊	Visual Basic	1.347%	-0.62%

NELER ÖĞRENDİK?

Algoritma kavramı, yazılım kavramı, C# dili hakkında teorik bilgi, Visual Studio nedir, nasıl kurulur, C# ile yapılabilecekler, programlama dili kavramı başlıkları ilk bölümde öğrendiğimiz temel başlıklar oldu.

2

Temel Araçlar ve Kullanımları

Bu Bölümde

C# Form programlama dili ilk bölümde de bahsettiğimiz gibi kolay araç kullanımına elverişli olması ve basit form tasarımları ile büyük ve güçlü ara yüzler oluşturulmasından ötürü programcılar tarafından çokça tercih edilmektedir.

Peki, araçlar ve form tasarımı diye adlandırdığımız bu kavramlar nelerdir? O zaman bu kavramları açıklayacağımız başlığımıza geçelim.

MERHABA DÜNYA!

Dünya genelinde 2000'den fazla programlama dili bulunmaktadır. Yeni bir programlama dili öğretilirken geleneksel bir yaklaşım olarak "Merhaba Dünya" ya da İngilizce tabiri ile "Hello World" cümlesi ile başlanır ilk kodları yazmaya.

Bilgisayar kodları da tıpkı İngilizce, Almanca ve Türkçe gibi birer dildir. Bu yüzden kodların bütünü **Programlama Dili** olarak anılmaktadır. Öyleyse ilk uygulamamızı oluşturalım. İlk olarak kurulumunu yaptığımız Visual Studio derleyicisini açıyoruz. Açılan penceredeki alanlarımızı tanıtarak başlayalım.

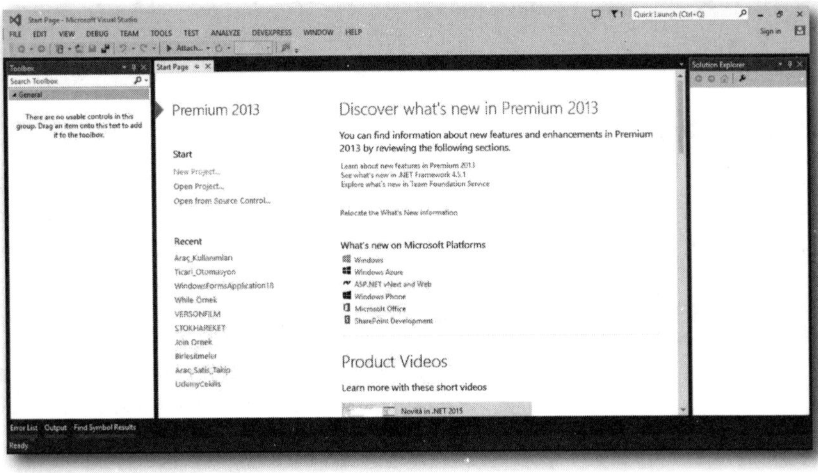

Start Page: Sol en üst tarafta bulunan bu alan başlangıç sayfası olarak çevireceğimiz Visual Studio'nun ilk açılış penceresidir. Yani karşımıza gelen Visual Studio ekranı **Start Page** ekranı olarak adlandırılmaktadır.

Premium 2013: Kullanılan Visual Studio sürümünü temsil eder, 2015, 2017 ya da farklı bir sürümde bu alan farklılık gösterebilir.

Start: Yeni projeler oluşturma ya da var olan projeyi açma gibi işlemlerin yapıldığı alandır.

Recent: En son kullanılan 10 tane projenin yer aldığı alandır. Buradaki proje adlarına tıklayarak projenin tamamının açılması sağlanabilir.

What's New on Microsoft Platforms: Bu alanda Microsoft firması tarafından geliştirilen yeni platformlar ve güncellemeler yer almaktadır.

Üst menülerde bulunan alanları zamanı geldikçe kullanacağız. Öyleyse Start alanı altında bulunan **New Project...** seçeneğine tıklayarak ilk projemizi oluşturalım. Karşımıza aşağıdaki gibi bir pencere çıkacaktır.

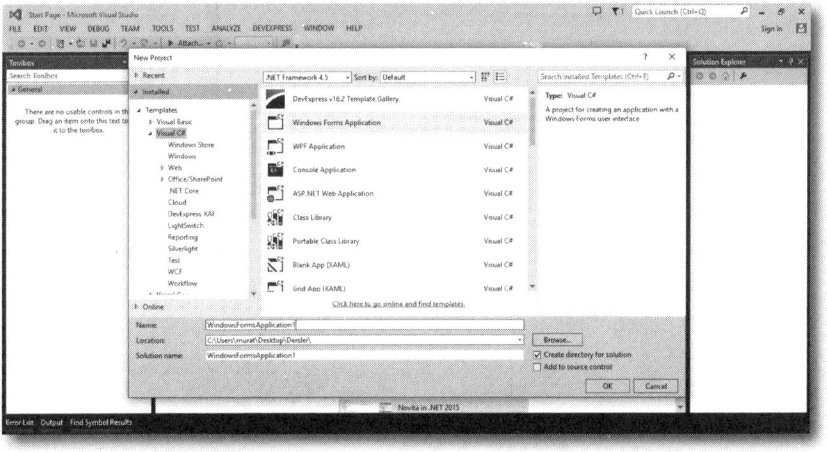

Pencerenin sol tarafında Visual Basic, C# gibi diller bulunmakta. Bu diller Visual Studio içerisinde bulunan ve kod yazılıp uygulama geliştirilen dillerdir. Visual Studio içerisindeki dilleri basitçe sıralayacak olursak;

» C# Form

» Visual Basic

» Asp.Net

» C++

» F#

» Pyhon (Eklentilerle birlikte kullanılmakta)

» JavaScript dilleri diyebiliriz.

Burada C# dilini kullanacağız ancak unutulmaması gereken çok önemli bir nokta var ki biz ara yüzler oluşturup araç bazlı çalışacağımız için console değil form kullanacağız. Sol taraftan **Visual C#** kısmını seçtikten sonra orta kısımda bulunan **Windows Form Application** seçeneğine bir kez tıklıyoruz. Alt kısımda bulunan **Name** alanı projemizin klasör ismidir. **Solution Name** ise *sln* uzantısının ismi olup bu kısmı ilerleyen bölümlerde açıklıyor olacağım. **Location** ismindeki alan ise projenin nereye kaydedileceğidir. Genelde belgeler içinde kendisinin otomatik oluşturduğu Visual Studio klasörü içinde bulunan projects klasörü içerisine kaydeder. Projemizin ismini **uygulama 1** olarak verip sağ tarafta bulunan **OK** seçeneğine tıklayalım.

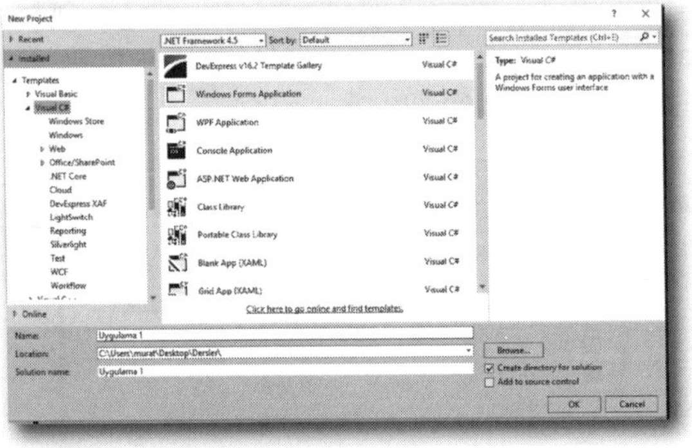

Karşımıza yepyeni bir dünya çıkıyor ve biz artık hayal gücümüzün büyüklüğüne göre zihnimizde ki soyut olayları klavyeye dokunarak somutlaştırıp kullanıma hazır hale getirebileceğiz. Tabi birazcık zaman lazım :)

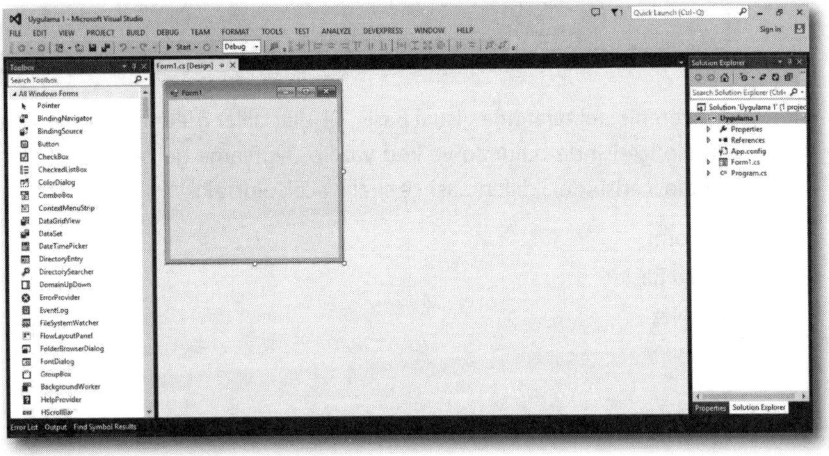

Yukarıdaki resimde olduğu gibi karşımızda boş bir form alanı mevcut.

Form Alanı: Araçların üzerine eklenip proje ara yüzünün hazırlandığı alandır.

Araç Kutusu (Solda): Ara yüzü oluşturmamız ve olayları gerçekleştirmemiz için gerekli olan bileşenleri barındıran alandır.

Solution Explorer: Çözüm penceresi diye adlandırdığımız alan form alanlarına, kod ekranı ve ara yüz ekranlarına erişim sağlanan alandır.

NOT

CTRL + ALT + X tuşlarını kullanarak araç kutusunu, **CTRL + ALT + L** kısayolunu kullanarak çözüm penceresini açabilirsiniz. Ayrıca, **F4** tuşuna basarak özellikler penceresini açabilirsiniz.

Projelerimizi oluştururken yapacağımız ilk işlem form tasarımı olacaktır. Form tasarımı ya da diğer adıyla ara yüz oluşturmak için kullanacağımız bazı araçlar mevcut. Bunlardan en önemlileri Button, Label, TextBox, ComboBox... şeklinde sıralanabilir.

ARAÇLAR

Bilgisayar kullanmayı bilen herkes mutlaka Paint programı ile bir şekilde çizim yapmıştır. Paint programı bilgisayar ortamında çizim yapmak için kullanılan bir resim düzenleyicisidir. Diyelim ki sıfırdan bir çizim yapacağız. Bu resimde bir ev, bir araba, bir güneş ve birkaç ağaç olacak. Tıpkı ilkokulda küçük resim defterlerimize çizdiğimiz resimler gibi. Evlerin çatısı üçgen, kendisi kare olan bir çizime ihtiyacımız var. Bunun için aşağıdaki bulunan şekildeki gibi **Paint** menüsünde bulunan şekiller alanından üçgen sembolü, kare sembolü gibi semboller kullanılabilir. Buradaki şekiller birer Paint programı aracıdır.

Bizim istediğimiz resmi oluşturmamız için hazır şekil araçlarını, kalemi, fırçayı ve diğer araçlar içinde ihtiyacımız olanları kullanmanız gerekecek. İşte C# dilinde de form tasarımı oluşturulurken tıpkı Paint programındaki gibi araçlar kullanarak zihnimizdeki tasarımı form ekranına dökeceğiz. Unutmayın, yazılımcılar müşterilere hayal gücünün somut ürünlerini satar. Öyleyse araçlarımızı kullanmaya başlayalım.

BUTTON ARACI

C# Formda en çok kullanılan araçların başında kuşkusuz **Button** yani Türkçe karşılığı ile **düğme** gelmektedir. Nasıl ki bir lambayı açıp kapatmak için düğmeye ihtiyacımız varsa C#'da da uygulamalarımızı yazarken olayların tetiklenmesi için bir düğmeye ihtiyacımız olacak. Sol taraftaki araç kutumuzdan bir tane düğme ekleyerek form tasarımımızı yapmaya başlayalım. Butonu ekledikten sonra özellikler penceresini açalım.

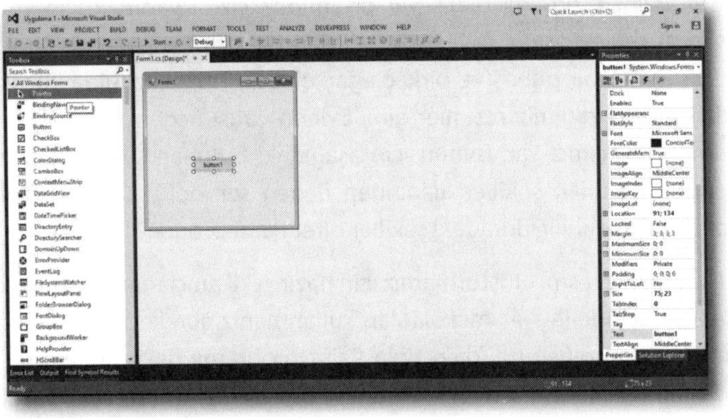

Özellikler penceresindeki bazı alanları kullanarak butonumuzun bir takım özelliklerini değiştirelim.

Text: Butonun üzerinde gözükecek olan metindir. Bunu **tıklayın** yapalım.

Font: Butonun yazı biçimi ve boyutu gibi özelliklerini içeren alandır. Buradaki 3 noktaya tıklayıp dilediğiniz boyut ve yazı biçimini seçebilirsiniz.

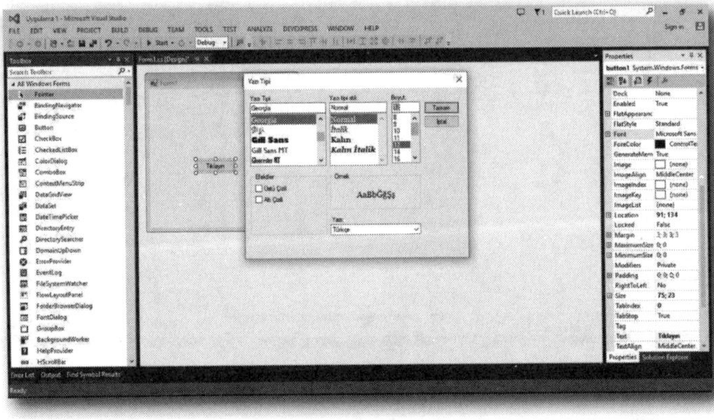

Daha sonra butonun form üzerindeki alanına gelip uçlarından çekerek biraz büyütelim ve orta kısma alalım. Şimdi ikinci aracımıza geçelim.

LABEL ARACI

C# Formda çok sık kullanılan araçlardan birisidir. Etiket olarak çevrilebilir. Peki, nedir etiket? Günlük hayattan bir örnek verelim. Diyelim ki çok yakın bir arkadaşınızla kıyafet satan bir mağazaya gittiniz. Arkadaşınız size 10 metre uzaklıktan bir kıyafet kaldırıp gösterdi siz 10 metre mesafeden onun kazak mı, pantolon mu, bluz mu veya başka bir kıyafet mi olduğunu anlarsınız. Rengini de anlarsınız. Ancak fiyatını etiketine bakmadan söylemek mümkün değildir ya da boyu "s,m,l,xl" gibi ne olduğunu kestiremezsiniz. Bunun için etiketine bakmaya ihtiyacınız var. İşte tam bu noktada Label aracı devreye giriyor.

Kullanıcıya genel olarak bilgi verme amacıyla kullanılan araçlardır. Label aracımızı hem özeliikler kısmındaki text alanı ile ismini değiştirebilir hem de kod ile gerçekleştirebiliriz ama biz kod ile değişiklik yapacağız. Öyleyse birinci örneğimizi yapalım. İlk olarak butonumuza çift tıklayarak butonumuzun tetiklenmesini sağlıyoruz ve kod kısmına geliyoruz. Karşımıza şöyle bir alan gelecek.

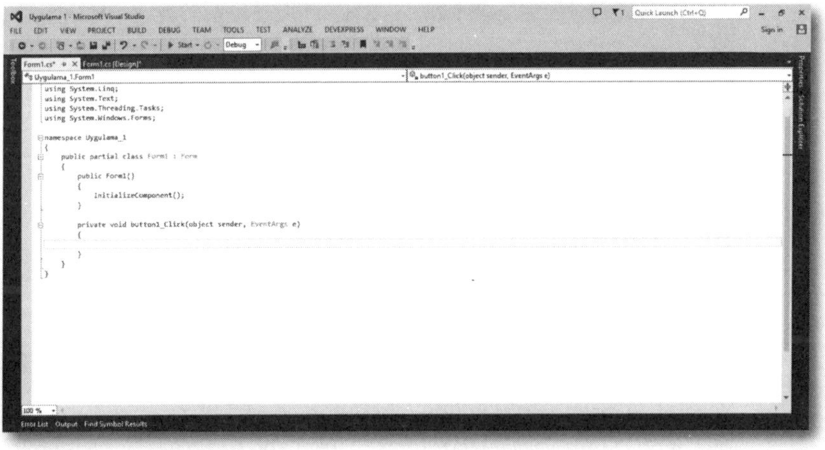

Burası bizim kodlarımızı yazacağımız alanımız. Üst kısımda `using System` diye başlayan alanlar bir takım hazır sistem kütüphanelerini içeriyor. Bununla ilgili daha detaylı bilgiyi ilerleyen bölümlerde bulabileceksiniz. Şuan için bizi ilgilendiren kısmın sadece `button1_click` ile başlayan alan olduğunu düşünelim, diğer komutları da yine ilerleyen kısımlarda sizlere açıklıyor olacağım.

Scope: Kapsam, süslü parantez blokları arası.

Butonun `click` olayı içinde biri açılan biri de kapanan 2 adet süslü parantez bulunmaktadır. Bunlar bizim kapsam aralığımızı temsil eder. Yani kodlarımızı bu iki süslü parantez bloğu içerisine yazmamız gerekiyor.

C# veya benzeri dillerde metinsel ifadeler **çift tırnak** sembolü içine yazılır. Bizim amacımız label içine yazı yazmak olduğundan daha doğrusu labelin metin kısmına yazı yazmak olduğundan aşağıda ki kodlarımızı yazarak ilk uygulamamızı gerçekleştirelim. Kodlarımızı yazdıktan sonra **F5** tuşu ile ya da orta menüde bulunan **yeşil** renkteki **Start** sembolüne tıklayarak projemizi çalıştırabiliriz.

Uygulama 1

```
private void button1_Click(object sender, EventArgs e)
        {
            label1.Text = "Merhaba Dünya!";
        }
```

Bu uygulamamızda label ekranımıza "Merhaba Dünya!" yazısını yazdırdık.

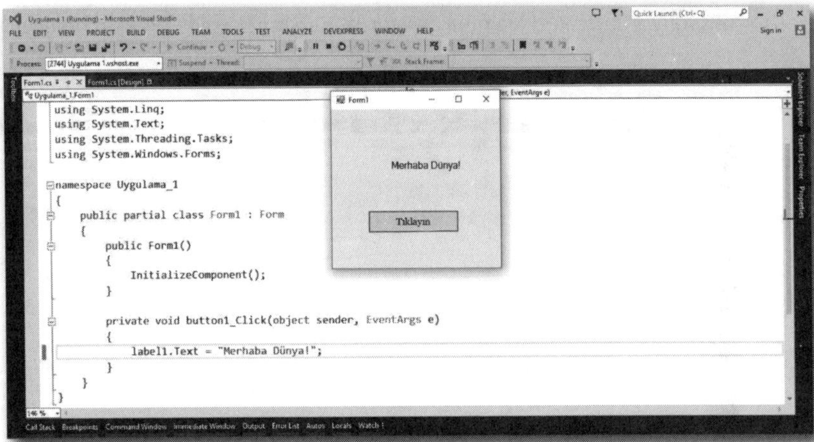

Yukarıdaki resimde görüldüğü gibi butona bastığımız zaman Label aracımızda **Merhaba Dünya** yazısını yazdırmış olduk. Labele yazı yazdırma işlemini öğrendiğimize göre birkaç tane örnek uygulama yapalım.

Uygulama 2

Eklemiş olduğumuz 2 labele sırasıyla Ad ve Soyadımızı yazdıran programı kodlayalım.

```
private void button1_Click(object sender, EventArgs e)
        {
            label1.Text = "Baran";
            label2.Text = "Yücedağ";
        }
```

Bu örneğimizde Buttonumuza tıkladığımız zaman forma eklemiş olduğumuz iki Label aracımıza sırasıyla ad ve soy ad bilgilerimizi yazdırdık. Label araçlarından sonra gelen Text komutu ilgili Label'in "metin" kısmına istediğimiz alfabetik ifadeyi yazdırmak için kullandığımız komuttur.

Uygulama 3

Eklemiş olduğumuz 3 tane Label'a sırasıyla şehir, ilçe ve meslek bilgilerimi yazdıran programı kodlayalım.

```
private void button1_Click(object sender, EventArgs e)
        {
            label1.Text = "Ankara";
            label2.Text = "Karapürçek";
            label3.Text = "Öğretmen";
        }
```

Bu örneğimizde Buttonumuza tıkladığımız zaman formumuzda bulunan 3 Label aracımıza sırasıyla şehir, ilçe ve meslek bilgilerini yazdırdık. Temel örneklerimizi yaptıktan sonra şimdi üçüncü aracımıza geçebiliriz.

TEXTBOX ARACI

C# Formda yine çok sık kullanılan özellikle klavyeden veri girişi yapılırken tercih edilen araçların başında gelen bileşen olan **TextBox "Metin Kutusu"** anlamına gelmektedir. Temel olarak label ile aynı yapıda kullanılmakta olup aradaki en önemli fark labele klavyeden veri girişi yapılamazken TextBox'a yapılabilmektedir. Şimdi örnek uygulamamıza geçelim.

Uygulama 4

Butona tıklandığı zaman TextBox'a herhangi bir metin ifadesi yazdıran programı kodlayalım.

```
private void button1_Click(object sender, EventArgs e)
        {
            textBox1.Text = "Bugün Hava Karlı ve Soğuk";
        }
```

Bu örneğimizde Button aracımıza tıkladığımız zaman formumuzda buluna TextBox'a kod kısmından gönderdiğimiz metni yazdırma işlemini gerçekleştirdik. Yani TextBox aracımızın ilk kullanım örneği Label aracımızla aynı yapıda olmuş oldu.

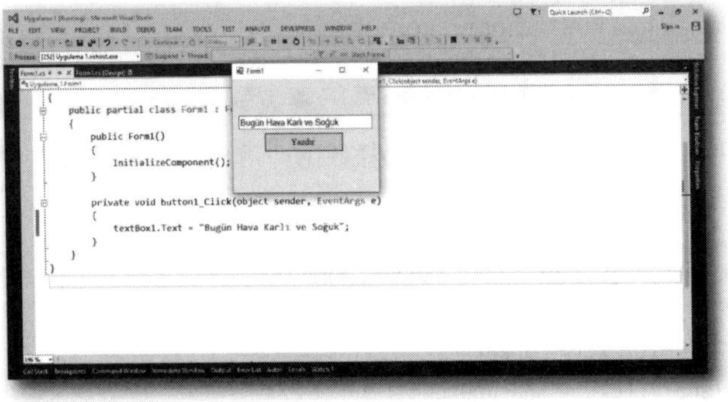

Uygulamalarımıza kaldığımız yerden devam edelim, şuana kadar yaptığımız örneklerde takıldığınız bir nokta olduğunu düşünmüyorum, eğer ki takıldığınız yerler olursa kitabın son kısmında yer alan adreslerin herhangi birinden bana ulaşarak mesaj atarsanız yardımcı olmaya çalışırım :)

Uygulama 5

Butona tıklandığı zaman TextBox'a girilmiş olan veriyi label'a yazdıran programı kodlayın.

```
private void button1_Click(object sender, EventArgs e)
        {
            label1.Text = textBox1.Text;
        }
```

NOT Nereye yazdıracaksınız orası Eşittir işaretimizin sol tarafında, nereden yazdıracaksınız orası da sağ tarafında olmalı.

Bu örneğimizde TextBox aracını esas kullanış amacı olan "**klavyeden veri girişi yapmak**" olarak kullandık. C# ve benzeri dillerde yazdırma işlemleri yapılırken, yazdırılacak kaynak eşitliğin sol tarafına yazılır. Bu değere yazılacak olan metin ya da kaynak ise eşitliğin sağ tarafında yer aldığından dolayı TextBox aracımızı sağ tarafa yazdık. Böylece TextBox içine yazdığımız metnimizi Label'e yazdırma işlemini gerçekleştirmiş olduk.

Uygulama 6

Klavyeden girilen ad soyad yaş ve sınıf bilgisini label'lara yazdıran programı kodlayalım.

Bu soruda ilk olarak nelere ihtiyacımız olduğunu belirleyelim. Veri girişleri klavyeden yapılacağı için TextBox araçları ilk ihtiyacımız olan araçlar olacak. TextBox'lara girdiğimiz verileri yazdırmak için Labeller ve olayı başlatmak ya da diğer adıyla programı tetiklemek için Button kullanacağız. Ancak bir durum daha var aşağıdaki resimde olduğu gibi 4 tane Label ekleyip bunları özellikler kısmında direkt değiştirerek formun biraz daha anlaşılır olmasını sağlayacağız.

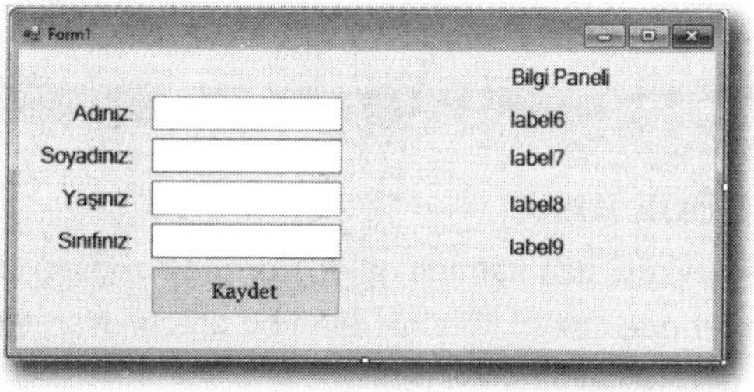

Tasarladığımız formdan sonra kodlamamızı yapabiliriz.

```
private void button1_Click(object sender, EventArgs e)
        {
            label6.Text = textBox1.Text;
            label7.Text = textBox2.Text;
            label8.Text = textBox3.Text;
            label9.Text = textBox4.Text;
        }
```

Form üzerinde bulunan Label araçlarımızı hem etiket hem de değerlerimizi yazdırmak için kullandık. Aşağıdaki resimde görüldüğü üzere "adınız, soyadınız, yaşınız ve sınıfınız" başlıkları önlerinde bulundukları TextBox'ların ne işe yaradığını, hangi alanı temsil ettiğini nitelemek için kullanılan etiketlerdir. Sağ tarafta bulunan bilgi paneli altındaki Labeller ise TextBox araçlarından gelen verilerimizi yazdırmak için kullandığımız araçlarımızdır. Örnekte amacımız farklı TextBox'lara girilen metin verilerini ilgili Labellere aktarmaktı.

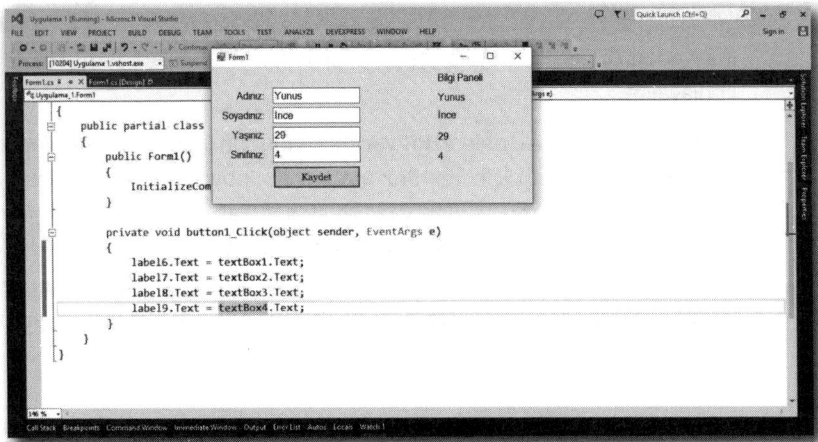

ComboBox Aracı

Çoklu seçim kutusu anlamına gelen **ComboBox** aracı kullanıcılara seçim yaptırma işlemlerinde çok sık tercih edilen bir araçtır. Nerelerde kullanılabilir sorusuna istinaden şu cevapları verebiliriz;

- » İl-ilçe seçimi
- » Branş seçimi
- » Ders seçimi
- » Ay seçimi
- » Birbiriyle ilgili eşya seçimi vb.

Formumuza bir tane ComboBox ekleyip örneklerimize başlayalım. Aracımızı ekledikten sonra üzerine bir kez tıklayalım. ComboBox aracımızın sağ üst köşesinde; videolardaki **play** ikonuna benzer üçgen bir sembol çıkacaktır. Bu sembole tıklayalım. Karşımıza ComboBox Tasks isminde ComboBox aracının görevleri olarak Türkçe'ye çevireceğimiz küçük bir pencere açılacak. Bu pencerenin alt kısmında bulunan **Edit Items** seçeneğine tıklayalım ve aşağıdaki gibi ComboBox aracı içerisine verilerimizi ekleyeceğimiz penceremizin açılması gerekiyor.

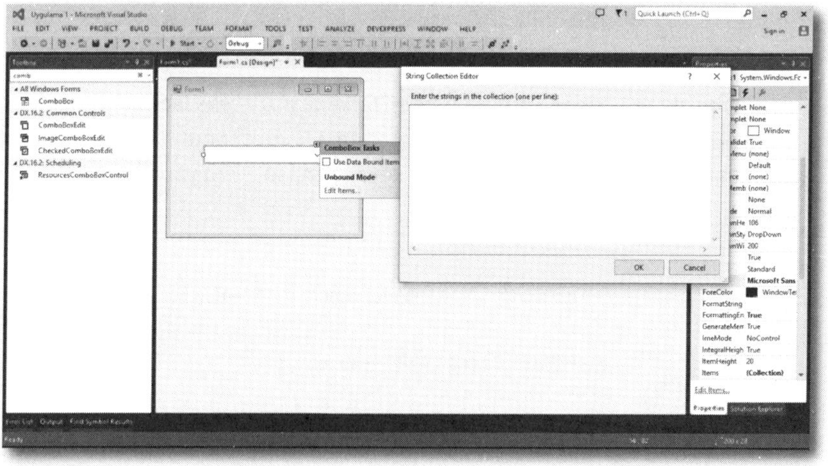

Kutucuğa verilerimizi gireceğiz ancak dikkat edilmesi gereken çok önemli bir husus var. Kutucuk içerisinde parantez içinde **one per line** diye bir uyarı bulunmakta. Bu uyarı her satır için sadece bir tane verinin olması gerektiğini bize bildiriyor. Şimdi sırasıyla birkaç tane şehir girişi yapalım. Şehirleri girdikten sonra direkt çalıştıralım ve karşımıza aşağıda bulunan resimdeki gibi bir alan gelmiş olmalı.

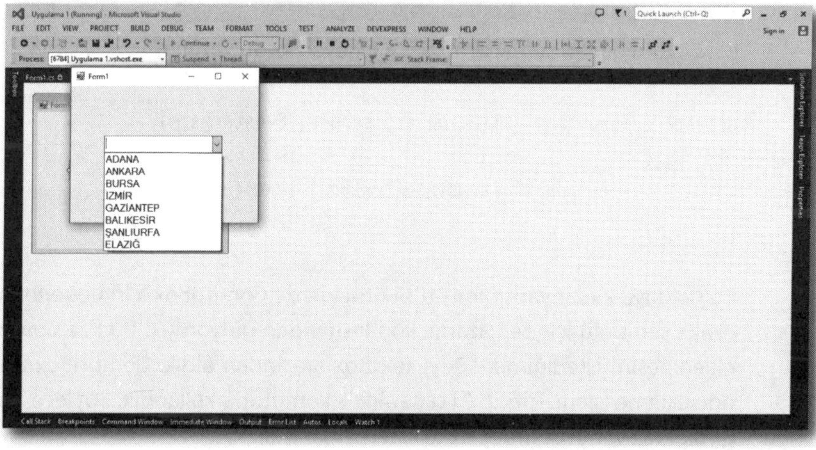

Artık ComboBox aracımızdan istediğimiz şehri seçebiliriz. Peki, ComboBox ekleme işlemi sadece böyle mi yapılıyor? Yani kod kısmından eklemek istersek nasıl olacak gibi bir soru akla gelebilir. ComboBox bir metin kutusu değil bir listeleme aracıdır ve listeleme araçlarına öğeler ekleme işlemi yapılarak dahil edilir. Peki, bu ekleme işlemi nasıl yapılacak? Şimdi gelin öyleyse formumuza bir Button ekleyip bu Buttona tıkladığımız zaman ComboBox aracımıza 1 tane daha şehir ekleyelim.

Uygulama 7

Kod kısmından girilen şehri ComboBox'a ekleyen kodu yazalım.

Öğe ekleme işlemi text işleminden farklı olarak `items.add` komut kümesi ile yapılır. `Add` komutu bir metottur. Metotlarda komut sonunda parantez açılıp kapatılır ve parantezin içinde ekleme veya istenilen işlem yapılır.

Öyleyse kodlarımızı yazalım.

```
private void button1_Click(object sender, EventArgs e)
      {
          comboBox1.Items.Add("Trabzon");
      }
```

Buttona tıkladığımız zaman listenin en altına Trabzon şehrini de ekleyecektir. Eğer komutumuzu `ComboBox1.Text` olarak yazsaydık ComboBox içerisine ekleme işlemini gerçekleştirmeyecekti. Sadece seçim kutusunun üstünde "`Trabzon`" yazacak içeriğinde herhangi bir değişiklik yapamayacaktı. Örneklerimize devam edelim.

Uygulama 8

Klavyeden girilen şehri combobx'a ekleyen kodu yazalım.

```
private void button1_Click(object sender, EventArgs e)
      {
          comboBox1.Items.Add(textBox1.Text);
      }
```

Bu noktaya kadar yaptığımız tüm örneklerde ComboBox için değerlerimizi çift tırnak sembolü içinde yazarak kod kısmından giriyorduk. Bu kez ComboBox'a eklenmesini istediğimiz öğeyi TextBox aracından aldık. ComboBox aracımıza öğe ekleme işlemi için ; "`Items.Add`" komutunu kullandık. Böylece TextBox'a girdiğimiz veriyi ComboBox'ta listelemiş olduk.

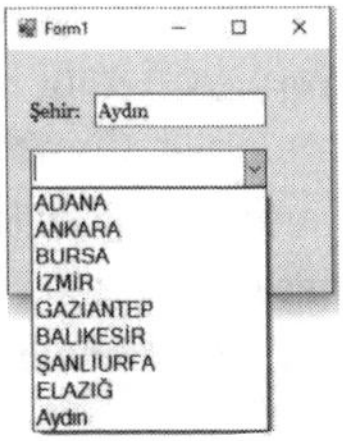

LISTBOX ARACI

ListBox aracı, yapı ve kullanım olarak ComboBox aracına çok benzemektedir. Dilimize liste kutusu olarak çevirdiğimiz aracımız verileri listelemek için kullanılmaktadır. ListBox'a bir kere tıkladığımız zaman sağ üst tarafında ComboBox aracımızda bulunan play ikonu şeklindeki sembol gözükecektir. Bu ikona tıklayalım. Şimdi karşımıza **ListBox Tasks** yazan, ListBox aracının görevleri olarak dilimize çevirebileceğimiz küçük bir pencere çıkacak. Buradan **Edit Items** seçeneğine tıklayalım.

Karşımıza ComboBox aracımıza veri eklediğimiz pencere gelecektir. Bu pencere hem ListBox hem de ComboBox için tamamen aynıdır. Bu iki aracın farkı şudur; ComboBox bize listenin tamamını değil sadece bir tane elemanı gösterir. ListBox ise kendisine eklenen tüm verileri aynı anda gösterebilir. Şimdi ListBox aracını küçük bir örnek uygulamada kullanalım. Açtığımız veri girişi penceresine birkaç tane isim ve soy isim bilgisi ekleyip **OK** seçeneğine tıkladığımız zaman aşağıdaki resimde ki gibi bir ekranın karşımıza gelmesi gerekmektedir.

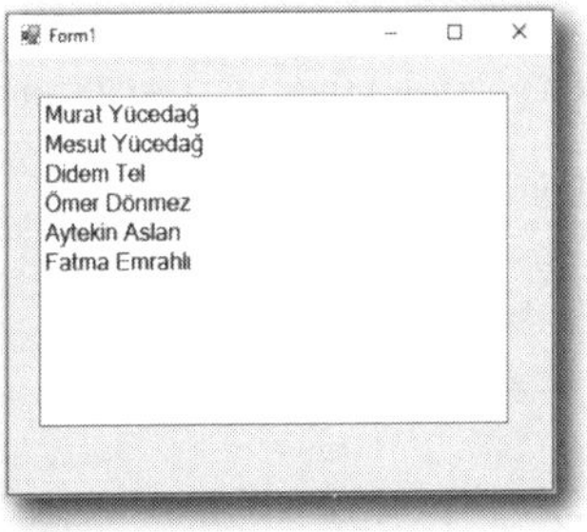

Uygulama 9

Klavyeden girilen kişi bilgisini ListBox'a aktaran programı kodlayalım.

```
private void button1_Click(object sender, EventArgs e)
        {
            listBox1.Items.Add(textBox1.Text);
        }
```

Buttonumuza bastığımız zaman formumuza eklemiş olduğumuz TextBox aracına girdiğimiz verileri, ListBox aracımızda gösterecektir. Yapı olarak ListBox aracının ComboBox'a çok benzediğini söylemiştik. `Items.Add` komutu ile ListBox'ımıza ekleme işlemini gerçekleştirmiş olduk.

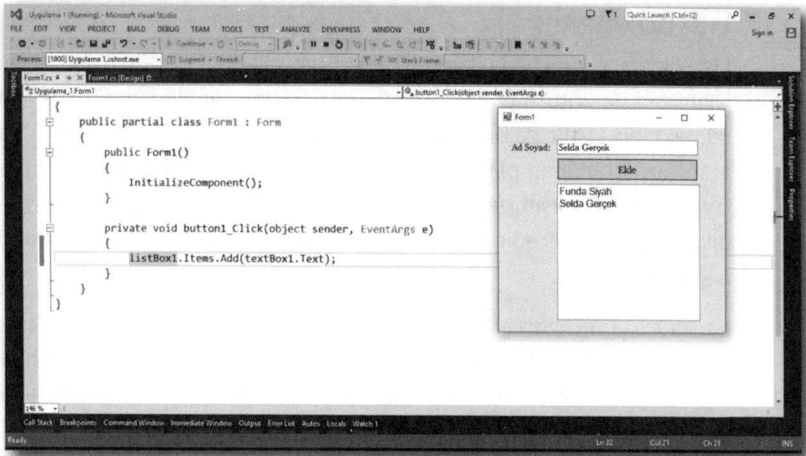

Uygulama 10

Klavyeden adı ve soyadı girilen, ComboBox'tan cinsiyeti ve bir diğer ComboBox'tan sabahçı mı yoksa öğlenci mi olduğu seçilen öğrencilerin bilgilerini ListBox'a yazdıran uygulamayı yazalım.

Kullanılacak araçlar;

- » 1 Adet ListBox
- » 2 Adet TextBox
- » 4 Adet Label
- » 2 Adet ComboBox
- » 1 Adet Button

Form Tasarımı;

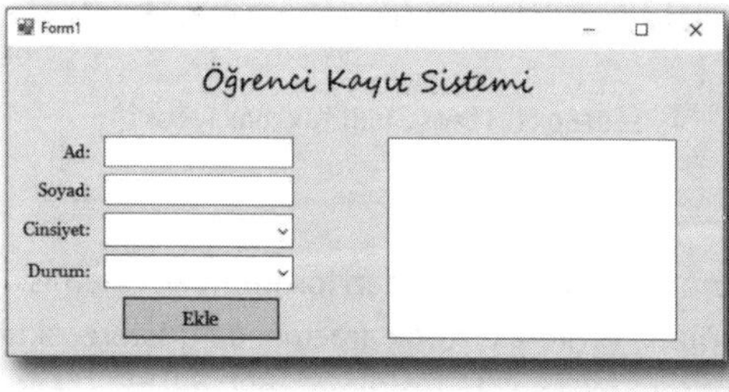

Uygulama Kodları

```
private void button1_Click(object sender, EventArgs e)
        {
            listBox1.Items.Add(textBox1.Text + " " + textBox2.Text + " " +
comboBox1.Text + " " + comboBox2.Text);
        }
```

Aradaki **çift tırnak** ve boşluklar iki araçtan gelen veri arasında boşluk bırakılması sağlıyor. Bu örneğimizde şuana kadar öğrendiğimiz tüm araçları tek bir uygulama üzerinde kullanmış olduk. Bu kez ListBox aracımıza bir tane araçtan veri girişi yapmak yerine aynı anda birden fazla araçtan değer aldık.

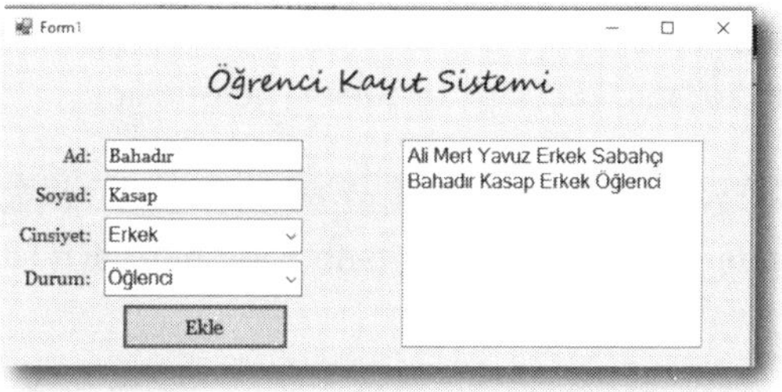

MASKEDTEXTBOX ARACI

Maskeli Metin Kutusu anlamına gelen MaskedTextBox güçlü tasarımlar konusunda çok sık başvurulan araçlardandır. Üzerindeki ikona tıkladığımız zaman karşımıza çıkan küçük pencereden **set mask** seçeneğine tıklayarak MaskedTextBox'ın alabileceği maske formatlarını ayarlayabiliriz. Sırasıyla alabileceği formatların ne anlama geldiğini yazacak olursak;

» Sayısal

» Telefon numarası

» Alan kodu olmadan telefon numarası

» Kısa tarih

» Kısa tarih ve saat

» Sosyal güvenlik numaraları

» Avrupa saati

» Amerika saati

» Posta kodu

» Bizim belirleyeceğim format

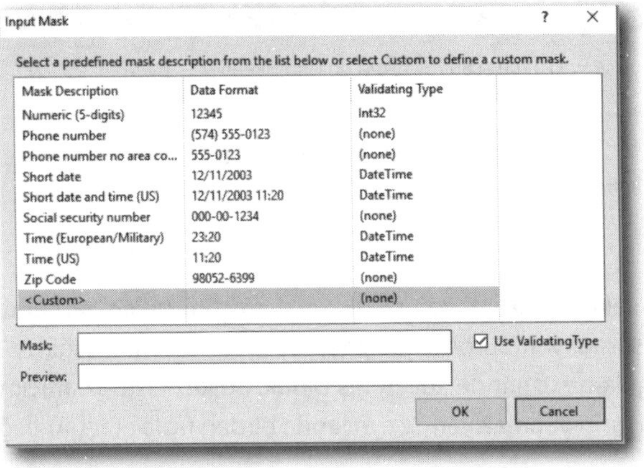

Biz şimdi bir tane telefon numarası bir tane de tarih içeren MaskedTextBox formatları kullanıp küçük bir uygulama geliştirelim.

Uygulama 11

Klavyeden girilen telefon ve tarih bilgisini iki ayrı label'da gösteren programı kodlayalım.

```
private void button1_Click_1(object sender, EventArgs e)
        {
            label3.Text = maskedTextBox1.Text;
            label4.Text = maskedTextBox2.Text;
        }
```

Bu örnekte formumuza iki tane MaskedTextBox aracı eklemiştik. Birinci MaskedTextBox aracımızın maske formatını telefon olarak belirledik. İkinci MaskedTextBox aracımızı ise kısa tarih formatıyla ekleyip tasarım kısmını tamamladık. Önceki sayfalarda belirttiğimiz bir özellik vardı. C#'da ve benzeri dillerin yazdırma işlemlerinde nereye yazdıracaksak o kısım eşitliğin sol tarafında bulunur diye. Biz Labellerimize yazdırmak istediğimiz için formumuza eklediğimiz Label araçlarına sırasıyla şu atamayı yaptık; Label3 aracımız birinci MaskedTextBox aracımızdan gelen telefon bilgisini tutsun. Label4 aracımız ise ikinci MaskedTextBox aracımızdan gelen tarih formatında ki veriyi tutacaktır.

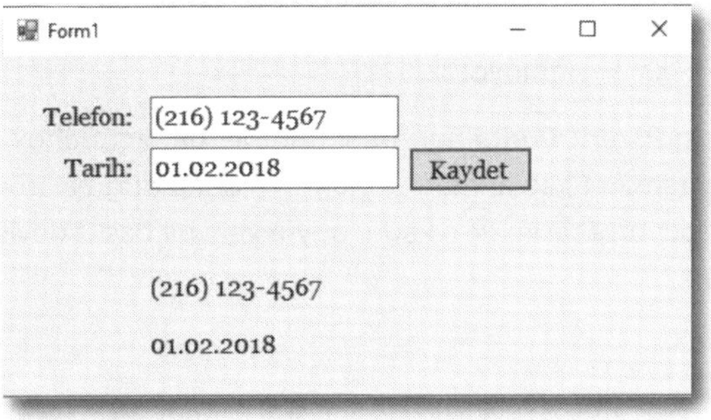

PICTUREBOX ARACI

Resim kutusu olarak çevireceğimiz PictureBox aracı form üzerine resim ekleyerek görsel ara yüzü arttırmak veya bir kullanıcıya ve müşteriye ait fotoğraf veya resmi göstermek istediğimizde kullandığımız araçtır. Araç kutusundan bir adet resim kutusunu formumuza ekleyelim. PictureBox'ın üzerindeki ikona tıkladığımız zaman karşımıza açılan küçük PictureBox görevleri penceresinde 3 tane alan mevcuttur.

Karşımıza çıkan görevler penceresinin alanlarını sırası ile açıklayacak olursak;

Choose Image: Resim seçme alanıdır, buraya tıkladığımız zaman karşımıza şöyle bir pencere gelecek;

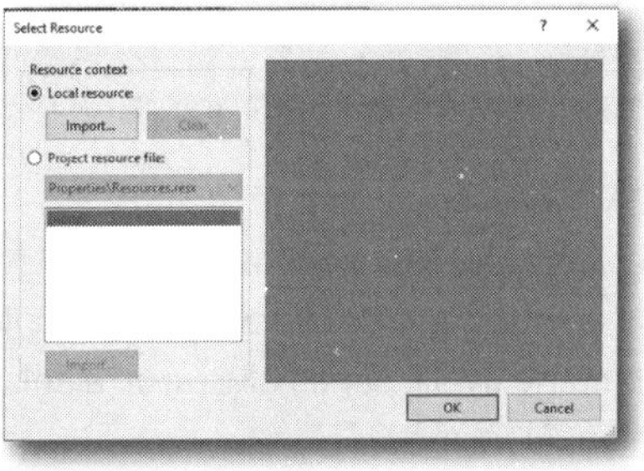

Select Resource (Kaynak Seçin) kısmı karşımıza gelecektir. Burada iki şekilde kaynak seçilebilir, birincisi resim sadece ilgili bilgisayardan alınır ikincisi ise resim proje dosyaları arasına eklenir. Biz ilk seçenek olan **Local Resource** kısmını kullanacağız. **Import** seçeneği dahil et, ekle anlamında kullanılmaktadır. Bu seçeneğe tıklayıp bilgisayarımızdan herhangi bir resim dosyasını alalım ve sonrasında **OK** seçeneğine tıklayarak ilmemimizi tamamlamayalım.

Size Mode: Resmin boyut modunu ayarlandığı kısımdır, karşısında bulunan ComboBox'ta sığdır, genişlet, yakınlaştır gibi seçeneklerin İngilizceleri mevcuttur. Biz buradan **Stretch Image** seçeneğini seçerek resmimizi picturebox içerisine tam olarak sığdırıyoruz.

Dock in Parent Container: Bu komut ile de picturebox içerisinde bulunduğu alanın tamamı kaplanması sağlanır ve bulunduğu alan örneğin form alanı ne kadar büyürse resim de o kadar büyür yani bir başka deyişle tam ekran yapmayı sağlar.

GroupBox Aracı

Grup kutusu olarak çevrilen aracımızda amaç diğer araçları belli alanlara toplamaktır. Kod kısmından ziyade işin ara yüz kısmı ile ilgilenen bir araçtır. Mesela formumuza bir tane üyelik paneli oluşturup alanlarımızı iki farklı GroupBox içinde tanımlayalım. Alanlarımız;

- İsim-Soy İsim
- Telefon Numarası
- Şehir
- Meslek
- Doğum Tarihi
- Yaş
- T.C Kimlik Numarası

Groupbox'ın ismini özellikler penceresindeki text kısmından değiştirebiliriz. Türkiye Cumhuriyeti kimlik numarası içinde MaskedTextBox alanında bulunan **digit** seçeneğini seçip kaç karakterden oluşacaksa o kadar sıfır değerini **Mask** alanına girelim. Bir de form üzerinde GroupBox'ın daha belirgin olması için formun özellikler penceresindeki **backcolor** (arka plan rengi) kısmından herhangi bir renk seçelim.

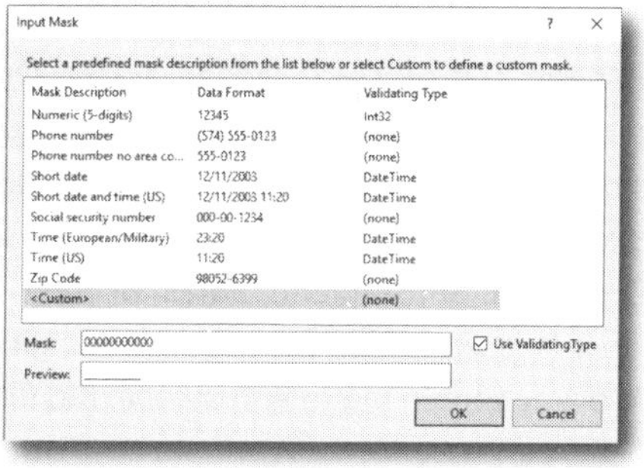

Uygulamamazın bitmiş hali resimdeki gibi olacaktır.

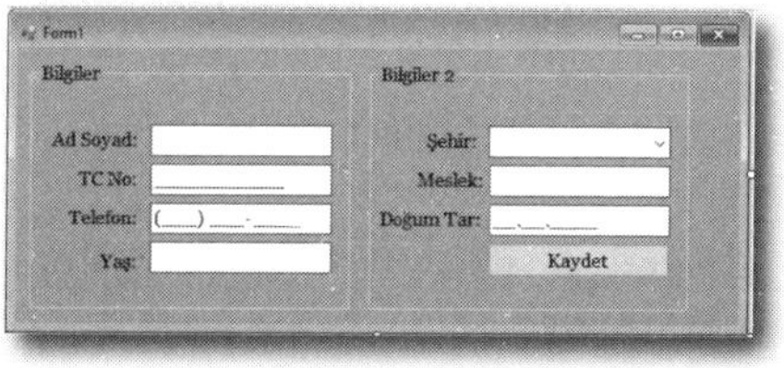

ÖDEV Yukarıda ki resimde oluşturduğumuz ara yüzün kodlamasını gerçekleştirerek ListBox'a ekleme işlemini yapınız.

PANEL ARACI

Çerçeve olarak kullanılan panel de tıpkı groupbox gibi araçları bir araya almak için kullanılmaktadır. Aradaki fark panelin çalıştığı zaman kenarlık çizgilerinin olmayışıdır. Bundan dolayı panel genelde banner diye adlandırdığımız üst başlık oluşturmak için kullanılır. Mesela bir program yapıp programın ortasında isminin olmasını istiyoruz ama buna bir de arka plan rengi eklemek istiyoruz işte bu ve benzeri durumlarda panel kullanılabilir. Bir tane panel ekleyip arka plan rengini değiştirip içine bir tane label ekleyelim. Label'ın yazı fontunu **segoe script** gibi bir şey seçip hemen sağ tarafına da *.png* uzantılı bir resim ekleyip logo gibi olmasını sağlayalım.

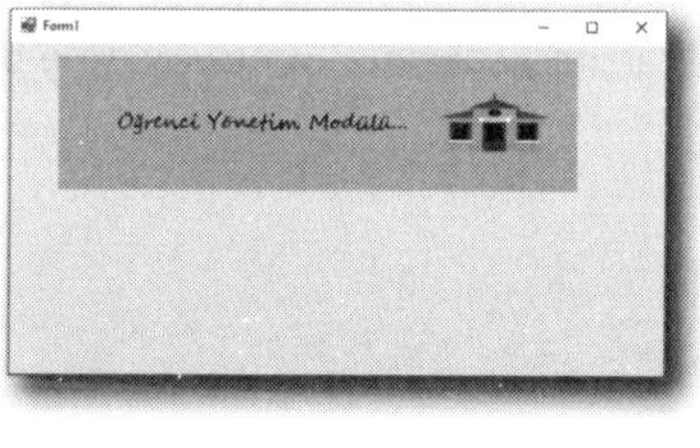

RichTextBox Aracı

Zengin metin kutusu diye adlandırdığımız RichTextBox aracımız normal metin kutusundan farklı olmak üzere alt satıra da yazı yazma imkanı sağlıyor. Özellikle uzun metinler için çok sık tercih edilen araçtır. Örneğin müşteri bilgilerinin kaydedildiği bir sistem düşünelim. Bu sistemde müşteri adı, soyadı, telefonu, şehri gibi bilgileri TextBox, ComboBox, MaskedTextBox ve benzeri araçlardan alabiliriz. Bu araçların ortak özelliklerinden birisi kısa metinler için kullanılıyor olmasıdır. Diyelim ki müşterilerin adres bilgileri de girilecek. Bu noktada TextBox yetersiz kalacaktır. Bize daha uzun metin girişi yapabileceğimiz bir araç gereklidir. Ve o araç zengin metin kutusu olan RichTextBox aracıdır.

Uygulama 12

Butona tıklayınca RichTextBox'a yazı yazdıran programı kodlayalım.

```
private void button1_Click(object sender, EventArgs e)
        {
                richTextBox1.Text = "Hayatta en hakiki mürşit ilimdir, fendir!
Mustafa Kemal ATATÜRK";
        }
```

Bu örneğimizde formumuza eklemiş olduğumuz Buttona tıkladığımız zaman RichTextBox aracımıza kod kısmından girdiğimiz metni yazdırmış olduk. Kod yapısı olarak Label veya TextBox aracı ile aynı yapıda kullanılmaktdır.

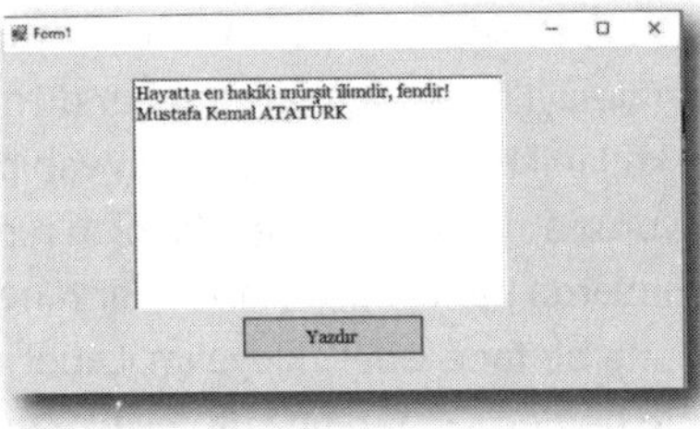

İlk etapta kullanacağımız 10 temel aracı pratik uygulamalarla anlattık. Kitap boyunca kullanacağımız onlarca araç daha var. Bölümler ilerledikçe yeni araç kullanımları ile karşılaşacaksınız. Şimdi öyleyse bir tane daha pratik uygulama yapalım.

Uygulama 13

Elazığ-Malatya-Gaziantep illeri arasında çalışan Jüpiter Firması yolcu bilgilerinin kaydedilmesi için bir program hazırlanması isteniyor. Programda yolcuların ad, soy ad, TC, telefon gibi kişisel bilgileri ve nereden nereye gittikleri, hangi tarih ve saatte gidecekleri gibi bilgilerin yazdırılıp ListBox'a kaydedilmesi istenmektedir. Buna göre ilgili programı hazırlayalım.

Kullanılacak Araçlar;

- 1 Adet ListBox
- Etiket olarak kullanılacak 8 tane label
- 2 Adet GroupBox
- 2 tane TextBox
- 4 Adet MaskedTextBox
- 2 Adet ComboBox
- 1 Adet Buton
- Dilerseniz Panel ile üst başlık için banner'da oluşturabilirsiniz.

Kodlarımızı yazalım

```
private void button1_Click(object sender, EventArgs e)
        {
                listBox1.Items.Add(textBox1.Text + " " + textBox2.Text + " " +
maskedTextBox1.Text + " " + maskedTextBox2.Text + " Yolculuk Bilgileri: "
+ comboBox1.Text + "-" + comboBox2.Text + " " + maskedTextBox3.Text + " " +
maskedTextBox4.Text);
        }
```

Örneğimizde, formumuza eklemiş olduğumuz TextBox, MaskedTextBox ve ComboBox araçlarından veriler aldık. Bu verileri ListBox aracımıza yazdırdık. TextBoxlarımızdan Ad ve Soyad bilgilerini, MaskedTextBox'lardan T.C kimlik numarası, tarih, saat ve telefon numarası bilgilerini aldık. ComboBox araçlarımızdan ise kalkış ve varış noktaların seçtik. Buttonumuza tıkladığımız zaman yazdırma işlemlerini gerçekleştirdik.

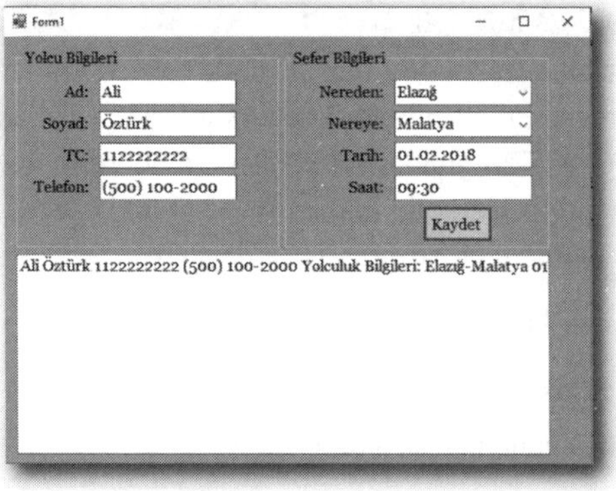

NOT Properties'ten ListBox'ın horizontal scroll bar (yatay kaydırma çubuğu) özelliğini `true` yaparsanız verilerinizi ListBox'ta tam olarak görebileceksiniz.

NELER ÖĞRENDİK?

Temel araç kullanımları, form ara yüzü oluşturma ve özellikleri, Button, TextBox, MaskedTextBox, ListBox, Groupbox, Panel, RichTextBox, Picturebox, ComboBox ve Label kullanımı. Yazdırma komutları, Button tetikleme işlemi, edit items işlemleri.

3

Değişkenler

Bu Bölümde

Bu bölümde değişken yapısını, değişkenlere neden ihtiyaç duyulduğunu, temel değişkenlerin neler olduğunu, aritmetik işlemleri, dönüşüm işlemlerini String, Int, Double, Char-Byte, Float, Bool gibi temel değişken türlerini ve neden değerlerin bir tek başlık altında toplanmayıp değişkenler adı altında farklı dallara ayrıldığını öğreneceğiz.

Günlük hayattan bir örnek ile başlayalım yeni konumuza. Düşünün ki elinizde bir mantar pano tahtanız var ve küçük not kâğıtlarını tahtaya bir şekilde yerleştirmeniz gerekmekte. Bunun için aşağıda belirttiğim veya sizin aklınıza gelen farklı yöntemler tercih edilebilir.

» Mantar pano iğnesi kullanılabilir,

» Raptiye yardımı ile tutturulabilir,

» Sıvı yapıştırıcı kullanılabilir,

» Tahtanın arası sıkıştırılabilir,

» Ve başka yöntemler...

Peki, soru şu, en uygun yöntem hangisi?

Pek tabiidir ki mantar pano iğnesi kullanmak. Değişken kavramını; verileri bellekte en uygun şekilde tutmak için gerekli olan komutlardır, şeklinde bir ifadeyle açıklayabiliriz. Programlamada en çok kullanılan değişkenleri tanıyarak başlayalım. Bu bölümde 4 ana değişken kullanacağız ilerleyen derslerde buradaki alanlara ek olarak birkaç değişkene daha değiniyor olacağız. Kullanacağımız değişkenleri sıralayacak olursak;

» String Değişkenler,

» Int Değişkenler,

» Double Değişkenler,

» Char Değişkenler,

STRING DEĞİŞKENLER

4 temel değişkenimizden ilki olan string değişkenler ile konumuza devam edelim. String değişkenler bellekte alfabetik verilerin tutulması amacıyla kullanılan değişkenlerdir. Peki, değişkenlerimize isim verirken nelere dikkat etmeliyiz?

» Değişken adları kullanılacağı değerle ilgili olmalıdır.

» 2 kelimeden oluşan değişken adları ya birleşik yazılmalı ya da alt tire gibi bir semboller birleştirilmelidir.

» Değişkenlerde 2 kelime olması durumunda ayrı ayrı yazmak hataya sebep olacaktır.

» Çok uzun değişken isimlerinden kaçınılmalıdır.

» Oldukça net ve anlaşılır değişken isimleri tercih edilmelidir.

» Değişkenler sayı değerleri ile başlamaz.

» Değişkenler içinde semboller kullanılmamalıdır.

Değişken tanımlaması yapılırken önce değişkenin türü belirtilir sonra değişkenin adı yazılır. Değişkenlere bazı özel komutlar haricinde istediğimiz isimleri verebiliriz.

NOT C#, JAVA, C, C++ gibi dillerde komut satırları noktalı virgül ile sonlanır.

Öyleyse yeni bir tane proje açalım ve formumuza birer tane button ve label ekleyerek uygulamalarımıza başlayalım. Şekildeki gibi **New Project** diyoruz ve proje adını veriyoruz.

NOT Visual Studio Türkçe karakteri desteklemektedir ancak olabildiğince Türkçe karakterlerden uzak durmaya çalışın.

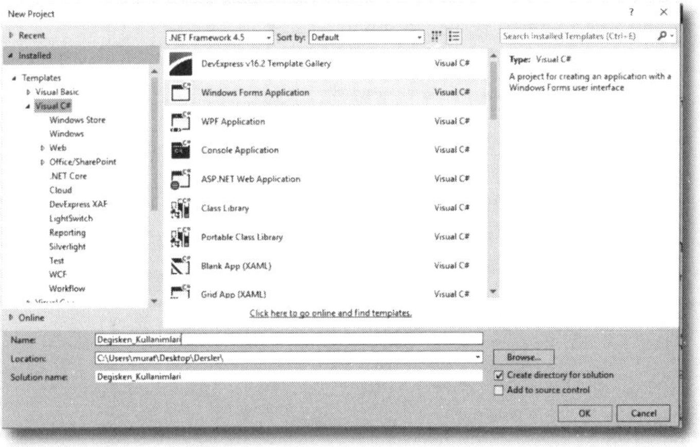

Uygulama 1

String olarak tanımlanan değişkendeki veriyi label'a yazdıran programı kodlayalım.

```
private void button1_Click(object sender, EventArgs e)
        {
            string metin;
            metin = "Merhaba Dünya Bugün Hava Soğuk";
            label1.Text = metin;
        }
```

`Metin` isminde bir değişken oluşturduk ve bu değişkene bir yazı yazdırıp bunu da Labelde gösterdik. Oluşturduğumuz değişkenimiz **String** türündedir. Değişkenimizin ismi `metin` olup siz burada `metin` kelimesi yerine istediğiniz ismi verebilirsiniz.. Şimdi örneklerimize devam edelim. Örnek yaptıkça zihinlerde tamamen oturacaktır.

Uygulama 2

Değişken kullanarak kişinin adını soyadını ve mesleğini labellere yazdıran programı kodlayalım. (3 farklı label)

```
private void button1_Click(object sender, EventArgs e)
        {
            string ad, soyad, meslek;
            ad = "Murat";
            soyad = "Gerekgil";
            meslek = "Memur";
            label1.Text = ad;
            label2.Text = soyad;
            label3.Text = meslek;
        }
```

Bu örneğimizde ad, soyad ve meslek isminde 3 farklı değişken oluşturduk. Bu değişkenlerimize sırasıyla verilerimizi girdik. String türünde değişkenler kullandığımız için verilerimizi **çift tırnak** sembolü içerisine yazdık.

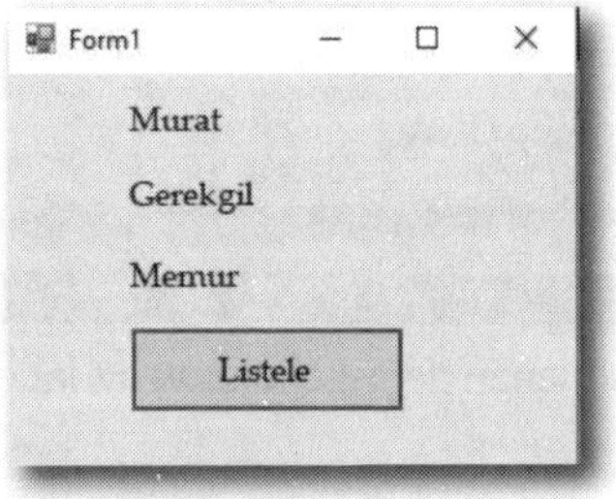

Uygulama 3

Değişken kullanarak tane şehir ve ilçeyi ListBox'a yazdıran programı kodlayalım.

NOT Aynı türden değişkenler tanımlanırken sıra numaraları ile birbirinden ayrılabilir. **Örneğin;** Sehir1, Sehir2, Sehir3… gibi.

```
private void button1_Click(object sender, EventArgs e)
        {
            string sehir1, sehir2, sehir3;
            sehir1 = "Ankara-Mamak";
            sehir2 = "Bursa-Osmangazi";
            sehir3 = "İzmir-Karşıyaka";
            listBox1.Items.Add(sehir1);
            listBox1.Items.Add(sehir2);
            listBox1.Items.Add(sehir3);
        }
```

Şehir ve ilçeleri yazdırmak için soruda istenildiği gibi 3 adet değişkene ihtiyacımız var. Değerlerimiz alfabetik veri tipleri olduğu için string formatta tanımlama işlemi yapıp isimlerini sırasıyla `şehir1`, `şehir2` ve `şehir3` olarak adlandırdık. `şehir1` değişkenimize değer ataması yapmak için **çift tırnak** sembolü içinde `Ankara-Mamak` değerini, `şehir2` için `Bursa-Osmangazi` değerini ve `şehir3` için `İzmir-Karşıyaka` değerlerini verdik. Daha sonra bu değişkenlerimizin aldığı değerleri ekranda göstermek için ListBox aracına `items.add` yani öğeleri ekle komutu ile yazdırma işlemini yapıp uygulamamızı çalıştırdığımız zaman karşımıza aşağıdaki ekran gelecektir.

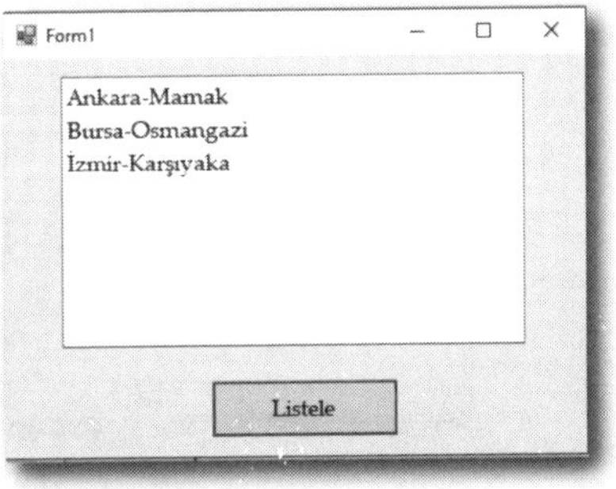

NOT Değişken tanımlaması yaparken hata vermemesine rağmen Türkçe karakter kullanmaktan kaçının. şehir yerine sehir kelimesini tercih edin.

Şimdi klavyeden değerler girip bu değerleri değişkenlere atama işlemleri ile ilgili örnek uygulamalar yapalım.

Uygulama 4

Klavyeden girilen kitap adı ve yazarları değişkenler kullanarak ListBox'a yazdıran programı kodlayın.

```
private void button1_Click(object sender, EventArgs e)
        {
            string kitap, yazar;
            kitap = textBox1.Text;
            yazar = textBox2.Text;
            listBox1.Items.Add(kitap + " - " + yazar);
        }
```

String türünde iki adet değişken tanımladık. Değişkenlerimizin değerini bu kez kod kısmından değil, klavyeden aldık. Bunun için değişkenlerimize değer girişi yapacağımız araçlarımız olan TextBox araçlarına atama işlemi gerçekleştirdik. Kitap değişkenimizin değerini `1.Textbox` aracından, yazar değişkenimizin değerini ise `2.Textbox`tan alıp bu değişkenlere verilen değerleri `ListBox` aracımıza yazdırarak ekranda görüntüleme işlemini gerçekleştirmiş olduk.

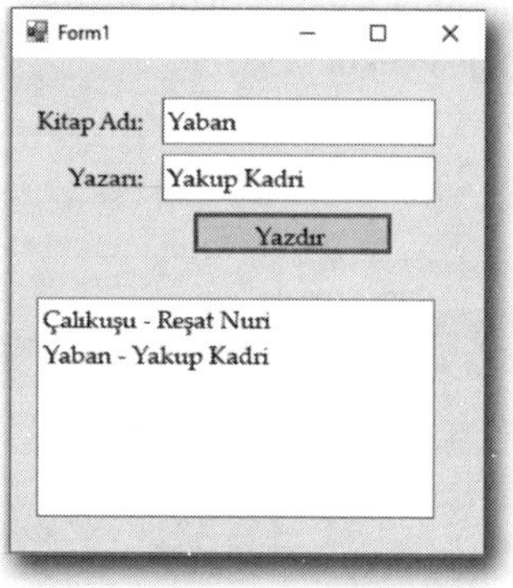

Uygulama 5

Klavyeden girilen bilgisayar parçası isimlerini değişken kullanarak ComboBox'a yazdıran uygulamayı hazırlayalım.

```
private void button1_Click(object sender, EventArgs e)
        {
            string parca;
            parca = textBox1.Text;
            comboBox1.Items.Add(parca);
        }
```

Bir önceki örneğimizdeki gibi yine tanımladığımız değişkenimizin değerini TextBox aracından almamız gerekiyor. Parca adlı değişkenimizin değerini TextBox'tan aldıktan sonra yazdırma işlemi için bu kez ComboBox aracımızı kullandık. Böylece Textbox'ımıza bir veri girişi yapıp Buttonumuza bastığımız zaman verileri ComboBox'a ekleyecektir.

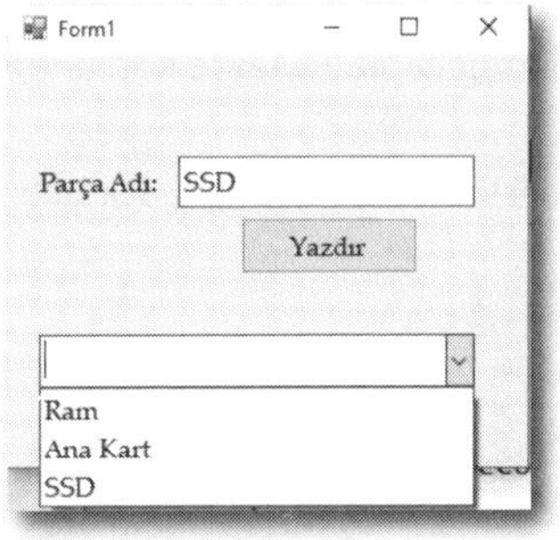

INT DEĞİŞKENLER

İkinci değişken türümüz olan `int` ya da uzun adı ile `integer` değişkenlerden bahsedelim. Tam sayı türündeki verileri hafızada tutmak için kullanılan değişkenlerdir. Ondalıklı değerler girilmesi programa hata verdirecektir.

NOT Bir tam sayı işleminin sonucu ondalıklı ise `int` değişkenler virgülden önceki kısmı alır.

Int değişkenler özellikle aritmetik işlemlerin olmazsa olmazıdır. Basit toplama işleminden karenin alan hesaplamasına, stok azaltmadan ücret hesaplamaya kadar binlerce hatta daha fazla aritmetik işlem int aracılığı ile kolayca gerçekleştirilir. Öyleyse örnek uygulamalar üzerinde biraz daha somut olarak görelim int değişken kullanımını.

Uygulama 6

Kod kısmından girilen bir sayıyı label'a yazdıran programı kodlayalım.

Burada dikkat etmemiz ve yeni öğreneceğimiz önemli bir nokta var. String değişkenlerde ilgili değişkeni olduğu gibi label, TextBox veya kullanacağımız araç hangisi ise ona yazdırabiliyorduk. String haricindeki değişkenlerde ise durum biraz farklı. C#'da araçların büyük çoğunluğu string değişkenlere göre tanımlanmıştır. Bundan dolayı string ifadeler dışındaki değişkenleri yazdırırken sonuna .tostring() ifadesi yazılması gerekiyor. To kelimesi İngilizce'de **yön belirteci** olarak kullanılmakta. String zaten bizim değişken türümüz. Yani ifadeye string'e anlamı veriyoruz. ToString ifadesinin sonunda parantez açılıp kapanmasının sebebi bunun bir metot oluşudur. Metotlar kısmında bu noktaya detaylı şekilde değineceğiz. Öyleyse kodlarımızı yazalım.

```
private void button1_Click(object sender, EventArgs e)
        {
            int sayi;
            sayi = 24;
            label1.Text = sayi.ToString();
        }
```

String değişkenlerdeki tanımlama yönteminin aynısını int değişkenler içinde kullandık. Sayı isminde bir değişken tanımladık. Değişkenimizin sayi olarak yazmamızın sebebi **Türkçe** karakter kullanmaktan kaçınmamızdır. C# dilinin Türkçe karakter konusunda bir problemi yoktur. Ancak yazılım dünyasında evrensel dil İngilizce olduğundan dolayı Türkçe karakterlerden elimizden geldiğince uzak duralım. Tanımladığımız sayı değişkenimize 24 değerini verdik. Değişkenimiz alfabetik bir veri olmadığı için çift tırnak sembolü kullanmadık. Label aracımıza değişkenimizi yazdırmak için label1.text=sayi ifadesinden sonra bir dönüşüm komutu uyguladık.

Buradaki dönüşüm komutunun amacı şudur; C# formda kullanılan araçların neredeyse yüzde 90'ından fazlası string formatta değerler alır. Bizim değişkenimiz tam sayı türünde bir değişken olduğundan Label aracımıza değerimizi yazdırmak için ToString metodunu kullandık. Komutumuzun sonunda parantez açıp kapatmamızın sebebi ilgili komutun metot oluşundan kaynaklanıyor. İlerleyen bölümlerde parantezlerimizin içini dolduracağız.

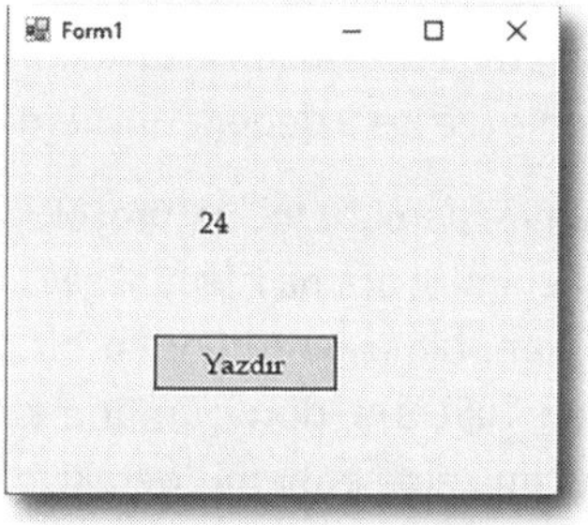

Uygulama 7

Kod kısmından girilen iki sayıyı toplayıp sonucu label'a yazdıran programı kodlayalım.

NOT Dönüşümlerden önce Convert komutu kullanılıp sonra dönüşüm yapılacak değer seçilir.

```
private void button1_Click(objwect sender, EventArgs e)
        {
            int sayi;
            sayi = Convert.ToInt16(textBox1.Text);
            label1.Text = sayi.ToString();
        }
```

Öncelikle ihtiyaçlarımızı belirleyelim. 2 sayıyı toplayacaksak 3 tane değişkenimiz olması gerekiyor. Bunlar sayı1, sayı2, sonuç olayı tetiklemek için bir button ve sonucu yazdırmak için bir label. Öyleyse kodlarımızı yazalım.

```
private void button1_Click(object sender, EventArgs e)
        {
            int sayi1, sayi2, sonuc;
            sayi1 = 24;
            sayi2 = 9;
            sonuc = sayi1 + sayi2;
            label1.Text = sonuc.ToString();
        }
```

Değişken kavramının ne denli önemli olduğunu gösteren konu aritmetik işlemlerdir. Kod kısmından gireceğimiz iki sayıyı toplayıp sonucu hesaplatmak istiyoruz. Burada 3 tane değişkene ihtiyacımız olacak. Bunların iki tanesi gireceğimiz sayıları bellekte tutmak için üçüncü değişkenimiz ise bu iki sayı üzerinde aritmetik işlem yapmak için kullanılacak olan değişkedir. Birinci değişkenimize 24, ikinci değişkenimize ise 9 değerlerini verdik.

Sonuç değişkenimiz işlemi gerçekleştirecek yani toplamayı yapacaktır. Bunun için sonuç değişkenimize atama işlemini `sayı1` ve `sayı2`'nin toplamı olarak verdik. Sonuç değişkeni tam sayı türünden bir değişken olduğundan Label aracımıza yazdırırken `ToString` dönüşümünü kullandık. İşlemi yaptığınız zaman Label'de 33 sonucunu elde etmemiz gerekiyor.

Uygulama 8

Kod kısmından bir kenarı girilen karenin alan ve çevresini hesaplayıp sonucu labellere yazdıran programı kodlayalım.

```
private void button1_Click(object sender, EventArgs e)
    {
        int kenar, alan, cevre;
        kenar = 5;
        alan = kenar * kenar;
        cevre = kenar * 4;
        label1.Text = alan.ToString();
        label2.Text = cevre.ToString();
    }
```

Karenin alan ve çevresini hesaplamak ve sonuçları yazdırmak için 3 tane değişkene ihtiyacımız var. Bunlardan birincisi karenin bir kenarının değeri, ikincisi alan ve üçüncü çevre değişkenleri olacak. Alan ve çevre değişkenlerinde formüllerimizi uygulayacağız. Kenar değerini 5 olarak verdik. Alanı bulmak için kenarı kendisiyle çarptırdık. Çevre içinse formülümüz kenarın 4 ile çarpılmasıdır. Daha sonra sonuçlarımızı Label araçlarımıza yazdırdık. Kenar değeri 5 girildiği zaman Alanın 25, çevrenin 20 çıkması gerekiyor.

Uygulama 9

Kod kısmından iki sınav notu girilen öğrencinin ortalamasını hesaplayan programı kodlayalım.

```
private void button1_Click(object sender, EventArgs e)
      {
          int sinav1, sinav2, ort;
          sinav1 = 62;
          sinav2 = 78;
          ort = (sinav1 + sinav2) / 2;
          label1.Text = ort.ToString();
      }
```

Girilen notlara göre ortalamanın hesaplanması için 3 tane değişkene ihtiyacımız var. Bunların 2 tanesi sınav notlarını tutacak. Diğeri de ortalama işlemini hesaplayacak. Sinav1 ve Sinav2 değerlerimizi kod kısmından girdikten sonra ortalama hesabı için ort adlı değişkenimizin formülünü yazdık. `Sınav1` ve `Sınav2` değerlerini parantez içinde toplamamızın sebebi kodlamada da işlem önceliği olmasından dolayıdır. Eğer parantez kullanmasaydık önce `Sınav2` değişkenimizin değerini 2'ye böler sonra `Sınav1` ile toplardı. Son olarak `ort` değişkenimizin değeri Label aracımıza yazdırdık. Sonuç `70` çıkacaktır.

Uygulama 10

Kod kısmından girilen sayının küpünü hesaplayan programı kodlayalım.

```
private void button1_Click(object sender, EventArgs e)
      {
          int sayi, kup;
          sayi = 8;
          kup = sayi * sayi * sayi;
          label1.Text = kup.ToString();
      }
```

Girilen sayının küpünün hesaplanması için 2 tane değişkene ihtiyacımız vardır. Bu değişkenlerden birincisi küpü hesaplanacak olan sayının kaç olduğu, diğeri de işlemi gerçekleştirmek için ihtiyacımız olan sonuç değişkenidir. Burada işlem değişkeni olarak kup isminde bir değişken kullandık. Kup hesaplaması için sayıyı kendisi ile 3 kez çarptırıp sonucu Label'a yazdırdık. Sayı 8 girildiği zaman sonu 512 çıkacaktır.

KLAVYEDEN DEĞER ALMA VE DÖNÜŞÜMLER

Şu ana kadar yaptığımız kısımda değerlerimizi hep kod kısmından aldığımız için sorunsuz bir şekilde örneklerimizi gerçekleştirdik. Peki, işin klavye boyutu nasıl gerçekleşiyor. **String'de olduğu gibi değil mi?** sorusu akıllara gelecektir. String değişkenlerin klavyeden girişine çok benziyor yalnız bir farkla!

Önceki sayfalarda belirttiğim gibi C#'da araçların yüzde 90'ından fazlası veri girişlerinde varsayılan değişken olarak String değişken yapısını kullanmakta. Klavyeden tam sayı bir değişken girmek istediğimiz zaman, girilecek araç üzerinden küçük bir dönüşüm uygulamak gerekir.

Tam sayı dönüşümleri sırasıyla;

- » ToInt16
- » ToInt32
- » ToInt64

Şeklinde 3'e ayrılır. Aralarındaki fark yalnızca aralıklardır. İlgili değişkenlerin aralıkları bir sonraki resimde belirtilmiştir.

	Tür	Boyut	Kapasite	Örnek
	byte	1 bayt	0, ..., 255 (tam sayı)	byte a=5;
	sbyte	1 bayt	-128, ..., 127 (tam sayı)	sbyte a=5;
INT16	short	2 bayt	-32768, ..., 32767 (tam sayı)	short a=5;
	ushort	2 bayt	0, ..., 65535 (tam sayı)	ushort a=5;
INT32	int	4 bayt	-2147483648, ..., 2147483647 (tam sayı)	int a=5;
	uint	4 bayt	0, ..., 4294967295 (tam sayı)	uint a=5;
INT64	long	8 bayt	-9223372036854775808, ..., 9223372036854775807 (tam sayı)	long a=5;
	ulong	8 bayt	0, ..., 18446744073709551615 (tam sayı)	ulong a=5;
	float	4 bayt	$\pm 1.5*10^{-45}$, ..., $\pm 3.4*10^{38}$ (reel sayı)	float a=5F; veya float a=5f;
	double	8 bayt	$\pm 5.0*10^{-324}$, ..., $\pm 1.7*10^{308}$ (reel sayı)	double a=5; veya double a=5d; veya double a=5D;
	decimal	16 bayt	$\pm 1.5*10^{-28}$, ..., $\pm 7.9*10^{28}$ (reel sayı)	decimal a=5M; veya decimal a=5m;

Öyleyse uygulamalarımıza devam edelim.

Uygulama 11

Klavyeden girilen sayıyı label'a yazdıran programı kodlayalım.

```
private void button1_Click(object sender, EventArgs e)
        {
            int sayi;
            sayi = Convert.ToInt16(textBox1.Text);
            label1.Text = sayi.ToString();
        }
```

sayi isminde bir değişken tanımladık. Bu değişkenimizin değerini klavyeden alacağımız ve tam sayı türünde bir değişken olduğu için dönüşüm uygulamamız gerekmektedir. Bir önce ki sayfada 3 türlü int dönüşümü olduğundan bahsetmiştik. Sayımız çok büyük değilse en küçük dönüşüm aralığı olan ToInt16 kullanmak gayet idealdir. Biz de burada sayı değişkenimize atama yaparken Convert yani dönüştür komutunu kullandıktan sonra dönüştüreceğimiz metodu listeden seçiyoruz. ToInt16'da bir metottur. Ve metotların sonunda parantez açılıp kapandığını belirtmiştik. Ancak bu kez parantezimizin içinin dolması gerekecek. Hangi araçtaki sayıyı dönüştüreceksek o aracı parantez içine yazıyor. Artık TextBox1'den girdiğimiz değerler birer tam sayı formatında işlem yapmaya hazır hale geldi. Sayı değişkenini Label aracımıza yazdırmak için yeniden ToString metodu kullanmamız gerektiğini unutmayalım.

Uygulama 12

Klavyeden girilen sayının küpünü hesaplayan programı kodlayalım.

```
private void button1_Click(object sender, EventArgs e)
        {
            int sayi, kup;
            sayi = Convert.ToInt16(textBox1.Text);
            kup = sayi * sayi * sayi;
            label1.Text = kup.ToString();
        }
```

Klavyeden girilen sayının küpünü hesaplamak için 2 tane değişken tanımladık. Sayı değerini klavyeden alacağımız için bir önce ki örneğimizde olduğu gibi dönüşüm işlemi uyguladık. Sonra küp değişkenimizin değeri hesaplatmak için sayıyı kendisiyle 3 kez çarptık ve sonucu Label aracımıza yazdık.

Uygulama 13

Klavyeden girilen iki sayıyı toplayan programı kodlayalım.

```
private void button1_Click(object sender, EventArgs e)
        {
            int sayi1, sayi2, toplam;
            sayi1 = Convert.ToInt16(textBox1.Text);
            sayi2 = Convert.ToInt16(textBox2.Text);
            toplam = sayi1 + sayi2;
            label1.Text = toplam.ToString();
        }
```

Klavyeden girilen 2 sayıyı toplayıp sonucu ekrana yazdırmak için 3 tane değişkene ihtiyacımız var. Bunlardan ikisi sayı değişkenleri diğeri de toplama işlemini gerçekleştireceğimiz değişkenimiz olacak. Sayı1 ve Sayı2 değerlerini dönüşüm uygulayıp klavyeden aldık. Toplam değişkenimize de bu iki değeri matematiksel olarak toplama işlemi komutunu yazdık ve sonucu Label aracımıza yazdırdık.

Uygulama 14

Klavyeden bir kenarı girilen karenin alan ve çevresini hesaplayan programı kodlayalım.

```
private void button1_Click(object sender, EventArgs e)
      {
          int kenar, alan, cevre;
          kenar = Convert.ToInt16(textBox1.Text);
          alan = kenar * kenar;
          cevre = kenar * 4;
          label1.Text = alan.ToString();
          label2.Text = cevre.ToString();
      }
```

3 tane değişken tanımladık. Klavyeden bir kenar değerini gireceğimiz için bu değişken üzerinde dönüşüm uyguladık. Alan ve çevre formüllerini değişkenlerimizde uygulayıp sonuçları Label araçlarımıza yazdırdık.

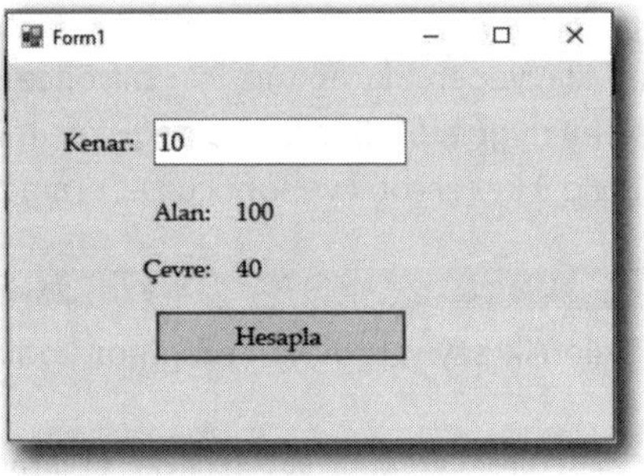

Uygulama 15

Klavyeden 2 sınav notu girilen öğrencinin ortalamasını hesaplayan programı kodlayalım.

```
private void button1_Click(object sender, EventArgs e)
        {
            int sinav1,sinav2,ortalama;
            sinav1 = Convert.ToInt16(textBox1.Text);
            sinav2 = Convert.ToInt16(textBox2.Text);
            ortalama = (sinav1 + sinav2) / 2;
            label2.Text = ortalama.ToString();
        }
```

Öğrencinin 2 sınav notunu klavyeden sırasıyla ToInt16 dönüşümü uygulayarak aldık. Ortalama değişkenimize 2 sınav notunu toplayıp 2'ye bölerek değerimizi atamış olduk. Sonucu Label aracımıza yazdırdık.

DOUBLE DEĞİŞKENLER

Üçüncü değişkenimiz olan, ondalıklı aritmetik sayıları tutan double değişken üzerine kısa bir bilgi verip pratik uygulamalarla kullanarak konuyu pekiştirelim. Yapacağımız aritmetik işlemlerde ondalıklı sonuçlara ihtiyaç duymamız durumunda doule değişkenlere başvururuz. Hafızada kapladığı alan ile ilgili detaylı bilgiye 7 nolu resimden ulaşabilirsiniz. Öyleyse kod kısmından girilen bir ondalıklı sayıyı labele yazdırarak örneklerimize başlayalım.

Uygulama 16

Kod kısmından girilen ondalıklı sayıyı labele yazdıran programı kodlayalım.

NOT Ondalıklı sayılar kod kısmından girilirken nokta ile, klavyeden girilirken virgül ile ayrılır.

```
private void button1_Click(object sender, EventArgs e)
        {
            double sayi;
            sayi = 9.24;
            label1.Text = sayi.ToString();
        }
```

Ondalıklı sayılar üzerinde aritmetik işlemler yapmak için kullanılan double değişkeni ile sayı isminde bir değişken oluşturduk. Sayımızın değerini kod kısmından girdiğimiz için ondalıklı kısmı nokta sembolü ile ayırdık. Yazdırma işlemini Label aracımıza yapacağımız için ve sayı değerimiz double türünde bir değişkenken olduğundan ToString dönüşümünü kullanarak işlemi gerçekleştirdik.

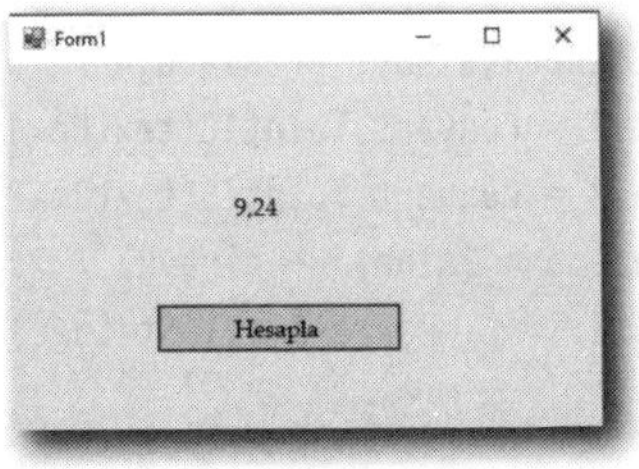

Uygulama 17

Kod kısmından girilen iki sayıyı toplayıp sonucu hesaplayan programı kodlayalım.

```
private void button1_Click(object sender, EventArgs e)
        {
            double sayi1, sayi2, toplam;
            sayi1 = 24.03;
            sayi2 = 20.12;
            toplam = sayi1 + sayi2;
            label1.Text = toplam.ToString();
        }
```

Kod kısmında tanımladığımız `sayı1` ve `sayı2` değişkenlerimize sırasıyla değerlerimizi atadık. Toplam değişkenimiz; sayı değişkenlerden gelen değerleri toplayıp hafızada tutacaktır. Hafızada tutulan bu toplam değişkeninin değerini yazdırmak için `label1.Text=toplam.ToString()` komutunu yazarak sonucu ekranda görüntülemiş olduk. Sonucumuzun `44,15` çıkması gerekmektedir.

Uygulama 18

Klavyeden girilen ondalıklı bir sayıyı label'a yazdıran programı kodlayalım.

NOT Ondalıklı sayılar için convert olarak double değişkenlerde `todouble` kullanılır.

```
private void button1_Click(object sender, EventArgs e)
        {
            double sayi;
            sayi = Convert.ToDouble(textBox1.Text);
            label1.Text = sayi.ToString();
        }
```

Klavyeden ondalıklı bir değeri alıp üzerinde işlem yapmak için dönüşümün bu kez ToInt formatlarında değil, `ToDouble` şeklinde olması gerekmektedir. Tanımladığımız sayı değişkeni üzerinde `ToDouble` dönüşümü ile değerimizi alıp bu değeri Labele yazdırma işlemini gerçekleştirdik.

Uygulama 19

Klavyeden girilen ondalıklı iki sayı için aritmetik 4 işlem yapan programı kodlayalım.

```
private void button1_Click(object sender, EventArgs e)
        {
            double sayi1, sayi2, toplam, fark, carpim, bolum;
            sayi1 = Convert.ToDouble(textBox1.Text);
            sayi2 = Convert.ToDouble(textBox2.Text);
            toplam = sayi1 + sayi2;
            fark = sayi1 - sayi2;
            carpim = sayi1 * sayi2;
            bolum = sayi1 / sayi2;
            label4.Text = toplam.ToString();
            label6.Text = fark.ToString();
            label8.Text = carpim.ToString();
            label10.Text = bolum.ToString();
        }
```

2 sayı için aritmetik 4 işlem uygulanacaksa 6 tane değişkene ihtiyacımız var. Bunlar "sayı1, sayı2, toplam, fark, çarpım ve bölüm" değişkenleridir. Girdiğimiz 2 sayı üzerinde dönüşüm uygulayıp klavyeden değerlerimizi ondalıklı formata çevirmiş olduk. Daha sonra sırayla 4 aritmetik işlemi gerçekleştirip sonuçları Labellere yazdırdık.

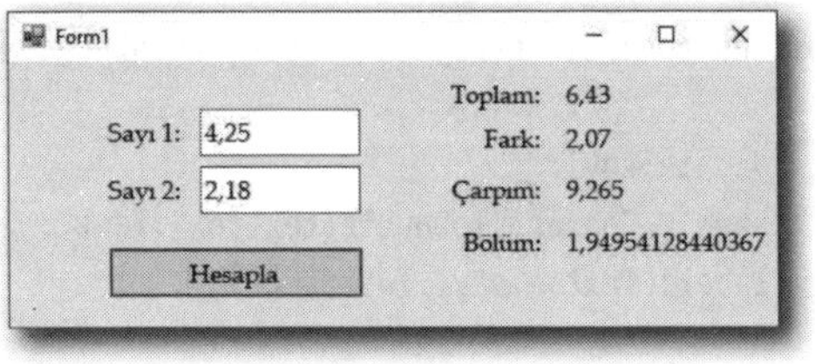

CHAR DEĞİŞKENLER

Dördüncü değişkenimiz olan `char` değişkeninden kısaca bahsedelim. String değişken gibi her türlü veriyi tutar yalnız bir farkla. Char türündeki değişkenler bellekte sadece 1 tane karakter tutarlar. C# dilinin atalarından olan C dilinde string değişkenler bulunmuyordu. Uzun metinler için `char` değişkeni tanımlanıp kaç karakterlik veri girilecekse o kadar karakterlik alan açılıyordu bellekten. String değişkenlerin ortaya çıkması ile bu sorun ortadan kalkmış oldu. Ancak char değişkenler hala kullanılmakta. **Örneğin;** bellek yönetiminin çok gerekli olduğu bazı noktalarda `char` değişkenler kullanılabilir. Birkaç küçük örnek verelim, karar yapıların bu başlıktaki örneklere devam ediyor olacağız.

NOT char değişkenler string değişkenlerden farklı olarak tek tırnak içine yazılır.

Uygulama 20

Kod kısmından girilen char değişkeni labele yazdıran programı kodlayalım.

```
private void button1_Click(object sender, EventArgs e)
        {
            char harf;
            harf = 'd';
            label1.Text = harf.ToString();
        }
```

Kod kısmında tanımladığımız harf değişkeni sadece bir tane karakter tutacağı için char türünde tanımladık. Harf değişkenimize d değerini verdik. Buradaki değer atama işlemi string değişkenlerden farklı olmak üzere çift tırnak değil tek tırnak içinde yapılmaktadır. Ve değerimizi string türünde bir araç olan Labele yazdırmak için `ToString` dönüşümü uyguladık.

Uygulama 21

Klavyeden girilen harfi char değişkeni olarak alıp labele yazdıran progrmaı kodlayalım.

NOT char değişkenler klavyeden alınırken tochar olarak convert edilir.

```
private void button1_Click(object sender, EventArgs e)
        {
            char harf;
            harf = Convert.ToChar(textBox1.Text);
            label1.Text = harf.ToString();
        }
```

Bu kez char türündeki değerimizi klavyeden aldık. Dönüşüm metodu olarak `ToChar` komutunu kullandık. Yazdırma işleminde ise yine string formatına çevirip işlemlerimizi tamamladık.

Temel değişken kullanımları üzerine şimdilik söyleyeceklerimiz bu kadar, bir tane proje örneği yapalım.

Uygulama 22

Kullanıcı tarafından ad, soyad, sınav1, sınav2 ve sınav3 bilgileri girilen kişinin adını soy adını ve ortalamasını ListBox'a ekleyen programı hazırlayalım.

```
private void button1_Click(object sender, EventArgs e)
        {
            double sinav1, sinav2, sinav3, ortalama;
            string ad, soyad;
            ad = textBox1.Text;
            soyad = textBox2.Text;
            sinav1 = Convert.ToDouble(textBox3.Text);
            sinav2 = Convert.ToDouble(textBox4.Text);
            sinav3 = Convert.ToDouble(textBox5.Text);
            ortalama = (sinav1 + sinav2 + sinav3) / 3;
           listBox1.Items.Add(ad + " " + soyad + " Ortalama: " + ortalama);
        }
```

Uygulama örneğimizde hem string hem de double değişkenler kullandık. String değişkenleri ad ve soy ad bilgisini almak için, double değişkenleri ise sınav notları girişi ve ortalama hesabında kullandık. İşlemlerimizi gerçekleştirdikten sonra yazdırma işlemini Listox aracımız üzerinde yaptık.

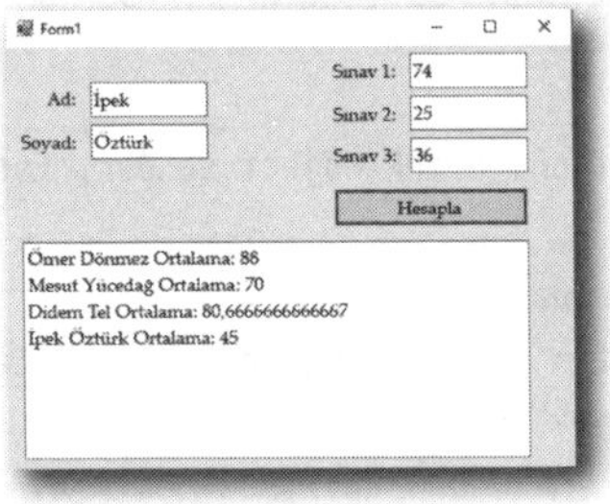

Örnek proje uygulamalarımıza karar yapıları konusunda öğrendikten sonra daha kapsamlı bir şekilde devam edeceğiz.

Byte Değişkenler

Byte değişkenler oldukça küçük tam sayılarda kullanılan değişken türüdür. Değer aralığı 0 ile 255'dir. Bu aralıkta 255 dahil, 256 dahil değildir. Hazırladığımız uygulamaların kod sayısı arttıkça program yükü de artacaktır. Küçük ölçekli programlarda tanımladığımız değişkenlerin türünün büyük ya da küçük olması program akışı adına kasma, donma gibi durumlara mahal vermeyecektir. Ancak uygulamalarımızın boyutu büyüdükçe değişkenlerin de neden en optimal değerlerden seçilmesi gerektiği ortaya çıkacaktır. Yapı olarak Int türüne benzeyen Byte türündeki değişkenler yalnızca tam sayılardan oluşur. Pratik bir örnek üzerinde kodlarımızı uygulayalım.

Uygulama 23

Kod kısmından girilen Byte türündeki bir değeri Label aracına yazdıran programı hazırlayalım.

```
private void button1_Click(object sender, EventArgs e)
        {
            byte sayi = 124;
            label1.Text = sayi.ToString();
        }
```

Byte türünde sayı isminde bir değişken tanımladık. Değişkenimize değer olarak 124 sayısını verdik. 0'den 255'e kadar 255'de dahil olmak üzere tüm tam sayıları verebilirdik. Daha sonra sayı değişkenimizin değerini Label aracımızda yazdırarak programımızı sonlandırdık.

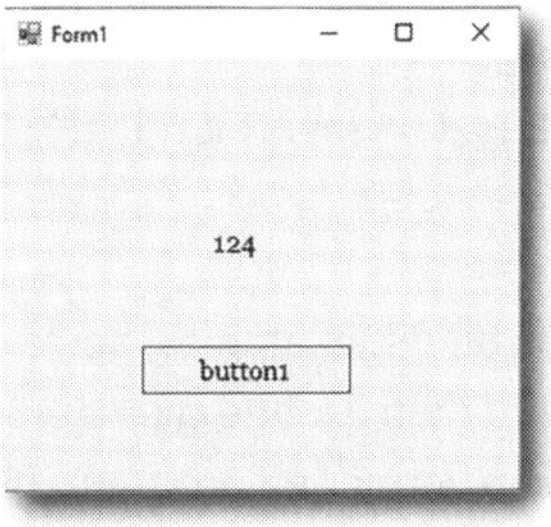

SBYTE DEĞİŞKENLER

Byte değişken türünün işaretli yani signed olan türüdür. Signed türlerde sadece pozitif değil negatif değerleri de hafıza aralığı içinde kullanabiliriz. Sbyte için aralık -128 ile + 127 arasında olup -128 ve + 127 değerleri dahildir.

Klavyeden sınav notları girilecek bir öğrenci için kullanılacak en alternatif veri tipinden birisi Sbyte türüdür. Çünkü öğrencilerin sınav notları 0-100 aralığında olup Sbyte tanımlamak Int tanımlaya göre çok daha az yer kaplayacaktır. Uygulamalı bir örnek üzerinde görelim.

Uygulama 24

Klavyeden girilen Sbyte türündeki değeri label aracına yazdıran kodu yazalım.

```
private void button1_Click(object sender, EventArgs e)
       {
           sbyte sayi = -14;
           label1.Text = sayi.ToString();
       }
```

Tıpkı Byte türünde olduğu gibi burada da değişkenimizi tanımladık ve değerini bu kez negatif bir tam sayı olarak verdik. Daha sonra bu değeri verdiğimiz sayımızı Label aracımıza yazarak kod bloğumuzu tamamladık.

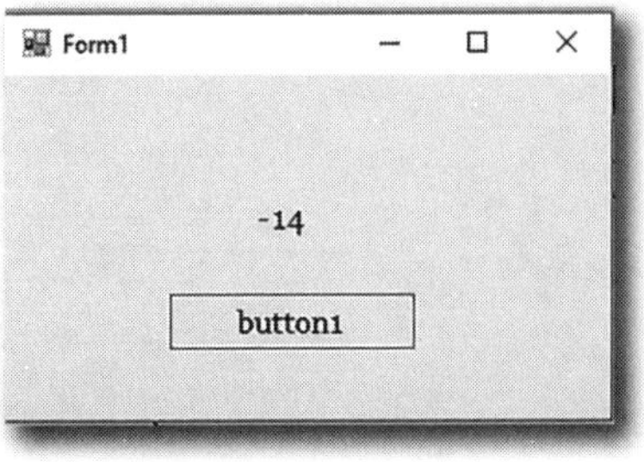

Uygulama 25

Klavyeden girilen Sbyte türündeki değeri label aracına yazdıran kodu yazalım.

```
private void button1_Click(object sender, EventArgs e)
        {
            sbyte sayi = 136;
            label1.Text = sayi.ToString();
        }
```

Bu kez aralık dışında bir değer ataması gerçekleştirdik. sbyte değişkeninin maksimum değeri olan 127'nin üzerine çıkarak 136 değerini verdik ve henüz butona dahi tıklamaya imkan vermeden programımızın derleme aşamasında hata verdi. Hatanın açıklamasında sayı değişkeni için girilen değerin tanımlanan Sbyte türünün dışında olduğunu bize bildirdi.

Karar yapıları konusunda detaylı bir şekilde göreceğimiz bir noktanın temellerini şimdiden atmaya başladık. O halde şunu söyleyebiliriz eğer klavyeden değer alınacaksa mutlaka aralık şartları da kod bloğuna yazılmalıdır. Örneğin; sınav notları girilirken sadece 0-100 arasındaki tam sayılar girilsin bunun haricinde herhangi bir giriş kesinlikle yapılamasın yoksa programımız hata verecektir.

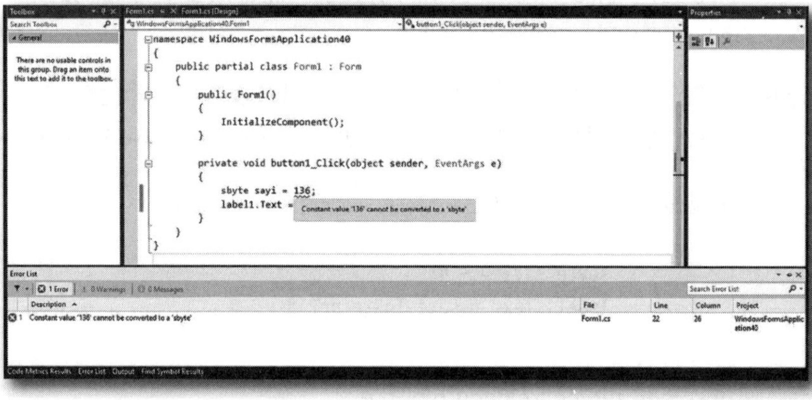

SHORT DEĞİŞKENLER

-32768 ile + 32767 arasındaki tam sayılar arasında değer alan değişken türüdür. Signed yani işaretli bir değişkendir. Bu da demek oluyor ki ilgili değişkenimiz negatif sayıları da bünyesinde barındırabilir. SShort gibi bir ifade kullanılmamış olup sadece Short ifadesi kullanılmıştır. Kendisinin negatif olmayan yani sadece pozitif olan aralığı içinse Ushort yani unsigned işaretsiz ifadesi kullanılmıştır. Byte değişken türüne göre daha geniş bir aralığı bulunan değişkenimizi uygulamalı bir örnek üzerinde görelim.

Uygulama 26

Klavyeden girilen Short türündeki 2 sayıyı toplayıp sonucu label aracına yazdıran kodu yazalım.

```
private void button1_Click(object sender, EventArgs e)
        {
            short sayi1 = 1440;
            short sayi2 = 2562;
            label1.Text = (sayi1+sayi2).ToString();
        }
```

`short` türünde `sayı1` ve `sayı2` isminde iki tane değişken tanımladık. Daha sonra bunları toplamak için label aracımızda atama işlemi gerçekleştirerek toplamasını yaptık. Ancak burada `shorts3` isminde bir değişken tanımlayıp bu değişkenimiz üzerinde toplama işlemini gerçekleştiremedik. Çünkü böyle bir toplama işlemi bazı özel kurallardan ötürü gerçekleşemiyor aynı durum `Byte` ve `Sbyte` değişkenleri içinde geçerlidir. Bu konuda daha detaylı bilgi için **Youtube** kanalımızda ki **C# Console Videoları'nın** 21. dersini izleyebilirsiniz.

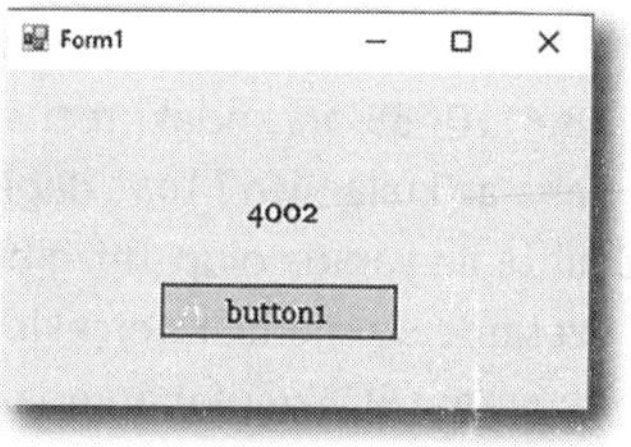

USHORT DEĞİŞKENLER

0 ile 65535 arasındaki tam sayılar arasında değer alan değişken türüdür. Signed yani işaretli bir değişken değildir. Bu da demek oluyor ki ilgili değişkenimiz sadece pozitif sayıları bünyesinde barındırabilir. Başındaki U harfi bunun işaretsiz olduğu anlamana gelmektedir. Short değişken türüne göre pozitif tarafta daha büyük bir aralığa sahiptir. Uygulamalı bir örnek üzerinde konuyu pekiştirelim.

Uygulama 27

Klavyeden girilen UShort türündeki değeri label aracına yazdıran kodu yazalım.

```
private void button1_Click(object sender, EventArgs e)
        {
            ushort sayi = 54852;
            label1.Text = sayi.ToString();
        }
```

`UShort` türünde bir sayı tanımladık. Tanımladığımız sayımızın değerini 54852 olarak belirledik. Son değerimiz olan 65535 aralığına kadar istediğimiz tam sayı değerini verebilirdik. Daha sonra bu değerimizi Label aracına yazdırarak kod bloğumuzu tamamladık.

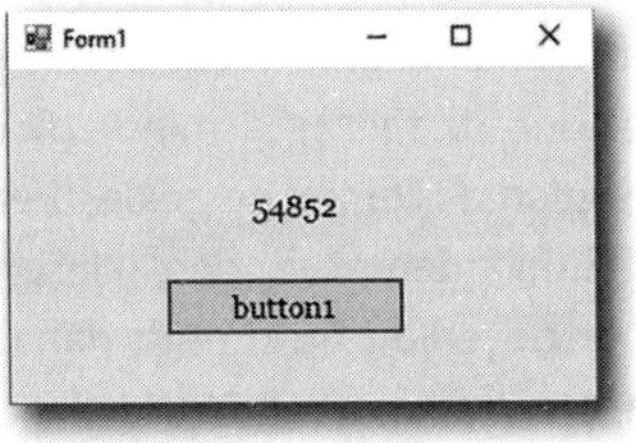

FLOAT DEĞİŞKENLER

±1.5*10^45, ..., ±3.4*10^38 arasındaki reel sayıları değişken türüdür. `Double` değişkene göre daha az kullanılan `Float` değişkeni `Double` türünden daha küçük aralıktadır. `Double` ile yapıda olup `Int` gibi sadece tam sayıları değil ayrıca ondalıklı sayılar üzerinde de işlemler gerçekleştirir. Ondalık hassasiyeti 7 basamak olan `Float` değişkeni SQL veritabanında da çokça tercih edilmektedir. Bu konudaki detaylı anlatıma SQL bölümünde değineceğiz.

NOT C#'da ondalıklı ifadelerin varsayılan değişken türü Double'dır. Bundan dolayı Float ve akabinde anlatacağımız Decimal değişkenleri tanımlanırken ifadelerin sonuna Float için F, Decimal için M harfi eklenir.

Uygulama 28

Kod kısmından girdiğimiz Float türündeki sayıyı Label aracımıza yazdıralım..

```
private void button1_Click(object sender, EventArgs e)
    {
        float sayi = 24.09f;
        label1.Text = sayi.ToString();
    }
```

Float türünde sayı isminde bir değişken tanımladık ve değişkenimizin değerini 24.09 olarak belirledik. Değişkenimiz Float olduğundan dolayı sonuna f harfini ekledik. Label aracımıza String formatta sayı değişkenimizi yazdırıp programımızı çalıştırdık.

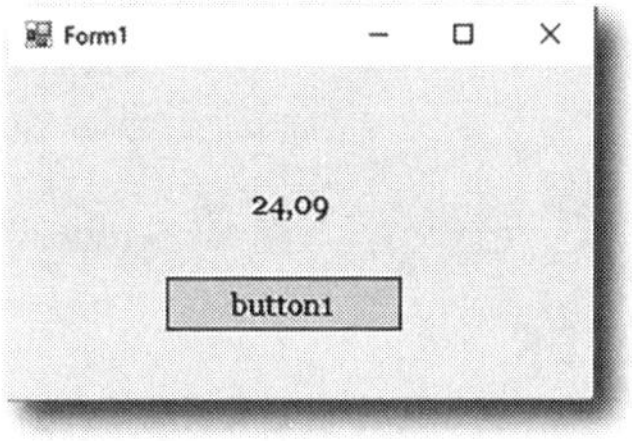

DECIMAL DEĞİŞKENLER

Ondalıklı veri türleri içinde hafızada en fazla yer kaplayan değişkendir. Hem Float hem de Double türlerinden daha fazla bir alan sahiptir. Çok büyük ondalıklı aritmetik işlemlerde kullanılmaktadır. Ondalık hassasiyeti 29 karaktere kadar çıkmaktadır. Ayrıca SQL veritabanında da ondalıklı türlerin tanımlanmasında çok sık tercih edilir. Decimal türünde de bir örnek yapıp uygulamalarımızı tamamlayalım.

Uygulama 29

Kod kısmından girdiğimiz Decimal türündeki sayıyı Label aracımıza yazdıralım..

```
private void button1_Click(object sender, EventArgs e)
    {
        decimal sayi = 19.1923m;
        label1.Text = sayi.ToString();
    }
```

Tıpkı Float değişken örneğimizde olduğu gibi bu kez Decimal türünde bir değişken tanımlayıp değişkenimize 19.1923 değerini atadık. Daha sonra değişkenimizi göstermek istediğimiz Label aracımıza String formatta yazdırarak uygulamamızı tamamladık.

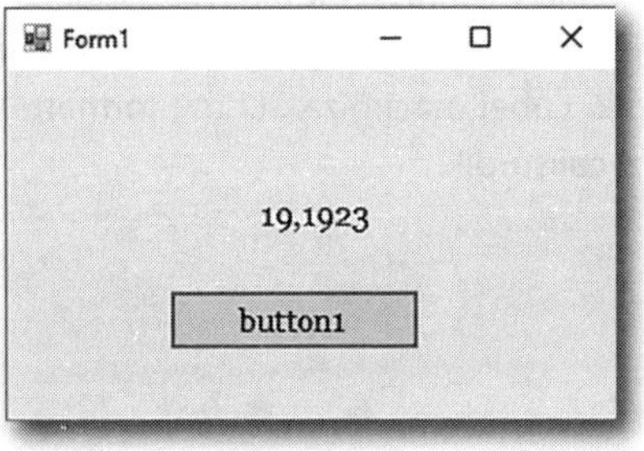

Bool Değişkenler

Programlama dillerinde mantıksal 2 sonucu olan veriler için kullanılan değişken türüdür. Lojik değişken olarak da bilinir. Bazı yerlerde `Bool` yerine `Boolean` ifadesi ile de karşılaşmanız mümkündür. `Bool` değişkeni `Boolean` için yalnızca `alias` yani **takma ad** ifade eder.

Her iki kullanım da doğru olacaktır. `Bool` değişkenler `True` ve `False` olmak üzere iki sonuç alırlar. Bunların dışında herhangi bir ihtimalleri mevcut değildir. Ancak bu `True` ve `False` ifadeleri kullanılacak uygulamalara göre çeşitli varyasyonlara dönüştürülebilir. Örneğin ortalaması 50'den küçük olan öğrencinin durumunun False olması onun dersten kaldığımı gösterir. Veya askerlik durumunun `True` olması askerliğini tamamladığını gösterecektir. Uygulama üzerinde görelim.

Uygulama 30

Kod kısmından durumu girilen ifadeyi Label aracına mantıksal türde yazdıralım.

```
private void button1_Click(object sender, EventArgs e)
    {
        bool durum = false;
        label1.Text = durum.ToString();
    }
```

Bool türünde `durum` isminde bir değişken tanımladık. Değişkenimiz `bool` türünde olduğu için alacağı değerler ya `True` ya da `False` olacaktır. Biz `False` değerini tercih ettik. Daha sonra Label aracımıza değişkenimizi `String` formatta yazdırarak kod bloğumuzu tamamladık.

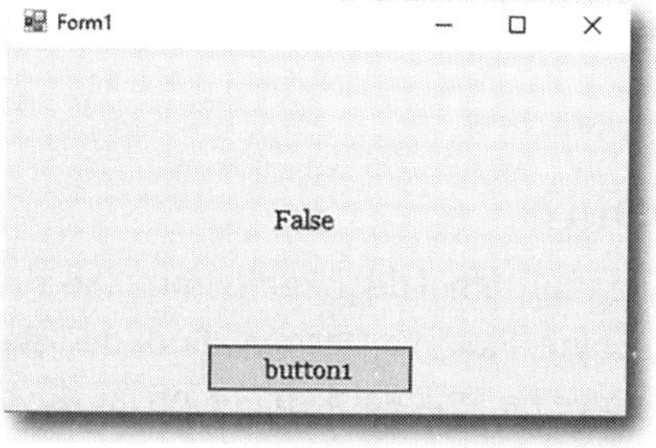

Uygulama 31

Kod kısmından girilen sayının 20'den büyük olup olmadığını bool değişkeni ile kontrol edelim.

```
private void button1_Click(object sender, EventArgs e)
    {
        int sayi = 24;
        bool kontrol = sayi > 20;
        label1.Text = kontrol.ToString();
    }
```

Sayı isminde tam sayı türünde bir değişken tanımladık. Burada dilersek değişken değerimizi klavyeden de alabilirdik. Daha sonra sayımıza bir değer olarak 24'ü verdik. `Kontrol` isminde `bool` türünde yeni bir değişken daha tanımladık. Bu değişkenimizin doğruluk şartı sayı değişkenimizin 20'den büyük olmasıdır.

Yani eğer sayı değişkenimizin değeri 20'den büyükse `True` aksi durumda `False` sonucunu verecektir. Son olarak Label aracımıza kontrol değişkenimizi yazdırarak kod bloğumuzu tamamladık.

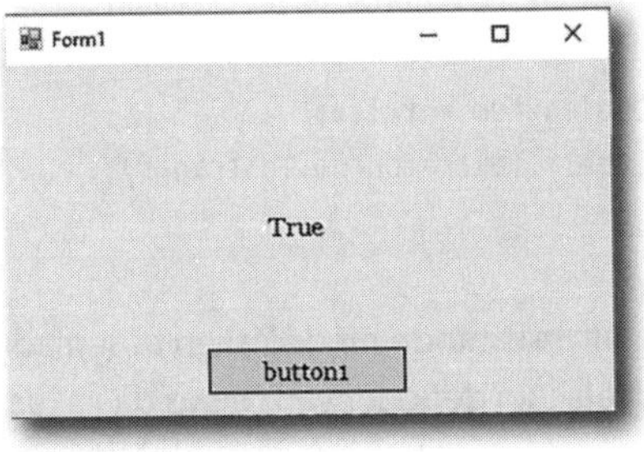

Bu değişkenler dışında kullanılan birkaç değişken daha var ancak çok gerekli görmediğimiz için bunlar üzerinde uygulama yapmaya ihtiyaç duymadık. Daha detaylı bilgi için YouTube'da bulunan **50 Derste C# Console** videolarımızı izleyebilirsiniz.

NELER ÖĞRENDİK?

Değişken kavramını, temel değişkenlerimiz olan String, Int, Double, Char, Short, Ushort, Byte, Sbyte, Float ve Decimal, Bool değişkenleri. Aralarındaki farkların neler olduğunu ve neden değişkenlere ihtiyaç duyduğumuzu, dönüşüm işlemleri ve dönüşüm türleri genel olarak öğrendiğimiz başlıklardı. Bu başlıkları bol bol örnek uygulama yaparak farklı kullanım türlerini göz önüne alıp pratik uygulamalarla pekiştirmeye çalıştık. Değişken kavramı kendisinden sonra gelecek olan bütün konuların yapı taşıdır. İlerleyen bölümler değişkenleri çok sık kullanıyor olacağız.

4

Operatörler

Bu Bölümde

Bu bölümde operatör kavramını, aritmetik, mantık, karşılaştırma, bitsel, gibi operatörlerimizi kullanım şekillerini ve neler olduğunu öğreneceğiz.

OPERATÖR NEDİR?

Programlama dillerinde tek başlarına herhangi bir anlamı olmayan ancak programın işleyişine katkıda bulunan karakter ya da karakter topluluklarına **operatör** denir. Örneğin; a + b ifadesinde + işareti bir operatördür. Operatörlerin etki ettikleri sabit ya da değişkenlere ise **operand** denir. Örneğin; a + b ifadesinde a ve b birer operand olarak tanımlanır. C#'ta operatörlerin bazıları tek, bazıları çift, bazıları da üç operand alır. Peki, eğer bir ifadede birden fazla operatör varsa ne olacak? Örneğin; 3+5*8 gibi bir ifadede önce hangi işlem yapılacak? Burada önce toplama işlemi yapılırsa sonuç 64 olur, ancak önce çarpma işlemi yapılırsa sonuç 43 olur. İşte C#'ta bu gibi durumları önlemek için operatör önceliği diye kavram bulunmaktadır. Operatör öncelikleri ile ilgili şu kuralları bilmenizde fayda var;

» Önce parantez içleri yapılır. Örneğin; (4+5)*6 gibi bir ifadede önce toplama işlemi yapılır.

» İç içe parantezler söz konusuysa önce en içteki parantez yapılır, sıra ile dıştaki parantezlere gidilir.

» C#'ta farklı operatörlerin farklı önceliği vardır. Yani ifadede bir parantez yoksa önce öncelik sırası daha önde olan operatörün işlemi yapılır.

Operatörleri 6 temel başlıkta toplayabiliriz;

» Aritmetik Operatörler

» Karşılaştırma Operatörleri

» Bitsel Operatörler

» Mantıksal Operatörler

» Atama ve İşlemli Atama Operatörleri

» Özel Amaçlı Operatörler

Bu operatörleri sırasıyla örnek uygulamalar ile birlikte tanımaya çalışalım.

ARİTMETİK OPERATÖRLER

C#'da kullanacağımız 5 temel aritmetik operatör bulunur, bunlar toplama, çıkarma, çarpma, bölme ve mod alma operatörleridir.

TOPLAMA OPERATÖRÜ (+)

Matematikten bildiğimiz, toplama işlemini gerçekleştirdiğimiz operatörümüzdür. Aritmetik ifadelerdeki toplama işlemini gerçekleştirmek için kullanılır. Artı (+) sembolü ile ifade edilir.

Kullanım şekli

Kod kısmından girilen iki sayıyı toplayan programı yazalım.

```
private void button1_Click(object sender, EventArgs e)
        {
            int sayi1,sayi2,toplam;
            sayi1 = 5;
            sayi2 = 4;
            toplam = sayi1 + sayi2;
            label1.Text = toplam.ToString();
        }
```

Kod kısmından sayı1 ve sayı2 değişkenlerimize verdiğimiz değerleri toplam değişkeninde + operatörü ile toplatıp sonucumuzu Label aracına yazdırdık. Butonumuza bastığımız zaman Label aracımızda 9 sonucunun yazması gerekiyor.

Çıkarma Operatörü (+)

Matematikten bildiğimiz, çıkarma işlemini gerçekleştirdiğimiz operatörümüzdür. Aritmetik ifadelerdeki çıkarma işlemini gerçekleştirmek için kullanılır. Eksi ya da tire (-) sembolü ile ifade edilir.

Kullanım şekli

Kod kısmından girilen iki sayıyı çıkaran programı yazalım.

```
private void button1_Click(object sender, EventArgs e)
        {
            int sayi1,sayi2,fark;
            sayi1 = 5;
            sayi2 = 4;
            fark = sayi1 - sayi2;
            label1.Text = fark.ToString();
        }
```

Kod kısmından sayı1 ve sayı2 değişkenlerimize verdiğimiz değerleri fark değişkeninde - operatörü ile çıkarıp sonucumuzu Label aracına yazdırdık. Butonumuza bastığımız zaman Label aracımızda 1 sonucunun yazması gerekiyor.

Çarpma Operatörü (*)

Matematikten bildiğimiz, çarpma işlemini gerçekleştirdiğimiz operatörümüzdür. Aritmetik ifadelerdeki çarpma işlemini gerçekleştirmek için kullanılır. Yıldız (*) sembolü ile ifade edilir.

Kullanım şekli

Kod kısmından girilen iki sayıyı çarpan programı yazalım.

```
private void button1_Click(object sender, EventArgs e)
        {
            int sayi1,sayi2,carpim;
            sayi1 = 5;
            sayi2 = 4;
            carpim = sayi1 * sayi2;
            label1.Text = carpim.ToString();
        }
```

Kod kısmından sayı1 ve sayı2 değişkenlerimize verdiğimiz değerleri çarpım değişkeninde * operatörü ile çarpıp sonucumuzu Label aracına yazdırdık. Butonumuza bastığımız zaman Label aracımızda 20 sonucunun yazması gerekiyor.

Bölme Operatörü (/)

Matematikten bildiğimiz, bölme işlemini gerçekleştirdiğimiz operatörümüzdür. Aritmetik ifadelerdeki bölme işlemini gerçekleştirmek için kullanılır. **Slash** ya da **taksim** diye adlandırdığımız (/) sembolü ile ifade edilir.

Kullanım şekli

Kod kısmından girilen iki sayıyı bölen programı yazalım.

```
private void button1_Click(object sender, EventArgs e)
        {
            int sayi1,sayi2,bolum;
            sayi1 = 40;
            sayi2 = 10;
            bolum = sayi1 / sayi2;
            label1.Text = bolum.ToString();
        }
```

Kod kısmından sayı1 ve sayı2 değişkenlerimize verdiğimiz değerleri bölüm değişkeninde / operatörü ile bölüp sonucumuzu Label aracına yazdırdık. Butonumuza bastığımız zaman Label aracımızda 4 sonucunun yazması gerekiyor.

ARTTIRMA OPERATÖRÜ (++)

Herhangi bir sayıyı bir bir arttırmak istersek kullanacağımız operatördür. Tek kuralı sayının bir değere sahip olması gerektiğidir. Yani `int x` ifadesindeki x değerini birer birer arttıramayız çünkü ilk değerini bilmiyoruz. Ancak `int x=4` ifadesini birer birer arttırabiliriz. Bunun için `x++` komutunu kullanmamız gerekecek.

Kullanım şekli

Kod kısmından girilen sayının değerini butona her basıldığında bir arttıran programı kodlayalım.

Bu uygulamayın yapmadan önce bilinmesi gereken çok önemli bir durum var. Arttırma işlemlerinin yapıldığı uygulamalarda ilgili değerin global alanda tanımlanması gerekir. Eğer ki Button aracımızın içinde tanımlarsak değişken her defasında ilk değerini alacaktır. Örneğin; `Button` içinde sayı isminde bir değişken tanımlayıp ilk değerini 5 olarak verelim.

```
int sayi = 5;
        private void button1_Click(object sender, EventArgs e)
        {
            sayi++;
            label1.Text = sayi.ToString();
        }
```

Burada sayı isminde global bir değişken oluşturup ilk değerini 5 olarak belirledik. Buttonumuza her tıkladığımızda `sayı++` komutu sayesinde sayı değerimiz bir artacak. Bu işlem `int` değişkenin alabileceği en büyük değere kadar gidecektir.

AZALTMA OPERATÖRÜ (--)

Herhangi bir sayıyı bir bir azaltmak istersek kullanacağımız operatördür. Tek kuralı sayının bir değere sahip olması gerektiğidir. Yani `int x` ifadesindeki x değerini birer birer azaltamayız çünkü ilk değerini bilmiyoruz. Ancak `int x=4` ifadesini birer birer azaltabiliriz. Bunun için `x--` komutunu kullanmamız gerekecek.

Kullanım şekli

Kod kısmından girilen sayının değerini butona her basıldığında bir azaltan programı kodlayalım.

```
int sayi = 4;
        private void button1_Click(object sender, EventArgs e)
        {
            Sayi--;
            label1.Text = sayi.ToString();
        }
```

Burada sayı isminde global bir değişken oluşturup ilk değerini 4 olarak belirledik. Buttonumuza her tıkladığımızda `sayı--` komutu sayesinde sayı değerimiz bir azalacak. Bu işlem `int` değişkenin alabileceği en küçük değere kadar gidecektir.

Mod Alma Operatörü (%)

Bir sayının diğerine bölümünden kalanı bulmak için kullanılan operatördür. Genellikle iki sayının birbirine tam bölünüp bölünemediğinin kontrolü gibi durumlarda kullanılır.

Kullanım şekli

Kod kısmından girilen sayının 4'e bölümünden kalanı hesaplayan programı kodlayalım.

```
  private void button1_Click(object sender, EventArgs e)
        {
            int sayi;
            sayi = Convert.ToInt16(textBox1.Text);
            label1.Text = (sayi % 4).ToString();
        }
```

Sayı isminde bir değişken oluşturup bu değişkenin değerini klavyeden alabilmek için `convert` yani dönüşüm işlemi kullandık. Mod alma işlemi için yüzde sembolümüzü kullanacağız. Sonucumuzu yani klavyeden girdiğimiz sayının 4'e bölümünden kalanı hesaplamak için sayi % 4 komutunu kullandık. İkinci bir değişkene ihtiyaç duymadan direkt olarak Label aracımıza yazdırma işlemi gerçekleştirdik.

KARŞILAŞTIRMA OPERATÖRLERİ

C#'da 6 temel karşılaştırma operatörü bulunur. Bunlar; küçüktür, büyüktür, küçük veya eşittir, büyük veya eşittir, eşittir, eşit değildir. Her operatörün kendice farklı avantajları vardır. Avantajlarından ziyade operatörlerimizin nasıl kullanıldığını örnek uygulamalar ile birlikte tanımaya çalışalım.

EŞİTLİK OPERATÖRÜ (= =)

Bu operatörümüz bir değerin istenen sonuca eşit olup olmadığının kontrolünün sağlandığı operatördür. Tek eşittir sembolü atamayı iki eşittir sembolü ise eşitliğin kontrolünü sağlar. Örneğin; sayımızın 5'e eşit olup olmadığını kontrol etmek için "sayı==5" komutu kullanılır.

Kullanım şekli

Klavyeden girilen şifre "1234" ise hoş geldiniz mesajı veren, değilse hatalı şifre yazdıran programı yazalım.

Kaba kod kavramını kitabımızın ilk bölümünde öğrenmiştik. Tekrar hatırlayacak olursak; "bir algoritmanın yarı programlama yarı konuşma diline dönük olarak kodlanmasıdır" şeklinde ifade edebiliriz. Henüz karar yapıları başlığımızı anlatmadığımız için bu bölümdeki bazı operatör örneklerimizi kaba kodlar ile anlatacağız. Şifremiz aritmetik bir değer olmasına rağmen üstünde matematiksel işlem yapmayacağımız için klavyeden string bir değişken olarak alabiliriz.

```
private void button1_Click(object sender, EventArgs e)
        {
            string sayi;
            sayi = textBox1.Text;
        Eğer (sayi=="1234")
            label1.Text = "Hoşgeldiniz";
        Değilse
            label1.Text = "Hatalı Şifre";
        }
```

Klavyeden giriş yapabilmek için `şifre` isminde bir tane değişken tanımladık. Sorumuzda `şifre` değerimizin 1234 olması gerektiğini belirttik ancak üzerinde aritmetik bir işlem yapmayacağımız için değişkenimizin türü olarak string değişken seçtik. Tanımlamış olduğumuz şifre değişkenimizin değerini TextBox aracımızdan aldık. TextBox aracımız string formatta bir araç olduğu için üzerinde herhangi bir dönüşüm uygulamaya gerek kalmadı.

Daha sonra henüz karar yapıları konusu anlatmadığımız için kodumuzda `if` blokları yerine (karar yapılarında bu komuta değineceğiz) eğer kontrol yapısını kullandık. Eğer şifre değişkenimizin değeri 1234 ise Label aracımıza hoş geldiniz yazacak aksi durumda yani şifre 1234 değilse o zaman hatalı şifre metnini Label aracımıza yazdıracaktır. Bir ifadenin istenen değere eşit olup olmadığını kontrolü eşitlik operatörleri ile sağlanmaktadır. C# ve benzeri C, C++, Java gibi dillerde de eşitlik operatörü çift eşittir sembolü ile yazılır.

NOT Tek eşittir atama işlemi, çift eşittir eşit mi sorgusu yapmak için kullanılmaktadır.

KÜÇÜKTÜR OPERATÖRÜ (<)

Aritmetik değerimizin istediğimiz değerden küçük olup olmadığını kontrol eder. Örneğin; (sayı<5) ifadesi sayı 5'ten küçükse anlamı taşımaktadır. Sayı 5'ten küçükse true aksi durumda false sonucunu alacaktır. Bu konuya karar yapıları bölümümüzde detaylı bir şekilde değineceğiz.

Kullanım şekli

Klavyeden girilen sayı 0'dan küçükse "`negatif`", değilse "`pozitif`" yazdıran programı yazalım.

```
private void button1_Click(object sender, EventArgs e)
        {
            int sayi;
              sayi = Convert.ToInt16(textBox1.Text);
      Eğer (sayi<0)
            label1.Text = "Negatif";
      Değilse
            label1.Text = "Pozitif";
        }
```

Sayı isminde bir tane değişken tanımlayıp bu değişkenimizin değerini TextBox aracımızdan alacağımız için `ToInt16` formatında dönüşüm işlemi uyguladık. Daha sonra kaba kod şeklinde karar yapısı kod bloğumuzu yazdık. Eğer sayımız sıfırdan küçükse Label aracımıza negatif, sıfırdan küçük değilse pozitif yazdırarak uygulamamızı tamamladık.

BÜYÜKTÜR OPERATÖRÜ (>)

Aritmetik değerimizin istediğimiz değerden büyük olup olmadığını kontrol eder. Örneğin; (sayı>5) ifadesi sayı 5'ten büyükse anlamı taşımaktadır. Sayı 5'ten büyükse true aksi durumda false sonucunu alacaktır.

Kullanım şekli

Klavyeden girilen sayı 0'dan büyükse "pozitif", değilse "negatif" yazdıran programı yazalım.

```
private void button1_Click(object sender, EventArgs e)
        {
            int sayi;
              sayi = Convert.ToInt16(textBox1.Text);
        Eğer (sayi>0)
            label1.Text = "Pozitif";
        Değilse
            label1.Text = "Negatif";
        }
```

Küçüktür operatörümüzde olduğu gibi yine sayı isminde bir değişken tanımlayıp bu değişkenimizin değerini klavyeden almak için TextBox aracımıza dönüşüm işlemi uyguladık. Eğer girmiş olduğumuz sayı sıfırdan büyükse Label aracımıza pozitif, aksi durumda yani sıfırdan küçükse negatif yazdırarak programımızı tamamladık.

KÜÇÜK EŞİTTİR OPERATÖRÜ (<=)

Aritmetik değerimizin istediğimiz değerden küçük veya o değere eşit olup olmadığını kontrol eder. Örneğin (sayı<=5) ifadesi sayı 5'ten küçükse veya 5'e eşitse anlamı taşımaktadır. Sayı 5'ten küçükse veya eşitse true aksi durumda false sonucunu alacaktır.

Kullanım şekli

Klavyeden girilen sayı -1'dan 7 veya eşitse "negatif", değilse "pozitif" yazdıran programı yazalım.

```
private void button1_Click(object sender, EventArgs e)
        {
            int sayi;
            sayi = Convert.ToInt16(textBox1.Text);
```

```
                    Eğer (sayi<=-1)
            label1.Text = "Negatif";
Değilse
            label1.Text = "Pozitif";

        }
```

Klavyeden sayı isminde bir değişken alıp bu değişkenimizin değerini TextBox aracımıza gireceğimiz için dönüşüm işlemi uyguladık. Burada sürekli olarak ToInt16 dönüşümü uygulama sebebimiz en küçük tam sayı aralığı olmasındandır. Tüm dönüşüm aralıklarımızı değişkenler bölümümüzde tablo halinde vermiştik. Eğer klavyeden girdiğimiz sayı değerimiz -1'den küçükse veya eşitse Label aracımıza negatif, değilse pozitif yazdırdık. <= sembolü ilgili değişkenin operatörün sağ tarafında bulunan değerden küçük veya eşit olup olmadığını kontrol eder. Operatörlerde sıralama önemlidir. Yani burada <= yerine =< yazarsak kod bloğumuz hata verecektir.

BÜYÜK EŞİTTİR OPERATÖRÜ (>=)

Aritmetik değerimizin istediğimiz değerden büyük veya o değere eşit olup olmadığını kontrol eder. Örneğin; (sayı>=5) ifadesi sayı 5'ten büyükse veya 5'e eşitse anlamı taşımaktadır. Sayı 5'ten büyükse veya eşitse true aksi durumda false sonucunu alacaktır.

Kullanım şekli

Klavyeden girilen öğrenci notu 50'den büyükse veya eşitse "geçti", değilse "kaldı" yazdıran programı kaba kod ile yazalım.

```
private void button1_Click(object sender, EventArgs e)
        {
            int ortalama;
            ortalama = Convert.ToInt16(textBox1.Text);
                    Eğer (ortalama>=50)
            label1.Text = "Geçti";
Değilse
            label1.Text = "Kaldı";
        }
```

Klavyeden bir öğrencinin ortalama notunu TextBox aracımıza girmek için ortalama isminde bir değişken oluşturup bu değişkenimizin ToInt16 formatında convert ettik. Eğer girmiş olduğumuz ortalama değeri 50'den büyükse veya 50'ye eşitse Label aracımıza geçti, değilse kaldı yazdırdık.

EŞİT DEĞİLDİR OPERATÖRÜ (!=)

Aritmetik değerimizin istediğimiz değerden farklı olup olmama durumunu sorgular. Eğer istediğimiz değerden farklı ise `true` aksi durumda `false` sonucunu alacaktır.

Kullanım şekli

Klavyeden girilen şifre "111" değilse "şifreyi kontrol edin" aksi durumda "doğru giriş" mesajı veren programı kodlayalım.

```
private void button1_Click(object sender, EventArgs e)
        {
            string sifre;
            sifre = textBox1.Text;
                     Eğer (sifre!="123")
            label1.Text = "Şifreyi Kontrol Edin";
Değilse
            label1.Text = "Doğru Giriş";
        }
```

Ünlem ile beraber kullanılan eşittir sembolü girmiş olduğumuz değerin operatörün sağ tarafında bulunan değere eşit olup olmadığını kontrol eder. Eğer eşit değilse `true`, eşitse `false` sonucunu bizlere döndürüp ona göre işlemleri sürdürür. Sorumuzda klavyeden girmiş olduğumuz şifre değişkenimizin değerinin 111 olup olmadığının kontrolü sağladık. Eğer şifre değişkenimizin değeri 111'den farklıysa ' != farklıysa anlamı taşımakta' Label aracımıza şifreyi kontrol edin metnini yazdırdık. Aksi durumda yani 111 değerinden farklı değilse o zaman Label aracımıza doğru giriş yazdırıp uygulamamızı tamamladık.

BİTSEL OPERATÖRLER

Bitsel operatörler sayıların kendisi yerine sayıların bitleriyle ilgilenirler. Diğer bir deyişle sayıları ikilik sisteme dönüştürüp öyle işlem yaparlar. Bu operatörler yalnızca tam sayı sabit, değişken ya da ifadelerle kullanılabilirler. Kitap boyunca bitsel operatörlere pek fazla ihtiyacımız olmayacak. Ancak bilinmesi açısından kitapta yer almasını istedik.

VE OPERATÖRÜ (&)

Bu operatörümüz bir değerin istenen işlemi karşılıklı basamaklardan her ikisi de 1 ise ilgili basamağında 1 tutar, diğer durumlarda 0 tutar.

DEĞİL OPERATÖRÜ (~)

Operandının her bir basamağını tersten alıp tutar.

VEYA OPERATÖRÜ (|)

İşlemin karşılıklı basamaklarından herhangi birisi 1 ise ilgili basamağında 1 tutar, diğer durumlarda 0 tutar.

ÖZEL VEYA OPERATÖRÜ (^)

İşlemin karşılıklı basamakları farklıysa ilgili basamağında 1 tutar, diğer durumlarda 0 tutar.

MANTIKSAL OPERATÖRLER

Karar yapısı sorgulamalarında birden fazla kriter olması durumunda kullanılan operatörlerdir. Ve, veya, değil olmak üzere 3 temel mantıksal operatör bulunur. Bazı durumlarda birden fazla şart sorgulaması yapılabilmektedir. Örneğin; kişi bilgisayarında kullandığı bir ticari otomasyona giriş yapmak istiyor. Ticari otomasyonların ana ekranı kullanıcı adı ve şifre ekranlarından oluşur. Bu sistemi kullanan kişinin giriş yapabilmesi için hem kullanıcı adını hem de şifreyi doğru bir şekilde yazması gerekir. Yani kaba kod olarak açıklayacak olursak; Eğer (kullanıcı adı doğruysa ve şifre doğruysa) ilgili işlemi yapacaktır.

VE OPERATÖRÜ (&&)

Bu operatörümüz bitsel operatördeki ve sembolünün aynısıdır. Ancak mantıksal olarak kullanılması için sembolün iki kez yazılması gereklidir. Bir durumda birden fazla şart sorgulaması yapar. Örneğin; klavyeden girdiğimiz sayı çift ve 10'dan büyükse ifadesi için; "`(sayı%2==0 && sayı>10)` şeklinde yazılması gerekmektedir. Parantezin içindeki sayı `%` 2 ifadesi sayının 2'ye bölümünden kalan değeri hesaplamak için kullanılmaktadır. `==0` ifadesi ise ilgili işlemden sonra sonucun `0` olup olmadığının kontrolünü sağlar. `&&` Sembolleri ve anlamına gelir. Gemici düğümü veya ampersand işareti olarak okunur. `Sayı>10` komutu da sayının 10'dan büyük olup olmadığını sorgular. Ve işlemi sadece bir kez değil, bir koşul içinde istenildiği kadar kullanılabilir. Örneğin hava yağmurluysa ve 10 dereceden düşükse ve güneş yoksa ve evin içi soğuksa... gibi.

Kullanım şekli

Klavyeden girilen sayı 10'dan büyükse ve çiftse ekrana "doğru" yazdıran, değilse "yanlış" yazdıran programı kodlayalım.

```
private void button1_Click(object sender, EventArgs e)
        {
            int sayi;
            sayi = Convert.ToInt16(textBox1.Text);
                    Eğer (sayi>10 && sayi%2==0)
            label1.Text = "Doğru";
Değilse
            label1.Text = "Yanlış";
        }
```

Klavyeden aldığımız değer üzerinde basit bir sorgulama yaptık. Bu kez sorgumuzun içinde 2 parametre var ve operatörü kullandığımız için her iki koşulun da gerçekleşmesi gerekmektedir. Birinci şartımız sayının 10'dan büyük olması durumudur. İkinci şartımız ise sayının çift olması gerekliliğidir. Çift olup olmadığının kontrolü sayının 2'ye göre modunun alınması ile bulunabilir. Eğer sayının 2'ye bölümünden kalan 0'ise sayı çifttir. Her iki durum sağlandığı takdirde Label aracımıza "`doğru`" aksi durumda "`yanlış`" metinlerini yazdıracaktır.

VEYA OPERATÖRÜ (||)

Bu operatörümüz bitsel operatördeki veya sembolünün aynısıdır. Ancak mantıksal olarak kullanılması için sembolün iki kez yazılması gereklidir. Bir durumda birden fazla şart sorgulaması yapar ancak şartlardan bir tanesi bile sağlanıyorsa işlemi gerçekleştirir. Yani ve operatörü ile arasında ki fark; ve operatörü ilgili koşulun tüm şartlarını yerine getirmek zorundadır. Veya operatörü ise sadece bir tane koşulu yerine getirdiği zaman durum sağlanmış olur. Örneğin klavyeden girdiğimiz sayı çift veya 10'dan büyükse ifadesi için; "`(sayı%2==0 || sayı>10)` şeklinde yazılması gerekmektedir. Parantezin içindeki sayı % 2 ifadesi sayının 2'ye bölümünden kalan değeri hesaplamak için kullanılmaktadır. `==0` ifadesi ise ilgili işlemden sonra sonucun 0 olup olmadığının kontrolünü sağlar. || Sembolleri veya anlamına gelir. Veya işlemi sadece bir kez değil, bir koşul içinde istenildiği kadar kullanılabilir. Örneğin hava yağmurluysa veya 10 dereceden düşükse veya güneş yoksa veya evin içi soğuksa... gibi.

Kullanım şekli

Klavyeden girilen sayı 10'dan büyükse veya tekse ekrana "doğru" yazdıran, değilse "yanlış" yazdıran programı kodlayalım.

```
private void button1_Click(object sender, EventArgs e)
        {
            int sayi;
            sayi = Convert.ToInt16(textBox1.Text);
                     Eğer (sayi>10 || sayi%2==1)
            label1.Text = "Doğru";
Değilse
            label1.Text = "Yanlış";
        }
```

Klavyeden aldığımız değer üzerinde basit bir sorgulama yaptık. Sorgumuzun içinde yine 2 parametre var veya operatörü kullandığımız için iki koşuldan sadece birinin gerçekleşmesi yetmektedir. Birinci şartımız sayının 10'dan büyük olması durumudur. İkinci şartımız ise sayının tek olması gerekliliğidir. Tek olup olmadığının kontrolü sayının 2'ye göre modunun alınması ile bulunabilir. Eğer sayının 2'ye bölümünden kalan 1 ise sayı tektir. İki durumdan biri sağlandığı takdirde Label aracımıza "doğru" aksi durumda "yanlış" metinlerini yazdıracaktır.

Değil Operatörü (!)

Bu operatörümüz ilgili işlemin istediğimiz sonucu sağlamaması durumunda true, aksi durumda `false` sonucunu alır. Yani istediğimiz işlemlerin tersini gerçekleştiriyorsa doğru bir şekilde çalışmaktadır. Bu konu ile ilgili örneklerimizi ekstra alanlar bölümümüzde yapacağız.

Atama ve İşlemli Atama Operatörleri

Değişkenlere, araçlara veya ilgili komutlara değer ataması yapmak için kullanacağımız operatörlerimizdir.

En sık başvurduğumuz operatör atama operatörüdür. Kitabımızın temel araç kullanımları ve değişkenler bölümünde atama operatörünü çok sık kullandık. Örneğin; `Label1.Text="23 Nisan Çocuk Bayramı Kutlu Olsun";` komutunu yazdığımız zaman aslında Label aracımıza bir metin ataması yapmış olduk. Veya değişken tanımladığımız zaman `int x=5;` şeklinde bir komut ile hafızada `x` isminde tam sayı türünde bir değişken oluşturup bu değişkenin değerini 5 olarak atamış olduk. İşte bu ve benzer durumlarda yani ilgili değişken ya da araçlarımıza değer vermek istediğimizde atama operatörümüzü kullanacağız.

ATAMA OPERATÖRÜ (=)

Bu operatörü kitabımızın ikinci bölümündeki temel araç kullanımları başlığında pratik uygulamalarla kullanmıştık. Atama operatörü olarak adlandırılan operatörümüz eşittir sembolü ile kullanılır. Bir araca, değişkene ya da yapıya değer ataması yapmak için kullanılır. Tıpkı matematikteki denklemlerde olduğu gibi kullanılır. Örneğin; matematikte bir denklem problemi çözerken x değerimize atama işlemi şu şekilde gerçekleşir; "`x = 2`" gibi. Burada x bizim değişkenimizi 2 sayısı ise değerimizi ifade ediyor. Eşitliğin sol tarafı değeri üzerine alacak komutu tutar. Sağ tarafı ise o değerin nereden geleceği yani kaynağıdır.

Kullanım şekli

Kod kısmından girilen cümleyi Labele yazdıran programı yazalım.

```
private void button1_Click(object sender, EventArgs e)
        {
            string cumle;
            cumle = "Merhaba İstanbul";
            label1.Text = cumle;
        }
```

Kod kısmında tanımlanan cümle değişkenimize "`Merhaba İstanbul`" ifadesini = (eşittir) sembolü ile atadık. Yazdırma işlemi içinde Label aracımızın text özelliğine atama işlemi yapmış olduk.

İŞLEMLİ ATAMA OPERATÖRÜ (=+ =-)

Bir değişkenin üzerine ekleme, çıkarma, çarpma gibi aritmetik işlemleri daha kısa yoldan yapmak için kullanılan operatörlerdir. Şöyle ki; `sayı=sayı+4` ifadesi sayı değişkeninin üzerine 4 ekler. Sayı +=4 ifadesi de sayı değişkeninin üzerine 4 ekler. İkinci yapı işlemli atama operatörü grubuna girmektedir.

Kullanım şekli

Kod kısmından girilen sayının üzerine 4 ekleyen programı yazalım.

```
int sayi = 0;
        private void button1_Click(object sender, EventArgs e)
        {
            sayi += 4;
            label1.Text = sayi.ToString();
        }
```

Arttırma işlemlerinde değişkenlerimizi global alanda tanımladığımız önceki sayfalarda belirtmiştik. Global alanda sayı isminde bir değişken tanımlayıp bu değişkenimize +=4 ifadesi ile üzerine 4 ekleme işlemi yapmış olduk.

ÖZEL AMAÇLI OPERATÖRLER

3 tane özel amaçlı operatörümüz bulunur. Bunlar Koşul operatörü, tür dönüştürme operatörü ve dizi operatörümüzdür.

Özel amaçlı operatörlerimizden tür değiştirme operatörümüzü geçtiğimiz bölümlerde kullanmıştık. C# dilinde araçların büyük çoğunluğu başlangıçta string yani alfabetik formattadır. Klavyeden TextBox aracımıza bir sayı girip bu sayı üzerinde aritmetik işlem yapmak için sayının girileceği TextBox aracına dönüşüm işlemi uygulanır. Dönüşüm işleminde convert yazıldıktan sonra dönüşümün türü belirlenir. Daha sonra tür değiştirme operatörü olarak adlandırdığımız parantez blokları açılır ve arasına hangi araç üzerinde dönüşüm yapılmak isteniyorsa o yazılır.

Koşul operatörümüz ise 3 tane parametresi bulunan, kullanıcıya soru sorup bu sorunun cevabına göre durumu yazdıran ya da işlemi yapan operatörümüzdür. Dizi operatörü ise dizi oluşturma işlemlerinde kullandığımız [ ] sembolü ile ifade edilen özel amaçlı operatördür. Bu operatörümüzü kitabımızın diziler bölümünde uygulamalı örnekler üzerinde detaylı bir şekilde ele alacağız.

KOŞUL OPERATÖRÜ (?:)

C#'da 3 operand alan tek operatördür. Kullanımı şekli; koşul ? doğru değer : yanlış değer. Bir örnekle açıklayacak olursak; `"C# Derslerini İzliyor musunuz? (e, h): "` Cevap evet ise birinci işlemi yap, hayır ise ikinci işlemi yap.

Kullanım şekli

Dikeyeksen Yayınevi kitaplarını okuyor musunuz? Sorusunu Label aracına yazdırıp, TextBox'a girilen cevap e ise teşekkürler, h ise sağlık olsun mesajlarını yazdıran programı kodlayın.

```
private void button1_Click(object sender, EventArgs e)
{
    label1.Text = "Dikeyeksen kitaplarını okuyor musunuz? (e, h): ";
    string durum = textBox1.Text;
    label2.Text=durum == "e" ? "Teşekkür Ederiz" : "Sağlık olsun...";
}
```

Label aracımızı sorumuzu yazdırdıktan sonra durum isminde bir değişken oluşturduk ve bu değişkenin değerini TextBox aracımızdan aldık. Daha sonra sonucu yazdırma için ikinci Label aracımıza durum ataması yaptık. Eğer durumdan gelen cevap e ise teşekkür ederiz mesajını, aksi durumda sağlık olsun mesajlarını yazdırdık.

TÜR DEĞİŞTİRME OPERATÖRÜ (())

Değişkenlerimizi araçlara yazdırırken aritmetik değerlerimizi string türüne çeviriyorduk. String türüne çevirme için .ToString metodunu kullanıyor, komutumuzun sonuna () sembollerini ekliyorduk. Bunun sebebi ilgili değişkenimizin türünün değişmesinden dolayıydı.

Kullanım şekli

Kod kısmından girilen tam sayıyı Label aracımıza yazdıralım.

```
private void button1_Click(object sender, EventArgs e)
        {
            int sayi;
            sayi = 24;
            label1.Text = sayi.ToString();
        }
```

`Int` yani tam sayı türünde bir değişken oluşturduk. Oluşturduğumuz değişkenimize aritmetik bir değer verdik. Label aracımız string formatta olduğu için yazdırma işlemi yaparken `ToString()` tür dönüşümünü gerçekleştirdik.

DİZİ OPERATÖRÜ ([ ])

Dizi oluşturma ve tanımlama işlemlerinde kullanılan operatördür. Bu operatörümüzün detaylarını diziler bölümünde göreceğiz. Bu konu ile ilgili örneklerimizi diziler bölümünde yapacağız.

NELER ÖĞRENDİK?

Operatör kavramını, aritmetik, karşılaştırma, bitsel, mantıksal, atama ve özel amaçlı operatörlerin neler olduğunu, nasıl kullanıldıkları, kodlamada ki önemleri gibi başlıkları öğrenmiş olduk.

5

Karar Yapıları

Bu Bölümde

Bu bölümde karar yapısı kavramını, karar verme olgusunu, if ve else komutlarını, switch-case bloklarını öğrenip bir önceki bölümde operatörlerin uygulamalı örnekler ile yapacağız.

KARAR YAPILARI NEDİR?

Karar yapısı kavramı sadece programlama literatüründe değil günlük hayatta da her an karşımıza çıkan bir kavramdır. Karşılaştığımız her problem bir karar yapısı mekanizması doğurur. Örneğin; hava yağmurluysa yanımıza şemsiyemizi almamız gerekir. Burada çözüm şemsiye almaktır. Ancak bu çözüm havanın yağmurlu olmasına yani koşulun gerçekleşmesine bağlıdır. Karar yapıları mekanizması kod kısmında iki temel komuttan oluştur. Bunlar **eğer** ve **değilse** komutlarıdır.

EĞER (IF) KOMUTU

Programlamadaki karşılığı `if` olan bu komut kendisiyle beraber gelen ilk şartın doğruluğunu kontrol eder. Eğer komutu yazıldıktan sonra parantez içerisine istenen şart yazılır. Kaba kod ile tarif edecek olursak;

```
Eğer(Hava yağmurluysa)...
Eğer(Mehmet geleceksek)...
Eğer(Sonuç tam sayı ise)...
Eğer(Çay kaynıyorsa)...
```

Burada eğer yazdığımız kısmın yerine kelimenin İngilizcesi olan `if` komutu gelecek. Şartlarımızı `if` komutu içindeki parantez bloğuna yazmamız gerekiyor. Peki, `if` şartı içindeki durum sağlanıyorsa ne olacak? İşte bu noktada devreye **scope** yani kapsam aralıkları giriyor. Programlamada `if` şartı yazıldıktan yapılacak işlemler süslü parantez { } blokları arasına yazılır. Hemen bir örnek verelim;

```
Eğer(Şifre doğruysa)
{
Sisteme Giriş Yapılsın
}
Değilse ( Else ) Komutu
```

Programlamadaki karşılığı `else` olan bu komut kendinden önceki `if` şartının sağlanmaması durumunda **aksi durum işlemini** gerçekleştirir. Örneğin;

```
Eğer(hava yağmurluysa)
{
Şemsiyeni al
}
```

```
Değilse
{
Şemsiyeni alma
}
```

Karar yapılarında `if` ve `else` komutlarının sonuna noktalı virgül konulmaz. Nedeni ilgili komutun bitmemesidir. Mesela önceki sayfada örnek verdiğimiz `eğer(hava yağmurluysa)` ifadesinde cümlemiz bitmedi. Cümlemiz bitmediğine göre devamı gelecektir. Bu devam işlemi süslü parantez blokları arasına yazdığımız cümledir. Mesela; `yanına şemsiyeni al` bu cümlenin sonuna noktalı virgül koyarız çünkü cümlemiz tamamlandı.

Karar yapılarını program kodlarımız içinde kullanmamız için operatörlere ihtiyacımız olacak. Eşit mi, büyük mü, küçük mü gibi işlemlerimizi gerçekleştirmek için operatörlerimizi karar yapıları ile beraber kullanacağız. Örneklerimizi yapmaya başlayalım.

Uygulama 1

Eğer TextBox'a girilen metin `abc` ise labela doğru, değilse yanlış yazdıran programı kodlayalım.

Formumuza bir tane Button, bir TextBox, bir tane de Label ekleyelim. Kodlarımızı yazıp programımızı çalıştıralım.

```
private void button1_Click(object sender, EventArgs e)
        {
            if (textBox1.Text == "abc")
            {
                label1.Text = "Doğru";
            }
            else
            {
                label1.Text = "Yanlış";
            }
        }
```

Örneğimizde amacımız TextBox aracına girilen metnin bizim istediğimiz değer ile eşleşip eşlemediğinin kontrolünü sağlamaktı. Buttonumuza tıkladıktan sonra `if` yani eğer komutu kullandık. `if` bloğu içerisine TextBox aracına girilen metnin "abc" olup olmadığının kontrolünü '`textBox1.Text == "abc"`' komutu ile kontrol ettik. Operatörler bölümümüzde çift eşittir sembolünün ne işe yaradığını öğrenmiştik. Tek eşittir sembolü atama işlemleri için, çift eşittir sembolü ise eşitlik sorgulaması için kullanılmaktadır. Burada eğer TextBox aracına girdiğimiz değer "abc" ise diyerek ilk satırdaki kodumuzu yazdık. Karar yapıları içindeki şart gerçekleşirse süslü parantez blokları arasında bulunan işlem yapılır. Bizde süslü parantez bloklarımızı açtık ve buraya şartın gerçekleşmesi durumunda istediğimiz işlem olan 'label1.Text = "Doğru"' komutumuzu yazdık. İşlemimiz bittiği için süslü parantezimizi kapattık. Sonra ikinci aşama olan değilse kısmına geldik. Yani klavyeden girilen değer "abc" değilse ne olacak? O zaman label aracımıza başka bir değer yazdırmak istiyoruz. Bunun için de else komutunu kullandık. Else komutu değilse anlamı taşımaktadır. Sonrasında yine süslü parantez blokları açarak kodlarımızı yazıp uygulamamızı çalıştırdık.

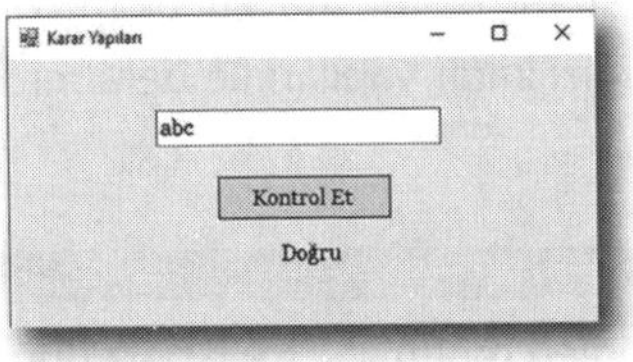

Uygulama 2

Klavyeden girilen sayının pozitif mi yoksa negatif mi olduğunu bulan programı yazalım.

```
private void button1_Click(object sender, EventArgs e)
        {
            int sayi;
            sayi = Convert.ToInt16(textBox1.Text);
            if (sayi >= 0)
            {
                label1.Text = "Pozitif";
            }
            else
            {
                label1.Text = "Negatif";
            }
        }
```

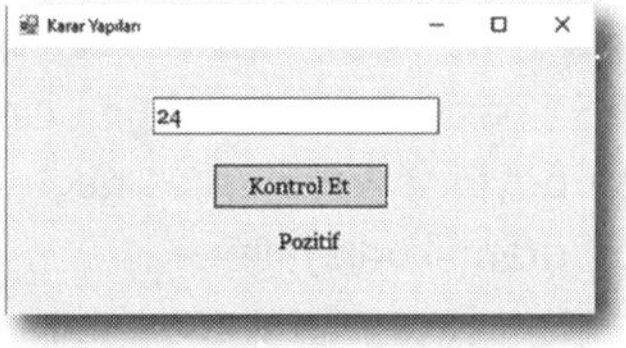

Yukarıdaki uygulamamızda önce klavyeden bir değer alıp bunu `int` formatına dönüştürdük. Dönüşüm işlemlerini kitabımızın değişkenler bölümünde anlatmıştık. Sonra klavyeden girilen bu değeri sayı adlı bir değişkene atadık. Bu değişkeni bir `if` bloğu içerisine alıp eğer 0'dan büyükse ya da 0'a eşitse pozitif kabul ettik ve Label'e yazdırdık. Aksi durumda ise negatif diyerek Label'e yazdırma işlemini gerçekleştirdik.

Uygulama 3

Klavyeden girilen sayının çift mi yoksa tek mi olduğunu bulan programı kodlayalım.

Bir sayının çift mi ya da tek mi olduğunu bulmak için o sayıyı 2'ye bölmemiz gerekir. Eğer 2'ye bölümünden kalan 0 ise sayı çift aksi durumda tektir. Programlamada bir sayının diğerine bölümünden kalanı bulmak için mod işlemi kullanıldığını kitabımızın operatörler bölümünde açıklamıştık.

```
private void button1_Click(object sender, EventArgs e)
      {
          int sayi;
          sayi = Convert.ToInt16(textBox1.Text);
          if (sayi % 2 == 0)
          {
              label1.Text = "Çift Sayı";
          }
          else
          {
              label1.Text = "Tek Sayı";
          }
      }
```

Klavyeden `sayı` isminde bir değişken alıp üzerinde aritmetik işlem yapabilmek için bu değeri convert ettik. Sonrasında `if` bloğumuz içerisinde 2'ye göre mod alma işlemi yaptık. Eğer sayının 2'ye bölümünden kalan 0 ise Label aracına çift sayı, aksi durumda tek sayı mesajlarımızı yazdırdık.

Uygulama 4

Klavyeden girilen 3 sınav notuna göre öğrencinin ortalamasını hesaplayıp, eğer ortalaması 50'den büyükse veya eşitse geçti, aksi durumda kaldı mesajlarını labele yazdıran programı kodlayalım.

Formumuza sınav notlarını girmek için 3 tane TextBox, etiket görevinde kullanılacak 5 tane Label, ortalama ve durumu yazdıracağımız 2 tane daha Label ve olayları tetikleyeceğimiz 1 tane Button araçlarını ekleyelim. Aşağıdaki gibi bir form tasarımı yapabiliriz. Buradaki `Null` ve `00` yazılarını bu Labell'ar boş kalmasın diye başlangıçta elle yazdık.

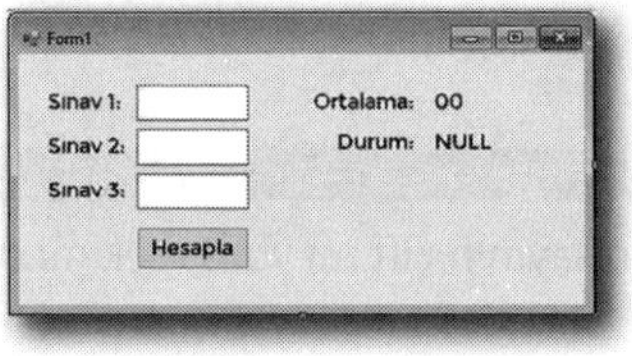

Kodlarımızı yazalım.

```
private void button1_Click(object sender, EventArgs e)
        {
            int sinav1, sinav2, sinav3, ortalama;
            sinav1 = Convert.ToInt16(textBox1.Text);
            sinav2 = Convert.ToInt16(textBox2.Text);
            sinav3 = Convert.ToInt16(textBox3.Text);
            ortalama = (sinav1 + sinav2 + sinav3) / 3;
            label3.Text = ortalama.ToString();
            if (ortalama >= 50)
            {
                label6.Text = "Geçti";
            }
            else
            {
                label6.Text = "Kaldı";
            }
        }
```

3 tane sınav değişkeni oluşturup her birini bir TextBox'tan aldık. Ortalamayı hesaplamak için 3 sınav notunu toplayıp 3'e böldük. Unutulmaması gereken çok önemli bir durum var, matematikteki gibi kodlamada da işlem önceliği olduğundan toplama işlemini parantez içinde gerçekleştirdik. Ortalamayı hesapladıktan sonra ortalamanın 50'den büyük eşit olup olmadığını `if` bloğu ile

kontrol edip sonucu da Labele'e yazdırdık. Eğer ortalama 50'den büyükse veya 50'ye eşitse `label6` aracımıza "`geçti`" değilse "`kaldı`" yazdırıp uygulamamızı tamamlamış olduk.

Uygulama 5

Bir kullanıcı adı ve şifre kontrolü programı yapalım. Eğer kullanıcı adı "`erol`" şifresi "`sungur`" ise Label'e `Hoş Geldiniz`, aksi durumda `Hatalı Bilgi Girişi` yazdıran programı yazalım.

Bu uygulamamızda birden fazla şartın sağlanması gerekmektedir. Bunun için operatörler bölümünde öğrenmiş olduğumuz `Ve` sembolünü yani `&&` kullanacağız.

```
private void button1_Click(object sender, EventArgs e)
    {
        if (textBox1.Text == "erol" && textBox2.Text == "sungur")
        {
            label3.Text = "Hoş Geldiniz";
        }
        else
        {
            label3.Text = "Hatalı Bilgi Girişi";
        }
    }
```

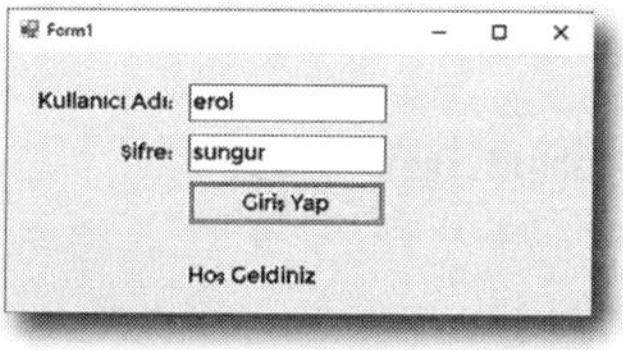

Klavyeden TextBox araçlarına girdiğimiz değerlerin kod kısmından gönderdiğimiz değerlere eşit olup olmadığının sorgulamasını yaptık. İlk olarak `TextBox1` aracımıza "`erol`" değerinin eşit olup olmadığını kontrol ettik. Birden fazla şartımız olduğu için ikinci kontrolümüzü yapmadan önce `TextBox2` aracımızdan önce `&&` sembollerimizi ekledik. Ve sonra 2. `TextBox` aracımız içinde istediğimiz değerin kontrolünü yapan sorguyu yazdık. Eğer bu şartlar sağlanıyorsa süslü parantez blokları içinde Label3 aracımıza `Hoş Geldiniz` mesajını yazdırdık. Aksi durumda yani yukarıdaki şartlar sağlanmıyorsa `Else` diyerek süslü parantez bloğumuz içinde kodlarımızı yazarak uygulamamızı tamamladık.

Uygulama 6

Klavyeden girilen suyun sıcaklığına göre durumların Label'de görüntülenmek istenmektedir. Şöyle ki; eğer su sıcaklığı 0 derece ile 100 derece arasında ise sıvı, 0'dan küçükse katı, 100'den büyükse gaz şeklinde 3 farklı mesaj suyun durumuna göre yazdırılmak isteniyor. Buna göre klavyeden girilen suyun sıcaklığına göre durumu yazdıran programı kodlayalım.

Bu soruda 3 farklı durum mevcuttur, yani **durum şu ise ya da değilse** şekli dışında. Bu kez 3 tane sorgulama yapmamız gerekecek. Sorgular;

» Eğer (sıcaklık küçükse 0'dan)

» Eğer (sıcaklık büyükse 0'dan ve sıcaklık küçükse 100'den)

» Eğer (sıcaklık büyükse 100'den)

```
private void button1_Click(object sender, EventArgs e)
        {
            int sicaklik;
            sicaklik = Convert.ToInt16(textBox1.Text);
            if (sicaklik <= 0)
            {
                label3.Text = "Katı";
            }
            if (sicaklik > 0 && sicaklik < 100)
            {
                label3.Text = "Sıvı";
            }
            if (sicaklik >= 100)
            {
                label3.Text = "Gaz";
            }
        }
```

İlk olarak klavyeden sıcaklık değerimizi girebilmek için bir tane değişken tanımlayıp bu değişkenimizin en küçük `int` aralığı olan `Toint16` formatına dönüştürdük. Sonra 3 şartımız için de ayrı ayrı `if` blokları yazdık. Birinci `if` bloğumuz sıcaklık değerimizin 0'a küçük ya da eşit olup olmadığının kontrolüdür. İkinci `if` bloğumuzda sıcaklık değerimizin 0'dan büyük ve 100'den küçük mü olduğunu yani sıcaklık değerimizin 0-100 arasında olup olmadığını kontrol ettik. Son `if` bloğumuzda ise sıcaklık değerimizin 100'e eşit ya da 100'den büyük olup olmadığının kontrolünü sağladık. Değerimiz hangi aralığa uyuyorsa o aralıktaki işlemi gerçekleştirecektir.

Uygulama 7

Klavyeden 2 sınav notu girilen öğrencinin ortalamasına göre başarı durumunu yazdıran programı kodlayın. Durumlar;

» Ortalama 0-40 arası vasat

» 41-60 arası orta

» 61-75 arası iyi

» 76-100 arası çok iyi

```
private void button1_Click(object sender, EventArgs e)
        {
            int sinav1, sinav2, ortalama;
            sinav1 = Convert.ToInt16(textBox1.Text);
            sinav2 = Convert.ToInt16(textBox2.Text);
            ortalama = (sinav1 + sinav2) / 2;
            label4.Text=ortalama.ToString();
            if (ortalama > 0 && ortalama <= 40)
            {
                label6.Text = "Vasat";
            }
            if (ortalama > 40 && ortalama <= 60)
            {
                label6.Text = "Orta";
            }
            if (ortalama > 60 && ortalama <= 75)
            {
                label6.Text = "İyi";
            }
            if (ortalama > 75)
            {
                label6.Text = "Çok İyi";
            }
        }
```

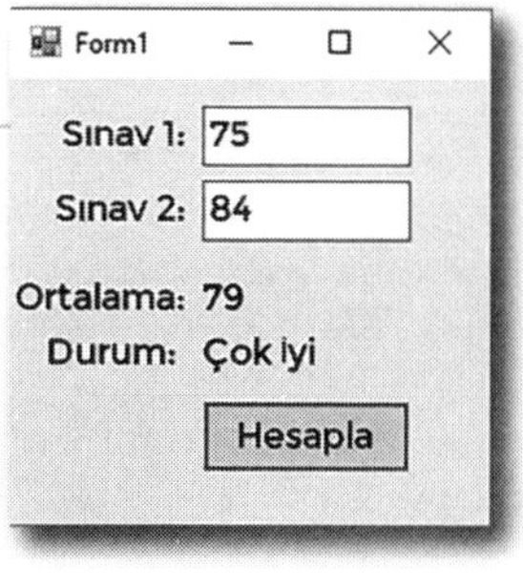

Sınav notlarını girmek için `Sınav1` ve `Sınav2` adında iki tane değişken oluşturduk. Ortalamayı hesaplamak için üçüncü bir değişken ekledik. `Sınav1` ve `Sınav2` değerlerimizi klavyeden almak için dönüşüm işlemi uyguladık ve sonrasında bu 2 değeri toplayıp 2'ye bölerek ortalamamızı bulduk. Şimdi ortalamanın hangi aralıkta olduğunu kontrol ettirip buna göre durumu yazacağız. Bunun için soruda bize verilen değer aralıklarını kullanarak 4 tane `if` bloğu komutu yazdık. Her `if` bloğumuz içerisinde durumu ilgili Label aracına yazdırarak uygulamamızı tamamlamış olduk.

Uygulama 8

Klavyeden girilen harfe göre takımı yazdıran programı hazırlayalım. Şöyle k; eğer g girilirse veya G girilirse Galatasaray, f veya F girilirse Fenerbahçe gibi. 3 takımlı bir uygulamayı char değişkeni kullanarak yapalım.

```
private void button1_Click(object sender, EventArgs e)
        {
            char takim;
            takim = Convert.ToChar(textBox1.Text);
            if (takim == 'g' || takim == 'G')
            {
                label2.Text = "Galatasaray";
            }
            if (takim == 'f' || takim == 'F')
            {
                label2.Text = "Fenerbahçe";
            }
            if (takim == 'b' || takim == 'B')
            {
                label2.Text = "Beşiktaş";
            }
        }
```

Amacımızın char değişkeni kullanmak olduğu bu örnekte char değişkeni ile if karar yapısını bir arada kullandık. Kişinin klavyeden gireceği harfin büyük ya da küçük olması durumunda farklılık göstereceğinden biz her iki durum da göz önüne alarak hem büyük hem de küçük harfleri bir arada kullanmak için iki tane dik çizgi || ile ifade edilen veya sembolünü kullandık. char değişkenler kullandığımız için convert yani dönüşüm işleminin de tochar metoduna göre yaptık. 3 tane takım için kontrol sağladık. Birinci if bloğumuz içerisinde eğer TextBox aracımıza girilen değer g ise veya G ise Label2!'ye Galatasaray yazdırdık. Diğer iki takım içinde aynı işlemleri farklı değerler ile yeniden uyguladık.

Uygulama 9

Klavyeden girilen sayının 2'ye ve 3'e tam bölünüp bölünemediğinin kontrolünü yapan programı yapalım.

```
private void button1_Click(object sender, EventArgs e)
        {
            int sayi;
            sayi = Convert.ToInt16(textBox1.Text);
            if (sayi % 2 == 0 && sayi % 3 == 0)
            {
                label2.Text = "Tam Bölünür";
            }
            else
            {
                label2.Text = "Tam Bölünmez";
            }
        }
```

Sayı isminde tam sayı türünde bir değişken tanımlayıp bunu convert ederek başladık. Daha sonra sayının 2 ve 3'e tam bölünüp bölünemediğini kontrol etmek için 2 ve 3'e göre mod alma işlemi gerçekleştirdik. Eğer sayının bu değerlere bölümünden kalan 0 ise Label aracımıza "Tam Bölünür" diye bir mesaj verdik. Aksi durumda "Tam Bölünmez" şeklinde bir yazı yazdırdık.

Uygulama 10

5 Kelimeden oluşan bir İngilizce – Türkçe kelime bloğu oluşturalım. Kelimelerin İngilizcelerini ComboBox aracına ekleyelim. ComboBox'tan seçtiğimiz kelimeye göre Türkçe karşılığını Label'a yazdıralım.

Önce ComboBox aracımıza şu kelimeleri ekleyelim; `Apple`, `Melon`, `Orange`, `Banana`, `Peach`

```
private void button1_Click(object sender, EventArgs e)
        {
            if (comboBox1.Text == "Apple")
            {
                label3.Text = "Elma";
            }
            if (comboBox1.Text == "Melon")
            {
                label3.Text = "Kavun";
            }
            if (comboBox1.Text == "Orange")
            {
                label3.Text = "Portakal";
            }
            if (comboBox1.Text == "Banana")
            {
                label3.Text = "Muz";
            }
            if (comboBox1.Text == "Peach")
            {
                label3.Text = "Şeftali";
            }
        }
```

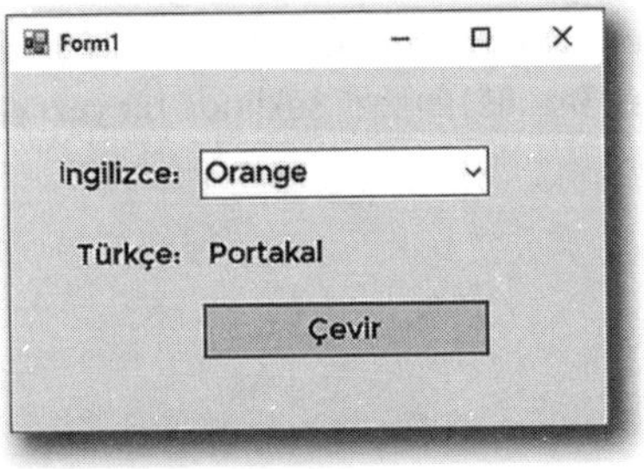

ComboBox aracımıza 5 tane İngilizce kelime ekledik. Buttonumuza bastığımız zaman ComboBox aracımızdan seçtiğimiz İngilizce kelimeye göre Türkçe karşılıklarını Label'imize yazdırmak istiyoruz. Birden fazla şart olduğu için her bir şartın doğruluğu if blokları ile tek tek kontrol edildi. Örneğin; eğer Button aracına tıkladığımız zaman eğer ComboBox'ta seçili olan değer "`Peach`" ise Label3'e `şeftali` yazdırdık. Bunu diğer kelimelerimiz için de gerçekleştirerek uygulamamızı tamamladık.

Şimdi karar yapıları ile beraber anlatacağımız araçlarımıza değinelim.

CHECKBOX

Kitabımızın araçlar bölümünde 10 farklı araçtan bahsetmiştik ve yeni araçları da zamanı geldikçe kullanacağımızı söylemiştik. Karar yapıları ile kullanılan bazı araçlar bulunmaktadır. Bunların birincisi CheckBox aracı. **Seçim Kutusu** anlamına gelen CheckBox çoklu seçim işlemlerinin yapılacağı yerlerde kullanılır. Örneğin; pizzanızın malzemelerini seçerken veya okul derslerinizi seçerken yani seçim işleminin birden fazla olduğu durumlarda kullanılmaktadır. CheckBox ve benzeri araçlar `Boolen` değişkeni alt yapısında kullanılır. Bu değişkeni ilerleyen bölümlerde anlatıyor olacağız. Karar yapısı temelindeki araçların iki tane sonucu vardır ya `true` ya da `false` şeklindedir. Yani ya seçilmiş ya da seçilmemiş olarak kullanılırlar. Uygulamalar üzerinde pratik örneklerle biraz daha somutlaştıralım.

Uygulama 11

Button aracına tıklandığı zaman eğer CheckBox işaretli ise Label'e aktif, değilse pas yazdıran programı kodlayın.

Formumuza bir tane Button, bir tane Label bir tane de CheckBox aracı ekleyelim. CheckBox aracının özellikler penceresindeki text kısmından ismini "`durum`" olarak değiştirelim.

```
private void button1_Click(object sender, EventArgs e)
        {
            if (checkBox1.Checked == true)
            {
                label1.Text = "Aktif";
            }
            else
            {
                label1.Text = "Pasif";
            }
        }
```

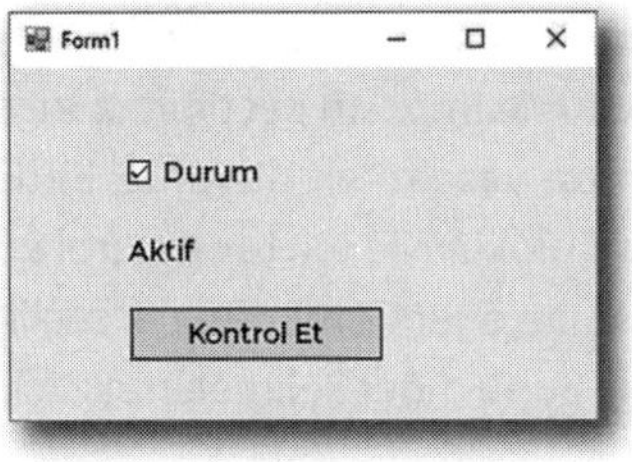

Uygulamamızın kod kısmında Checked diye bir kod var. Bu kod CheckBox aracının işaretlenip işaretlenmediğinin kontrolünü yapan komuttur. Yani `if` ile başlayan satırın anlamı, eğer CheckBox aracı seçiliyse şeklindedir. CheckBox aracının seçili olması durumunda Label aracına `aktif` yazısı, aksi durumda `pasif` yazısı yazacaktır. `True` ifadesi bir kontrol komutudur ve çift tırnak ya da farklı bir sembol içine yazılmaz. Oldukça kullanışlı olan true kontrolü ilerleyen bölümlerde özellikle veritabanı alt yapısı ile çalışan projelerimizde çok sık başvuracağımız bir komut olacak.

RADIOBUTTON

Karar yapıları ile beraber kullanılan bir diğer araçta `RadioButton` aracıdır. Tıpkı CheckBox aracında olduğu gibi sorgulama üzerine kurulmuş bir karar yapısı aracıdır. Yine CheckBox'daki gibi **True** ya da **False** şeklinde iki durumu vardır.

Ancak şöyle bir farkı var; bir forma birden fazla CheckBox eklediğiniz zaman hepsini True ya da hepsini False hale getirebiliyoruz. Fakat RadioButton kaç tane olursa olsun sadece bir tanesi True yani aktif oluyor, diğerleri pasif oluyor. Bu araç çoklu seçenekler içinde yalnızca bir tanesinin seçilmesinin istendiği durumlarda kullanılmaktadır.

Örneğin; cinsiyet seçimi yapılacak. Kişi ya erkek ya da kadındır. Aynı anda iki tane cinsiyet durumu seçme şansı olamaz. Mesela listeden şuan öğrenim gördüğümüz okul düzeyi seçilecek seçenekler **ilk okul, orta okul, lise, üniversite** şeklinde karşımıza çıktığı zaman yalnızca bir tanesini seçme hakkımız vardır. Çünkü bir öğrenci aynı anda iki farklı sınıfta öğrenim göremez. Bu ve benzeri durumlarda çokça tercih edilen bir araçtır. Pratik bir uygulama üzerinde görelim.

Uygulama 12

Button'a tıklandığı zaman RadioButtonlar'da yer alan 'Erkek' ya da 'Kadın' seçimlerine göre seçilen değeri Label'e yazdıran programı kodlayalım.

```
private void button1_Click(object sender, EventArgs e)
      {
          if (radioButton1.Checked == true)
          {
              label1.Text = "Erkek";
          }
          if (radioButton2.Checked == true)
          {
              label1.Text = "Kadın";
          }
      }
```

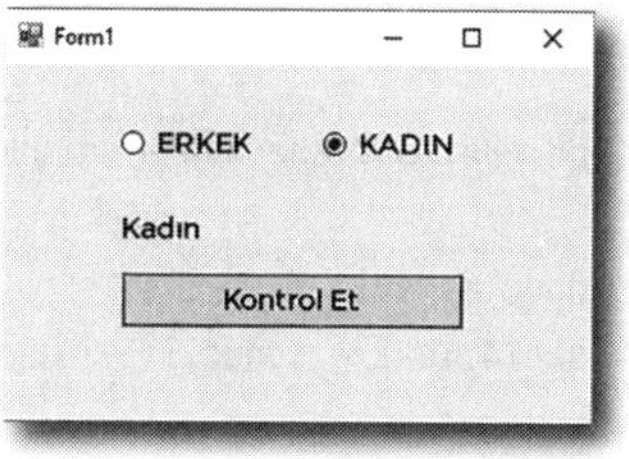

RadioButton aracımızda tıpkı CheckBox'da olduğu gibi `true` ya da `false` kontrollerini yapmak için kullanılıyor. Buttonumuza tıkladığımız zaman eğer formumuzda bulunan birinci `RadioButton` seçili ise Label aracımıza "`Erkek`" yazdırdık. Bu kez `else` kullanmadık onun yerine ikinci RadioButton aracımızın seçili olup olmadığını kontrol ettik. Eğer ikinci RadioButton aracımız seçili ise Label'ımıze "`Kadın`" yazdırdık. Burada `else` kullanmama sebebimiz RadioButton araçlarımızın her ikisi de seçilmemiş olabilir. Bundan dolayı else sorgusu yazmadık.

Uygulama 13

Klavyeden girilen iki sayıya RadioButton'lardan seçilen aritmetik işleme göre hesaplama yaptıran programın yazalım. Yani amaç RadioButtonlardan seçilen toplama, çıkarma, çarpma, bölüme işlemlerine göre gireceğimiz iki sayıya seçtiğimiz işlemi yaptırmak. Hadi gelin kodlarımızı yazalım.

```
private void button1_Click(object sender, EventArgs e)
      {
```

```
        int sayi1, sayi2, sonuc;
        sayi1 = Convert.ToInt16(textBox1.Text);
        sayi2 = Convert.ToInt16(textBox2.Text);
        if (radioButton1.Checked == true)
        {
            sonuc = sayi1 + sayi2;
            label4.Text = sonuc.ToString();
        }
        if (radioButton2.Checked == true)
        {
            sonuc = sayi1 - sayi2;
            label4.Text = sonuc.ToString();
        }
        if (radioButton3.Checked == true)
        {
            sonuc = sayi1 * sayi2;
            label4.Text = sonuc.ToString();
        }
        if (radioButton4.Checked == true)
        {
            sonuc = sayi1 / sayi2;
            label4.Text = sonuc.ToString();
        }
    }
```

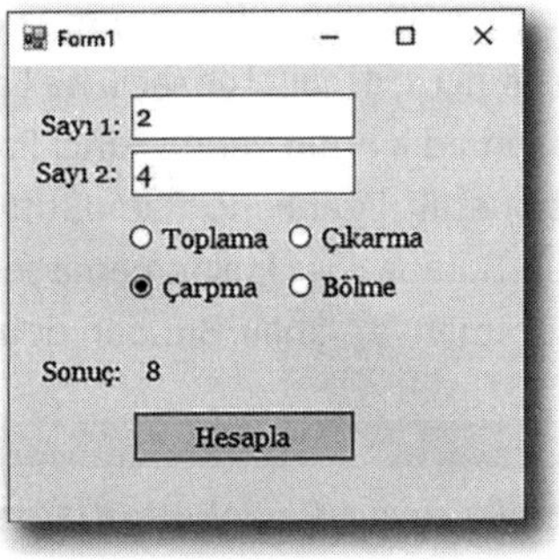

Formumuza şekildeki gibi eklediğimiz 4 tane RadioButton aracının her birine bir aritmetik işlem değeri verdik. Buna göre RadioButton1 seçilirse toplama, RadioButton2 seçilirse çıkarma, RadioButton3 seçilirse çarpma ve RadioButton4 seçilirse bölme işlemini gerçekleştirdik. Klavyeden değer girişi yapmak için sayı1 ve sayı2 isminde iki tane değişken tanımladık.

Sonrasında bu sayılar üzerinde işlemimizi gerçekleştirmek için sonuç isminde üçüncü bir değişken daha tanımladık. Sonrasında her bir RadioButton için seçilip seçilmediğinin kontrolünü gerçekleştirdik. Eğer birinci RadioButton seçili ise sonuç değişkenimizin atamasını sayı1 ile sayı2'nin toplamı olarak belirledik. Eğer RadioButton2 seçiliyse sonuç değişkenimiz sayı1 ile sayı2'nin farkını hesapladı. Eğer RadioButton3 seçiliyse sonuç değişkenimize sayı1 ve sayı2'nin çarpım işlemini gerçekleştirdik. 4. RadioButton aracımız seçiliyse de bölme işlemini sonuç değişkenimize atadık. Her bir işlemden sonra Label4'e sonucumuzu yazdırdık. Aynı anda birden fazla RadioButton seçilemeyeceği için programımız sorunsuz bir şekilde çalışacaktır.

Uygulama 14

Klavyeden kullanıcı tarafından bir ürünün fiyatını girip RadioButton araçlarından seçilen yüzde 8 ya da 18 KDV oranına göre KDV'li halini Label'e yazdıran programı yazalım.

```
private void button1_Click(object sender, EventArgs e)
      {
          double fiyat, tutar;
          fiyat = Convert.ToDouble(textBox1.Text);
          if (radioButton1.Checked == true)
          {
              tutar = fiyat + fiyat * 0.08;
              label3.Text = tutar.ToString();
          }
          if (radioButton2.Checked == true)
          {
              tutar = fiyat + fiyat * 0.18;
              label3.Text = tutar.ToString();
          }
      }
```

Klavyeden ürün fiyatı almak için fiyat isminde bir değişken tanımladık. Yapacağımız işlemler ondalıklı değerler içerdiği için int yerine double olarak tanımlama yaptık. Eğer birinci RadioButton aracımız seçili ise yüzde 8 KDV hesaplaması yapmak için girmiş olduğumuz fiyatın üzerine fiyatın 0.08 katını yani yüzde 8'ini eklettik. Eğer diğer ikinci RadiButton aracımız seçilirse yüzde 18 KDV için fiyatımızın üzerine fiyatın 0.18 katını yani yüzde 18'ini ekletip tutarları Label araçlarımıza yazdırdık.

SWITCH - CASE

Karar yapılarında bazen birden fazla şart kontrolü olabilir. **Örneğin;** klavyeden girilen sayıya göre yılın ilgili ayını veren programı yazın gibi bir soru geldiğini varsayalım. Bu sorunun çözümü için klavyeden alınıp convert edilecek bir değişken tanımlaması yapılır. Daha sonra 12 tane `if` şartı yazılır.

Şöyle ki; "`Eğer(sayı==1) ise ay=Ocak, eğer(sayı2==2) ise ay=şubat`..." gibi. Böyle bir durumda 12 tane if şartı yazmak programlamanın algoritmik yaklaşımı açısından çok sağlıklı olmaz. 12 Çok büyük bir sayı olarak durmayabilir. Ancak düşünün ki durumun daha fazla olduğu bir örnek var. Mesela klavyeden girilen plakaya göre o plakaya ait şehri yazdıran programı yazın gibi bir soru geldiğinde işler çok fazla uzayacaktır. Bir tane `if` bloğu için süslü parantezlerle beraber 4 kod satırı harcanmaktadır. Plaka şehir örneği için 81*4=324 satır kodun yazılması gerekecektir. İşte bu ve benzer durumların önüne geçebilmek için **switch – case** yapısı kullanılmaktadır.

Peki, nedir bu switch ve case?

Switch; kod bloğumuzun anahtar kısmıdır. Mesela klavyeden girilen plaka değerine göre ilgili şehri yazdıran program uygulamasında anahtar değer tabi ki plakadır. Veya klavyeden girilen mevsime göre o mevsime ait ayları veren programda anahtarımız klavyeden gireceğimiz mevsim değişkeni olacaktır.

Case; anahtarımızın yapacağı işlemlere göre ortaya çıkaracağı sonuçlardır. Mesela klavyeden girilen plakanın 01 olması durumunda şehrin **Adana** yazdırılması bir durumdur. Öyleyse örnek uygulamalar üzerinde biraz daha konuyu pekiştirelim.

Uygulama 15

Klavyeden girilen sayıya göre yılın ayını veren programı yazalım. Örneğin; 1 girilirse Ocak, 2 girilirse Şubat gibi...

```
private void button1_Click(object sender, EventArgs e)
    {
        int sayi = Convert.ToInt16(textBox1.Text);

        switch (sayi)
        {
            case 1: label2.Text = "Ocak"; break;
            case 2: label2.Text = "Şubat"; break;
```

```
            case 3: label2.Text = "Mart"; break;
            case 4: label2.Text = "Nisan"; break;
            case 5: label2.Text = "Mayıs"; break;
            case 6: label2.Text = "Haziran"; break;
            case 7: label2.Text = "Temmuz"; break;
            case 8: label2.Text = "Ağutos"; break;
            case 9: label2.Text = "Eylül"; break;
            case 10: label2.Text = "Ekim"; break;
            case 11: label2.Text = "Kasım"; break;
            case 12: label2.Text = "Aralık"; break;
            default: label2.Text = "Hatalı Giriş"; break;
        }
    }
```

Formumuza bir tane Textbox, bir tane Button ve iki tane Label aracı ekledik. Klavyeden `sayı` isminde bir değişken alıp en küçük tam sayı aralığı olan `Toint16`'ya çevirdik. `Switch` yazıp parantez içerisinde anahtar değerimiz olan "`sayı`" ifadesini kullandık. Süslü parantez bloğumuz açıp durumlarımızı yazmaya başladık. Durumlarımız için "`Case`" komutunu kullandık. `Case` ifadesinden sonra iki nokta **:** sembolü kullanıp her bir durumun ne iş yapacağı nasıl bir değer alacağını karşısına belirttik.

Örneğin; durum 1 ise Label aracımıza `Ocak` yazdıracak gibi. Sonra her `case` bloğu `break` komutu ile sonlandı. Break komutu ise; herhangi bir durum bir kez çalıştırıldıktan sonra programdan çıkış yapmasını istediğimiz için kullandığımız komuttur. Yani diyelim 5 girdik ve bize mayıs sonucunu verdi sonra direkt olarak programın sonlanmasını istiyoruz. İşte bu durumlarda break komutu kullanılmaktadır. Özetleyecek olursak her bir durumun sadece bir kez kullanılıp durum kontrolünü terk etmesini istediğimiz alanlarda kullanılmaktadır. 12 ay içinde durumlarımızı yazıp tamamladıktan sonra son satırımıza default değeri girdik. Default değerde yukarıda belirtilen değerlerin olmaması durumunda gerçekleşecek durumu yazmak için kullandığımız komuttur.

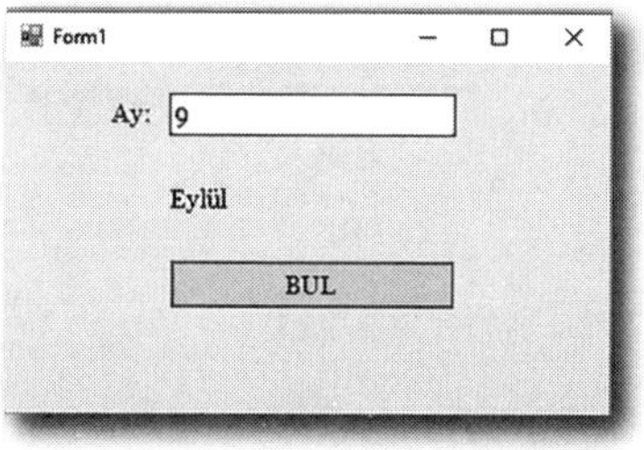

Uygulama 16

Klavyeden girilen plakaya göre şehri Label aracına yazdıralım.

```
private void button1_Click(object sender, EventArgs e)
    {
        int plaka = Convert.ToInt16(textBox1.Text);

        switch (plaka)
        {
            case 1: label2.Text = "Adana"; break;
            case 6: label2.Text = "Ankara"; break;
            case 9: label2.Text = "Aydın"; break;
            case 16: label2.Text = "Bursa"; break;
            case 23: label2.Text = "Elazığ"; break;
            case 34: label2.Text = "İstanbul"; break;
           default: label2.Text = "Henüz bu şehir mevcut değil"; break;
        }
    }
```

Klavyeden plaka isminde bir değişken aldık. Bu değişkenimizi TextBox1 aracına atayıp dönüşüm işlemimizi yaptık. Sonra `switch` yani anahtar değer olarak plaka değişkenimizi belirledik. Durumlar kısmında 6 tane şehir tanımlayıp bunları Label araçlarımıza yazdırdık. Siz dilerseniz daha fazla şehir ekleyebilirsiniz. Default kısmında da böyle bir şehrin henüz eklenmediği şeklinde bir metin yazıp programımızı sonlandırdık.

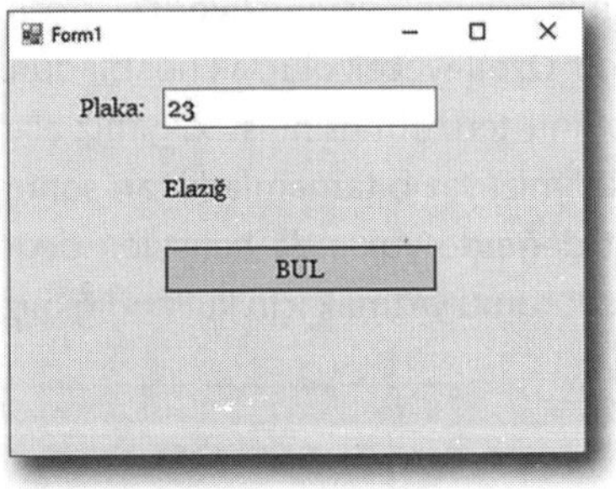

Uygulama 17

Klavyeden girilen mevsime göre o mevsime ait ayları Label aracına yazdıralım.

```
private void button1_Click(object sender, EventArgs e)
        {
            string mevsim = textBox1.Text;
            switch (mevsim)
            {
               case "ilkbahar": label2.Text = "Mart - Nisan - Mayıs"; break;
              case "yaz": label2.Text = "Haziran - Temmuz - Ağustos"; break;
               case "sonbahar": label2.Text = "Eylül - Ekim - Kasım"; break;
                case "kış": label2.Text = "Aralık - Ocak - Şubat"; break;
                default : label2.Text = "Hatalı Mevsim Girişi"; break;
            }
        }
```

Bu kez klavyeden girdiğimiz değişkenimiz tam sayı değil string formatta. `Mevsim` adlı değişkenimizi TextBox aracımızdan aldıktan sonra `switch case` bloğumuzu oluşturduk. Anahtar değeri olarak mevsimi girip durumlarımızı yazmaya başladık. Anahtarımız string bir değişken olduğu için durumların kontrolünü de çift tırnak sembolleri içinde yaptık. Sırasıyla dört mevsime ait ayları girip bu değerler dışında bir mevsim ya da değer girişi yapılırsa defult ile uyarı metnini yazdırarak komutlarımızı sonlandırdık.

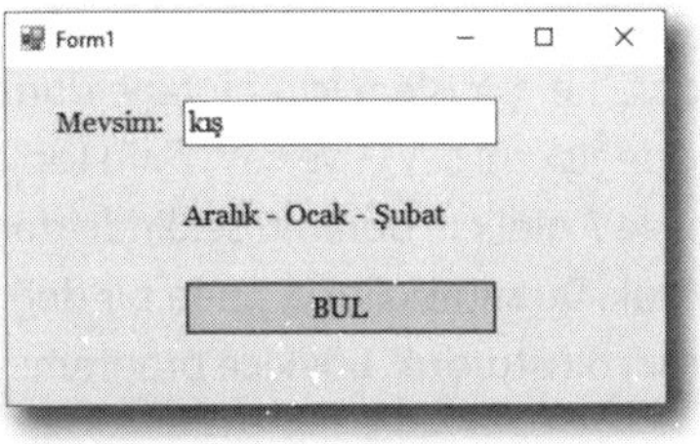

Uygulama 18

Klavyeden girilen iki sayıya yine klavyeden girilen sembole göre aritmetik işlem yapan programı kodlayalım. Örneğin; + girilirse toplama, * girilirse çarpma gibi.

```
private void button1_Click(object sender, EventArgs e)
      {
          int sayı1 = Convert.ToInt16(textBox1.Text);
          int sayı2 = Convert.ToInt16(textBox2.Text);
```

```
            char islem = Convert.ToChar(textBox3.Text);
            int sonuc;
            switch (islem)
            {
                case '+': sonuc = sayı1 + sayı2;
                    label5.Text = sonuc.ToString();
                    break;
                case '-': sonuc = sayı1 - sayı2;
                    label5.Text = sonuc.ToString();
                    break;
                case '*': sonuc = sayı1 * sayı2;
                    label5.Text = sonuc.ToString();
                    break;
                case '/': sonuc = sayı1 / sayı2;
                    label5.Text = sonuc.ToString();
                    break;
                default: label5.Text = "Hatalı İşlem Girişi";
                    break;
            }
        }
```

Klavyeden sayı1 ve sayı2 isminde iki tane değişken alıp int formatında dönüşüm uyguladık. Bu iki sayı üzerinde işlem gerçekleştirebilmek için sonuç isminde üçüncü bir değişken daha ekledik. Anahtar olarak belirlediğimiz işlem değişkeni sadece bir tane sembol değeri alacağı için hafızada char değişken formatında tuttuk. Daha sonra her bir işlem için bir tane durum kod bloğu oluşturduk. Eğer + girilirse sonuç değişkeni sayı1 ve sayı2'nin toplamı oldu. Eğer - girilirse farkı, * girilirse çarpımı ve / girilirse bölümü şeklinde dört işlem içinde durum tanımlaması yapmış olduk. Bu semboller dışında bir değer girilirse de hatalı işlem girişi şeklinde bir mesaj oluşturduk. Böylece programımızı tamamlamış olduk.

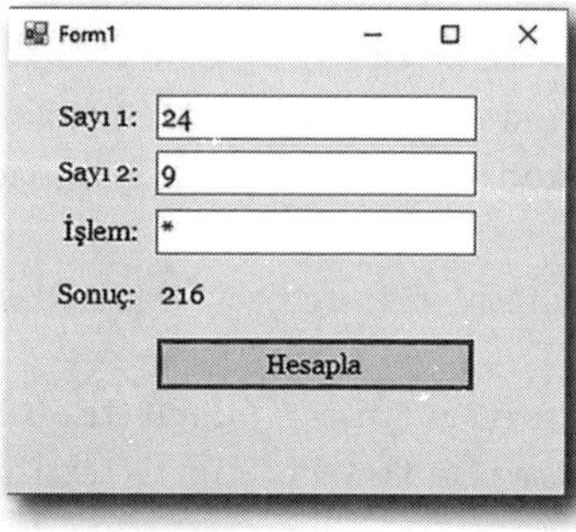

Ödev 1

Klavyeden girilen sayıya göre haftanın gününü veren programı kodlayın.

Ödev 2

Klavyeden girilen sembolün ismini yazdıran programı yazın. Örneğin; # girilirse diyez, ? girilirse soru işareti gibi. 10 durumlu bir kod bloğu oluşturun.

NELER ÖĞRENDİK?

Bu bölümde karar yapısı kavramını, if kullanımını, else kullanımını, operatörleri ve-veya komutlarını, Chekcbox ve RadioButton araçlarını, mod alma işlemlerini, durumların sonucuna göre işlem yapmayı, "true-false" komutlarını, çoklu karar yapısı mekanizmasını, switch case yapısını, break kavramını ve programlamada karar yapılarının ne kadar önemli olduğunu öğrenmiş olduk. Öğrendiklerimizi de kolay ve pratik uygulamalarımızla pekiştirmeye çalıştık.

6

Döngüler

Bu Bölümde

Bu bölümde döngü kavramını, döngülerin ne işe yaradığını, for, while, do-while döngülerini, bu döngüler üzerinden algoritmik örneklerin nasıl yapıldığını, aritmetik döngü işlemlerini, while ve do-while döngüleri arasındaki farkı öğreneceğiz.

DÖNGÜ NEDİR?

Programlamada karar yapılarından sonra önem derecesi çok yüksek olan bir diğer başlık döngülerdir. Tekrar gerektiren yapılar için kullanılan döngüler belirli şartlar sağlanana kadar içerisinde bulunan işlemi yaparlar. Örneğin; 100 kişiden oluşan bir öğrenci listemiz olduğunu varsayalım. Bu liste

- » Ali
- » Ahmet
- » Ayşe
- » Emel
- » Eda
- » Fatih
- » Metin

Şeklinde devam ettiğini düşünelim. Sizden bu öğrencilerin isimlerinin önüne 1'den 100'e kadar sayı değerleri atamanız istendiğini varsayalım. Yani listenin yeni hali;

1-Ali

2-Ahmet

3-Ayşe

4-Emel

5-... şeklinde devam edecektir.

Eğer biz burada manuel yöntemi kullanarak elle tek tek sayı girişi yapmak istersek bu durum çözüm için kabul edilebilir ancak çözüm yolu olarak sonucu ciddi anlamda uzatan ve oldukça fazla zaman alan bir yöntem olacaktır.

Bunun yerine bir döngü yardımıyla öğrencilerimizin sıra numaralarını otomatik olarak vermesini sağlayabilir ve bu işi sadece 2 3 satır gibi çok kısa bir kod bloğuyla çözebiliriz. Veya bir başka örnek üzerinden gidelim. Sizden 1 ile 10 arasındaki sayıların toplamını bulmanız istendi. Siz bunu bir sonuç değişkeni oluştuurp atamanızı 1 + 2 + 3 + 4 + 5 + 6 + 7 + 8 + 9 + 10 şeklinde yaptığınız zaman program sorunsuz bir şekilde çalışacaktır, fakat burada problem aralıktır.

Diyelim 1'den 10'a kadar değil de 1'den 1000'e kadar olan sayıların toplamı istendi o halde ne yapacağız? Elle tek tek 1000'e kadar olan sayıları yazıp toplamanın doğru bir yöntem olmayacağı nettir. İşte burada da devreye yine döngüler girecektir. O halde döngüler için sözümüzü toparlayacak olursak; belirli şartlar sağlanan kadar içerisinde bulunan işlemi gerçekleştiren yapılardır diyebiliriz. Programlamada kullanacağımız 4 temel döngümüz bulunmaktadır. Bunlar For, Whilte, Do-While ve Foreach döngüleridir.

FOR DÖNGÜSÜ

Döngüler içerisinde en çok kullanacağımız döngü türüdür. Genel yapısı 3 temel parametreye dayanmaktadır. Bu parametreler başlangıç, bitiş ve artış/azalış değerleridir. For döngüsünde de işlem ilgili şart sağlandığı sürece devam edeceği için tıpkı karar yapılarında olduğu gibi sonuna noktalı virgül konulmaz. Döngülerde genellikle değişken ismi olarak i harfi kullanılır bu bir kural değil geleneksel bir yaklaşımdır ve Fortran dilinden beri kullanılmaktadır. Buradaki i harfinin açılımı matematikte serilerde kullanılan i harfidir.

For döngüsünün syntax yapısı şu şekildedir;

For (1;2;3)

» **1:** Döngünün başlangıç değerini tutar yani döngü kaçtan başlayacaksa o değerin ataması yapılır.

» **2:** Döngünün bitiş değerini tutan parametredir.

» **3:** Döngünün artış ya da azalış değerinin tutulduğu parametredir. Arttırma işlemi birer birer olabileceği gibi farklı değerlerde de olabilir.

NOT for döngüsünde parametreler birbirinden **noktalı virgül** sembolü ile ayrılırlar.

Uygulama 1

Listbox aracımıza 10 kez "Merhaba Dünya" yazdıran kodu yazalım.

```
private void button1_Click(object sender, EventArgs e)
      {
          for(int i = 1; i <= 10; i++)
          {
              listBox1.Items.Add("Merhaba Dünya");
          }
      }
```

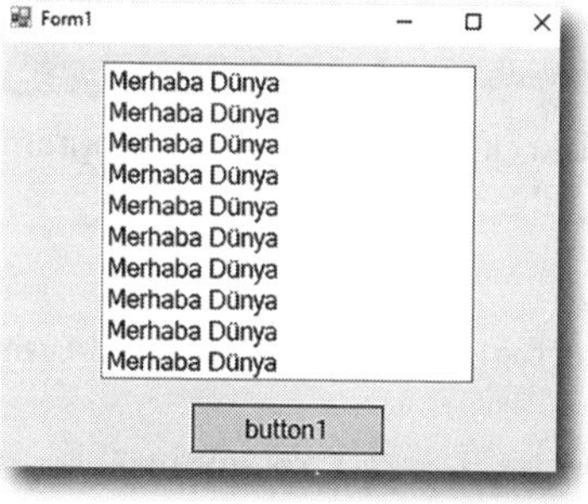

Formumuza araç olarak **Button** ve **Listbox** ekleyip buton aracımıza çift tıkladık. İlk değeri 1 olan ve 10'dan küçük ya da 10'a eşit olduğu sürece ilgili işlemi yapacak for döngümüzü tanımladık. i ++ ifadesi ile i değişkenimizin değerini birer birer arttırdık. Döngümüzün şartı sağlandığı müddetçe yani i değeri 10'dan küçük ya da eşit olduğu sürece yapacağı işlem olan Listbox aracımıza metin yazdırmayı tıpkı karar yapılarında olduğu gibi süslü parantez blokları içerisinde tanımlayarak kod bloğumuzu tamamladık.

Uygulama 2

Listbox aracımıza 1'den 10'a kadar olan sayıları yazdıran programı yazalım.

```
private void button1_Click(object sender, EventArgs e)
        {
            for(int i = 1; i <= 10; i++)
            {
                listBox1.Items.Add(i);
            }
        }
```

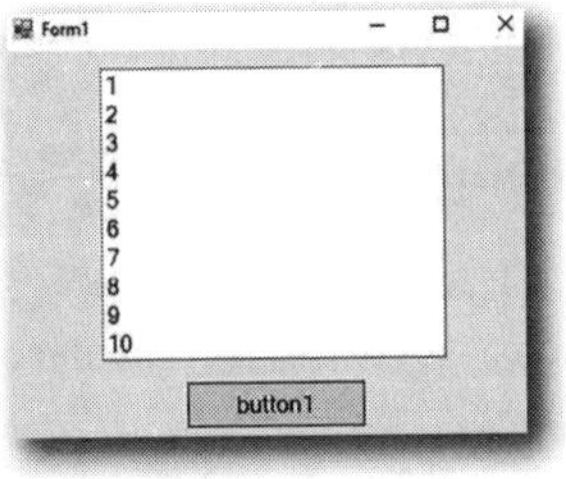

Önceki örneğimizde olduğu gibi yine 1'den 10'a kadar giden bir döngü tanımladık. Değişken değeri olarak tanımladığımız i harfi yerine farklı bir isim verebiliriz. Ayrıca değişken tanımlama işlemi döngü içinde yapılmak zorunda değildir. Döngünde önce de tanımlanabilir. Daha sonra **Listbox** aracımıza direkt olarak i değerini ekleterek yazdırma işlemini tamamladık.

Uygulama 3

1 ile 20 arasındaki çift sayıları listeleyen programı yazalım.

Yöntem 1

```
private void button1_Click(object sender, EventArgs e)
        {
            for(int i = 2; i <= 20; i+=2)
```

```
            {
                listBox1.Items.Add(i);
            }
        }
```

Bu sorunun çözümü için 2 farklı yol kullanacağız. **Yöntem 1**'de döngü değerimizi 2'den başlatıp sayılarımızı `i+=2` ifadesi ile 2'şer 2'şer arttırdık. `i++` ifadesi döngümüzde bulunan ilgili değeri 1 arttırıken `i+=1` ifadesi de 1 arttırma yapmaktadır. 2 veya daha farklı bir artış için `i+=x` ifadesi kullanılabilir. Buradaki `x` arttırma değerini tutar. Bitiş değerimizi 20 yapıp başlangıç değerini 2 olarak tanımladık böylece 2'den 20'ye kadar ikişer arttırarak çift sayıların yazımı gerçekleşmiş oldu.

Yöntem 2

```
private void button1_Click(object sender, EventArgs e)
        {
            for(int i = 1; i <= 20; i++)
            {
                if (i % 2 == 0)
                {
                    listBox1.Items.Add(i);
                }
            }
        }
```

2.yöntemde ise döngümüzü 1'den başlatıp 20'ye kadar ilerletip her adım `i` değerimizin 2'ye göre modunu alarak işlemimizi gerçekleştirdik. Eğer `i` değerimizin 2'ye bölümünden kalan `0` ise ilgili `i` değerini Listbox aracına ekleyecek aksi durumda döngü işlemine devam edecektir. Böylece uygulamamızı tamamlamış olduk.

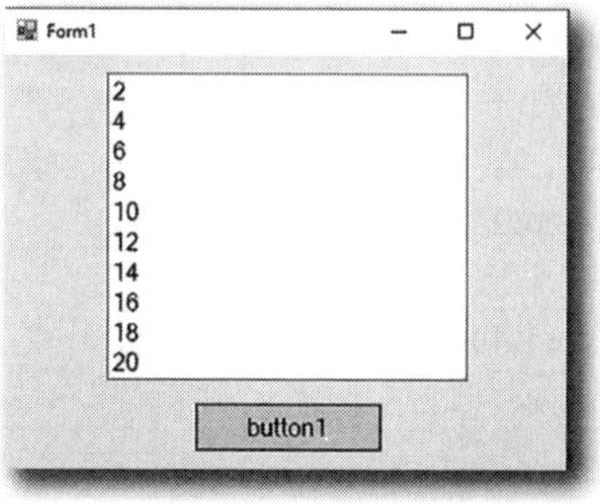

Uygulama 4

1 ile 100 arasında 5'e ve 7'ye tam bölünen sayıları listeleyelim.

```
private void button1_Click(object sender, EventArgs e)
        {
            for (int i = 1; i <= 100; i++)
            {
                if (i % 5 == 0 && i % 7 == 0)
                {
                    listBox1.Items.Add(i);
                }
            }
        }
```

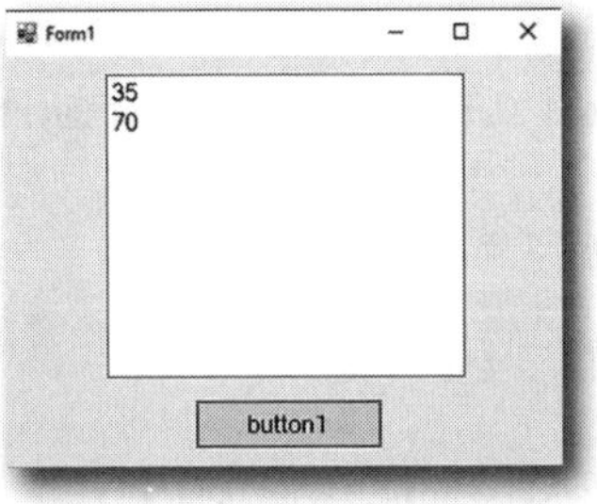

Döngümüzün başlangıç değeri 1, bitiş değeri 100'dür. Döngü içerisinde şartımız ilgili i değerinin hem 5 hem de 7'ye tam bölünmesidir şartı sağlayan i değerleri Listbox aracımıza eklenecektir. Burada ve sembolü olarak kullandığımız ampersand sembolünü tek olarak da kullanabiliriz.

Uygulama 5

1 ile 10 arasındaki sayıların toplamını hesaplayan kodu yazalım.

```
private void button1_Click(object sender, EventArgs e)
        {
            int toplam = 0;
            for (int i = 1; i <= 10; i++)
            {
                toplam = toplam + i;
            }
            label1.Text = "Toplam: " + toplam.ToString();
        }
```

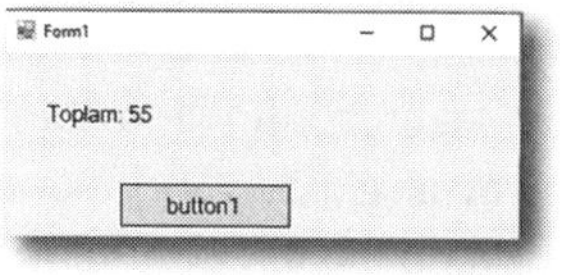

Toplama işlemini yapabilmek için ilk değeri 0 olan bir toplam değişkeni tanımladık. Burada toplam değişkenimize başlangıçta 0 değerini vermeseydik default yani varsayılan değeri `null` olduğu için `null` bir değer üzerinde aritmetik işlem yapamayacağından dolayı programımız hata verecekti. Daha sonra 1 ile 10 arasında döngümüzü oluşturup döngü içerisinde toplam değişkenimize `i`'den gelen değerin atamasını. Yaptık. `toplam = toplam + i` ifadesinde toplam değişkeninin üzerine her defasında en son `i` değerini ekleterek işlemimizi gerçekleştirdik. Son olarak toplam değişkeninin değerini Label aracımıza yazdırarak kod bloğumuzu tamamladık.

Uygulama 6

5 sayısının faktöriyelini hesaplayan programı yazalım.

```
private void button1_Click(object sender, EventArgs e)
        {
            int faktoriyel = 1;
            for (int i = 1; i <= 5; i++)
            {
                faktoriyel *= i;
            }
            label1.Text = "Sonuç: " + faktoriyel.ToString();
        }
```

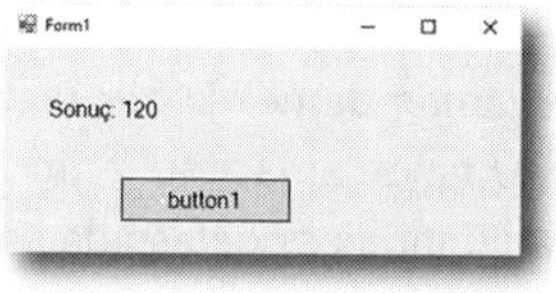

Faktöriyel hesabı için birden fazla yöntem kullanılabilir. Biz bunların en kolaylarından biri olan küçükten büyüğe çarpma yöntemini tercih ettik. Faktöriyel hesabında amaç ilgili sayının kendisinden başlayıp geriye doğru giderek 1'e kadar olan tüm değerleriyle çarpımıdır. Yani 5 sayısının faktöriyelim 5 * 4 * 3 * 2 * 1 şeklinde olacaktır. Biz ise döngüde azaltma yöntemi yerine arttırma yöntemini tercih ederek 1 * 2 * 3 * 4 * 5 şeklinde sonucumuza ulaştık. 0 çarpmada yutan eleman olduğu için ilk değerimizi çarpmanın etkisiz elemanı 1 olarak belirledik.

Uygulama 7

Bir bakteri türü her saatin sonunda kendini 2'ye bölerek çoğalmaktadır. Yeni oluşan bakterilerde aynı şekilde 2'ye bölünerek çoğalıyorlar. 24 saatin sonunda bu ortamda kaç tane bakteri bulunduğunu hesaplayan algoritmik örneği yapalım.

```
private void button1_Click(object sender, EventArgs e)
        {
            int bakteri = 1;
            for (int i = 1; i <= 24; i++)
            {
                bakteri *= 2;
            }
            label1.Text = "Sonuç: " + bakteri.ToString();
        }
```

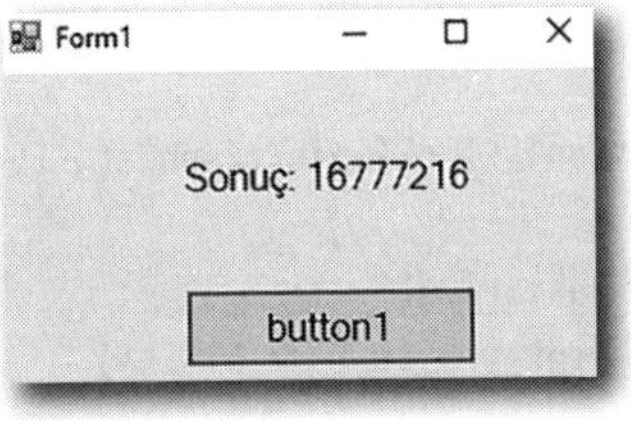

Başlangıçta elimizde sadece 1 tane bakteri bulunmaktadır.

1. saatin sonunda: 1 bakteri kendini 2'ye bölecek ve 2 bakterimiz olacak.

2. saatin sonunda: 2 bakteri kendini 2'ye bölecek ve 4 bakterimiz olacak.

...

Şeklinde ilerlediği zaman demek ki her saatin sonunda 2'nin kuvvetleri kadar bakterimiz oluyor. O halde amacımız 2'nin 24.kuvvetini bulmaktır. Bunun için döngümüzün 24 adımında her defasında bakteri değerini 2 ile çarptığımız zaman bize tam sonucu verecektir.

WHILE DÖNGÜSÜ

Döngüler başlığının 2. konusu olan while döngüsü **şart sağlandığı müddetçe** anlamı taşımaktadır. Syntax olarak `for` döngüsünden biraz daha farklı olan bu döngümüzde arttırma işlemi işlemlerin olduğu yerde yapılır. Syntax yapısına bakacak olursak;

While (şart)

{

İşlemler

}

Şeklinde olacaktır. İşlemler kısmında yapılan işleme göre aritmetik arttırma ya da azaltmanın yanında farklı durumlarda olabilir. Bu konuda detaylı örnekleri veri tabanı bölümünde göreceğiz.

Uygulama 8

While döngüsü ile Listbox aracımıza 10 kez **Yaşasın Cumhuriyet** yazan kodu yazalım.

```
private void button1_Click(object sender, EventArgs e)
    {
        int sayac = 1;
        while (sayac <= 10)
        {
            listBox1.Items.Add("Yaşasın Cumhuriyet");
            sayac++;
        }
    }
```

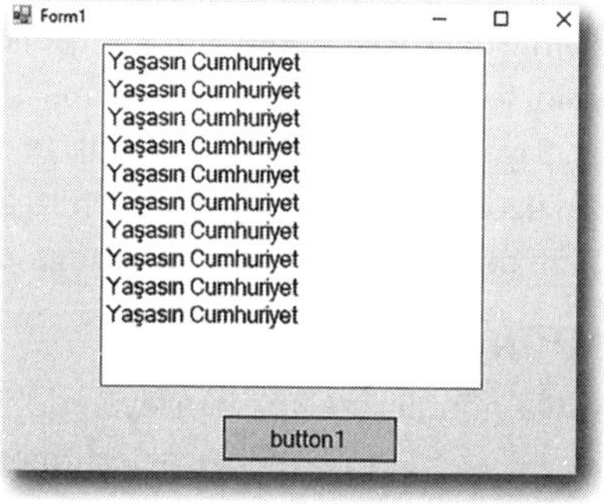

Sayaç isminde ilk değeri 1 olan tam sayı türüne bir değişken tanımladık. While döngümüzü oluşturup şartımızı sayaç değerinin 10'dan küçük ya da eşit olmasına bağladık. Yani sayaç değerimiz 10'dan küçük ya da eşit olduğu sürece süslü parantez içerisindeki işlemleri yapacaktır. Daha sonra Listbox aracımıza metnimizi yazdırıp hemen altında sayaç değerimizi arttırdık eğer sayacı arttırmazsak program bugda kalacak ve sonsuz döngüye girecektir.

Uygulama 9

While döngüsü ile 1'den 10'a kadar olan sayıları toplayalım.

```
private void button1_Click(object sender, EventArgs e)
      {
          int sayac = 1;
          int toplam = 0;
          while (sayac <= 10)
          {
              toplam += sayac;
              sayac++;
          }
          MessageBox.Show("Toplam: " + toplam.ToString());
      }
```

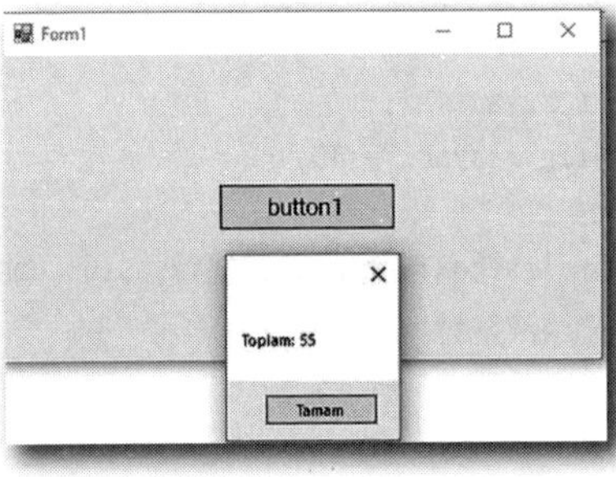

Sayaç ve toplam isminde iki değişken tanımladık. Sayaç değişkeni döngümüzün adım sayısını toplam değişkeni ise toplama işlemi sonucunda oluşacak değeri tutacaktır. Sayaç değerimiz 10'dan küçük ya da eşit olduğu sürece toplam değişkenimizin üzerine sayacı ekleyip sayacımızı arttırdık. Son olarak mesaj kutumuzda toplam değerini göstererek programımızı tamamladık.

DO-WHILE DÖNGÜSÜ

Yapı olarak while döngüsüne çok benzeyen do-while döngüsünün farkı "şart sağlamasa bile en az 1 kez işlemi gerçekleştirmesidir." Yani while döngüsünde eğer şart sağlanmazsa hiçbir şekilde işlem gerçekleşmeyecektir ancak do-while önce yap sonra döngüye gir modeliyle çalıştığı için işlemi bir kez gerçekleştirip daha sonra ilgili şartın sağlanıp sağlanmadığının kontrolünü yapacaktır. Şimdi aynı 2 örneği önce while sonra do-while ile yapalım.

Uygulama 10

While döngüsü ile ekrana 5 kez "merhaba" yazdıralım ancak sayaç değerini 6'dan başlatalım.

```
private void button1_Click(object sender, EventArgs e)
        {
            int sayac = 6;
            while (sayac <= 5)
            {
                listBox1.Items.Add("Merhaba");
                sayac++;
            }
        }
```

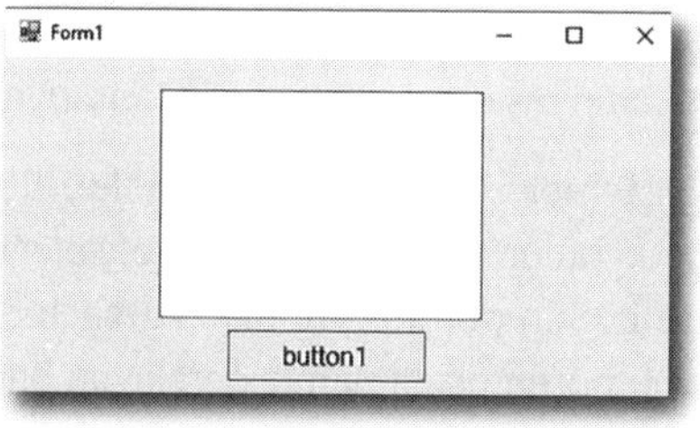

Butonumuza tıkladığımız zaman Listbox aracımıza herhangi bir şey yazmayacaktır. Çünkü sayacın başlangıç değeri şartta bulunan aralığın dışında olduğu için süslü parantez blokları arasındaki işlemleri gerçekleştirmeyecektir.

Uygulama 11

Do-While döngüsü ile ekrana 5 kez "merhaba" yazdıralım ancak sayaç değerini 6'dan başlatalım

```
private void button1_Click(object sender, EventArgs e)
        {
            int sayac = 6;
            do
            {
                listBox1.Items.Add("Merhaba");
                sayac++;

            } while (sayac <= 5);
        }
```

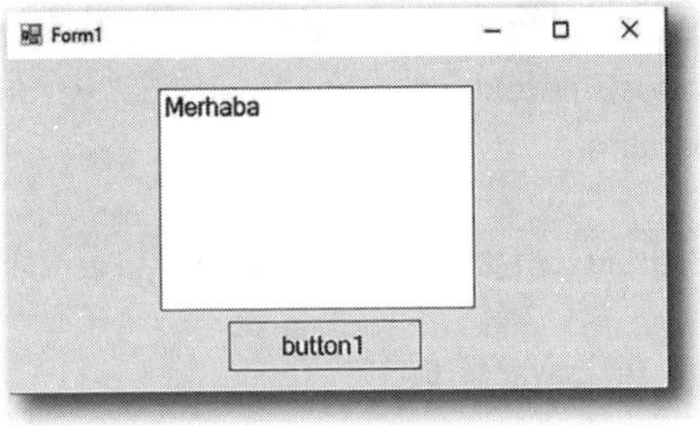

Aynı örneği do-while ile gerçekleştirdik. Do while döngüsünde syntax yapısı while döngüsüne göre bir tık daha farklıdır şöyle ki while döngüsünde şart kontrolü sırasında noktalı virgül sembolü bulunmaz fakar do-while bir "break" yani kırma, döngüden çıkma gibi anlamlara gelen durum olduğu için burada noktalı virgülümüzü koyduk. Programlamada hiyerarşik bir sıralama olduğundan ve bu sıra yukarıdan aşağı doğru ilerlediğinden şartın doğruluğu kontrol edilmeden önce do kısmı ile işlemler yapılıyor daha sonra while kısmında şart kontrol edilip sınırın dışında ise işlemi sonlandırıyor.

Döngülerle ilgili temel örneklerimiz bunlar oldu. Bu başlıklarda daha detaylı bilgi için Youtube'da bulunan "50 Derste C# Console" serimizin döngüler bölümlerine bakabilirsiniz. Son döngü türü olan Foreach döngüsü anlatabilmemiz için diziler konusunu öğrenmiş olmamız gerekiyor. Bundan dolayı bu döngümüzü diziler bölümünde detaylı olarak göreceğiz.

NELER ÖĞRENDİK?

Bu bölümde döngüleri, neden döngü kullandığımı, for döngüsünü, parametrelerini, aritmetik işlemlerde ardışık toplam, çarpım gibi işlemlerin nasıl yapıldığını, while döngüsünü, do-while döngüsünü, bu iki döngü arasındaki farkı, algoritmik döngü örneklerini öğrenmiş olduk.

7

DİZİLER

BU BÖLÜMDE

Bu bölümde dizi kavramını, dizilerin nerelerde kullanıldığı ve programlama açısından önemini, foreach döngüsünü, array sınıfına bağlı metotları, çok boyutlu dizi kavramını, metotlar ile nasıl hazır işlemler yapıldığını öğreneceğiz.

Dizi Nedir?

Aynı veri tipindeki çok sayıda veriyi bir arada tutmak için kullanılan yapılardır. Yaptığımız uygulamalarda birbiriyle ortak paydada buluşan değerler olabilir. Bu verilere birkaç örnek verecek olursak; "çift sayılar dizisi, renkler dizisi, kişiler dizisi, bir sınıfta bulunan öğrenciler dizisi, şehirler dizisi, a harfi ile başlayan meyveler dizisi..." şeklinde örnekler arttırılabilir. Diziler programlama literatüründe karşımıza **array** başlığıyla da çıkabilir. Array yapısı yani diziler aslında bir sınıftır. Bu bölümde sınıf kavramına kısaca değiniyor olacağız. Detaylı anlatımını ilerleyen sayfalardaki sınıf bölümümüzde bulabilirsiniz.

Dizi Oluşturma

Dizi oluşturma işlemini birden fazla şekilde yapabiliriz. Bunlardan birincisi sınıf nesnesi türeterek oluşturmaktadır. Öncelikle sınıf kavramına değinelim; Sınıflar belli kod bloklarını bir arada tutan ve özellikle kod tekrarının önlenmesinde büyük önem arz eden yapılardır. Sınıfların özelliklerini kullanabilmek için ilgili sınıftan nesne türetilir. Somut bir örnek verecek olursak; apartmanı bir sınıf olarak düşünelim. Apartmanın içerisindeki daireler birer nesne, dairenin iç özellikleri: **renk, kat, fiyat** vs. bunlarda bizim özelliklerimizdir. Sınıflarda çatı kısmı sabittir. Değişen şey özellikler ne niteliklerdir. Yani 10 katlı bir apartman düşünürsek ve her katta bir tane daire olduğunu varsayarsak bu dairelerin tamamında oda sayısı, banyo ve tuvalet yerleri, balkon kısımları ve mutfakları aynı yerdedir. Ancak birinci kattaki dairede çocuk odası olarak kullanılan yeri bir üst kattaki aile yatak odası olarak kullanabilir. Yani nesne tanımlandıktan sonra ilgili değerin alacağı nitelikler farklı olabilir. Sınıflardan nesne tanımlaması yapılırken `new` anahtar sözcüğü kullanılır. Bu başlıklarla ilgili daha detaylı bilgiyi sınıflar bölümünde veriyor olacağız. Sınıf tanımlama işlemi şu şekilde yapılır;

```
SınıfAdı NesneAdı = new SınıfAdı
```

Önce sınıfın ismi yazılır, sonra o sınıftan türetilecek nesne için herhangi bir ad verilir. Bu ad tıpkı değişken tanımlamasında olduğu gibi istenilen isimler seçilerek verilebilir. Sonra **eşittir** sembolü yazılır ve `new` anahtar sözcüğü kullanılıp sonrasında yeniden sınıfın ismi yazılır. Böylece o sınıftan ilgili nesneyi türetmiş oluruz. Bir yapının dizi olduğunu göstermek için `[]` sembolleri kullanılır. Dizi tanımlamaları yapılırken dikkat edilmesi gereken önemli bir nokta; dizi adları olabildiğince doğru ve anlamlı isimlerden seçilmelidir.

Dizi tanımlaması şu şekilde yapılır.

```
Değişken türü [ ] Dizi Adı = new Değişken Türü [Eleman Sayısı]
```

Dikkat edilmesi gereken bir diğer nokta da ikinci kez değişken türünü yazdıktan sonra süslü parantez bloğu içine bu dizinin kaç elemandan oluşacağının bildirilmesidir. Dizi verileri bellekte tutulur ve eleman sayısı önceden yazılarak bellekte buna göre yer tahsisi yapılır. Dizilerde `index` isminde bir kavram vardır. Index dizinin bellekte kaçıncı sırada tutulacağını belirler.

NOT Dizilerde index değeri 0'dan başlar. Çünkü programlamada sayma işlemleri 1'den değil 0'dan başlamaktadır.

```
public static bool KartKontrol(string KartNumara)
{
    int toplam = 0;
    for (int i = 0; i < 16; i++)
    {
        int sayi = Convert.ToInt32(KartNumara[i].ToString());

        if (i % 2 == 0)
        {
            sayi = sayi * 2;
            if (sayi.ToString().Length == 2)
                sayi = Convert.ToInt32(sayi.ToString().Substring(0, 1)) + Convert.ToInt32(sayi.ToString().Substring(1, 1));
        }

        toplam += sayi;
    }

    if (toplam % 10 == 0)
        return true;
    else
        return false;
}
static void Main(string[] args)
```

Şekilde 1'de 10 elemandan oluşan bir dizi boş dizi bulunmaktadır. Bellekte bu boş dizi için 10 elemanlık yer ayrılmıştır. İlk index değeri 0'dan başlamış, son index değeri 9'da bitmiştir.

Uygulama 1

Şekil 2'deki diziyi çözümleyelim.

0	1	2	3	4	5
Yunus	Ömer	Mesut	Didem	Murat	Sinem

» Dizimiz 6 elemandan oluşmaktadır.

» Dizimiz kişi adlarını tutan bir "kişiler" dizisi olabilir.

» Dizimizin ilk indexinde "Yunus" son indexinde "Sinem" değerleri vardır.

» Elemanlarımız alfabetik veriler olduğundan dizimiz string değişken türünde tanımlanıp oluşturulmuştur.

» Dizimizin son index numarası 5'tir.

» Dizilerde son indexin kaç olduğu dizi uzunluğundan 1 çıkarılarak bulunabilir.

Uygulama 2

5 Elemandan oluşan bir renkler dizisi tanımlayıp bu diziye veri girişi yapalım ve dizinin 2. index'inde bulunan elemanı yazdıralım.

```
private void button1_Click(object sender, EventArgs e)
        {
            string[] renkler = new string[5];
            renkler[0] = "sarı";
            renkler[1] = "mavi";
            renkler[2] = "beyaz";
            renkler[3] = "turuncu";
            renkler[4] = "kırmızı";
            label1.Text = renkler[2];
        }
```

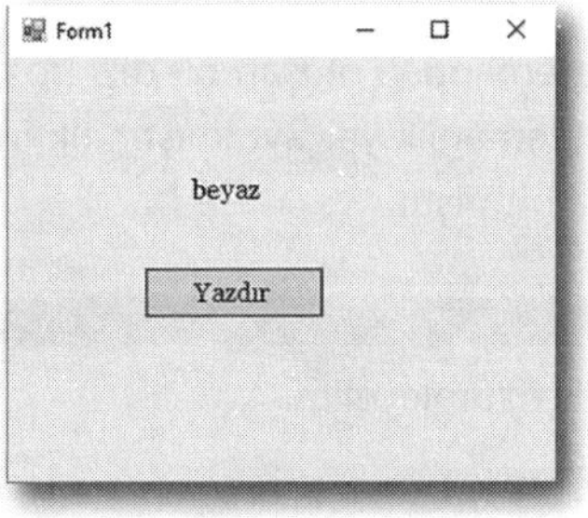

renkler isminde string bir dizi oluşturduk ve dizimizin boyutunu 5 olarak belirledik. renkler[0] ifadesiyle renkler dizimizin ilk index'ine değer atamamızı yaptık. Bu işlemi sırasıyla diğer elemanlarımız içinde yapıp dizimizin değer atama işlemini bitirdikten sonra Label aracımıza dizimizin 2. index'inde bulunan değeri yazdırdık. Dizi string olarak oluşturulduğu için değerlerimizi de string formatta yani çift tırnak sembolü arasına yazdık.

Uygulama 3

4 Elemandan oluşan bir iller dizi oluşturup 1. indexdeki değeri çağıralım.

```
private void button1_Click(object sender, EventArgs e)
        {
            string[] iller = new string[4];
            iller[0] = "Ankara";
            iller[1] = "Bursa";
            iller[2] = "İstanbul";
            iller[3] = "Aydın";
            label1.Text = iller[1];
        }
```

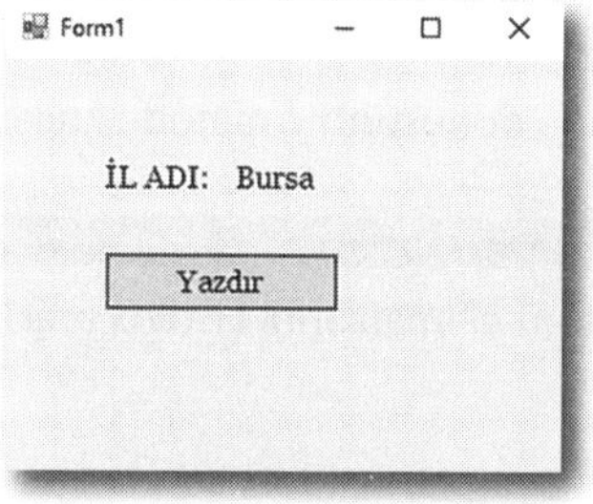

iller isminde string bir dizi oluşturduk ve dizimizin boyutunu 4 olarak belirledik. Sonrasında sırayla dizimize verilerimizi girdik. Veri girişlerimizi yaptıktan sonra dizimizin 1. indexinde bulunan değeri yazdırmak için Label aracımızın text özelliğine iller dizimizin 1. indexinde bulunan değeri atadık.

Uygulama 4

8 elemandan oluşan bir çift sayılar dizisi oluşturup 6. indexindeki değeri yazdıralım.

```
private void button1_Click(object sender, EventArgs e)
        {
            int[] sayilar = new int[8];
            sayilar[0] = 24;
            sayilar[1] = 04;
            sayilar[2] = 20;
            sayilar[3] = 12;
            sayilar[4] = 10;
            sayilar[5] = 16;
            sayilar[6] = 34;
            sayilar[7] = 76;
            label1.Text = sayilar[6].ToString();
        }
```

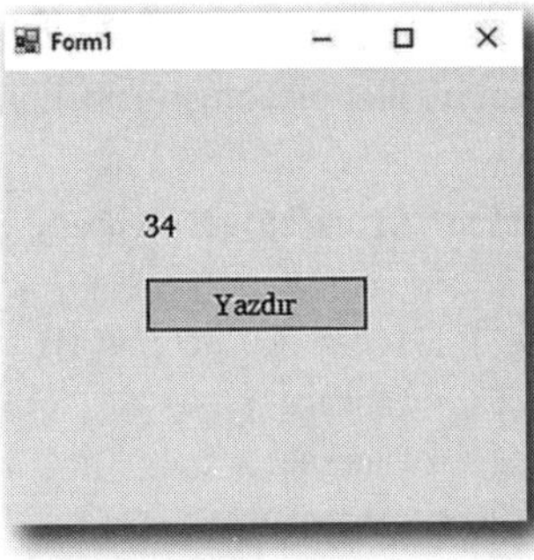

sayılar isminde bu kez tam sayı yani Int türünde bir dizi oluşturduk. Dizimizin boyutunu 8 olarak belirledik ve değerlerimizi girdik. Dizimizin türü Int olduğu için değerlerimizi de bu değişkene uygun formatta yazdık. Label aracımıza yazdırmak için ilgili index'i yazıp sonrasında ToString metodu kullandık. Çünkü yazdırma işlemini yapacağımız aracımız string türündedir. Bundan dolayı yazdırma işlemini yaparken string formatına dönüştürme metodu kullanılır.

Uygulama 5

Oluşturulan 5 elemanlı firmalar dizisinin tüm elemanlarını ListBox aracına yazdıran programı kodlayalım.

```
private void button1_Click(object sender, EventArgs e)
        {
            string[] firmalar = new string[5];
            firmalar[0] = "Microsoft";
            firmalar[1] = "Apple";
            firmalar[2] = "IBM";
            firmalar[3] = "Google";
            firmalar[4] = "Samsung";
            for (int i = 0; i <= 4; i++)
            {
                listBox1.Items.Add(firmalar[i]);
            }
        }
```

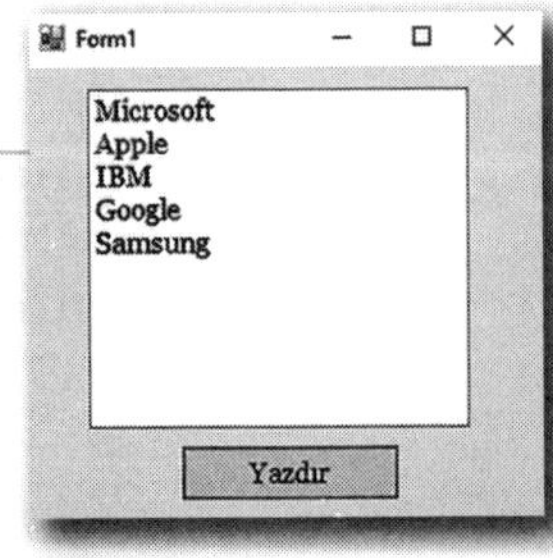

`firmalar` isminde string değişken türünde bir dizi oluşturduk. Burada direkt olarak veri girişi yapmak yerine istediğimiz index'e istediğimiz değeri atayabilmek için dizimiz bir sınıftan nesne türetir formatta yazdık. Bu konuyla ilgili daha detaylı bilgiyi kitabımızın **Sınıflar** bölümünde göreceğiz.

Oluşturmuş olduğumuz dizinin boyutunu 5 olarak belirledik. Dizilerde ilk değer 0. index'ten başladığı için 0'dan başlayarak sırayla dizimize eleman girişlerini gerçekleştirdik. 0. index'imiz için **Microsoft**, 1. index değerimiz için **Apple** şeklinde 5 elemanımıza da atama yaptıktan sonra bu değerleri hafızada tanımlamış olduk. Hafızada tuttuğumuz bu değerleri ListBox aracımıza eklemek için bir for döngüsü kurup döngümüzün ilk değerinin sıfırdan başlatıp dizi uzunluğuna kadar okutup yazdırma işlemini gerçekleştirdik.

Döngümüz içinde bulunan yazdırma ifadesindeki `firmalar[i]` komutu firmalar dizimizin `i.` elemanını yazdırma anlamına gelmektedir. Burada ki `i` değeri sırasıyla döngü içindeki tüm değerleri üstüne alacaktır.

Uygulama 6

5 elemanlı bir ondalıklı sayı dizisindeki elemanları ListBox aracına yazdıralım.

```
private void button1_Click(object sender, EventArgs e)
    {
        double[] sayilar = new double[5];
        sayilar[0] = 1.85;
        sayilar[1] = 4.25;
        sayilar[2] = 5.33;
        sayilar[3] = 19.81;
        sayilar[4] = 22.23;
        for (int i = 0; i <= 4; i++)
        {
            listBox1.Items.Add(sayilar[i]);
        }
    }
}
```

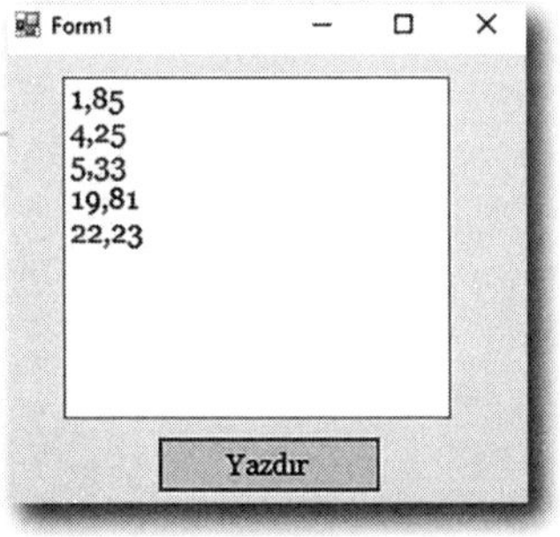

sayılar isminde bir dizi oluşturup bu diziye sırasıyla değerlerimizi girdik. Bir önceki örneğimizde olduğu gibi değerleri okutmak için döngümüzü 0'dan başlattık ve dizinin son index değerine kadar ilerletip yazdırma işlemlerini ListBox aracımıza yaparak uygulamamızı tamamladık. Double değişkenlerin verileri klavyeden TextBox gibi araçlara girilirken virgül ile, kod kısmından girilirken nokta ile ayrılır.

Uygulama 7

Bu örneğimizde boyut tanımlaması ve new anahtar sözcüğü kullanmadan dizimize direkt eleman girişi yaparak oluşturalım.

```
private void button1_Click(object sender, EventArgs e)
    {
      string[] kisiler = { "mehmet", "murat", "mesut", "ali", "cemil" };
       label1.Text = kisiler[0];
    }
```

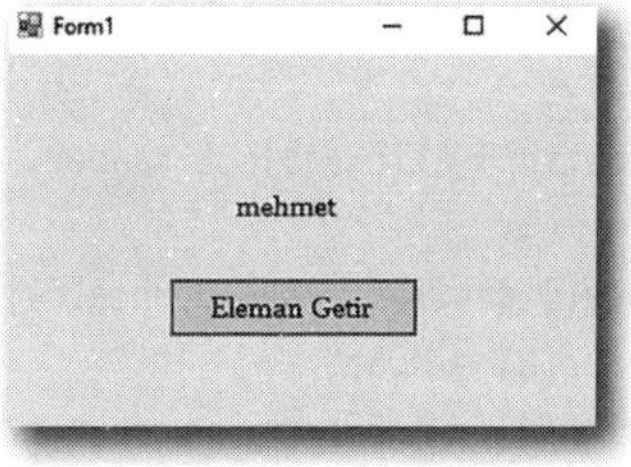

Dizi oluşturmanın birden fazla yöntemi olduğunu önceki sayfalarımızda söylemiştik. Bunların bir diğeri olan new anahtar sözcüğü kullanmayıp nesne türetmeye ihtiyaç kalmadan dizi oluşturmaktır. Bu yöntemin kullanımı şu şekildedir; önce dizinin değişken türü yazılır sonra köşeli parantez [ ] sembolleri eklenir. Daha sonra dizinin adı yazılır. Buraya kadar bir önceki yöntemimizle aynı şekilde ilerledik. Farklı kısım bu noktada başlamaktadır. Eşittir sembolümüzü ekleyip süslü parantezimizi açıyoruz ve dizimizin elemanlarını süslü parantez blokları içerisine yazıyoruz. Eğer ki string olarak tanımladıysak çift tırnak içinde, int olarak tanımladıysak tam sayı türünde herhangi bir sembol kullanmadan, char olarak tanımladıysak tek tırnak içinde değerlerimizi yazıp satır sonuna noktalı virgül koyarak tanımlama işlemini bitiriyoruz.

Örneğimizde de kişiler isminde bir dizi oluşturup dizimize 5 tane değer girişi yaptık. Label aracımıza dizimizin 0. indexindeki değeri yazdırıp programı sonlandırdık.

Uygulama 8

Semboller dizisi oluşturup dizi içinde tanımladığımız tüm sembolleri ListBox aracına yazdıralım.

```
private void button1_Click(object sender, EventArgs e)
    {
        char[] semboller = { '+', '-', '*', '/', '#', '%', '?' };
        for (int i = 0; i < semboller.Length; i++)
        {
            listBox1.Items.Add(semboller[i]);
        }
    }
```

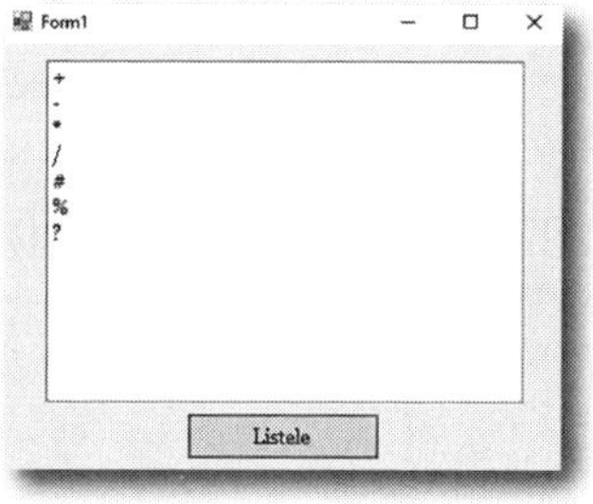

Semboller tek karakterden oluştuğu için dizimizi string değil char olarak tanımladık. Değerlerimizi girdikten sonra döngümüzü oluşturduk. Burada dikkat etmemiz gereken bir durum var. Dizimizin bitiş değerini sembol sayımız olarak belirlemedik. `Length` isminde bir komut kullandık. `Length` komutu bir dizi, metin veya benzeri yerlerde uzunluğu bulmak için kullanılan koddur. Bazen oluşturduğumuz dizilerde çok fazla eleman olabilir ve her defasında kaç tane eleman olduğunu saymak uğraştırıcı olur. Bundan dolayı döngümüz 0'dan başlasın birer birer artsın ve dizinin eleman uzunluğuna kadar ilerlesin istedik.

Yine önemli bir dip not, eğer ki `i<semboller.Length` komutu yerine `i<=semboller.Length` dersek programımız hata verecektir. Semboller dizimizin toplam eleman sayısı 7'dir. Son index 6 ile bitmektedir. Yani `i<semboller.Length` dediğimiz zaman `i<7` demiş oluyoruz. `İ` küçüktür `7` ifadesinde döngünün alacağı son değer `6` olacağından ve dizininde son indexi `6` olduğundan sorun teşkil etmeyecektir.

Ancak küçük eşit dersek bu kez dizinin 7. index değerini de arayacak ve böyle bir değer olmadığı için hata verecektir. Döngü bloğu içerisine de ListBox aracımıza yazdırma işlemi yaparak uygulamamızı tamamladık.

Uygulama 9

Klavyeden kullanıcı tarafından beş tane şehir girip bu şehirleri ListBox'a yazdıran programı kodlayın.

```
string[] sehir = new string[5];
        int sayac=0;
        private void button1_Click(object sender, EventArgs e)
        {
            sehir[sayac] = textBox1.Text;
            sayac++;
        }

        private void button2_Click(object sender, EventArgs e)
        {
            for (int i = 0; i < 5; i++)
            {
                listBox1.Items.Add(sehir[i]);
            }
        }
```

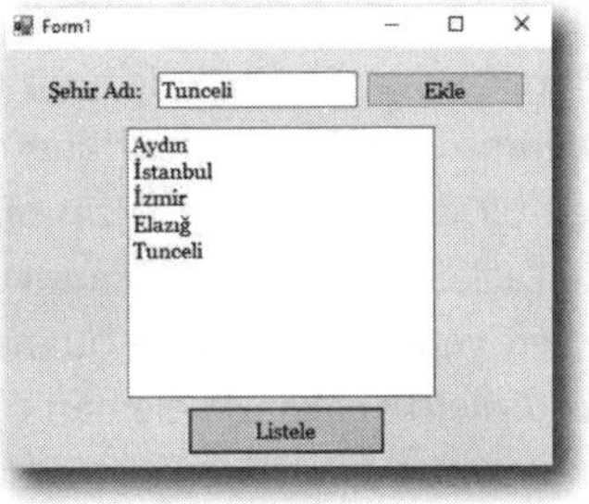

Bu kez diğer örneklerimizden farklı olmak üzere değerlerimizi kod kısmından değil klavyeden girdik. Global alan diye adlandırdığımız ilk butonumuzun üstündeki alana bir tane beş elemanlı şehirler dizisi oluşturduk. Hemen alt satırında bulunan sayaç değişkeni klavyeden gireceğimiz şehirlerin sırasını tutacak. `Button1` aracımızın `click` olayı içerisinde yazdığımız `sehir[sayaç]` ifadesi şehir dizisine eleman atamak için kullanılan komut kümesidir.

Burada köşeli parantez ilgili kod bloğunun dizi olduğunu, köşeli parantez içindeki sayaç komutu ise sırasıyla şehir dizisinin alacağı değerleri tutacaktır. Hemen altında bulunan sayaç++ ifadesi her bir değerden sonra sayacı bir arttırmakta ve dizinin diğer elemanları oluşturulmaktadır. İkinci Buttonumuz ise şehir dizisinde tutulan değerleri ListBox aracımıza yazdırmak için olayı tetiklemektedir. Döngü 0'dan başlayıp küçük 5 şartı sağlanana kadar devam ediyor. Her defasında da ilgili değeri ListBox aracımıza ekleyerek kod bloğunu tamamlamış olduk.

Uygulama 10

Oluşturulan bir dizideki en büyük elemanı bulan programı yazalım.

```
private void button1_Click(object sender, EventArgs e)
        {
            int[] dizi = { 5, 48, 36, 12, 55, 3, 14, 96, 71, 9 };

            int enBuyukSayi=dizi[0];

            for (int i = 0; i < dizi.Length; i++)
            {

                if (dizi[i] > enBuyukSayi)
                {
                    enBuyukSayi = dizi[i];
                }
            }
            label2.Text = enBuyukSayi.ToString();
        }
```

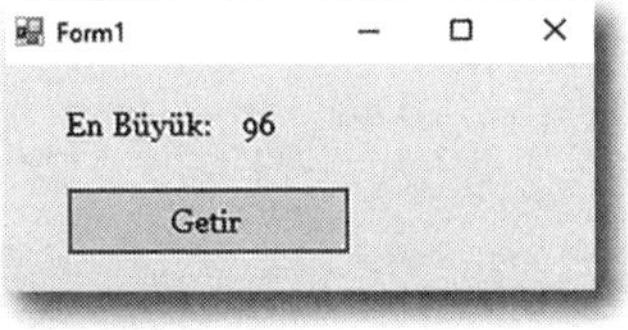

Dizimizi oluşturup elemanlarımızı girdik. En büyük sayı isminde bir değişken oluşturduk ve başlangıçta en büyük değerimizi dizinin ilk elemanı olarak kabul ettik. Bundan dolayı en büyük sayı adlı değişkenimize dizimizin 0. indexinde bulunan değeri atadık. Bir döngü oluşturup bu döngüyü 0'dan başlatıp dizinin uzunluğuna kadar devam ettirdik.

Döngü içerisine yazmış olduğumuz karar yapısı komutu şu anlama geliyor; eğer dizinin `i.` değeri yani dizinin döngünün aldığı değere göre olan aktif değeri en büyük sayımızdan büyükse dizinin o değeri en büyük sayı olsun. Mesela başlangıçta en büyük sayımız 5'ti. Sonra 5 ile 48'i karşılaştırdı 48 daha büyük olduğu için en büyük sayı değişkenimizin değeri 48 olmuş oldu. Ama kendinden sonra gelen 36 veya 12 değerleri büyük olmadığı için buralarda bir değişiklik yapılmadı. Ta ki 48'den daha büyük bir değerler karşılaşana kadar. 48'den büyük bir değerle karşılaşınca bu kez en büyük değerimiz o değer oldu. Böylece en büyük değerimize ulaştık.

Uygulama 11

Oluşturulan bir dizideki en küçük elemanı bulan programı yazalım.

```
private void button1_Click(object sender, EventArgs e)
      {
          int[] dizi = { 5, 48, 36, 12, 55, 3, 14, 96, 71, 9 };

          int enkucuksayi=dizi[0];

          for (int i = 0; i < dizi.Length; i++)
          {

              if (dizi[i] < enkucuksayi)
              {
                  enkucuksayi = dizi[i];
              }
          }
          label2.Text = enkucuksayi.ToString();
      }
```

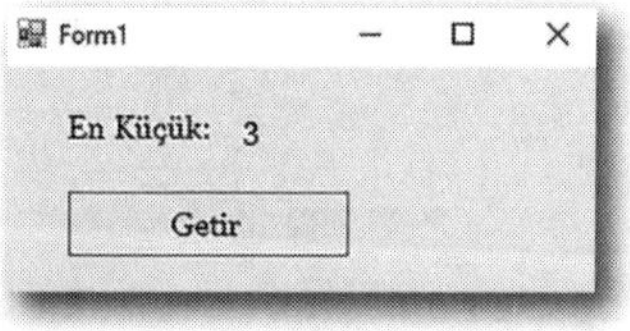

Dizimizi oluşturup elemanlarımızı girdik. `enkucuksayi` isminde bir değişken oluşturduk ve başlangıçta en küçük değerimizi dizinin ilk elemanı olarak kabul ettik. Bundan dolayı en küçük sayı adlı değişkenimize dizimizin 0. indexinde bulunan değeri atadık.

Bir döngü oluşturup bu döngüyü 0'dan başlatıp dizinin uzunluğuna kadar devam ettirdik. Döngü içerisine yazmış olduğumuz karar yapısı komutu şu anlama geliyor; eğer dizinin `i.` değeri yani dizinin döngünün aldığı değere göre olan aktif değeri en küçük sayımızdan küçükse dizinin o değeri en küçük sayı olsun. Mesela başlangıçta en küçük sayımız 5'ti. Sonra 5 ile 48'i karşılaştırdı 48 daha büyük olduğu için en küçük sayı değişkenimizin değeri 5 olarak kalmış oldu. 5'den küçük bir değerle karşılaşınca bu kez en küçük değerimiz o değer oldu. Böylece en küçük değerimize ulaştık. Şimdi hazır olarak kullanılan bazı dizi metotlarına değinelim

Dizi Metotları

Fonksiyonlar ya da metotlar bir takım işlemleri bizlere hazır olarak sunan yapılardır. Programda bu işlerin hazır olarak sunulduğu yapılar olduğu gibi kod bloklarıyla kendi metotlarımızı oluşturmamıza da olanak sağlar. Bu konudaki detaylı anlatımı kitabımızın metotlar bölümünde vereceğiz. Kodlama dünyasında genel olarak fonksiyon ve metotlar aynı ifadenin eş anlamlı iki kelimesi gibi kullanılmaktadır.

Metot kavramını geçtiğimiz bölümlerde kullandığımız bazı kısımlarda vardı. Örneğin `ToString` metodu ilgili ifadelerimizi yazdırırken String türüne çevirmek için kullanılmaktaydı. Aynı işlemi diğer dönüşüm metotları için de özellikle değişkenlerden sonraki bölümlerde çokça kullandık. Şimdi dizilerde kullanacağımız bazı temel metotlara değinelim.

Length Metodu

Bu metot dizimizin boyutunu hesaplayan metottur. Dizinin boyutunun hesaplanması için dizi elemanlarına bir döngüye alınıp `null` değer ile karşılaşana kadar döngü ya da sayaç değeri arttırılarak hesaplanabilir. Length metodu sayesinde bu işleme gerek kalmadan tek bir satırda işlemimizi gerçekleştirebiliriz.

Uygulama 12

Oluşturulan herhangi bir dizinin boyutunu yani kaç elemanlı olduğunu hesaplayalım.

```
private void button1_Click(object sender, EventArgs e)
        {
         string[] kisiler = { "Ali", "Eda", "Ahmet", "Mehmet", "Selin", "Cemil" };
            label2.Text = kisiler.Length.ToString();
        }
```

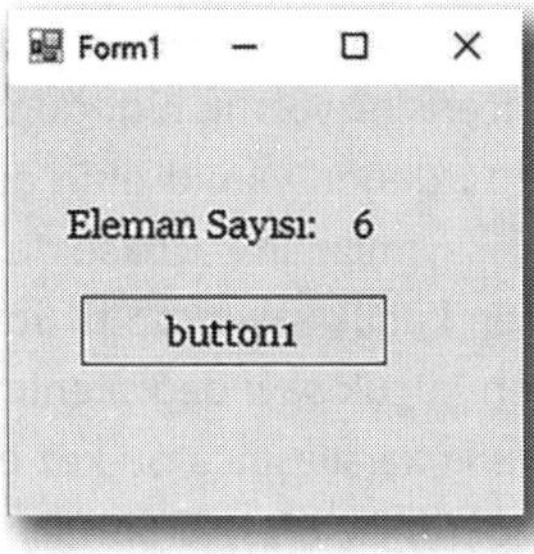

Kişiler isminde String türünde bir dizi oluşturduk. Oluşturduğumuz bu diziye bazı kişi adlarını eleman değeri olarak verdik. Daha sonra Label aracımızda kişiler dizimizin Length özelliğini kullanarak boyutunu otomatik olarak hesaplattık. Length komutundan dönecek olan değer tam sayı türünde bir değer olduğu için eleman sayımızı yazdırırken String türüne çevirerek kodlarımızı tamamladık.

Sort Metodu

Bu bölümün en başında Array kelimesinin dizileri temsil ettiğini ve dizilerin Array sınıfından türeyen bir yapı olduğunu söylemiştik. Dizilerde bazı fonksiyonları kullanmak için Array sınıfına başvurmamız gerekmektedir. Yani şöyle düşünebilirsiniz; Biz patronun odasına gitmek istiyoruz ancak patronun odasına sadece sekreter odasından ulaşılıyor, yani sekretere uğramadan patronun yanına giriş yapamıyoruz. Sort metodu ilgili dizimizin değerlerini küçükten büyüğe doğru döngüye, atamaya, karar yapısına ihtiyaç kalmadan kolaylıkla sıralar. Somut bir örnek üzerinde kullanımını görelim.

Uygulama 13

Oluşturulan dizinin elemanlarını sort metodunu kullanarak küçükten büyüğe doğru sıralayan kodu yazalım.

```
private void button1_Click(object sender, EventArgs e)
        {
            int[] sayilar = { 1, 7, 8, 6, 3, 4, 2, 0 };
            Array.Sort(sayilar);
            for (int i = 1; i < sayilar.Length; i++)
            {
                listBox1.Items.Add(sayilar[i]);
            }
```

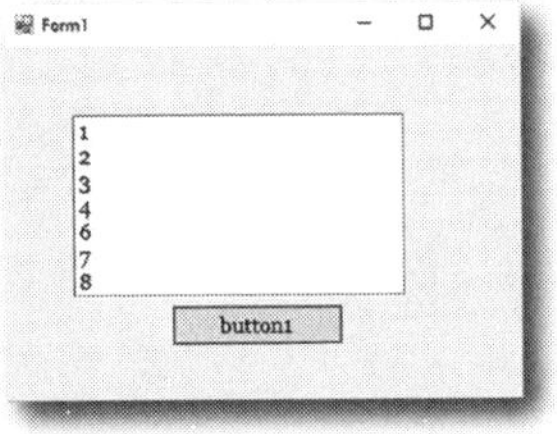

Sayılar isminde tam sayı türünde bir dizi tanımladık ve bu diziye elemanlarımızı girdik. Daha sonra Array sınıfımızın sort metodunu kullanarak sıralama işlemini gerçekleştirdik. sort metodundan sonra parantez içinde hangi dizi sıralanacaksa o diziyi yazdırdık. Artık dizimiz bellekte sıralı hale geldi.

Son olarak bir döngü oluşturup bellekte tutulan bu dizimizi okutup okunan her elemanı sırayla yazdırdık. Eğer sort metodunu kullanmasaydık yani o satır olmasaydı program yine çalışacaktı fakat elemanlar sıralanmış şekilde değil dizideki ilk haliyle listelenecekti. Ve ayrıca dikkat ettiyseniz dizinin en küçük elemanı olan 0 değerini yazmadı, peki bunu neden yazmadı. Bu soru size ödev olarak kalsın.

REVERSE METODU

Reverse metodu yine Array sınıfına bağlı olan ve dizi elemanlarını tersten sıralayan metottur. Küçükten büyüğe ya da büyükten küçüğe herhangi bir sıralama yapmaz. Yalnızca dizinin elk halini okur ve son elemandan itibaren başlayarak ilk elemana kadar olan tüm değerleri hafızaya alır.

Uygulama 14

Oluşturulan dizinin elemanlarını reverse metodunu kullanarak tersten sıralayan kodu yazalım.

```
private void button1_Click(object sender, EventArgs e)
    {
        int[] sayilar = { 1, 7, 8, 6, 3, 4, 2, 0 };
        Array.Reverse(sayilar);
        for (int i = 0; i < sayilar.Length; i++)
        {
            listBox1.Items.Add(sayilar[i]);
        }
    }
```

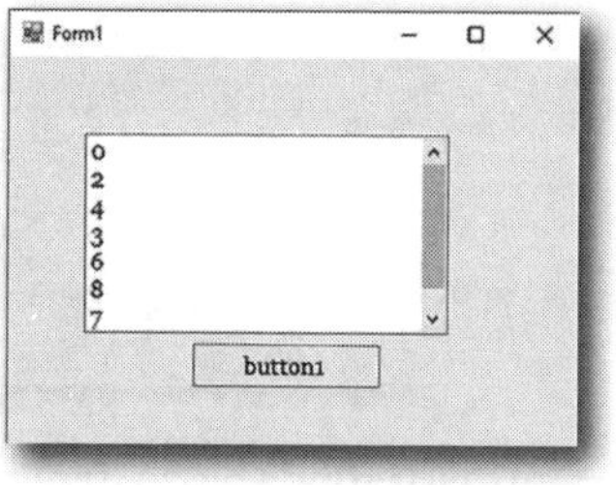

Uygulamamızı bir önceki örnekte oluşturmuş olduğumuz sayılar dizisi üzerinde yapalım. Bu kez metot olarak `sort` değil, `reverse` kullandık. Reverse ifadesi ile dizi 0 – 2 – 4 – 3 – 6 – 8 – 7 – 1 şeklinde sıralanacaktır. Daha sonra bir döngü oluşturup hafızada ters olarak sıralanmış bu değerleri ListBox aracımıza yazdırdık.

IndexOf Metodu

Dizi içinde aranan herhangi bir değerin indeks sırasını döndürür. Yani diyelim **kişiler** isminde bir dizimiz var ve bu dizide **Ali** isminde kişinin kaçıncı sırada olduğunu arıyoruz. İşte bu noktada devreye `IndexOf` metodu girecektir. 2 parametresi bulunan `IndexOf` metodunda birinci parametre ilgili dizi adını, ikinci parametre de ilgili elemanı tutar. Eğer eleman yoksa -1 sonucunu verir.

Uygulama 15

Oluşturulan tam sayı dizimizin içinde 4 değerinin kaçıncı sırada olduğunu bulan kodu yazalım.

```
private void button1_Click(object sender, EventArgs e)
        {
            int sıra;
            int[] sayilar = { 1, 7, 8, 6, 3, 4, 2, 0 };
            sıra = Array.IndexOf(sayilar, 4);
            label1.Text = sıra.ToString();
        }
```

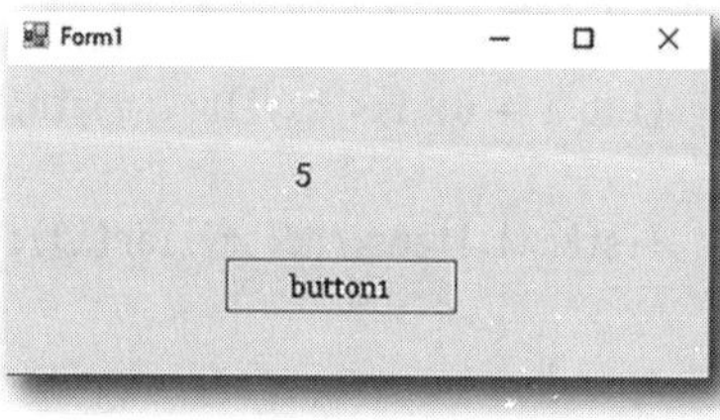

Sıra isminde tam sayı türünde bir değişken tanımladık. Bu değişkenimiz dizimizde aradığımız değerin kaçıncı sırada olduğunu tutacaktır. Daha sonra önceki örneklerde kullanmış olduğumuz dizimizi yazdık. Sıra değişkenine Array sınıfına bağlı olan IndexOf metodunu atadık. IndexOf metodunda birinci parametre dizi adı, ikinci parametre aranan değer olarak belirlendi. Son olarak sıra değerimizi Label aracımıza yazdırdık.

Max-Min Metodu

Aritmetik dizilerde en büyük ve en küçük değeri otomatik olarak bulmayı sağlayan metottur. Bu metot sayesinde uzun uzun döngü ve karar yapıları yazmaya gerek kalmaz sadece bir satırlık kodla en büyük ya da en küçük değerimizi bulabiliriz.

Uygulama 16

Sayılar dizimizin en büyük elemanını bulan kodu yazalım.

```
private void button1_Click(object sender, EventArgs e)
        {
            int[] sayilar = { 1, 7, 8, 6, 3, 4, 2, 0 };
            label1.Text = sayilar.Max().ToString();
        }
```

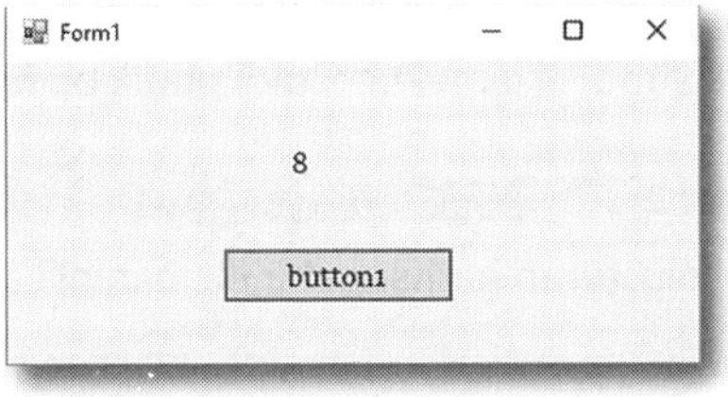

Sayılar dizimizi oluşturduktan sonra Label aracımıza yazdırma işlemi yaparken sayılar dizimizi çağırıp nokta koyup akabinde Max metodunu çağırdık. Max metodundan dönecek olan tam sayı türünde olduğu için ifademizi String'e çevirerek kod bloğumuzu tamamladık. Aynı işlem Min metodu için de geçerlidir.

Ödev: Oluşturulan sayılar dizisinde Max metodunu kullanmadan en büyük değerini bulan kodu yazın.

Temel olarak göstereceğimiz metotlar bunlar oldu. Başlangıç seviyesi için bu metotlar yeterli. Daha detaylı bilgi için YouTube'da bulunan **100 derslik C# Eğitim Videolarımızın** 19. dersini izleyebilirsiniz.

İKİ BOYUTLU DİZİLER

İki boyutlu diziler ya da matematikteki adıyla matrisle programlamanın özellikle diziler ve döngüler kısmında karşımıza çıkması muhtemel bir başlığıdır. Ayrıca üç boyutlu dizilerde bulunmaktadır. 3. boyutun ötesinde bir dizi ile henüz karşılaşmadık. Ancak biz temel seviyede iki boyutlu dizi örneklerine yer vermeyi yeterli gördük. İki boyutlu dizilerde veriler satır ve sütun değerleri olarak tutulur.

$$\text{a matrix} \quad \begin{bmatrix} 2 & -5 & 10 \\ -4 & 19 & 4 \end{bmatrix}$$

Yukarıdaki görselde bulunan matrisimiz 2 satır ve 3 sütundan oluşmaktadır. Yani 2*3 şeklinde ifade edilmektedir.

Satırlarımız: (2, -5, 10) , (-4, 19, 4)

Sütunlarımız: (2, -4) , (-5, -19) , (10, 4)

Böylece matrisimizin 2 satır ve 3 sütundan oluştuğunu göstermiş olduk. C#'da veya benzeri dillerde bir diziyi iki boyutlu hale getirmek için tanımlanan dizi sembolü içine virgül eklemektir. Şimdi pratik bir örnek üzerinde görelim.

Uygulama 17

2*2'lik bir dizi oluşturup herhangi bir elemanını Label aracımızda gösterelim.

```
private void button1_Click(object sender, EventArgs e)
        {
            int[,] dizi = new int[2, 2];
            dizi[0, 0] = 25;
            dizi[0, 1] = 36;
            dizi[1, 0] = 85;
            dizi[1, 1] = 74;
            label1.Text = dizi[1, 0].ToString();
        }
```

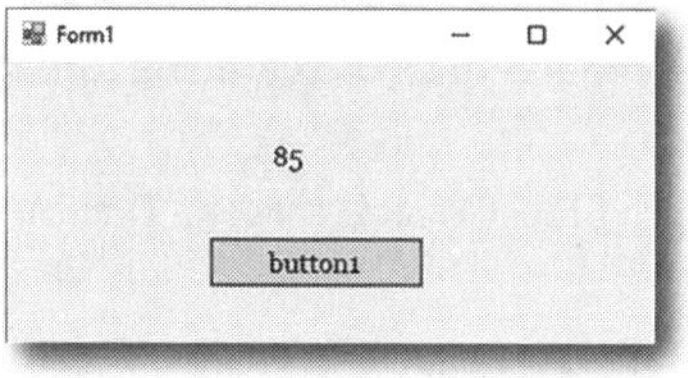

Dizi isminde iki boyutlu bir dizi oluşturduk. Dizimizin satır ve sütun sayıları da 2'dir. Daha sonra dizimizin 0. satır ve 0. sütunundan başlayarak satır ve sütun noktalarına değer atamaları gerçekleştirdik. Sonra da dizimizin 1. satır 0. sütununda bulunan değeri yazdırarak kod bloğumuzu noktaladık.

İki boyutlu diziler ile ilgili yapılabilecek daha pek çok örnek mevcut ancak yazdırma işlemlerinde form araçları yeterli optimalliği sağlamadığı için biz bir örnekle bırakacağız. Bu konudaki detaylı bilgi için **YouTube** kanalımızda bulunan **C# ile 50 Derste Console Programlama** video serisinin çok boyutlu diziler başlıklarına bakabilirsiniz.

FOREACH DÖNGÜSÜ

Döngüler bölümümüzde ilk 3 döngümüzü öğrenmiş foreach isimdeki döngümüzü diziler bölümünde anlatacağımızı söylemiştik. Dizilerle beraber kullanılan foreach döngüsü dizi değerlerine ulaşılma noktasında geliştiricilere çok ciddi artılar sağlamaktadır. Eleman sayısının bilinmediği durumlarda da oldukça kolaylık sağlar. Foreach döngüsünün 4 tane parametresi bulunur.

```
Foreach (Değişken_Türü Değişken_Adı in Dizi_Adı)
```

» **Değişken Türü:** İlgili dizimizin değerlerine ulaşabilmek için tanımlanacak olan değişken türüdür. Dizinin değişken türü ne ise Foreach döngüsü de o değişken türünde tanımlanmalıdır.

» **Değişken Adı:** Dizimizin elemanlarını tek tek okuyacak/ulaşacak olan değişkenimizin ismi.

» **In:** İngilizceki `in` komutu. Türkçe'ye **içinden** olarak çevirebiliriz. Yani ilgili dizinin **içinden al** anlamı taşımaktadır. Tıpkı İngilizce'de ki **from** kelimesinde olduğu gibi. From kelimesini unutmayın. Veritabanı kullanımında çok sık karşınıza çıkacak.

» **Dizi Adı:** Hangi dizinin elemanlarına ulaşacaksak o dizinin ismi girilir.

Öyleyse bu konumuzla ilgili örnek uygulamalar yapalım.

Uygulama 18

Kitaplar dizisinin elemanlarını ListBox aracına foreach döngüsü ile listeleyelim.

```
private void button1_Click(object sender, EventArgs e)
        {
             string[] kitaplar = { "Fareler ve İnsanlar", "Beyaz Geceler",
"Şeker Portakalı", "Yüzbaşının Kızı" };
            foreach (string k in kitaplar)
            {
                listBox1.Items.Add(k);
            }
        }
```

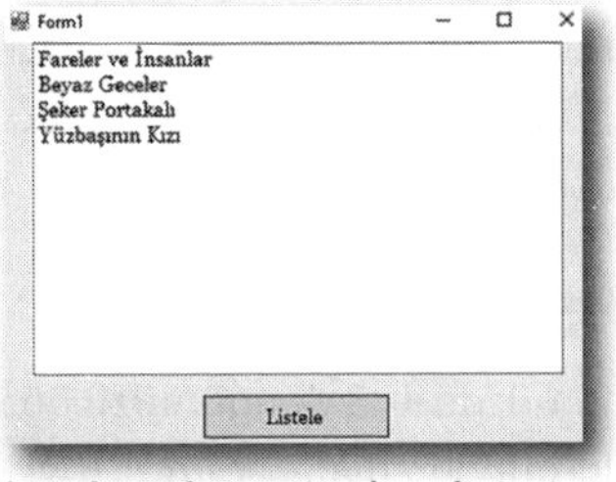

Kitaplar isminde string bir dizi oluşturup bu dizimize 4 tane değer girdik. Alt satırda foreach döngümüzü oluşturduk. Foreach döngümüz 4 tane parametre alıyor. Bunlardan birincisi değişken türüydü. String olmasının sebebi dizimizin de string oluşundandır. k harfi değişkenimiz için verdiğimiz isim. Burada k değeri sırasıyla fareler ve insanlar, beyaz geceler, şeker portakalı ve yüzbaşının kızı kitaplarının hepsini tek tek üstüne alacak. Yani k değeri dizimizi dolaşacak olan değerdir diyebiliriz. Kitaplar komutu da dizimizin ismidir. Foreach döngüsü içerisinde ListBox aracımıza yazdırma işlemini gerçekleştirdik.

Bunun için de ListBox aracımıza sadece k değerini eklettik. Çünkü; k değeri üst satırlarda belirttiğimiz gibi sırasıyla tüm dizi değerlerini üstüne alacaktır.

Uygulama 19

Oluşturduğumuz dizideki sayıları ComboBox aracına yazdıran programı kodlayalım.

```
private void button1_Click(object sender, EventArgs e)
        {
            int[] sayilar = { 1, 8, 6, 5, 3, 2, 8, 9 };
            foreach (int x in sayilar)
```

```
            {
                comboBox1.Items.Add(x);
            }
        }
```

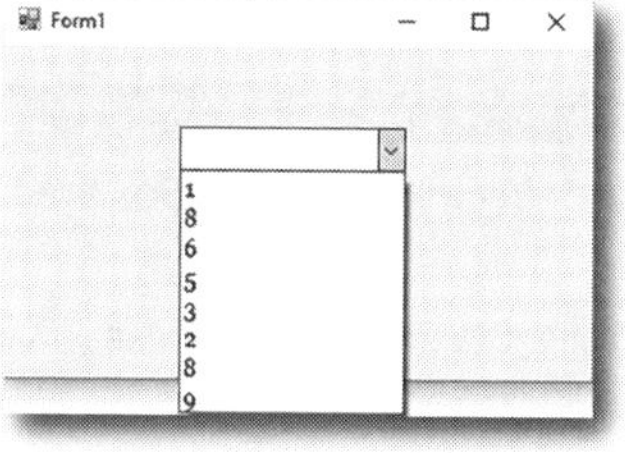

Sayılar isminde tam sayı türünde bir dizi oluşturup değerlerimizi girdik. Bu değerleri ComboBox aracımıza yazdırmak için önce tüm değerleri okutmamız gerekir bunun için bir tane foreach döngüsü oluşturduk. Döngümüzü bu kez string değil int türünde değişken ile tanımladık. Dizi elemanlarımızı okuyacak olan değişkenimizin ismini x yapıp bu x değerini ComboBox aracımıza eklettik.

Uygulama 20

Bir tam sayı dizisinde ki tüm elemanların toplamını hesaplayan programı birlikte yazalım.

```
private void button1_Click(object sender, EventArgs e)
        {
            int toplam = 0;
            int[] sayilar = { 1, 8, 6, 5, 3, 2, 8, 9 };
            foreach (int x in sayilar)
            {
                toplam = toplam + x;
            }
            label2.Text = toplam.ToString();
        }
```

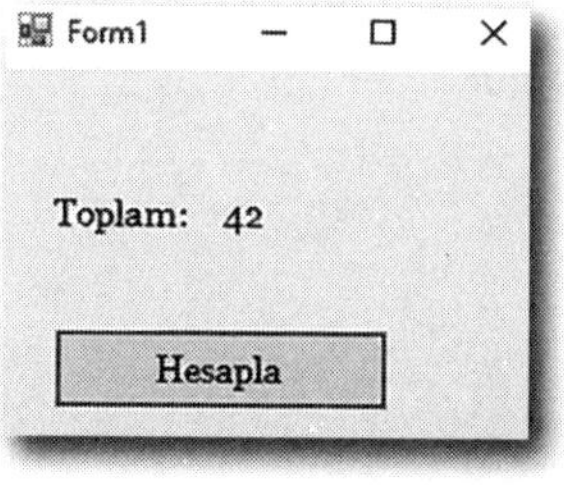

Sayılar isminde tam sayı türünde bir dizi ile ilk değeri `0` olan `toplam` isminde bir değişken oluşturduk. Foreach döngüsü ile sayılar dizimizin tüm elemanlarına ulaştık. Elemanları üstüne alacak değişkenimizin ismini x olarak belirledik. Toplama işlemi içinde toplam değerine x değerlerini ekleterek sonucumuzu Label aracımıza yazdırdık.

Uygulama 21

Bir tam sayı dizisindeki çift sayıları ListBox aracına yazdıralım.

```
private void button1_Click(object sender, EventArgs e)
        {
            int[] sayilar = { 1, 8, 6, 5, 3, 2, 8, 9 };
            foreach (int x in sayilar)
            {
                if (x % 2 == 0)
                {
                    listBox1.Items.Add(x);
                }
            }
        }
```

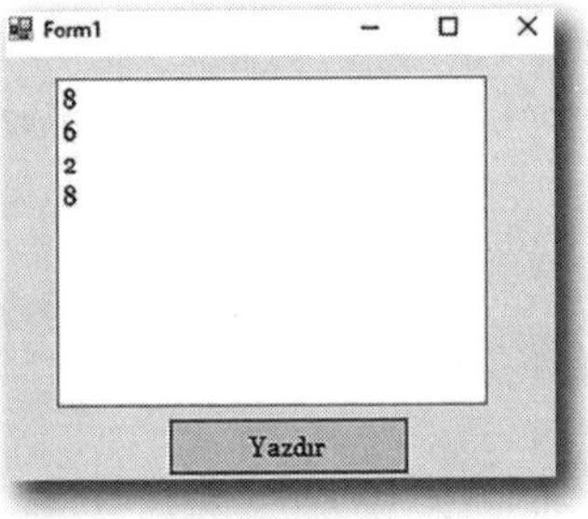

Sayılar ismindeki dizimizi bu örneğimizde de kullandık. Foreach döngümüzü oluşturup değerleri tutacak olan değişkenimizin ismini x olarak belirledik. Döngümüz içerisinde bir tane if şartı yazdık. Eğer x değerimizin 2'ye bölümünden kalan 0 ise o zaman x değerini ListBox aracımıza yazdırsın istedik. Böylece çift sayıları listelemiş olduk.

Uygulama 22

Bir tam sayı dizisindeki çift sayıların toplamını hesaplayalım.

```
private void button1_Click(object sender, EventArgs e)
        {
            int toplam = 0;
            int[] sayilar = { 1, 8, 6, 5, 3, 2, 8, 9 };
            foreach (int x in sayilar)
            {
                if (x % 2 == 0)
                {
                    toplam = toplam + x;
                }
            }
            MessageBox.Show("Toplam: " + toplam);
        }
```

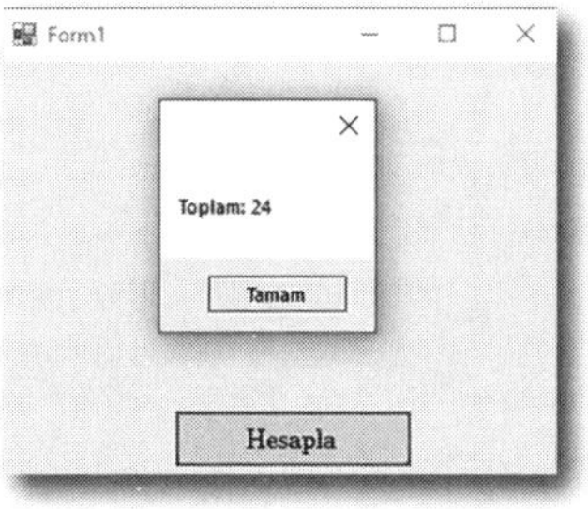

Sayılar ismindeki dizimizi oluşturup, foreach döngümüzü oluşturup değerleri tutacak olan değişkenimizin ismini x olarak belirledik. Döngümüz içerisinde bir tane if şartı yazdık. Eğer x değerimizin 2'ye bölümünden kalan 0 ise o zaman x değerini başlangıçta 0 olan toplam değerimize ekletip sadece bu şartı sağlayan sayıları toplayarak sonucu Label aracına değil mesaj kutusunda göstererek uygulamamızı tamamlamış olduk.

NELER ÖĞRENDİK?

Bu bölümde dizi yapısını, index kavramını, foreach döngüsünü, şartlı döngüleri, dizi içinde sıralama işlemlerini, en büyük ve en küçük değerleri bulmayı, dizi elemanları üzerindeki aritmetik işlemleri, Array sınıfını, Array sınıfına bağlı bazı hazır metotları, dizileri sıralamayı, dizi elemanlarını tersten yazdırmayı, çok boyutlu dizi kavramını ve çok boyutlu dizi oluşturmayı öğrenmiş olduk.

8

METOTLAR

BU BÖLÜMDE

Bu bölümde programlama dilleri dünyası için büyük önem arz eden metot yapısını, kod tekrarının önlenmesini ne denli gerekli olduğunu, geri değer döndüren ve geriye değer döndürmeyen metotları, void ve return kavramlarını, metotların erişim belirleyici türlerini, bir metodun nereden herkes tarafından erişime açık olmamasının gerekliliğini ve rekürsif metotları öğreneceğiz.

METOT NEDİR?

Programlamada bazı komutlar farklı noktalardan tetiklense de özünde aynı işlemi yapabilir. Somut bir örnek verelim; Facebook sitesini düşünün. Facebook'ta hem sitenin logosu olan **F** harfi sembolüne basınca hem de **Anasayfa** butonuna tıkladığımızda ana sayfaya yönlendirmektedir. Aslında ikisi de temelde aynı kodlar üzerinde çalışmaktadır. Tek farkı iki noktadan tetiklenmesi. Bu yapı sadece online sistemlerde değil masaüstü projelerinde de sıklıkla başvurulan bir yöntemdir.

Diyelim ki bir veritabanı alt yapısıyla çalışan öğrenci not kayıt sistemi projesi geliştiriyorsunuz. Admin yani yönetici tarafında program açıldığı zaman karşınıza öğrenci listesi gelmekte. Biz veritabanı tablomuz üzerinde yaptığımız her bir işlemden sonra öğrenci listenizin son halini görüntülemek istiyoruz. Bu işlemler **ekleme, silme** ve **güncelleme** olabilir.

Yani sisteme yeni bir öğrenci kaydı yaptıktan sonrada öğrenci listesini görüntülemek istiyoruz. Silme veya güncelleme yaptıktan sonrada aynı şekilde öğrenci listenizin son halini görüntüleyelim istemekteyiz. Diyelimki veritabanı tablo bilgilerini görüntüleme işlemleri 10 satırdan oluşsun. Eğer biz metot gibi bir kod toplayıcı yapısı kullanmazsak her işlemden sonra 10 satır kodu tekrar tekrar yazmamız gerekecektir. Ancak bu öğrenci bilgilerini listeleme komutunu bir metot içine alırsak ekleme silme veya güncelleme yaptıktan sonra sadece bir satırlık metot çağırma kodu yazmamız yeterli olacaktır. O zaman sözü toparlayacak olursak metotlar; 'Kod tekrarını önleyen bloklardır' şeklinde kısa ve net bir tanım kullanabiliriz.

Metotlar kendi arasında 2'ye ayrılır.

- Geriye değer döndürmeyen metotlar
- Geriye değer döndüren metotlar

GERİYE DEĞER DÖNDÜRMEYEN METOTLAR

Metotlar ilk etapta kendi arasında geriye değer döndüren ve döndürmeyen olarak ikiye ayrılır demiştik. Geriye değer döndürme işlemini kısaca açıklayalım. Geriye değer döndürmeyen metotlar `void` tipiyle ifade edilir.

Bazı konu anlatımlarında bu metodun isminin **void metotlar** olarak da karşımıza çıktığını görebiliriz. Eğer ki metodumuz `void` dışında bir veri tipine sahipse o zaman bu metot geriye değer değer döndüren bir metottur.

Geriye değer döndürme işlemi parametreli veya parametresiz olarak yapılabilir. Bu başlıkları geriye değer döndüren metotlar kavramını anlattığımız zaman daha detaylı bir şekilde açıklayacağız. Şimdi void metotlar ile ilgili bir tane örnek uygulama yaparak bu başlığın daha da pekişmesini sağlayalım.

Uygulama 1

Ekrana `Merhaba Dünya` yazdıran metodu birlikte yazalım.

Öncelikle formumuza bir tane Label bir tane de Button aracı ekleyelim.

```
void Yaz()
        {
            label1.Text = "Merhaba Dünya";
        }

        private void button1_Click(object sender, EventArgs e)
        {
            Yaz();
        }
```

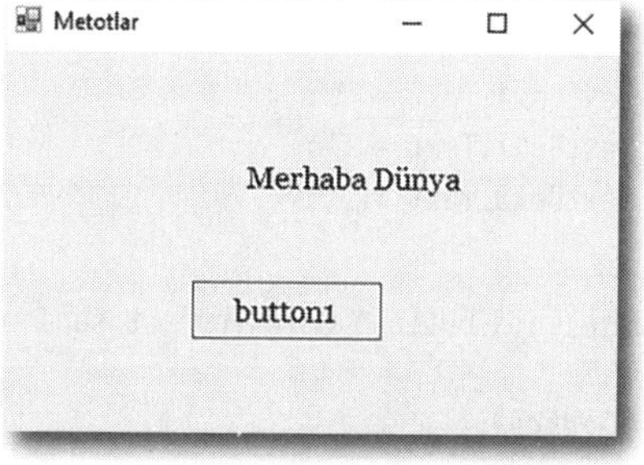

Buttonumuzun hemen üst kısmında yani global alan ya da scope (kapsam) dışı alan olarak nitelendirdiğimiz alanda metot tanımlaması yaparak kodlarımızı yazmaya başladık. Metodumuz geriye değer döndürmeyen bir yapıda olduğundan tipini `void` olarak belirledik. `void` dedikten sonra metodumuzun ismini `Yaz` olarak belirledik. Kullanacağımız yapı metot olduğundan dolayı metot operatörü olarak kullanılan parantez sembolünü metot adından sonra ekleyip süslü parantez bloklarımızı açtık. Daha sonra metodumuzun ne iş yapacağını süslü parantez blokları içerisinde yazarak Button aracımız içinde yalnızca metodu çağırarak programımızı çalıştırdık. Böylece bu form içerisinde `Yaz` metodunu nerede çağırırsak çağıralım içerisinde bulunan işlemleri yapacaktır.

NOT Hocam tamam ama biz bunu zaten metot kullanmadan da yapabilirdik, burada metot kullanmanın amacı nedir? sorusunun cevabını kod bloklarımız arttıkça ve özellikle veritabanı başlıklarına geldiğimiz zaman göreceksiniz.

Uygulama 2

2 tane metot oluşturmamız istenmektedir. Bu metotlardan birincisi `Yazdır` adında bir metot. Form üzerinde bulunan 3 tane TextBox aracına sırasıyla ad, soyad ve şehir bilgilerini yazdırıp metodu çağırdığımız zaman sonucu bize gösterecek.

Diğer metodumuz ise bu TextBox araçlarında bulunan değerlerin temizlenmesini sağlayacak olan `Temizle` metodu olacaktır. Öyleyse kodlarımızı yazalım;

```
void Yazdir()
        {
            textBox1.Text = "Eylül";
            textBox2.Text = "Yücedağ";
            textBox3.Text = "İstanbul";
        }
        void Temizle()
        {
            textBox1.Text = "";
            textBox2.Text = "";
            textBox3.Text = "";
        }
        private void button1_Click(object sender, EventArgs e)
        {
            Yazdir();
        }
        private void button2_Click(object sender, EventArgs e)
        {
            Temizle();
        }
```

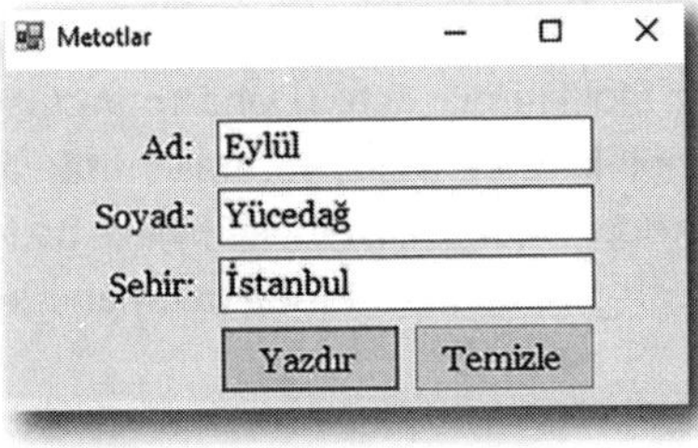

`Yazdır` ve `Temizle` adlarında iki tane metot tanımlaması yaptık. `Yazdır` metodumuz TextBox araçlarına string ifade olarak tanımladığımız ad, soyad ve şehir bilgilerini yazdırdı. `Temizle` metodu ise bu araçlara null değer ataması yaparak temizleme işlemini gerçekleştirdi. Button1'de yazdırma metodumuzu, Button2'de ise temizleme metodunu çağırarak işlemlerimizi tamamladık.

Uygulama 3

Metot içerisinden girilen iki sayıyı toplayıp sonucu Label aracına yazdıran metodu hazırlayalım.

```
void Hesapla()
        {
            int sayı1 = 5;
            int sayı2 = 10;
            int sonuc = sayı1 + sayı2;
            label2.Text = sonuc.ToString();
        }

        private void button1_Click(object sender, EventArgs e)
        {
            Hesapla();
        }
```

Hesapla adına void türünde bir metot oluşturduk. Metodumuzun içerisinde `sayı1`, `sayı2` ve `sonuç` isminde değişkenler oluşturup `sayı1` ve `sayı2` için değer atamaları yaptık. `sonuç` değişkenimize de bu iki sayının toplamı olarak işlem yaptırdık. Sonucumuzu yazdırmak için **Label2** aracını kullandık. Buttonumuza tıkladığımız zaman kod bloğumuzun çalışması için `Hesapla` metodumuzu kod bloğumuz içerisinde çağırdık ve işlemimizi tamamladık.

Uygulama 4

1 ile 10 arasındaki sayıları ekrana metot ile yazdıran programı yazalım.

```
void Listele()
    {
        for (int i = 1; i <= 10; i++)
        {
            listBox1.Items.Add(i);
        }
    }

    private void button1_Click(object sender, EventArgs e)
    {
        Listele();
    }
```

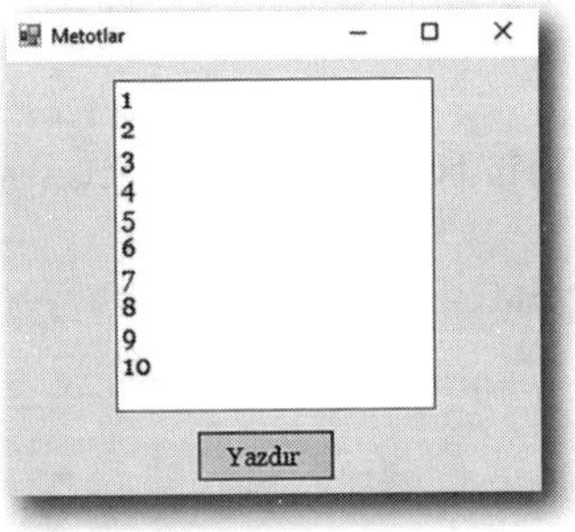

Listele adında bir metot oluşturduk ve bu metodumuzun içerisine yapmasını istediğimiz işlem olan birden ona kadar yazdırma komutunu döngü yardımıyla gerçekleştirdik. Daha sonra Button aracımız içinde metodumuzu çağırdık. Basit gibi gözüken bu uygulamada kullandığımız başlıkları yazacak olursak;

» Değişken tanımlama

» Değişkene değer atama

» For döngüsü

» ListBox ve Button kullanımı

» ListBox aracına değer atama

» Metot oluşturma

» Metodu çağırma

İşlemlerini gerçekleştirmiş olduk.

Uygulama 5

Kod kısmından girilen metni ekrana 5 kez yazdıran metodu hazırlayalım.

```
void Listele(string parametre)
        {
            for (int i = 1; i <= 5; i++)
            {
                listBox1.Items.Add(parametre);
            }
        }

        private void button1_Click(object sender, EventArgs e)
        {
            Listele("İstikbal Göklerdedir");
        }
```

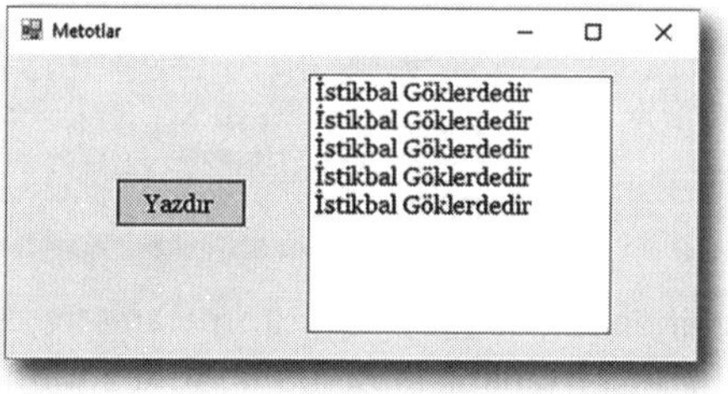

Bu örneğimizde diğer void metotlardan biraz daha farklı olmak üzere parametre olarak değer alan ve geriye değer döndürmeyen bir metot bloğu hazırladık. Parametre kullanımı klavyeden ya da kod bloğunda dışarıdan değer alma işlemleri için kullanılmaktadır.

`Listele` isminde `void` türünde bir metot oluşturduk. Bu metoda dışarıdan bir string ifadeyi değer olarak atayacağımız için parantez içinde parametre isminde string bir değişken tanımlaması yaptık. Daha sonra döngümüzü kurup bu parametre değişkenini 5 kez yazdırma işlemini gerçekleştirdik. Butonumuza çift tıklayıp yazdığımız kod bloğunda ilk olarak parametremizi karşılayacak değer olarak string ifademizi metodumuzun parantez bloğu içerisine yazıp kodumuzu çalıştırarak uygulamamızı tamamladık.

Uygulama 6

Kod kısmından girilen sayının karesini hesaplayan programı yazalım.

```
void Hesapla(int sayi)
        {
            int sonuc = sayi * sayi;
            label1.Text = sonuc.ToString();
        }

        private void button1_Click(object sender, EventArgs e)
        {
            Hesapla(5);
        }
```

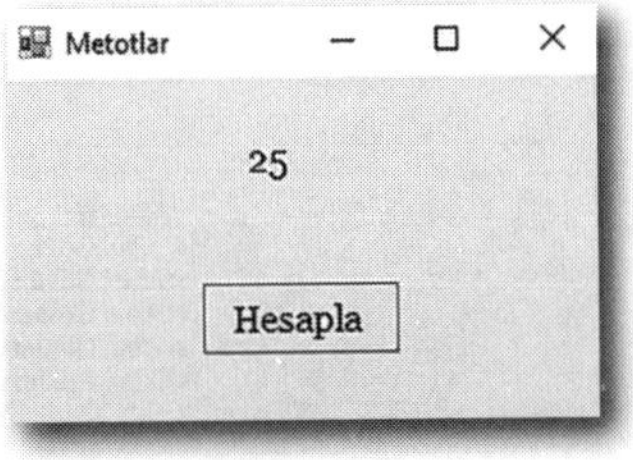

`Hesapla` isminde bir metot oluşturup parametre değeri olarak içerisine sayı adında bir değişken tanımlaması yaptık. Bu kez aritmetik işlem yapacağımız için değişken türümüzü `int` olarak belirledik. Sonuç isminde bir değişken oluşturup bu değişkenimizin değerini parametremizi kendisiyle çarptırarak hesaplattık. Daha sonra sonuç değerimizi Label aracına yazdırdık. Button içerisinde de metodumuzu çağırıp parametre olarak 5 değerini girip sonucu hesaplattık.

Geriye Değer Döndüren Metotlar

Void dışında kullanacağımız metotların oluşturduğu yapılardır. Bu metotlarımızın bir geri dönüş tipi olur. Bu tip bir değişken türünde de olabilir, bir sınıf türünde de. Geriye değer döndüren metotlarda da amaç void metotlarda olduğu gibi kod bloğunu kısaltmaktır.

Geriye değer döndüren metotlarda anahtar ifade `return` kelimesidir. Tanımlama şeklide tıpkı void metötlarda olduğu gibidir. Bu kez void yerine metodun tipi yazılır. Sonra metodun ismi yazılır. Eğer varsa parantez içinde parametre ifadeleri yazılır. Özellikle sınıf içinde tanımlanan metotlarda void metotlar ile geriye değer döndüren metotlar arasındaki fark daha net bir şekilde ortaya çıkacaktır. Öyleyse örnek uygulamalarımızı yapalım.

Uygulama 7

İki sayıyı toplayıp sonucu hesaplayan geriye döndüren bir metot yazalım.

```
int Toplam(int sayi1,int sayi2)
        {
            int sonuc = sayi1 + sayi2;
            return sonuc;
        }

        private void button1_Click(object sender, EventArgs e)
        {
            label1.Text = Toplam(18, 81).ToString();
        }
```

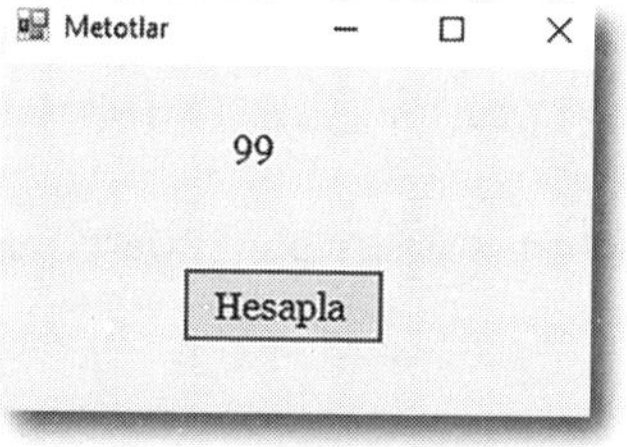

Örneğimizde `Toplam` isminde bir metot oluşturduk. Ancak metodun tipini `void` değil `int` olarak belirledik. Tam sayı türünde bir metot olduğundan daha doğrusu `void` dışında bir metot olmasından ötürü `return` ifadesi yazana kadar metodumuzun altını kırmızı ile çizecektir.

Metodumuzun ismini yazdıktan sonra parantez içerisinde metodumuzun alacağı parametre değerlerini belirledik. Parametreler bizim dışarıdan gireceğim değerleri temsil etmektedir. `sayi1` ve `sayi2` isminde iki tane int türünde parametre oluşturduktan sonra metodumuzun işlevi içine yani süslü parantez blokları arasına geldik. `sonuç` isminde tam sayı türünde bir değişken oluşturduk. `sonuç` değişkeninin değerini `sayi1` ve `sayi2`'nin toplamından alarak işlemi gerçekleştirdik. Bize işleyip geriye döndürmesini istediğimiz değer sonuç olduğundan dolayı `sonuç` değerini `return` komutu ile geriye döndürdük. Daha sonra `main` komutumuz yani programımızın esas alanına `Button click` olayı içerisine gelip burada metodumuzu çağırdık.

Direkt olarak sonucu görüntülemek istediğimiz için Label aracımızın text kısmına atama yaptık yani ifademizi Label aracına yazdırdık. Metodumuzu yazdığımız zaman metodun sağ tarafında siyah kalın puntolar ile metodun içine yazılması gereken ifadeler program tarafından bize gösteriliyor olacak. Metodumuzun içerisine değerleri girdikten sonra hesaplama işlemini tamamlamış olduk.

Uygulama 8

Klavyeden girilen sayının küpünü hesaplayan metodu yazalım.

```
int KupHesapla(int sayi)
        {
            int sonuc = sayi * sayi * sayi;
            return sonuc;
        }

        private void button1_Click(object sender, EventArgs e)
        {
          label3.Text = KupHesapla(Convert.ToInt16(textBox1.Text)).ToString();
        }
```

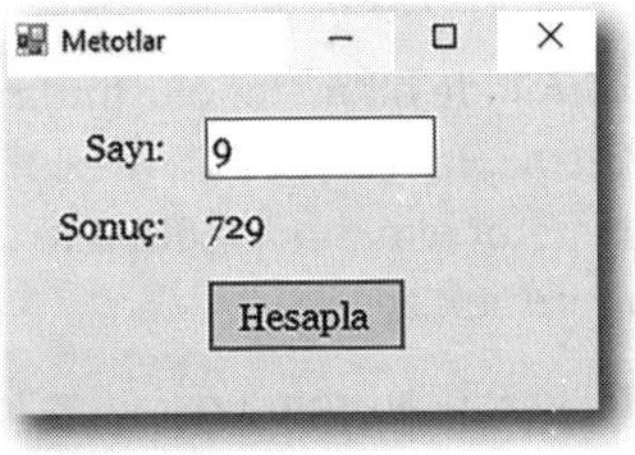

İnt türünde `küphesapla` isminde bir metot oluşturduk. Metotlarda adlandırma yapılırken değişkenlerde dikkat etmemiz gereken kuralların burada da geçerli olduğunu daha önceki sayfalarımızda belirtmiştik. Metodumuzda amaç klavyeden girilecek değerin küpünü hesaplamak olduğundan dışarıdan alıp işlem yapabileceğimiz bir tane parametreye ihtiyacımız var.

Parantez içerisinde parametre değerimizi `int sayi` adı ile tanımladık. Metodumuzun içerisine gelip `sonuç` adında tam sayı türünde bir metot oluşturduk. Sonuç değerimize sayımızı kendisiyle 3 kez çarptırarak işlem ataması yaptık. Daha sonra `return` ifadesiyle geriye döndüreceğimiz değeri `sonuç` değişkeni olarak belirleyip metodumuzu tamamladık. `Button click` olayı içinde metodumuzu çağırıp metodumuzun değerini TextBox aracımızdan alacağımız için dönüşüm işlemi yapıp sonucu Label aracımıza yazdırarak işlemi tamamladık.

ERİŞİM BELİRLEYİCİLER

Erişim belirteci metodumuzun kimler ya da hangi programcılar tarafından erişim sağlanacağının belirlendiği başlıklardır. 4 Temel erişim belirleyici türü bulunmaktadır. Bunlar sırasıyla Internal, Protected, Private ve Public erişim belirleyicilerdir. Aynı proje içerisinde birden fazla kişi kod yazarak geliştirme yapabilir. Ancak bazı alanların herkes tarafından görünmemesi gerekir. Erişim belirteçleri sadece metotlar için değil değişkenler için de büyük önem arz eder. Örneğin iki form penceresi arasında veri taşıma işlemi yapmak istiyoruz ya da daha basit adıyla formlar arası veri taşımamız lazım. Burada bir formda bulunan veriyi diğer forma göndermek için ilk önce o verinin bir değişkene atanması lazım. İlgili değişkene diğer formdan ulaşabilmek için bu değişkenimizin erişim belirteci türünün Public yani herkese açık olması gerektiği gibi şartlar var. Bunlar sağlandığı zaman diğer forma veri taşıma işlemi yapılabilir. Örneğin bir banka projesinde çalıştığımız varsayalım. Kod yazan geliştiricilerimiz görevleri şöyle olsun;

Muhsin: Müşterilerin adres ve iletişim bilgileri alanları.

Haldun: Bankanın şubelere göndereceği reklamların afiş ve sorguları.

Cüneyt: Müşterilerin kredi kartı bilgileri.

Bedia: Banka gişelerinde kullanılacak sıramatik sistemi.

Eğer ki bu dört alanı gizlilik türüne göre sıralayacak olursak en altta Bedia'nın geliştirdiği sıramatik sistemi olur. Zira sıramatik sistemi kodlarını diğer geliştiricilerin görmesinin zararı olmayacaktır. Ancak Cüneyt'in çalıştığı modül olan müşterilerin kredi kartı bilgileri alanında yazılan kod ve sorguların herkes tarafından görülmemesi gerekir. Zira bu modüle sadece yetkili kişiler tarafından erişim sağlanmalıdır. İşte bu noktada devreye erişim belirleyici yapılar girecektir. Aynı proje içerisinde çalışsak dahi güvenlik açısından bir takım tedbirler uygulanmış olacaktır.

Public (Genel)

Bir metodun public tanımlanması; ilgili değere kod bloğu içerisindeki herhangi bir yerden erişilebileceği anlamı taşır. Public erişim belirleyicilerde sınırlama yoktur. İlgili metot, değişken ya da değer public tanımlandığı zaman diğer alanlardan bu değere ulaşılabilir.

Private (Gizli)

Bir metodun private tanımlanması, ilgili değişkene yalnızca kendi sınıfı içerisinden erişileceği anlamı taşır. Güvenlik için ciddi önem arz eden kritik yapılarda tercih edilmektedir. Eğer ki metotların başına erişim belirleyici türü yazılmadı ise o metot private olarak kabul edilir.

Protected (Korumalı)

Bir metodun protected tanımlanması; ilgili değere içinde bulunduğu sınıf ve o sınıftan türetilen diğer sınıflar içerisinden de erişilebilir hale geldiği anlamına gelmektedir. Yani bir anlamda public ve private erişim belirleyicilerin bir araya gelmiş hali gibidir.

Internal (İç)

Bir metodun internal tanımlanması kullandığımız kod bloğu programı içinden erişilebilir, ancak farklı bir program içinden erişilemez anlamı taşır.

Protected Internal (İç Korumalı)

Bir metodun protected internal olarak tanımlanması, tanımlandığı sınıfın içinde ve o sınıftan türetilen alt sınıfların içinden erişilebilir olduğu anlamını taşır. Türetilen sınıf aynı program içerisinde olmasa da herhangi bir sorun oluşturmaz.

Erişim belirleyiciler ilgili değerden önce yazılır. Bir tane örnek yapalım.

Uygulama 9

Girilen sayının karesini hesaplayan metodu herkese açık olarak yazalım.

```
public int Hesapla(int sayi)
        {
            int sonuc = sayi * sayi;
            return sonuc;
        }

        private void button1_Click(object sender, EventArgs e)
        {
           label3.Text = Hesapla(Convert.ToInt16(textBox1.Text)).ToString();
        }
```

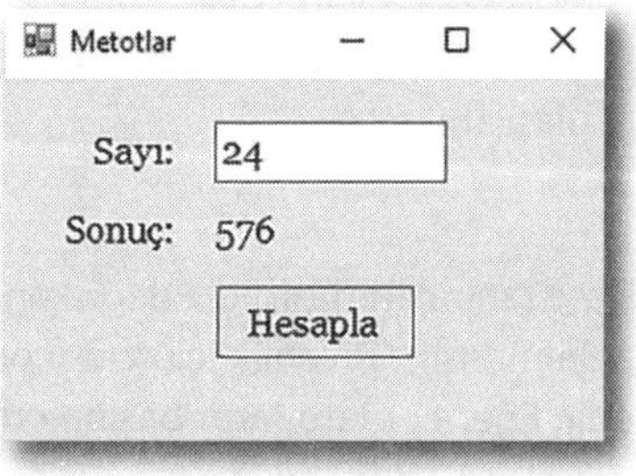

Hesapla isminde int yani tam sayı türünde bir metot oluşturduk. Bu metodun ilgili projemizin tüm formlarından ve sınıflarından ulaşılması için erişim belirleyici türünü public olarak belirledik. Bir tane parametre değeri olduğu için parantez içerisinde tek bir değer tanımlaması yaptık. sonuç isminde değişken oluşturup bu değişkenin değerini parametremizle iki kez çarptırıp ifademizin karesini hesaplattık. Geriye dönecek değeri de doğal olarak sonuç olarak belirledik. Butonumuz içerisinde metodumuzu çağırıp TextBox aracımızda dönüşüm uygulayıp işlemi tamamladık. Son başlık olarak yinelenen metotlarımızı anlatalım.

REKÜRSİF (YİNELEN) METOTLAR

Bazı yerlerde karşınıza **kendi kendini çağıran** metotlar olarak da geçebilecek rekürsif metotlar; metot içerisinde metodun oluşturulup çağrılmasıdır. Rekürsif metotlarda genel olarak return ifadesinde yapılacak işlemler geriye döndürülür. Kullanımı tıpkı diğer metotlar gibidir yalnızca return alanında küçük farklılıklar bulunur. **Örneğin;** bir faktöriyel hesabında işimizi kolaylaştıracak basit bir rekürsif metot örneği hazırlayalım.

Uygulama 10

Klavyeden girilen sayının faktöriyelini hesaplayan rekürsif metodu yazalım.

```
int Faktoriyel(int a)
        {
            if (a == 0)
                return 1;
            return a * Faktoriyel(a - 1);
        }

        private void button1_Click(object sender, EventArgs e)
        {
          label3.Text = Faktoriyel(Convert.ToInt16(textBox1.Text)).ToString();
        }
```

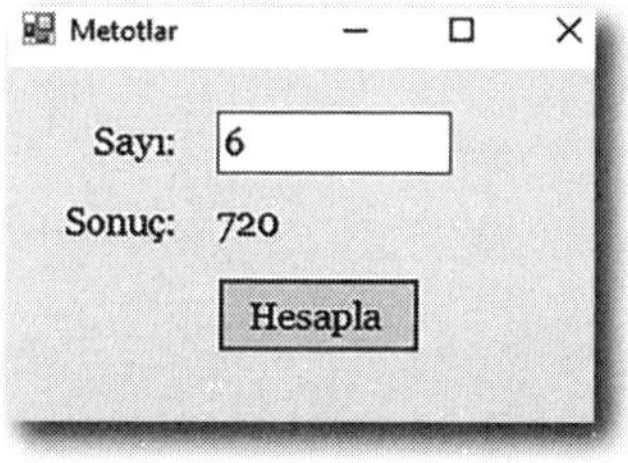

`Faktöriyel` isminde int türünde bir metot oluşturduk. Başına herhangi bir erişim türü yazmadığımız için varsayılan erişim belirleyici tipi private oldu. Parantez içerisinde a isminde bir değişken oluşturduk. Bu a değişkeni klavyeden alacağımız değeri karşılayacaktır. Eğer a değeri `0`'a eşitse `0` sayısının faktöriyeli 1 olduğundan direkt olarak sonucu 1 yapmak için `return` 1 ifadesini kullandık. Aksi durumda yani eğer a `0` değilse o zaman faktöriyel değerinin hesabı için geriye a değerini kendi içerisinde `0` sonucuna ulaşana kadar 1 azaltarak çarptırma işlemi yapıp butonumuz içinde değerimizi girerek sonucu hesapladık.

METOTLARI AŞIRI YÜKLEME

İngilizce adıyla **Over Loading** ifadesi görevleri farklı olmak şartıyla aynı isimde birden fazla metot bulunmasıdır. Metot çağrıldığı zaman program hangi metodun çalıştırılacağını kestiremediğinden metotlar aşıyı yüklenmiş olur. Somut bir örnek üzerinde daha net görelim.

Uygulama 11

Ortalama isminde 3 tane metot oluşturalım. Birinci metodumuz 2 sınavın, ikinci metodumuz 3 sınavın ve üçüncü metodumuz 4 sınavın puanlarını toplayıp ortalamasını hesaplasın.

```
int ortalama(int sınav1, int sınav2)
        {
            int ort = (sınav1 + sınav2) / 2;
            return ort;
        }
        int ortalama(int sınav1, int sınav2, int sınav3)
        {
            int ort = (sınav1 + sınav2 + sınav3) / 3;
            return ort;
        }
        int ortalama(int sınav1, int sınav2, int sınav3, int sınav4)
        {
            int ort = (sınav1 + sınav2 + sınav3 + sınav4) / 4;
            return ort;
        }
```

```
private void button1_Click(object sender, EventArgs e)
{
ortalama()
} ▲ 1 of 3 ▼ int Form1.ortalama(int sınav1, int sınav2)
```

```
private void button1_Click(object sender, EventArgs e)
{
ortalama()
▲ 2 of 3 ▼ int Form1.ortalama(int sınav1, int sınav2, int sınav3)
```

```
private void button1_Click(object sender, EventArgs e)
{
ortalama()
▲ 3 of 3 ▼ int Form1.ortalama(int sınav1, int sınav2, int sınav3, int sınav4)
```

Yukarıdaki görsellerde Butonumuzun click olayı içerisinde ortalama metotlarımızı çağırdığımız zaman karşımıza gelen 3 farklı kullanım türünü bize göstermektedir. Ayrıca aşağıdaki resimde de metodumuzun üzerine geldiğimiz zaman hatanın sebebi olarak aşırı yüklenmeyi göstermektedir. Biz ortalama metodu içerisine kaç tane parametre yazarsak o parametre sayısına ait olan metodu çalıştıracaktır örneğin 3 tane yazarsak ikinci sırada bulunan `sınav1`, `sınav2` ve `sınav3` değişkenlerinin bulunduğu metodumuz devreye girecektir.

```
private void button1_Click(object sender, EventArgs e)
{
    ortalama();
}   int Form1.ortalama(int sınav1, int sınav2) (+ 2 overload(s))

    Error:
      No overload for method 'ortalama' takes 0 arguments
```

Böylece aşırı yüklenme kavramını da öğrenmiş olduk.

NELER ÖĞRENDİK?

Bu bölümde metot kavramını ve metotların ne işe yaradığını, programlama açısından metotların ne kadar önemli bir yere sahip olduğunu, erişim belirleyici kavramı ve erişim belirleyici türlerini, rekürsif yapıları, kendi metotlarımızı oluşturmayı, metotların aşırı yüklenmesini, parametre kavramı, klavyeden metotlarımıza değer girişi yapmayı uygulamaları örnekler üzerinden yaparak öğrenmiş olduk.

9

SINIFLAR

BU BÖLÜMDE

Bu bölümde sınıf kavramını, nesne yapısını, sınıfların alt başlıkları olan kalıtım kapsülleme ve çok biçimlilik konularını, nesne yönelimli programlamaya neden ihtiyaç duyulduğunu, NYP terminolojisindeki terimleri, sınıf oluşturmayı bu sınıfların değerlerine ulaşıp bu değerlere veri ataması yapmayı ve bunları form üzerinde pratik örneklerle nasıl kullanacağımızı öğreneceğiz.

SINIF NEDİR?

Nesne Tabanlı Programlamanın olmazsa olmazı ancak küçük ölçekli projelerde öneminin net olarak ortaya konulamadığı veri yapılarıdır. Projelerimizde kullandığımız her form aslında bir sınıftır. Günlük hayattan somut bir örnek vererek bu başlığı anlatalım.

Bir apartman düşünelim bu apartman 10 kattan oluşan her katında yalnızca bir daire bulunan **Cumhuriyet** isminde bir apartman olsun. Apartman bizim sınıfımız olacak. Ancak apartman tek başına bir anlam ifade etmeyecek. Apartmanın anlamlı hale gelmesi için daireler ve bu dairelerin içinde de nitelikler (oda türleri, rengi, fiyatı, katı vs.) barındırması gerekmektedir.

Sınıflar için şu tanımlamayı yapabiliriz; "niteliklerimizi barındıran, kod bloklarını bir arada tutan yapılardır." Peki, bu nitelikler neler; her dairenin kendi içinde bir niteliği vardır. Bu nitelik renk olabilir, fiyat olabilir, kat olabilir.

Apartman bizim çatı yapımız yani iskeletimiz. İşte sınıflar bize bu iskeleti sunuyor ve biz nesneler aracılığı ile o iskeletin niteliklerine ulaşıyoruz. O halde bu nitelikleri kullanabilmek için ihtiyacımız olan nesne kavramına değinelim.

NESNE NEDİR?

Sınıf tanımlaması yaptıktan sonra o sınıfın niteliklerinin ya da programcılık tabiri ile property adı verilerin özelliklerini kullanabilmek için ihtiyacımız olan yapılardır. Nesne oldukça soyut bir kavramdır. Tek başına bir şey ifade etmez ve oluşturulamazlar. Var olmaları için bir sınıfa ihtiyaç duyarlar. Programcılık tabirinde **nesne türetmek** ifadesi çokça kullanılır. Bir sınıftan nesne türetilir ve o nesne aracılığı ile ilgili sınıfın niteliklerine ve özelliklerine ulaşabiliriz. Sınıf ve nesne türetme işlemi için;

```
SınıfAdı NesneAdı = new SınıfAdı
```

formülü kullanılmaktadır. Önce sınıfın ismi yazılır, sonra o sınıftan türetilecek nesne için herhangi bir ad verilir. Bu ad tıpkı değişken tanımlamasında olduğu gibi istenilen isimler seçilerek verilebilir. Sonra eşittir sembolü yazılır ve new anahtar sözcüğü kullanılıp sonrasında yeniden sınıfın ismi yazılır. Böylece o sınıftan ilgili nesneyi türetmiş oluruz. `new` anahtar sözcüğü kullanarak bu sınıfın değerini yapıcı bir hale getiriyoruz. **Yapıcı olmayan sınıf ögesi** başlıklarımıza veritabanı konusunda örnek vereceğiz. Şimdi bir ev sınıfı oluşturup daha somut olarak uygulamalarımızı yapalım. Resimdeki gibi **Project** menüsünden **add class** seçeneğine tıklayalım.

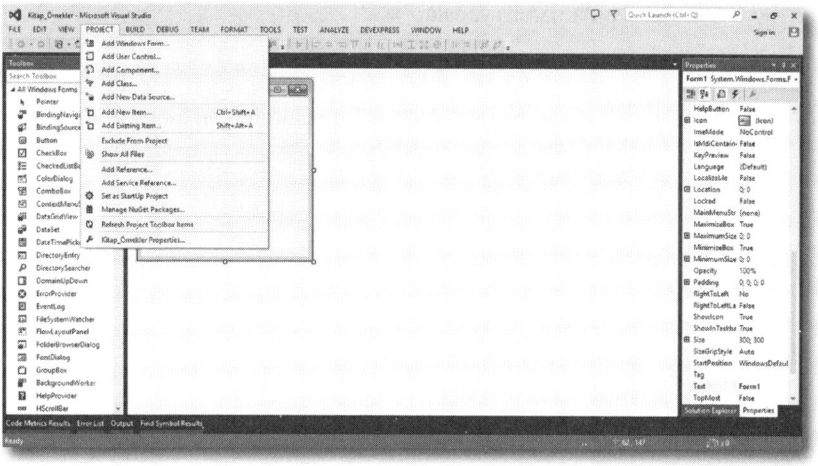

Sınıfımızın ismini ev olarak belirleyip **add** yani **ekle** seçeneğine basarak ev adlı sınıfımızı projemize dâhil edelim.

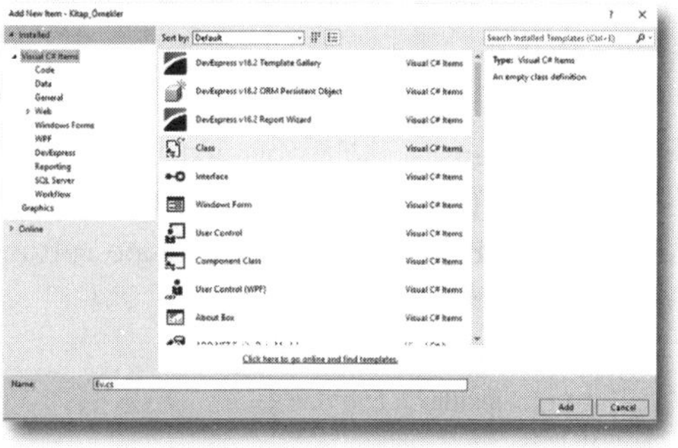

Karşımıza aşağıdaki görseldeki gibi bir pencere açılacaktır.

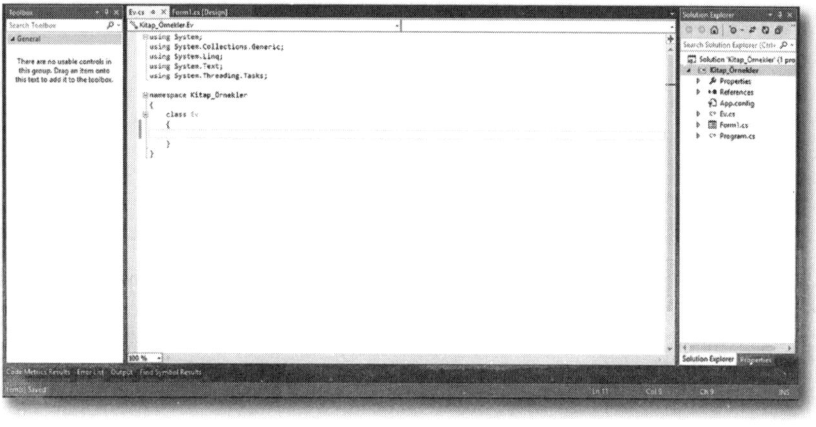

Öyleyse uygulamamızı yapalım.

Uygulama 1

Renk, kat, fiyat, ısınma türü gibi özellikleri barındıran bir ev sınıfı oluşturalım.

```
namespace Kitap_Örnekler
{
    class Ev
    {
        public string renk;
        public string kat;
        public double fiyat;
        public char yakıt;
    }
}
```

Soruda belirtildiği üzere 4 tane değişken oluşturduk. Bu değişkenlerimizden `renk` ve `kat` string türde, `fiyat` ondalık `yakıt` ise karakter türündedir. Değişkenlerimizin başına `public` erişim belirleyici ifadesini eklememizin sebebi bu değişkenlerimize diğer formlardan da erişim sağlayabilmektir. Eğer erişim belirleyici türümüzü yazmazsak başlangıçta private (özel) olarak kabul ettiği için bu değişkenlerimize erişim sağlayamayız. Şimdi formumuza 1 tane Button, 4 tane Label ekleyelim ve kodlarımızı yazalım.

```
private void button1_Click(object sender, EventArgs e)
        {
            Ev evsnf = new Ev();
            evsnf.renk = "Mavi";
            evsnf.kat = "5";
            evsnf.yakıt = 'D';
            evsnf.fiyat = 78000;

            label1.Text = "Renk: " + evsnf.renk;
            label2.Text = "Kat: " + evsnf.kat;
            label3.Text = "Yakıt Türü: " + evsnf.yakıt.ToString();
            label4.Text = "Fiyat: " + evsnf.fiyat.ToString();
        }
```

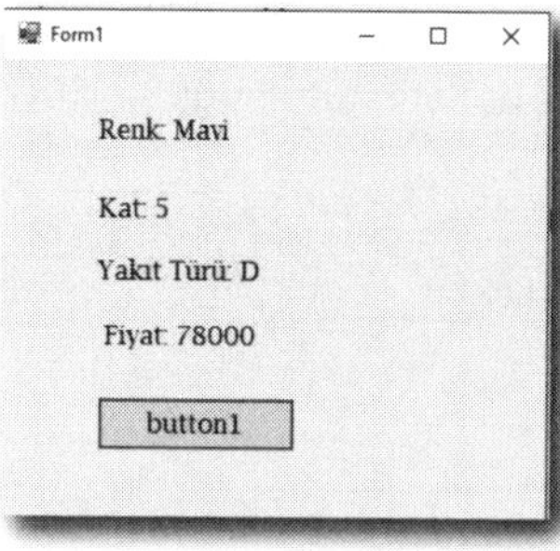

Ev sınıfımızın niteliklerini yani içerisinde bulunan değişkenleri kullanabilmek için sınıfımızda `evsnf` isminde bir nesne türettik. Bu sayede `public` olarak tanımlanan alanlara erişim sağlayabileceğiz. Daha sonra `evsnf` nesnemiz aracılığıyla 4 değişkenimize de değer ataması yaptık. Yakıt `char` türünde olduğu için tek tırnak içinde yazıldı. Buradaki `D` doğalgaz anlamındadır. Daha sonra Label araçlarımıza değerlerimizi yazdırma işlemini gerçekleştirdik.

Ek Bilgi

Sınıf yapısı için söylenecek en önemli şey "kod tekrarını azaltmasıdır" zira düşünün ki 4 tane değişken değil de 100 tane değişken olsa ve bu değişkenlerin 5 farklı formda da kullanılması gerekse. Mesela bir bilgisayar oyunu düşünün. Örneğin; Counter Strike oyunu. Bu oyunda çeşitli haritalarda iki grup birbirini yenmeye çalışıyor. Oyunda çeşitli savaş aletleri kullanılmakta ve dünya genelinde çokça oynanan bir oyundur. Böyle bir oyunda her harita için yeniden değişken tanımlaması, ekipman tanıtmak, karakter tanımlamak gibi şeyler yapılmıyor. Bu değerler bir sınıf içinde tutuluyor her yeni bölümde ilgili değerler çağrılarak çok ciddi bir kod yükünden kurtuluyor.

Bir başka örnek uygulama yapalım. Bu kez uygulamamızda 2 adet sınıf bulunsun. Örneğin; bir öğrenci ve notlar sistemi oluşturalım. Öğrencilerin kişisel bilgilerini bir sınıfta, not bilgilerini bir başka sınıfta tutup daha sonra formumuza bu değerleri çağırarak atama işlemini yapalım.

Uygulama 2

Öğrenci bilgileri ve notların tutulduğu sınıf uygulamamızı yapalım.

```
Notlar Sınıfı
namespace Kitap_Örnekler
{
    class Ogrenci
    {
        public string ad;
        public string soyad;
        public string kulup;
    }
}
Öğrenci Sınıfı
namespace Kitap_Örnekler
{
    class Notlar
    {
        public int Sınav1;
        public int Sınav2;
        public int Sınav3;
        public int ortalama;
    }
}
Ana Form
   private void button1_Click(object sender, EventArgs e)
        {
            Ogrenci ogr = new Ogrenci();
            ogr.ad = textBox1.Text;
            ogr.soyad = textBox2.Text;
            ogr.kulup = textBox3.Text;

            Notlar ntl = new Notlar();
            ntl.Sınav1 = Convert.ToInt16(textBox4.Text);
            ntl.Sınav2 = Convert.ToInt16(textBox5.Text);
            ntl.Sınav3 = Convert.ToInt16(textBox6.Text);
            ntl.ortalama = (ntl.Sınav1 + ntl.Sınav2 + ntl.Sınav3) / 3;
            textBox7.Text = ntl.ortalama.ToString();

            listBox1.Items.Add(ogr.ad + " " + ogr.soyad + " " + ogr.kulup +
 " Ortalama: " + ntl.ortalama);
        }
```

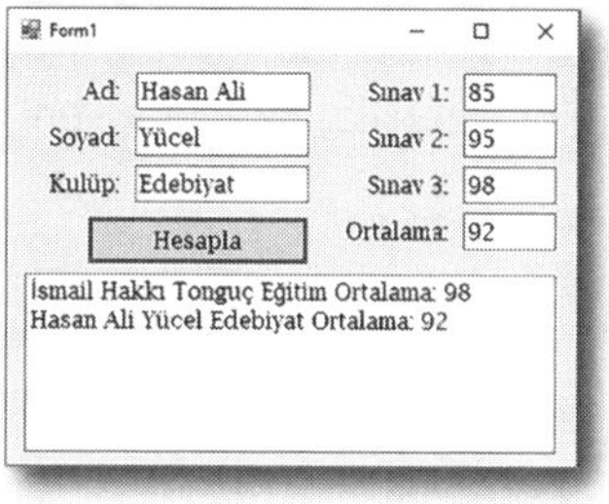

`Oğrenci` ve `Notlar` isminde iki tane sınıf oluşturduk. `Oğrenci` sınıfımızda ad, soyad ve kulüp bilgilerini, `notlar` sınıfında ise öğrencimizin sınav notları ve ortalamasını tuttuk. Daha sonra ana formumuzda bu değerleri çağırıp TextBox araçlarımız üzerinden değer atamalarını gerçekleştirdik. Öğrenci sınıfımızın değişkenlerine ulaşabilmek için `ogr` isminde, notlar sınıfımızın değişkenlerine ulaşmak için de `ntl` isminde birer nesne türettik. Bu nesnelerin değerlerini verip sonrasında yazdırma işlemini gerçekleştirerek uygulamamızı tamamladık.

Sınıfların alt başlıkları içerisinde öğrenmemiz gereken ve ilerleyen dönemlerde büyük çaplı projeler geliştirdiğimiz zaman karşınıza çıkması muhtemel bir takım başlıklar var. Bunlar;

» Kapsülleme

» Kalıtım

» Çok Biçimlilik

KAPSÜLLEME

Nesnelerin özelliklerinin bilinçsiz kullanımını önlemek, ilgili özelliklerin istenilen değer ya da aralıkta olmasını sağlamak, değişkenlere direkt erişimin önüne geçmek ve arka plan kodlarını gizlemek gibi işlevlere sahip olan kapsülleme **OOP** (Object Oriented Programming - Nesne Yönelimli Programlama)'nın önemli unsurlarından birisidir. Bir önceki örneğimizi hatırlayalım, bu örnekte öğrencinin `soyadı` değerinin her zaman büyük harflerden oluşmasını kapsülleme yardımıyla sağlayabiliriz. Veya öğrencinin sınav notları 0'dan küçük 100'den büyük olamaz gibi kısıtlamaları da yine kapsülleme aracılığı ile gerçekleştirebiliriz. Kapsülleme işlemi manuel yapılabileceği gibi program tarafından basit bir **Sağ Tuş** menüsü ile de yapılabilir. Bir önceki örneğimizin **Öğrenci** sınıfını açalım.

NOT Sınıflar içerisindeki değişkenler genellikle private olarak tanımlanır, bunun nedeni kapsülleme gibi bir etkileşimle değişkeni istediğimiz formatta kullandırmaktır.

Şimdi kapsülleme işlemini gerçekleştireceğiz fakat öncesinde öğrenmemiz gereken 3 yeni kavram daha var. Bunlar; get, set blokları ve property kavramı.

Get bloğu: Değişken çağrıldığı zaman çalışan komuttur, geriye dönecek olan değer bu blok içine yazılır.

Set bloğu: Değişkene değer ataması yapılınca çalışır. İlgili kısıtlamalar ya da istenilen formatta kullanılması işlemi set bloğu içerisinde yapılır.

Property: Oluşturulan değişkenlere kontrollü bir şekilde ulaşmak için get ve set bloğunu içerisine alan yapıdır. Yani get ve set blokları aslında property içerisinde yer alır. O halde get ve set bloklarını oluşturabilmemiz için önce property oluşturmamız gerekecektir diyebiliriz. İşte bu `property + get + set` komut kümesinin tamamı da kapsüllemeyi meydana getiriyor.

Şimdi örneğimize başlayabiliriz, küçük bir değişikliğe gideceğiz. Öğrenci sınıfımızın değişkenlerinin erişim belirleyici türlerini private olarak değiştirelim.

```
class Ogrenci
    {
        private string ad;
        private string soyad;
        private string kulup;
    }
```

Kapsülleme uygulamak için önce bir tane property oluşturmamız gerekecek. Property oluştururken hangi değişkene bağlı oluşturulacaksa property adı da ona uygun seçilmelidir. Örneğin; ad değişkeni için `ADI` şeklinde bir kullanım tercih edebiliriz. Değişken adıyla property adının aynı olmamasına özen gösterelim.

```
public string ADI
        {
            get { return ad; }
            set { ad = value.ToLower(); }
        }
```

Bu şekilde kapsülleme işlemine başlayabiliriz. ADI isimli alanımız property oluyor. get ve set blokları içerisine ilgili kodlarımızı yazdık. get bloğu içerisine geriye döndüreceğimiz değişkeni, set bloğu içerisine de değerimizin kısıtlanma opsiyonunu belirttik. Bu manuel kullanımdı bir de program tarafından kullanıma bakalım. Soyad değişkenimizin üzerinde sağ tıklayıp **refactor** seçeneğinden **encapsulate field** alanına geçiş yapıyoruz.

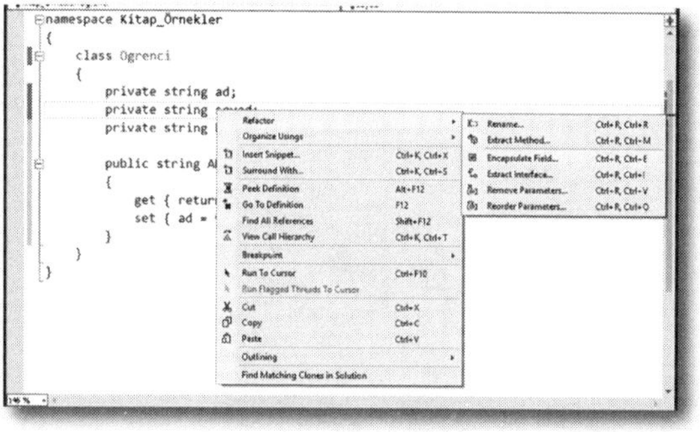

Karşımıza çıkan pencerede **property** alanımızın ismini değiştirebiliriz. Bu alanımızın ismini büyük harflerle SOYADI yapalım.

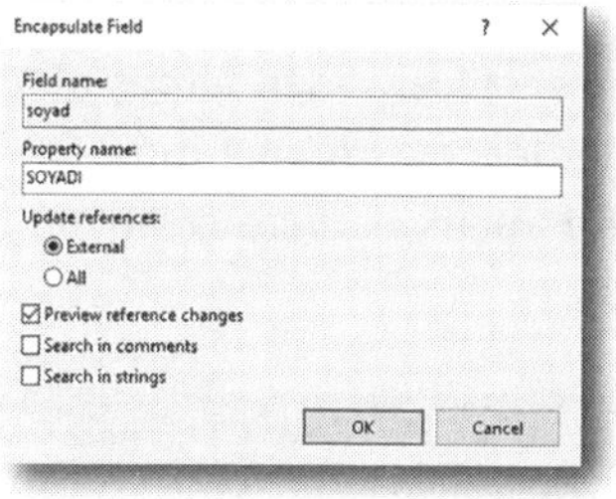

Tamam seçeneğine tıkladığımız zaman karşımıza bir ön izleme alanı gelecek, o pencerede de tamam seçeneğine tıklayınca kapsülleme sağlanmış olacak ve şöyle bir kod bloğu öğrenci sınıfı içerisine eklenecektir;

```
public string SOYADI
        {
            get { return soyad; }
            set { soyad = value; }
        }
```

Aynı işlemi diğer değişkenimiz için de yapalım. Şimdi formumuza geri dönelim ve sınıfımız içerisinde bulunan değişkenlerimize nasıl ulaşacağımıza bakalım.

```
private void button1_Click(object sender, EventArgs e)
        {
            Ogrenci ogr = new Ogrenci();
            ogr.ADI = textBox1.Text;
            ogr.SOYADI = textBox2.Text;
            ogr.KULUBU = textBox3.Text;

          listBox1.Items.Add(ogr.ADI + " " + ogr.SOYADI + " " + ogr.KULUBU);
        }
```

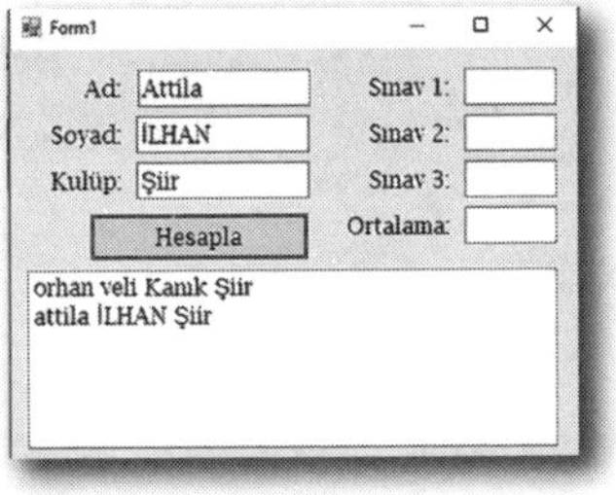

Artık değişkenlerimize ulaşamayız çünkü değişkenlerimizin erişim türü private. Ama kapsülleme oluşturduğumuz property alanlarına ulaşım sağlayabiliriz. Property ya da özellik diye adlandırılan alanlarımıza ulaşıp değer atamlarını gerçekleştirdik. Örneğimizde dikkat ederseniz klavyeden girmiş olduğumuz ad-soyad alanları tamamen büyük harflerden oluşmasına rağmen `ToLower` metodu devreye giriyor ve bu değerimizi küçük harflere çeviriyor. Böylece kapsülleme örneğimizi tamamlamış olduk.

Ödev

Notlar sınıfı için kapsülleme alanları oluşturun. `sınav2` için `value` yani klavyeden ya da kod kısmından girilecek olan değerini 70-100 arasında olmasını sağlayın eğer bu aralık dışındaysa `sınav2` değerini 70 olarak alın.

KALITIM (MİRAS)

Projelerimizi gerçekleştirirken bir sınıfa ait değişkenlerin bir kaçını ya da tamamını bir başka sınıf içerisinde kullanmak isteyebiliriz. Böyle durumlarda kalıtım kullanılabilir. Kalıtım işlemi şu şekilde yapılır;

```
Sınıfımızın ismi: Kalıtım alınacak sınıfın ismi
```

Araya konulan iki nokta sembolü kalıtımı sembolize eder.

Örneğin **kuşlar** sınıfımız olsun. Bu sınıfımızın alt başlıkları; papağanlar, kanaryalar, kartallar, şahinler... şeklinde devam edebilir. Kuşlar sınıfının ortak özellikleri şunlardır;

» Ayakları vardır,

» Kanatları vardır,

» Yumurtlayarak çoğalırlar,

» Tüyleri bulunur,

» Uçabilirler,

» Öterler,

Bu özellikler arttırılabilir. Buradaki ortak özellikler hem kanaryalar hem şahinler hem serçeler hem de diğer tüm kuşlar için geçerlidir. Yani bu özellikleri onlar için yeniden tanımlamaya ihtiyaç yoktur. Bunun yerine kuş türleri kendi arasında belirleyici özellikleri ile ayrılması daha tutarlı olacaktır;

» Boyları

» Kiloları

» Ortalama yaşam süreleri

Konuyu somut bir örnek ile biraz daha pekiştirelim. Aşağıda ki uygulamayı adım adım takip edebilirsiniz.

Uygulama 3

Kuşlar ve türlerinin tutulduğu sınıflarımızı beraber oluşturalım.

İlk olarak **Kuşlar** sınıfımızı oluşturalım.

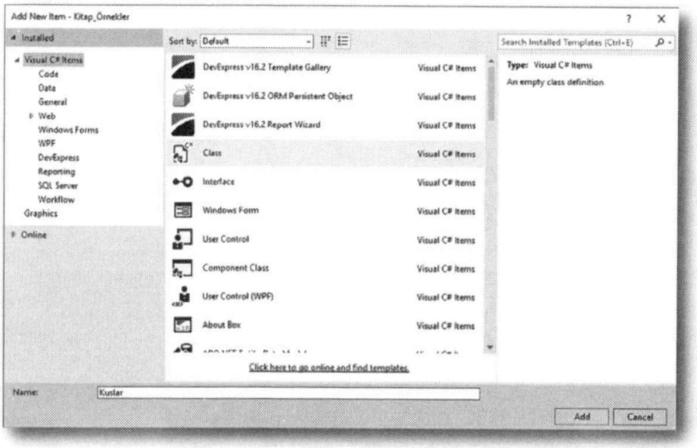

```
class Kuslar
    {
        public string tur;
        public int ayak;
        public string ses;
    }
```

Papağan sınıfımızı oluşturalım.

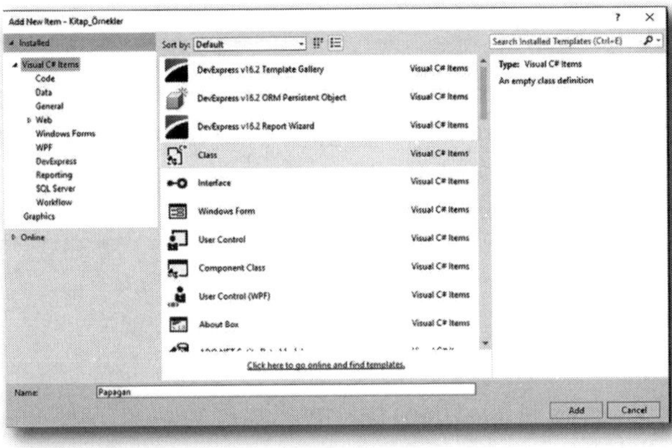

```
namespace Kitap_Örnekler
{
    class Papagan:Kuslar
    {
        public string renk;
        public string isim;
    }
}
```

Papagan sınıfına `Kuslar` sınıfından miras aldık. Yani artık `Kuslar` sınıfının özellikleri Papagan sınıfında da kullanılabilir.

```
private void button1_Click(object sender, EventArgs e)
        {
            Papagan ppg = new Papagan();
            ppg.tur = textBox1.Text;
            ppg.ayak = Convert.ToInt16(textBox2.Text);
            ppg.ses = textBox3.Text;
```

```
            ppg.renk = textBox4.Text;
            ppg.isim = textBox5.Text;

            listBox1.Items.Add(ppg.tur + " " + ppg.ayak + " " + ppg.ses + "
" + ppg.renk + " " + ppg.isim);
        }
```

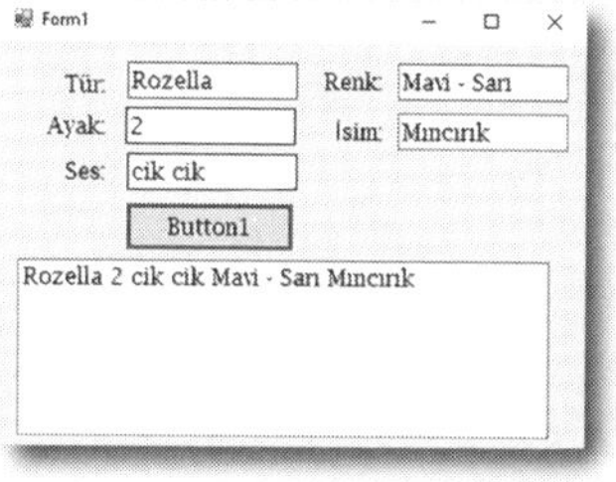

Papagan sınıfına miras aldığımız için `Kuslar` sınıfından yeni bir nesne türetmek zorunda kalmadık. Daha sonra türettiğimiz bu nesne sayesinde hem `Papagan` sınıfının hem de `Kuslar` sınıfının değişkenlerine ulaşıp değer atamalarımızı gerçekleştirdik. Değişkenlerimiz `public` olduğu için direkt olarak erişim sağladık ve kullandık. `Kuslar` sınıfımız ve `Papagan` sınıfımızın değişkenlerine atamak istediğimiz değerlerimizi de klavyeden Textbox araçlarımıza girerek verdik. Böylece kalıtım uygulamamızı da sonlandırmış olduk.

Çok Biçimlilik

Miras alma işlemi sonrasında herhangi bir alanda bulunan değerleri miras alınan sınıftaki haliyle değil de bizim istediğimiz bir başka formatta kullanım sağlanmasıdır. Bu konuyu günlük hayatta en çok karşılaştığımız **selam verme** işlemi üzerinden anlatalım. Bütün insanların bazı özellikleri vardır boyu, yaşı, kilosu gibi.

Örneğin; Bir Türk 182 cm boyunda olabilir aynı şekilde bir İngiliz'de 182 cm boyunda olabilir ancak Türk'ün selamı öz Türkçe ile "esenlikler" şeklinde olup İngiliz'in selamı "Hi" ya da "Hello" olacaktır. Yani temelde bir selam verme işlemi mevcut fakat bu selam verme şekilleri farklı. İşte bu farkın ortaya konması **Çok Biçimlilik** ya da diğer adıyla **Polimorfizmdir**. Kapsülleme başlığımızda olduğu gibi burada da bazı teknik terimleri açıklamamız lazım.

Virtual: Kalıtım alınan sınıflarda içeriğin değiştirilebilmesi için kullanılan komutlardır. Yani içeriği değiştirebilmemiz için kalıtım alacağımız ana sınıfın tanımlanması gereken formatıdır.

Override: Geçersiz kılma anlamına gelen bu komut değiştirilecek metot yazılmadan önce metodun başına eklenir. Daha sonra ana sınıfta ki metot yazılır. Yani `override` komutu miras işleminin yapıldığı sınıfta kullanılır. Öyleyse örneğimize geçelim.

```
class Kuslar
    {
        public string tur;
        public int ayak;

        public virtual string Sescikar()
        {
            return "buraya ses yazılacak";
        }
    }
```

Kalıtım örneğimizde kullanmış olduğumuz kuşlar sınıfı üzerinden ilerliyoruz. `Sescikar()` isminde bir metot oluşturduk. Metodumuz string bir ifade içereceğinden türünü string olarak belirledik. `virtual` komutunu kullanarak bu metodun miras alınan sınıflarda içeriğinin değişeceğini belirtmiş olduk. Şimdi de papağan sınıfımızı yazalım.

```
class Papagan:Kuslar
    {
        public string renk;
        public string isim;

        public override string Sescikar()
        {
            return "cik cik";
        }
    }
```

`Sescikar()` metodunu miras işleminin gerçekleştiği sınıfımızda yeniden tanımladık ancak önüne `override` yazarak bu metodun içeriğini diğer sınıfımızdaki değerden değil Papagan sınıfındaki değerden alacağını programa bildirmiş olduk. return ifadesi ile de `string` ifademizi yani papağının ötüş türünü geriye döndürdük. Şimdi bir tane daha sınıf oluşturalım.

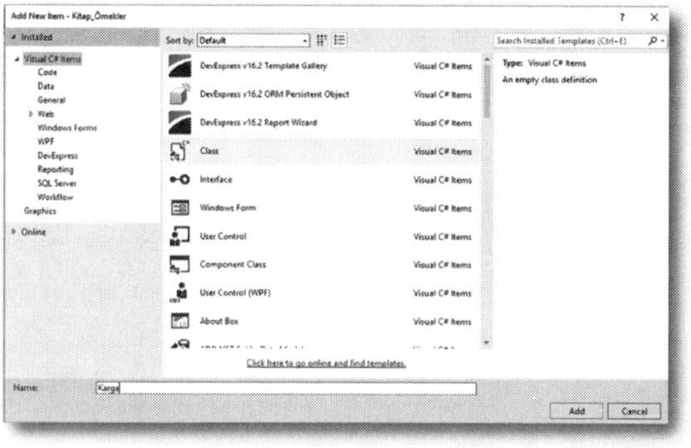

```
class Karga:Kuslar
    {
        public string renk;
        public int hiz;

        public override string Sescikar()
        {
            return "gak gak";
        }
    }
```

Karga isminde yeni bir sınıf daha oluşturduk. Yapı olarak özelliklerini yine kuşlar sınıfından alacak ancak bu sınıfa ait bir özellikle olmak üzere değişkenlere hızı ekledik. Daha sonra Sescikar() metodunu çağırdık ve yine farklı bir sesi geriye döndürdük. Öyleyse ana formumuza gidelim.

```
private void button1_Click(object sender, EventArgs e)
        {
            Papagan ppg = new Papagan();
            ppg.tur = textBox1.Text;
            ppg.ayak = Convert.ToInt16(textBox2.Text);

            ppg.renk = textBox4.Text;
            ppg.isim = textBox5.Text;

           listBox1.Items.Add(ppg.tur + " " + ppg.ayak + " " + ppg.Sescikar()
+ " " + ppg.renk + " " + ppg.isim);
        }
```

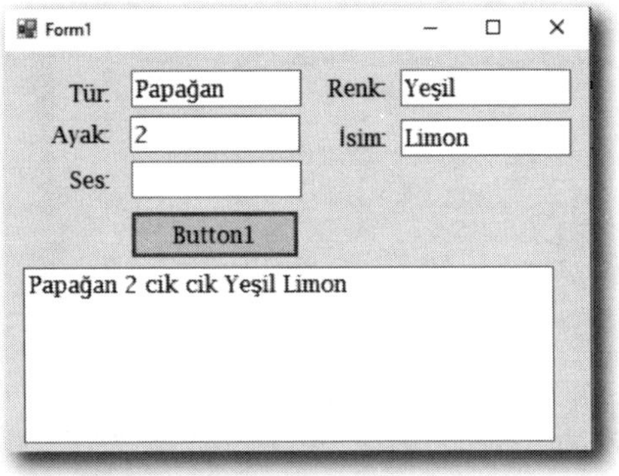

Kalıtım örneğimizdeki kodlarımızı yeniden kullandık, küçük bir fark var. Bu kez ses değişkenine veri göndermedik onun yerine `Sescikar()` metodunu direkt olarak ListBox aracımız içerisine yazdırdık. Böylece çok biçimlilik başlığımızı da tamamlamış olduk. Sınıf ve nesne işlemlerinin temel yapıları bu şekilde bitmiş oldu. Tabi ki anlatılacak şeyler bunlarla sınırlı değil. Bu noktadan sonra sizler özellikle katmanlı mimari yapısını öğrenerek kurumsal projeler için ilk adımı atabilirsiniz. Daha fazlası için bol bol pratik yapmayı ihmal etmeyin.

NELER ÖĞRENDİK?

Bu bölümde nesne tabanlı programlama kavramını, nesne tabanlı programlamaya neden ihtiyacımız olduğunu, sınıf ve nesne kavramını, sınıfın ve nesnenin birbirlerine neden bu kadar ihtiyaçları olduğunu, bir başka sınıftan kalıtım almayı, kapsülleme ile verileri istediğimiz formatta kullanmayı, override, virtual, get, set, property anahtar kelimelerini, sınıf oluşturmayı ilgili sınıfın değişkenlerine ve alanlarına ulaşmayı ve değer atama işlemlerini öğrenmiş olduk.

10

Ekstra Araçlar

Bu Bölümde

Bu bölümde ilerleyen zamanlarda özellikle veritabanı alt yapısı ile çalışan projelerde çokça ihtiyacımız olacak olan MenuStrip, Web Browser, Timer, ContextMenuStrip, Chart ve ProgressBar araçların ve kullanımlarını, Grafiksel Veri İşlemlerini, Zamanlayıcı Kavramı ve Önemini, Form Üzerinden İnternet Erişimi Sağlamayı öğreneceğiz.

MENU STRIP KULLANIMI

Word, Excel, Visual Studio gibi programlarda bulunan üst menülerin oluşturulması için kullandığımız araçtır. Tasarım olarak oldukça tatmin edici içerikler oluşturulabilir. Biz şuana kadar yaptığımız tüm projelerde işlemleri gerçekleştirmek için genellikle **Button** aracımızı kullandık. Diyelim ki bir uygulama geliştirdik ve bu uygulamanın içerisinde pek çok işlem var. Bu kadar fazla işlem için onlarca Button kullanmak çok sağlıklı bir yaklaşım olmayacaktır. Onun yerine **Menu Strip** gibi araç işlemlerimizi oldukça kolaylaştıracaktır.

Strip kelimesi şerit anlamına gelmektedir. Yani Menu Strip "Menü Şeridi" anlamındadır. Formumuza araç kutumuzdan bir tane Menu Strip ekleyelim.

Aracımı ekleyip **Type Here** (Buraya Yaz) alanına tıkladığımız zaman yukarıdaki resimde ki gibi bir alan karşımıza çıkacaktır. Şöyle bir uygulama yapalım;

Uygulama 1

4 Kategoriden oluşan bir film fragman projesi hazırlanmak istenmektedir. Bu projede kategoriler Menu Strip aracına yazılacak herhangi bir kategoriye tıklandığı zaman o kategorinin sağ tarafında ilgili kategoriye ait filmin adı çıkacaktır. Filmin ismine tıklayınca YouTube üzerinden alınan link aracılığıyla bu filmin fragmanı web browser aracında oynatılacak.

Kategorilerimizi sırayla ekleyelim;

» Macera

» Romantik

» Gerilim

» Animasyon

NOT Type Here yazan ilk alana kategoriler yazmayı unutmayın. Hemen altına bu kategorilerin içerikleri eklenecektir.

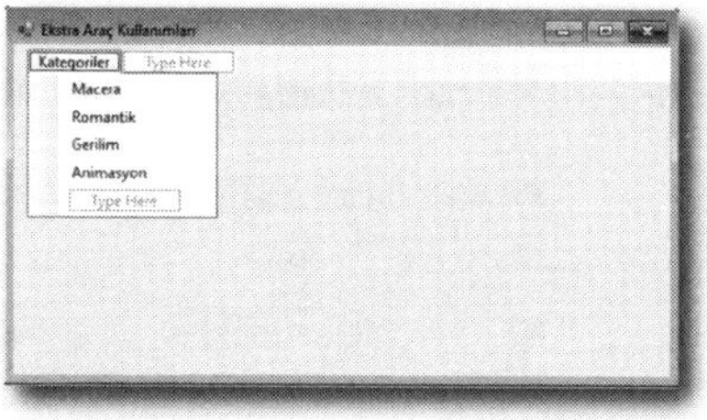

Daha sonra kategorilerimizin sağ tarafına birer tane film ekleyelim. Benimle aynı filmleri eklemek zorunda değilsiniz, sizler içeriği zenginleştirmek adına daha fazla kategori ve film ekleyebilirsiniz. Animasyon kategorisine 2 diğer kategorilere birer tane film eklemesi yapalım.

» Mad Max (Macera)

» Kasımda Aşk Başkadır (Romantik)

» Korku Seansı (Gerilim)

» Arabalar (Animasyon)

» Ferdinand (Animasyon)

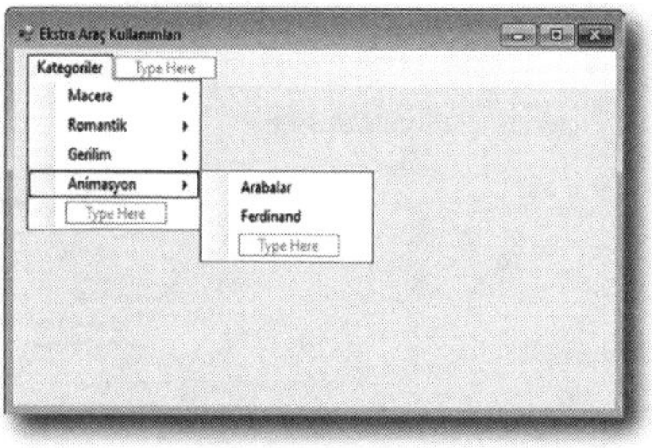

Daha sonra sağ tarafa geçelim yani kategoriler menüsünün hemen sağına geçip yeni bir alan daha oluşturalım. Bu alanda da formumuzun arka plan renklerini değiştirmek için renkler isminde bir menü başlığı oluşturup bu menünün içerisine birkaç tane renk eklemesi yapalım.

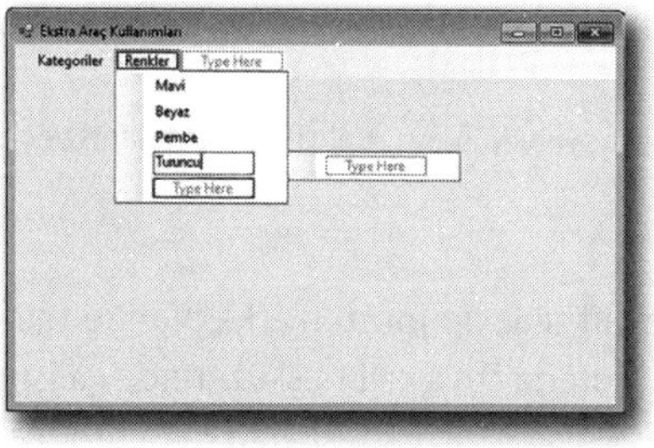

Ve son olarak bir menü daha oluşturalım. Bu menüde **Ayarlar Menüsü** olsun. İçerisinde hakkımızda ve çıkış adında iki tane alan bulunsun.

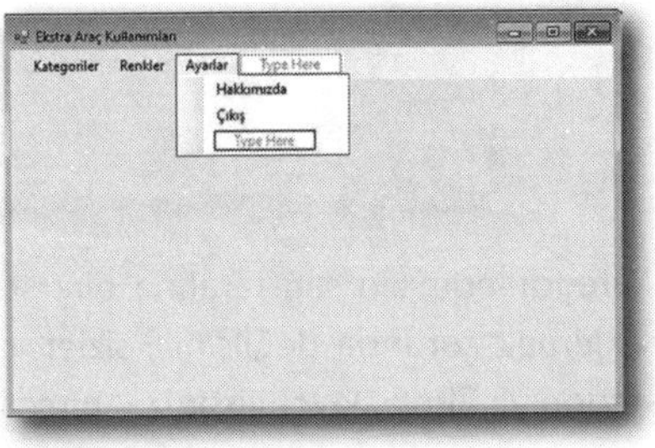

Dilerseniz menü alanlarının yanlarına resim eklemesi yapabilirsiniz. Örneğin; ayarlar kısmı için Google görsellerde bulduğum bir ayar sembolünü kullanacağım. Bunun için **Menu Strip** aracımızın **Özellikler** penceresinden **Items** alanına gelip açılan pencerede **Ayarlar** menüsünden aşağıdaki görselde ki gibi ilgili alandan bir resim seçiyoruz.

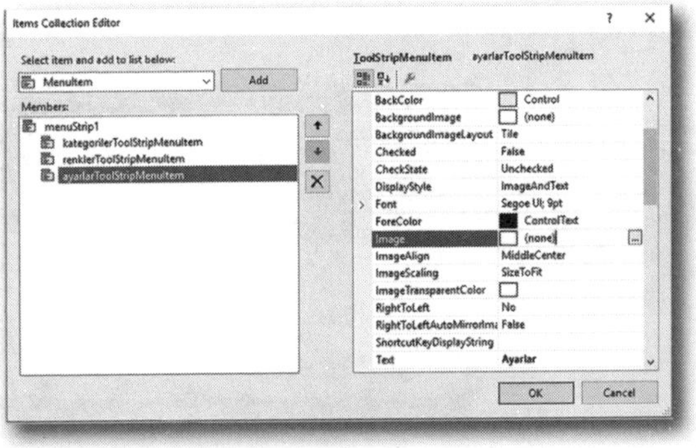

Filmlere link verme işlemlerini Web Browser aracımızı anlattıktan sonra göreceğiz. Şimdi gelin beraber renk değiştirme komutlarımızı yazalım. Herhangi bir renge çift tıklayıp kodlarımızı yazalım.

```
private void maviToolStripMenuItem_Click(object sender, EventArgs e)
    {
        this.BackColor = Color.DeepSkyBlue;
    }
```

Mavi rengine çift tıklayıp formun arka plan rengini değiştirmek için ilgili kodumuzu yazdık. Burada `this` kelimesi üzerinde çalışmakta olduğumuz formu temsil etmektedir. `BackColor` ifadesi arka plan rengi anlamındadır. Yani bu noktayı toparlayacak olursak buranın arka plan rengi eşittir deyip `Color` nokta ifadesiyle renkler içerisinden mavinin açık bir tonu olan `DeepSkyBlue` rengi olsun demiş olduk. Programımızı çalıştırıp maviye bastığımız zaman formun arka plan rengi değişecektir. Diğer renkleri sizler ekleyebilirsiniz.

Şimdi de hakkımızda alanına çift tıklayıp buraya bir mesaj yazalım.

```
   private void hakkımızdaToolStripMenuItem_Click(object sender, EventArgs e)
        {

            MessageBox.Show("Bu Proje Murat Yücedağ Tarafından Haziran 2018'de
Yapılmıştır", "Dikeyeksen Yayınevi", MessageBoxButtons.OK, MessageBoxIcon.
Information);
        }
```

Mesaj kutusunun 4 tane parametresi olduğunu daha önceki bölümlerde görmüştük. Bu parametreleri tekrar hatırlayacak olursak;

» Mesaj İçeriği

» Mesaj Kutusu Başlığı

» Mesaj Kutusu Butonu

» Mesaj Kutusu İkonu

İlgili parametrelerin sırasına dikkat ederek mesajımızı yazdık.

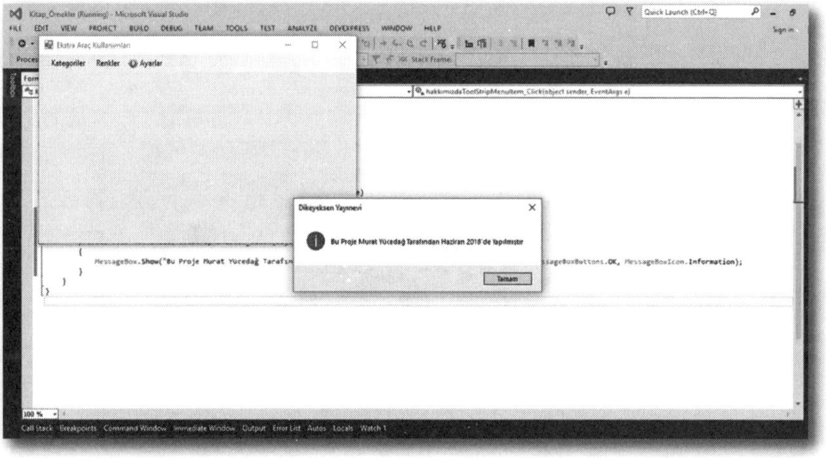

Son olarak çıkış komutumuzu yazalım. Çıkış alanımıza çift tıklayalım.

```
private void çıkışToolStripMenuItem_Click(object sender, EventArgs e)
        {
            Application.Exit();
        }
```

Bu ifade uygulamayı sonlandır, uygulamadan çık anlamı taşır. `Exit` bir metot olduğu için sonunda parantez açıp kapattık. Uygulamamızı şimdilik noktalıyoruz. Web Browser aracını anlattıktan sonra linklere tıklanması olayını anlatacağız.

WEB BROWSER KULLANIMI

Form üzerinde herhangi bir internet sitesine bağlanmak için kullanılan araçtır. Varsayılan değer olan Microsoft'un sahip olduğu Explorer tarayıcı alt yapısı kullanır, bilgisayarımızda bazı küçük ayarlar ile bu tarayıcı diğer Chrome ve Yandex gibi tarayıcılarla değiştirilebilir. Oldukça kolay ve kullanışlı bir araçtır. Örneklerimizi bir önceki aracımız olan Menu Strip için oluşturduğumuz uygulamamızla devam ettirelim. Web Browser'da herhangi bir web sitesini açmak için `Navigate` metodu kullanılır. Öyleyse herhangi bir filme çift tıklayıp ilgili film için kodumuzu yazalım.

```
private void ferdinandToolStripMenuItem_Click(object sender, EventArgs e)
        {
          webBrowser1.Navigate("https://www.youtube.com/watch?v=U9R679lvLeU");
        }
```

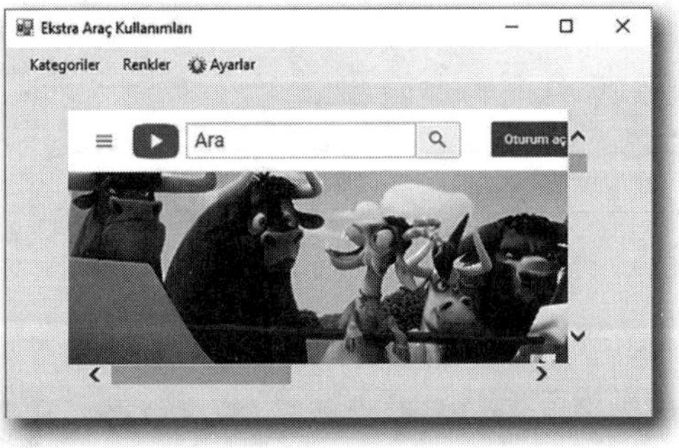

Web Browser aracımıza `navigate` metodunu vererek yönlendirme işlemini gerçekleştirdik. Metodumuzun içine linkimizi yazdık. Buraya hangi siteyi yazarsak bizi o siteye yönlendirecektir.

NOT URL adresleri çift tırnak içine yazılır.

Böylece film fragman projemizi bitirmiş olduk. Sizler bu projeye daha fazla film ve kategori ekleyerek geliştirebilirsiniz.

CONTEXT MENU STRIP

Menu Strip aracı ile aynı şekilde oluşturulabilen tek farkı üst menü yerine sağ tuş menüsü olarak açılan araçtır. Yani bir proje yaptınız ve bazı işlemleri sağ tuş ile gerçekleştirmek istiyorsunuz işte bu noktada devreye **Context Menu Strip** girmektedir. Hemen formumuza bir tane Context Menu Ekleyelim ve içerisine sırasıyla şu menüleri ekleyelim;

» Hesap Makinesi

» Paint

» Hakkımızda

» Çıkış

Ayrıca alanlarımız arasına çizgi, TextBox ve ComboBox gibi araçları da ekleyebiliyoruz.

NOT Bu kitabı okuyan sevgili okur ve yazılımcı adayı arkadaşım, araçları anlatırken elimizden geldiğince farklı başlıklara değinmeye çalışıyorum ki hem kitap içeriği zenginleşsin hem de sizler daha fazla şey öğrenin. Örneğin; şimdi kullanacağımız sağ tuş menüsü aracılığıyla sistem içindeki bir programın nasıl çalıştırılacağını da öğrenmiş olacaksınız.

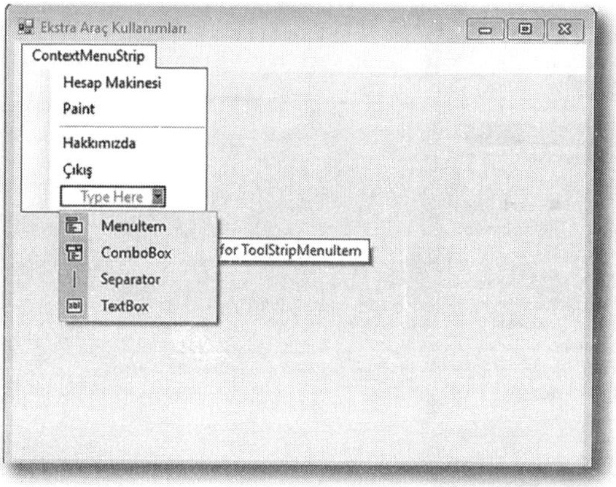

Şimdi hesap makinesi alanımıza çift tıklayalım kodlarımızı yazalım.

```
private void hesapMakinesiToolStripMenuItem_Click(object sender, EventArgs e)
        {
            System.Diagnostics.Process.Start("Calc.Exe");
        }
```

Burada yeni bir kod bloğu kullandık. Amacımız sistemde bulunan bir **exe** dosyasını açmaktı. `System` komutu sistem anlamına gelmektedir. `Diagnostics` tanımlamak anlamı taşırken `process` işlem, `start` ise başlat anlamındadır. Start içerisine yazılan komutumuz `cmd` diye bilinen Windows çalıştırıcısının içerisine yazılan komutlardır. Bu konuyla ilgili daha detaylı bilgi için `cmd` kavramını araştırabilirsiniz. `Calc.Exe` ifadesi hesap makinesini çalıştırmaktadır. `Paint` çalıştırmak için `mspaint.exe` yazılması yeterlidir.

Yani özetleyecek olursak parantez içindeki ifade; "`sistemde tanımlı işlemler içinde çalıştır`" gibi bir anlam taşımaktadır. Son olarak Context Menu Strip aracı başlangıçta aktif değildir. Aktif olması için form özelliklerinden Context Menu Strip alanının `ContextMenuStrip1` olarak seçilmesi gerekmektedir. Burada amaç birden fazla Context Menu olması durumunda hangisinin çalışacağıdır.

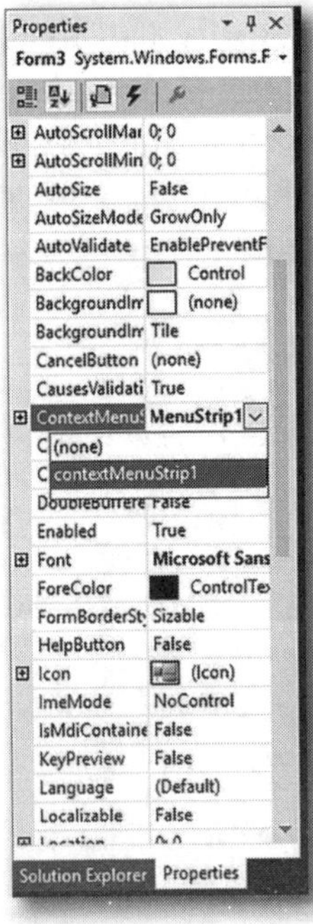

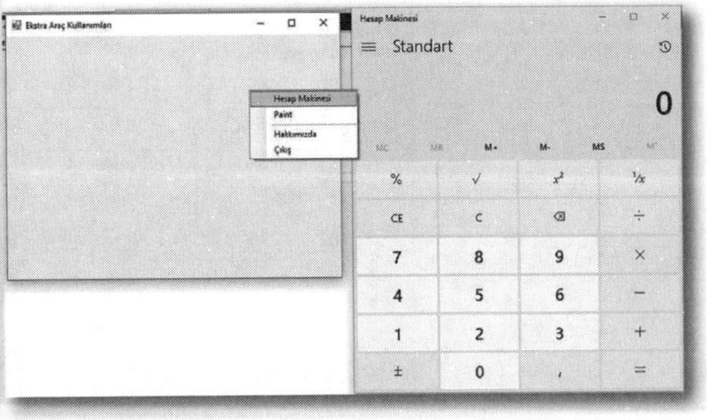

TIMER (ZAMANLAYICI)

Literatürümüze zamanlayıcı olarak çevireceğimiz bu araç C# dilinin en önemli araçlarından biridir. Sayaç kontrolü, işlem süresi, zamana bağlı durumlar gibi onlarca farklı başlıkta işlem yapılabilir. Örneğin; bir oturum açma işlemi gerçekleştirdiniz ve oturumun 60 saniye içinde sonlanması gerekiyor burada 60'dan geriye doğru sayma işlemini timer yapacaktır. Aynı şekilde diyelim ki bir veritabanı sisteminiz var bu sistemde her 30 saniyede bir yedek alınması lazım bu noktada da devreye yine timer aracı girecektir. Timer aracı forma eklendiği zaman form üzerinde yer almayacak, formun hemen alt kısmına konumlanacaktır. Çünkü kendisi formda bize gözükecek bir araç değil, arka planda işlemlerimizi tetikleyecek araçtır.

Aşağıdaki resimde görmüş olduğunuz alan Timer aracımızın özellikleridir. Burada bizim için en önemli 2 özellik **Enabled** ve **Interval** özellikleridir. Enabled özelliğini daha önceki bölümlerde farklı örnekler üzerinde uygulamıştık. Enabled bir aracın aktiflik ve pasiflik özelliğini karşılar Eğer `true` ise ilgili araç aktif, `false` ise pasiftir. Interval ise aralık anlamındadır. Varsayılan değeri olan 100 bir saniyenin 10 katı hızına tekabül eder. Bu değer arttıkça timer daha yavaş çalışır. 1000 olduğu zaman saniyede bir kez ilgili işlemi yapar, 10 olursa saniyede 100 kez gerçekleştirir. Formumuza bir tane timer ekleyip küçük bir uygulama geliştirelim.

Uygulama 2

Başlat butonuna bastığımız zaman timer aracımızı çalıştırıp timer aracımızın çalışmasıyla beraber sayaç değerimizi 1 arttıran, durdur butonuna basınca da arttırma işlemini durduran uygulamayı yapalım.

```
int sayac = 0;
    private void button1_Click(object sender, EventArgs e)
    {
        timer1.Start();
    }

    private void button2_Click(object sender, EventArgs e)
    {
        timer1.Stop();
    }

    private void timer1_Tick(object sender, EventArgs e)
    {
        sayac++;
        label2.Text = sayac.ToString();
    }
```

Global alanda sayaç isminde bir değişken oluşturduk. sayaç değişkenimizin değerini `0` olarak belirledik. Birinci butonumuza bastığımız zaman timer aracımızı open metodu aracılığı ile çalıştırdık. 2. butonumuza bastığımız zaman ise `timer` aracımız dursun istedik ve bundan dolayı 2. butonumuzun `clisk` olayı içine `timer stop` komutumuzu ekledik. Daha sonra işlerin esas gerçekleşeceği alan olan timer aracımızı tetiklemek için timer aracımıza çift tıkladık ve içerisinde global alanda tanımlamış olduğumuz sayaç değişkeninin değerini bir arttırdık. Daha sonra bu sayaç değişkenimizin değerini Label aracımıza yazdırarak işlemlerimizi tamamladık.

NOT

Değişkenimizi global alanda değil de timer değişkeni içinde tanımlasaydık timer bir 'tekrarlayıcı aracı' olduğundan değişken sürekli 0'lanıp tekrar 1'e gelecekti. Böyle bir hatanın önüne geçmek için değişkenimizi ve ilk değerimi global alanda tanımladık.

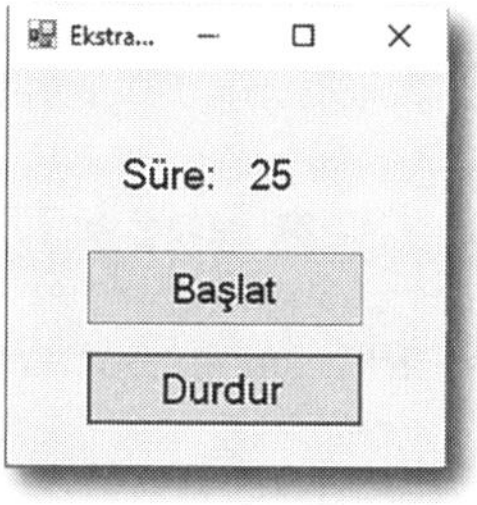

Uygulama 3

Timer ile beraber çalışması istenen bir trafik lambası simülasyonu yapalım. Trafik lambası için bekleme süresi niteliğinde olacak sayaç isminde bir değişken tanımlayalım ve bu değişkenimiz için şartlarımız şu şekilde olsun;

» 0-30 saniye arası formun arka plan rengi kırmızı,

» 31-40 saniye arası formun arka plan rengi sarı,

» 41-70 saniyeleri arası formun arka plan rengi yeşil,

» 71.saniyede sayaç değeri sıfırlansın.

```
int sayac = 0;
        private void button1_Click(object sender, EventArgs e)
        {
            timer1.Start();
        }

        private void button2_Click(object sender, EventArgs e)
        {
            timer1.Stop();
        }

        private void timer1_Tick(object sender, EventArgs e)
        {
            sayac++;
            label2.Text = sayac.ToString();
            if (sayac >= 0 && sayac <= 30)
            {
                this.BackColor = Color.Red;
            }
            if (sayac > 30 && sayac <= 40)
```

```
        {
            this.BackColor = Color.Yellow;
        }
        if (sayac > 40 && sayac <= 70)
        {
            this.BackColor = Color.Green;
        }
        if (sayac == 71)
        {
            sayac = 0;
        }
    }
```

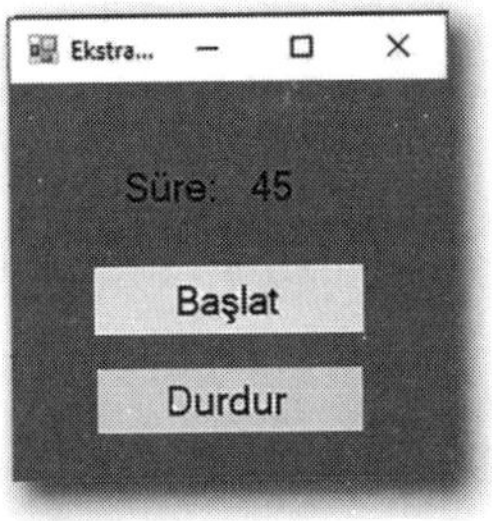

Bir önceki örneğimiz üzerine eklemeler yaparak ilerlediğimiz bu uygulamamızda sayaç değişkenimizin aralıklarını kontrol etmek için 4 tane `if` şartı yazdık. Burada sayacın bulunduğu aralıklara göre `this.backcolor` ile başlayan komutlarla formumuzun arka plan renklerini değiştirdik. Formun arka plan rengini değiştirme ile ilgili örnekleri daha önceki bölümlerimizde gerçekleştirmiştik. Sayaç değişkenimizin değeri 71'e ulaştığı an değerimizi yeniden sıfırlayarak aracımız içinde sonsuz bir döngü oluşturmuş olduk. Bir önceki örnekte olduğu gibi 1. butonumuza bastığımız zaman timer aracımız çalışmaya başlıyor yani lamba simülasyonu devreye giriyor. 2. butonumuza basınca da timer duruyor, sayaç değişkeni ilerlemediğinden işlem gerçekleştirmiyor.

CHART

Biraz duygusal yaklaşmam gerekirse sanırım C# dilinde en sevdiğim araç **Chart** yani grafik aracıdır. İstatistiksel verilerin sütun, daire, hat gibi çeşitli semboller ile grafikler üzerinde gösterimi için kullanılmaktadır. Programlama literatüründe inanılmaz büyük bir yeri vardır. Örneğin; bir okulda öğrencilerin not dağılımı, bir seçim sonucunda partilerin aldığı oy oranları, aylık ve yıllık gelir/gider analiziniz gibi onlarca belki daha fazla başlık için grafikler kullanılabilir. Grafiklerin kullanımı sırasında öğreneceğimiz iki yeni kavram olacak. Bunlardan birisi **Series** diğeri **Point** kavramı. Hadi gelin öyleyse bu tanımları açıklayalım.

Series: İngilizce'den dilimize seriler olarak çevireceğimiz bu ifade istatistiklerini çıkaracağımız veri yapısı başlığını tutmaktadır. Mesela Türkiye'de bölgelere göre kitap okuma oranı analizinde seri değeri bölgelerdir. Veya bir seçim istatistik uygulamasında seri değeri partiler olur.

Point: Nokta, konum anlamına gelen bu ifade programlamada araçların x ve y koordinatındaki değerlerini ifade etmektedir. Bizim x koordinatımız analizini yaptığımız değerin kendisi olup, y koordinatı ise bu değerin sayısal karşılığı olacaktır. Herhangi bir aracın özellikler penceresinde Location özelliğine geldiğiniz zaman karşınıza çıkan virgüller ayrılmış iki değer sizin point yani koordinat lokasyonlarınızı ifade eder. Öyleyse formumuza bir tane chart aracı ekleyip özelliklerine beraber bakalım. Formumuza aracımızı ekledikten sonra özellikler penceresinde bulunan series özelliğine tıkladığımız zaman karşımıza bir sonraki resimde ki gibi bir alan gelmesi gerekmektedir. Türkiye'de ki bölgelere göre kitap okuma oranlarını gösteren bir grafik hazırlayalım.

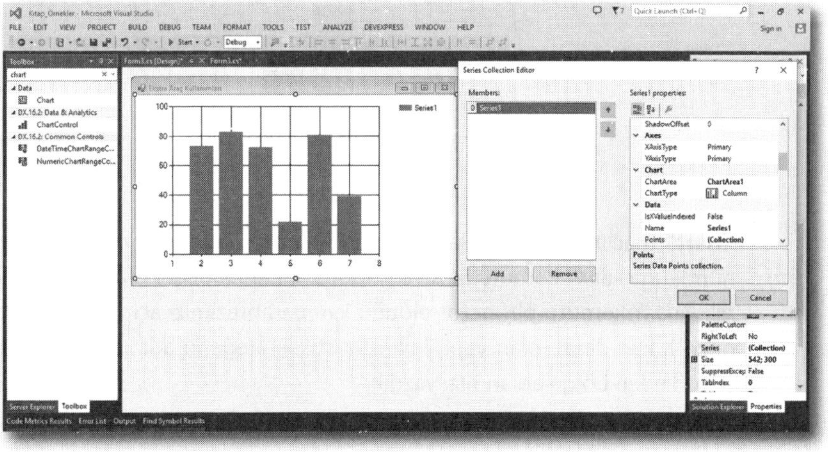

Series alanında bulunan **chart type** özelliği ile grafiğimizin türünü değiştirebilir.

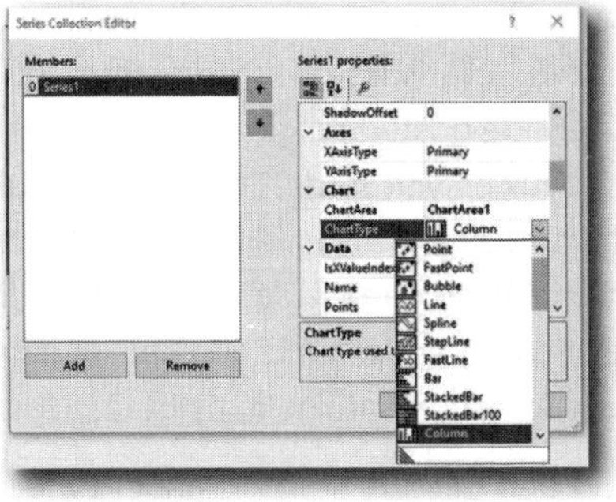

Son olarak **chart** aracımızın **series name** kısmından **Series1** yazan adını **Bölgeler** olarak değiştirelim. Böylece chart aracımızın tutmuş olduğu istatistik hakkında daha detaylı bilgiye sahip olacağız. Şimdi formumuza çift tıklayalım ve aşağıda ki kodları yazalım.

```
private void Form1_Load(object sender, EventArgs e)
        {
            chart1.Series["Bölgeler"].Points.AddXY("Akdeniz", 21);
            chart1.Series["Bölgeler"].Points.AddXY("Marmara", 24);
            chart1.Series["Bölgeler"].Points.AddXY("Ege", 28);
            chart1.Series["Bölgeler"].Points.AddXY("İç Anadolu", 18);
        }
```

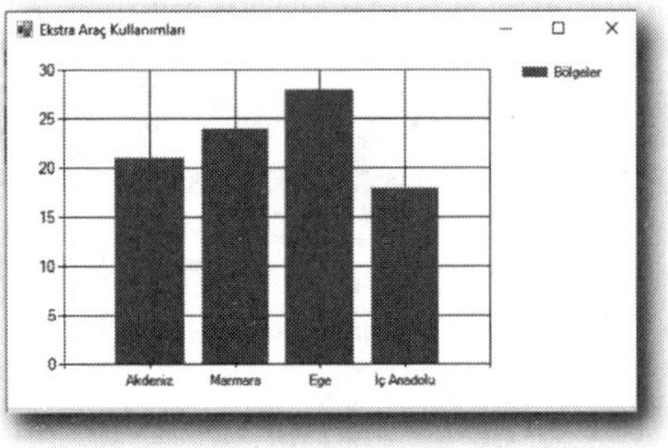

Chart1 aracımızın series alanından **bölgeler** ismindeki serinin `points` yani konumlarına `AddXY` komutu ile **x** ve **y** koordinatlarına değer ataması yapmak istedik. `AddXY` komutu bir metot olduğu için parantezimizi açıp parantez içerisine önce `X` koordinatı olan yani ilgili istatistiksel değerin adını taşıyacak ifadeleri temsil eden bölge adlarımızı yazdık.

Sonrasında bir virgül koyup bu niteliğin alacağı değeri yazdık. Örneğin Akdeniz bölgesinde kitap okuma oranı yüzde 21, Ege'de yüzde 28 gibi. Daha sonra formumuzu çalıştırdığımız zaman karşımıza bir önceki sayfanın başında yer alan resimdeki gibi pencere çıkacaktır. Böylece temel düzeyde chart aracı kullanımını öğrenmiş olduk.

PROGRESS BAR

Durum, işlem ya da ilerleme çubuğu olarak literatürümüze giren **Progress Bar** aracı işlemlerin ilerleyişi, ne kadar sürelerinin kaldığı gibi durumlarda kullanılmaktadır. Mesela projenizde yedekleme işlemi yapıyorsunuz ve veritabanınızda 100 bin tane kayıt olduğunu varsayalım. Bu kadar kaydın yedeklenme işleminde ne kadarlık bir zamanın geçtiğini ya da ne kadarlık bir ilerleme kaydediliği gibi başlıkları bu araç sayesinde rahatlık görebiliriz. Kopyalama yapıştırma işlemlerinde de karşımıza çıkan Progress Bar oldukça kullanışlıdır. Genellikle zamanlayıcıya bağlı olarak çalışan aracımızı daha rahat kavramak adına uygulama üzerinde anlatalım.

Uygulama 4

Button'a her basıldığında Progress Bar aracının değerini 10 arttıran kod yazalım.

```
private void button1_Click(object sender, EventArgs e)
        {
            progressBar1.Value += 10;
        }
```

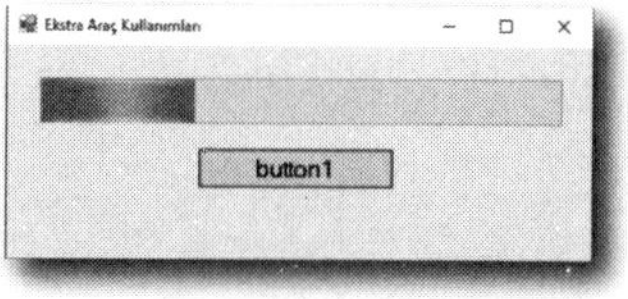

Formumuza bir tane Button bir tane de Progress Bar aracı ekledik. Butonumuza her tıkladığımızda Progress Bar aracının değerini 10 arttırmak için operatörler bölümünde öğrenmiş olduğumuz üzerine değer ekleme operatörü olan += sembollerini kullandık. Burada dikkat edilmesi gereken durum Progress Bar aracının value kısmı yani değeri 100'ün üzerinde olmamalıdır. Çünkü başlangıçta default yani varsayılan değer olarak maksimum Progress Bar değeri 100'dür. Bundan dolayı değerimiz 100'ü geçerse program hata verecektir.

Progress Bar aracımız ile beraber ekstra araç kullanımlarını tamamlamış olduk. İlerleyen bölümlerde karşınıza yeni birkaç araç daha çıkacak. Bunun dışında c# formda onlarca farklı araç var ancak bu kadar fazla aracı anlatmak kitaplar için pek mümkün bir durum değil. Bizim amacımız olabildiğince çok kullanılan araçların temel özelliklerini ve kullanım şekillerini anlatmak.

NELER ÖĞRENDİK?

Ekstra araçlar başlığı ile çalışmalarımıza devam ettiğimiz bu bölümde Context Menu Strip, Menu Strip, Timer, Progress Bar, Chart ve Web Browser araçlarının ne olduğunu ve nasıl kullanıldıklarını, grafik ve istatistik işlemlerini nasıl gerçekleştiği, zamana bağlı olarak durum çubuğu ilerleyişini, C# form'da bir projede üst menü ve sağ tuş menüsü oluşturmayı, system diagnostics kodları ile çalıştır menüsü komutlarını çağırmayı, sayaç kavramını, C# form ile web tarayıcılara giriş yapmayı, herhangi bir YouTube linkini form üzerinde nasıl oynatacağımızı öğrenmiş olduk.

11

EKSTRA YAPILAR

BU BÖLÜMDE

Bu bölümde Random sınıfını, string ve int fonksiyonlarını, bu fonksiyonlara neden ihtiyacımız olduğunu, projede yeni bir form oluşturup o forma erişmeyi, formlar arası geçiş işlemlerini, point yapısını, dinamik araçların gerekliliğini ve nasıl oluşturacağımızı, tarih zaman fonksiyonlarını, tarih zaman fonksiyonlarına neden ihtiyacımız olduğunu ve iki tarih arasındaki farkın nasıl hesaplanacağını pratik örnek uygulamalar üzerinde öğreneceğiz.

RANDOM SINIFI

Programlama dilleri içerisinde olmazsa olmaz bir yere sahip olan **Random** yani rastgele sınıfı masa üstünden web uygulamalara, mobilden oyunlara kadar neredeyse tüm platformlarda kullanılmaktadır. Örneğin; sitelere giriş yaparken resimdeki rastgele oluşturulan sayılar Random sınıfından türetilen birer değerdir.

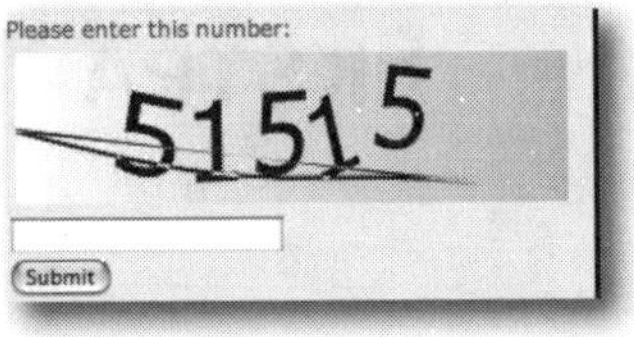

Bazı durumlarda güvenlik önlemlerini biraz daha arttırmak adına daha kapsamlı rastgele ifadeler kullanılabiliyor. Örneğin; aşağıda ki ilk resimde rastgele olarak 2 sayı ve yine rastgele olarak bir tane işlem getirilmiş. Burada kullanıcı sisteme giriş yaparken ekranda bulunan işlemi başarılı bir şekilde yaparsa ya da sonucu doğru yazarsa sisteme yönlendirilecektir. Tamamen güvenlik tedbirli bu olguların yerini **ben robot değilim** kutucukları almıştır.

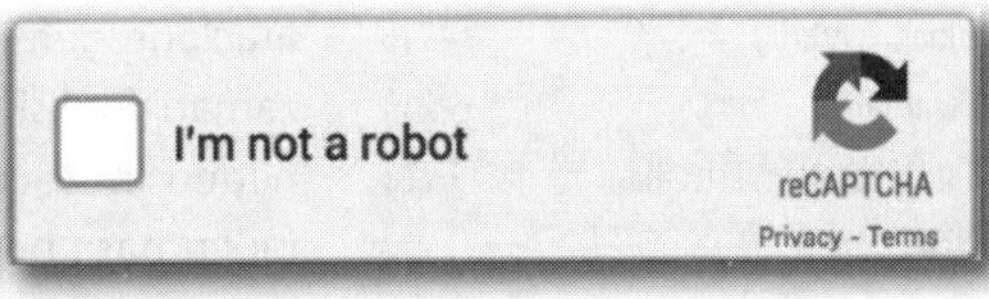

Sadece güvenlik için değil oyunlarda da çok sık tercih edilen bir başlıktır. Örneğin sayısal loto veya milli piyango gibi çekiliş uygulamalarında rastgele sınıfı kullanılmaktadır. Random bir sınıftır, bu sınıf içerisinde bir takım nitelikler bulunur. Bizler rastgele sayı türetebilmek için bir nesne türetip bu nesne yardımıyla ilgili sınıfın niteliklerine ulaşabiliriz. O halde uygulamalarımızı yazıp konuyu biraz daha net pekiştirelim.

Uygulama 1

1-100 arasında Butona tıklandığı zaman rastgele bir sayı oluşturup bu sayıyı Label aracında listeleyen kodu yazalım.

```
private void button1_Click(object sender, EventArgs e)
        {
            Random rnd = new Random();
            int sayi;
            sayi = rnd.Next(1, 101);
```

```
            label1.Text = sayi.ToString();
        }
```

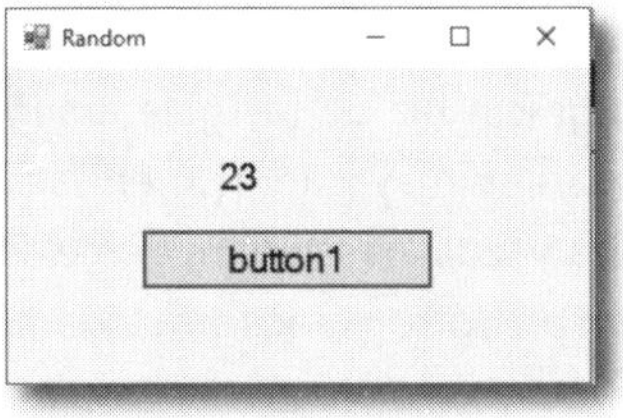

Uygulama 2

Metot olarak 3 basamaklı rastgele bir sayı oluşturup bu sayıyı hem form yüklenince hem de butona tıklayınca çağıran kod yazalım.

```
void SayıGetir()
        {
            Random rnd = new Random();
            int sayi;
            sayi = rnd.Next(100, 1000);
            label1.Text = sayi.ToString();
        }

        private void Form1_Load(object sender, EventArgs e)
        {
            SayıGetir();
        }

        private void button1_Click(object sender, EventArgs e)
        {
            SayıGetir();
        }
```

Öncelikle metodumuz geriye değer döndüren bir metot olmadığından Void yazarak kod bloğumuzu oluşturmaya başladık. Void ifadesinden sonra metodumuzun ismi olan SayıGetir değerini yazıp süslü parantez blokları içerisinde metodumuzun gerçekleştirmesini istediğimiz kodları yazdık. Soruda 3 basamaklı şartı kullanıldığı için biz de rastgele aralığımızı 100 - 1000 olarak belirledik. Son değer dahil olmayacağı için en fazla 999 değeri gelecektir. Daha sonra Label aracımıza yazdırma işlemini gerçekleştirdik ve metodumuzu hem form yüklenince hem de Button aracımıza tıklanınca çağırarak kod bloğumuzu tamamlamış olduk.

NOT Rastgele sayı türetme işlemlerinde bir "yaratma" söz konusu değildir. Yani bilgisayar yoktan bir sayı üretemez. O anki sistem sıcaklığı, saat gibi değerleri alıp bunları bizim istediğimiz aralıkta işleyerek karşımıza bir değer getirir. Yani arka planında çalışan bir denklem formülasyonu vardır.

Uygulama 3

Rastgele bir harf getiren komutu yazalım.

Random sınıfı yalnızca tam sayı türetir. Peki, rastgele harfi nasıl getireceğiz? Bu noktada birden fazla alternatif var. Biz bunlardan dizilerle beraber kullanım şeklini tercih edeceğiz.

```
private void button1_Click(object sender, EventArgs e)
        {
            Random rnd = new Random();
           string[] harfler = { "a", "b", "c", "d", "e", "f", "g", "h", "j" };
            int sayi;
            sayi = rnd.Next(0, harfler.Length);
            label1.Text = harfler[sayi].ToString();
        }
```

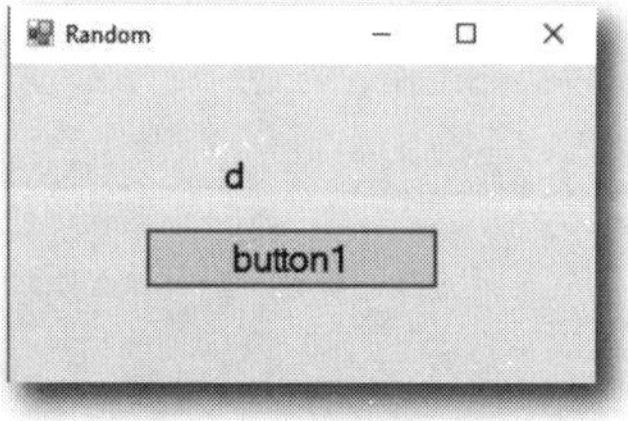

Random sınıfından rnd isminde bir tane nesne türettik. Daha sonra harfler isminde bir dizi oluşturup bu dizinin elemanlarını girdik. Amacımız rastgele bir sayı oluşturup bu sayıya karşılık gelen dizi elemanını çekmek. Örneği; sayı 3 gelirse elemanımız d olacaktır. Dizilerde sayma işlemlerinin 0'dan başladığını unutmayalım. `Sayı` isminde değişkenimizin değer ataması olarak `rnd.Next` komutundan sonra 0 ile harfler dizisinin uzunluğu arasında rastgele bir sayı türetmesini istedik. Burada dizinin boyutunu saymakla uğraşmak yerine length özelliği ile dizimizin boyutu program tarafından hesaplanacaktır. Daha sonra Label aracımıza `harfler[sayi]` yazarak harfler dizisinin rastgele oluşan sayı değerini getirsin istedik. Yani sayı 3 gelirse `harfler[3]` şeklinde olacaktır. Böylece örneğimizi tamamlamış olduk.

FORMLAR ARASI GEÇİŞ İŞLEMLERİ

Kullandığımız bankacılık uygulamalarından sosyal medya sitelerine, oyun menülerinden üniversite not sistemi sayfalarına kadar neredeyse her yerde mutlaka birden fazla ara yüz bulunmaktadır. Ara yüz kavramı; son kullanıcıların sisteme giriş yaptıklarında ya da ilgili sistemi açtıklarında karşılarına gelen ekranlar bütünüdür. C#'da eklenen her form bir sınıf şeklinde karşımıza gelir. Eğer bir komut bloğunda sınıf varsa nesne de olacaktır. Geçtiğimiz bölümde yapmış olduğumuz sinema film fragman projesini hatırlayalım. Diyelim ki o projemizde filmleri yeni bir pencerede tam ekran olarak oynatmak istiyoruz. O halde projemize yeni bir form daha eklememiz gerekecek. Öyleyse küçük bir örnekle uygulamalarımıza başlayalım. Uygulamamıza geçmeden önce yeni bir form nasıl eklenir ona bakalım. Yukarıdaki menülerde bulunan **Project** kısmından **add Windows Form** seçeneğine tıklıyoruz.

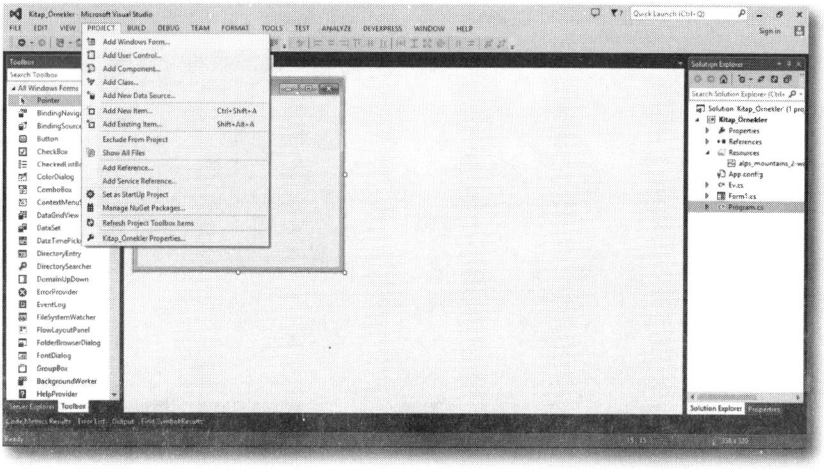

Karşımıza çıkan pencere **yeni öğe ekleme** penceresidir. Buradan yeni form, bağlantı sihirbazı, sınıf gibi yeni alanlar ekleyebiliriz. Daha sonra Windows form seçeneğinin seçili olduğunu kontrol edip **add** butonuna tıklıyoruz böylece ekleme işlemi gerçekleşiyor.

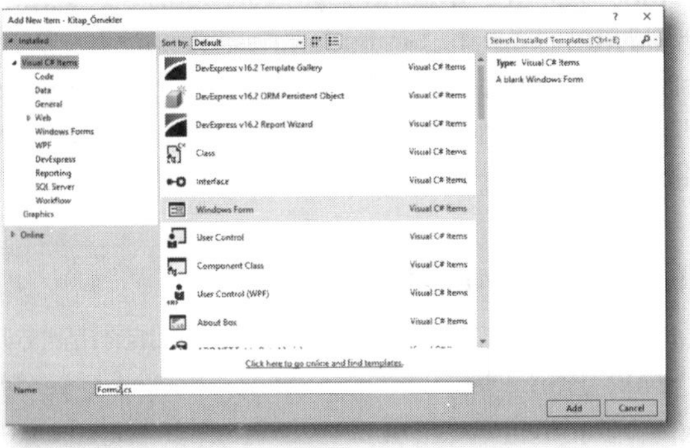

Uygulama 4

Button aracına tıklandığı zaman 2. formu açan uygulamamızı yapalım.

```
private void button1_Click(object sender, EventArgs e)
      {
          Form2 frm = new Form2();
          frm.Show();
      }
```

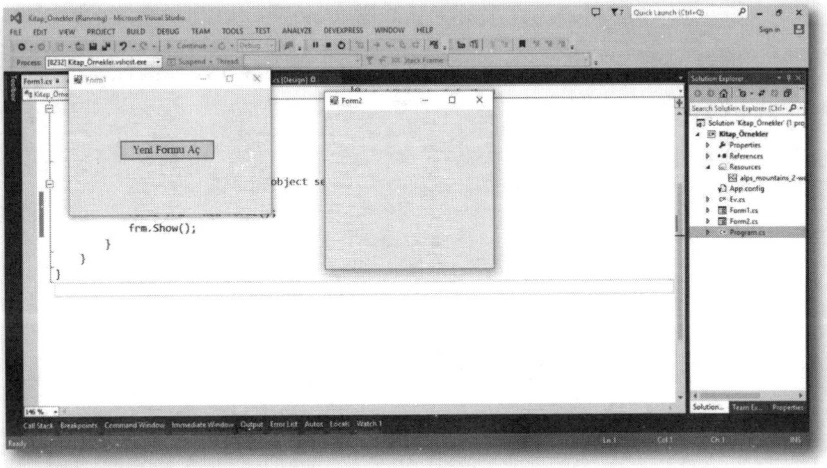

İlk formumuzda bulunan **Button** aracımıza tıkladığımız zaman ikinci formu açmasını istedik. Bunun için `Form2` sınıfından `frm` isminde bir nesne türettik. Nesne ismi kişiden kişiye değişebilir. Bundan dolayı siz `frm` yerine farklı isimler de verebilirsiniz. Daha sonra `frm` nesnemizi `Show` metodu yardımıyla `form2`'yi açması için kullandık. `Show` gösteri kelimesi kökünden gelen İngilizce bir kelimedir. Programlamada ise **aç, göster** anlamı taşımaktadır. Daha önce hatırlarsanız `messagebox.show` komutu ile pek çok kez `Show` metodunu kullanmıştık. Böylece yeni formumuzu açmış olduk.

Uygulama 5

Form1'de klavyeden girilen kullanıcı adı: "admin" ve şifre "1234" ise 2. formu açan programı yazalım.

```
private void button1_Click(object sender, EventArgs e)
        {
            if (textBox1.Text == "admin" && textBox2.Text == "1234")
            {
                Form2 frm = new Form2();
                frm.Show();
            }
            else
            {
                MessageBox.Show("Hatalı Giriş Yaptınız..");
            }
        }
```

Yukarıdaki resimde görüldüğü gibi tasarımı biraz daha **login panel** yani giriş paneli formatında oluşturmaya çalıştık. Butonumuza tıkladığımız zaman eğer 1. TextBox aracına girmiş olduğumuz değer `admin` ise; daha sonra ve operatörü olan && sembolünü ekleyip 2. TextBox aracımıza girmiş olduğumuz değerin 1234 olup olmadığının kontrolünü sağladık. Eğer bu şartlar sağlanıyorsa ikinci formu açması için gerekli olan sınıf ve nesne değerlerimizi yazdık. `Else` yani yukarıdaki şart sağlanmıyorsa o halde mesaj kutusunda **hatalı giriş yaptınız** şeklinde bir uyarı alarak programımızı tamamladık.

NOT Textbox2 aracımızın özellikler penceresinde bulunan **use system password char** niteliğini true yaparak bu aracımıza girilen değerleri şifreli formatta ekrana yansıtmış olduk.

MATEMATİK FONKSİYONLARI

Kitabımızın ekstra başlıklar alanında olmasını istediğim bir diğer konu bazı hazır fonksiyonlardı. Bunlara matematik ile başlayıp string fonksiyonları ile devam edelim. Matematik fonksiyonları üs alma, kök alma, derece bulma, maksimum değeri bulma, minimum değeri bulma gibi bir takım hazır aritmetik yapıları içeren kümeler topluluğudur. Bu fonksiyonlar ağırlıklı olarak "double" yani ondalıklı türden seçilirler. Int olarak da karşımıza çıkabilen aritmetik fonksiyonlar mevcuttur. Matematik fonksiyonları yapacağınız işlemlerin daha pratik çözüme kavuşması adına çokça kullanılacak bir konu başlığıdır.

Örneğin; 49 küsurat ortalamalı öğrencileri sistem otomatik olarak 50 ortalamaya tamamlasın istiyoruz o zaman üst basamağa yuvarlama fonksiyonu olan Ceiling komutu ile işlemimizi gerçekleştirebiliriz. Öyleyse şimdi bu fonksiyonların bir kısmını adım adım inceleyelim.

Matematik fonksiyonlar şu şekilde kullanılır;

`Math.Fonksiyonadı(Değer)` Fonksiyon adı aşağıda ve akabindeki sayfalarda göreceğiniz "üs alma, alt yuvarlama, üste yuvarlama, mutlak değer alma" gibi başlıklardır. Değer ise klavyeden veya elle kod kısmına gireceğimiz sayısal ifadedir.

a) Abs Fonksiyonu

Girilen sayının mutlak değerini almak için kullanılan fonksiyondur.

Uygulama 6

Klavyeden girilen sayının mutlak değerini hesaplayalım.

```
private void button1_Click(object sender, EventArgs e)
        {
            double sayi,sonuc;
            sayi = Convert.ToDouble(textBox1.Text);
            sonuc = (Math.Abs(sayi));
            textBox2.Text = sonuc.ToString();
        }
```

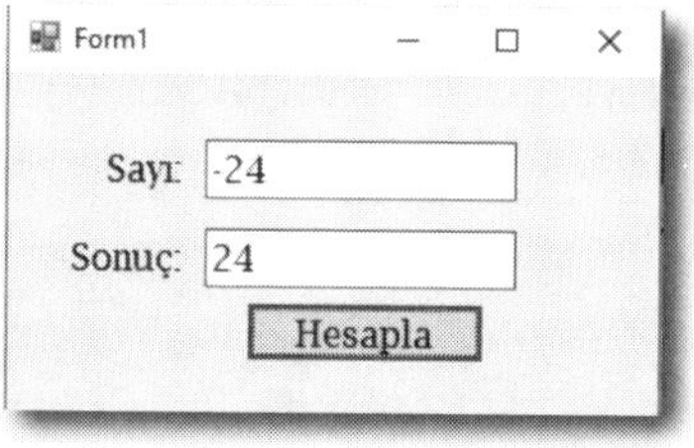

b) Ceiling Fonksiyonu

Girilen sayıyı üst tabana yuvarlamak için kullanılan fonksiyondur.

Uygulama 7

Klavyeden girilen sayıyı üst tabana yuvarlayan uygulamayı yazalım.

```
private void button1_Click(object sender, EventArgs e)
        {
            double sayi,sonuc;
            sayi = Convert.ToDouble(textBox1.Text);
            sonuc = (Math.Ceiling(sayi));
            textBox2.Text = sonuc.ToString();
        }
```

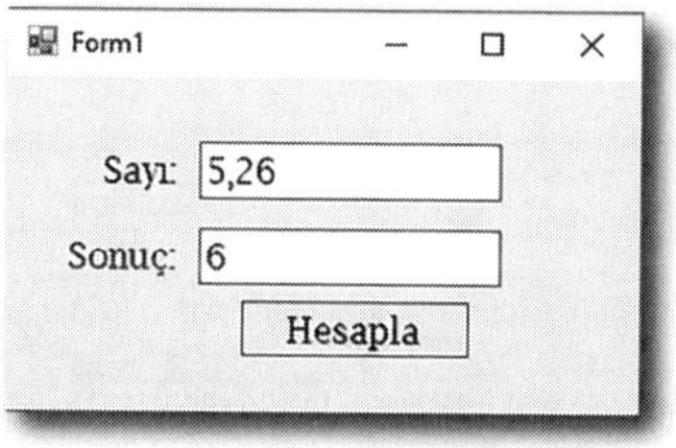

c) Floor Fonksiyonu

Girilen sayıyı alt tabana yuvarlamak için kullanılan fonksiyondur.

Uygulama 8

Klavyeden girilen sayıyı üst tabana yuvarlayan uygulamayı yazalım.

```
private void button1_Click(object sender, EventArgs e)
        {
            double sayi,sonuc;
            sayi = Convert.ToDouble(textBox1.Text);
```

```
            sonuc = (Math.Floor(sayi));
            textBox2.Text = sonuc.ToString();
        }
```

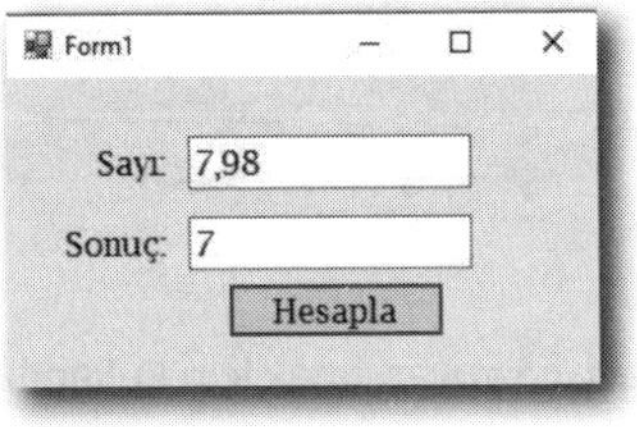

d) Sqrt Fonksiyonu

Girilen sayının karekökünü almak için kullanılan fonksiyondur.

Uygulama 9

Klavyeden girilen sayının karekökünü hesaplayan kodu yazalım.

```
private void button1_Click(object sender, EventArgs e)
        {
            double sayi,sonuc;
            sayi = Convert.ToDouble(textBox1.Text);
            sonuc = (Math.Sqrt(sayi));
            textBox2.Text = sonuc.ToString();
        }
```

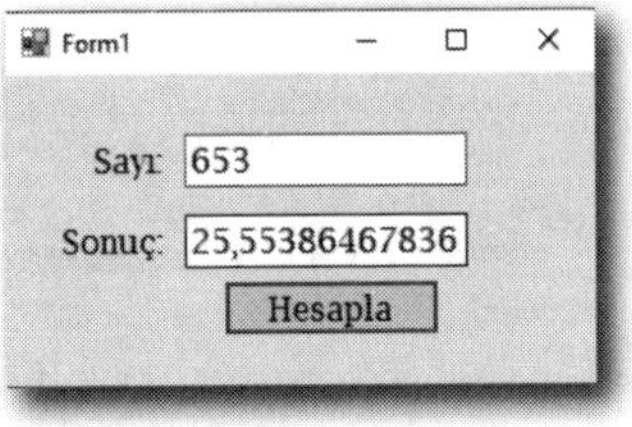

e) Pow Fonksiyonu

Girilen sayıyı sayının istenilen kuvvetini almak için kullanılan fonksiyondur. `Pow` yazıldıktan sonra parantez içerisine önce taban sonrada üs değeri yazılır.

Uygulama 10

Klavyeden girilen sayının 4.kuvvetini alan kodu yazalım.

```
private void button1_Click(object sender, EventArgs e)
        {
            double sayi, sonuc;
            sayi = Convert.ToDouble(textBox1.Text);
            sonuc = (Math.Pow(sayi, 4));
            textBox2.Text = sonuc.ToString();
        }
```

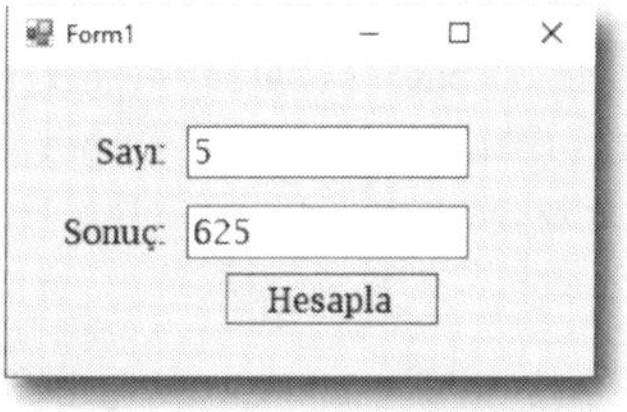

f) Cos-Sin Fonksiyonu

Girilen sayının kosinüs ve sinüs karşılıklarını veren fonksiyonlardır.

Uygulama 11

Klavyeden girilen Sinüs derecesinin karşılığını veren programı yazalım.

```
private void button1_Click(object sender, EventArgs e)
        {
            double sayi, sonuc;
            sayi = Convert.ToDouble(textBox1.Text);
            sonuc = (Math.Sin(65));
            textBox2.Text = sonuc.ToString();
        }
```

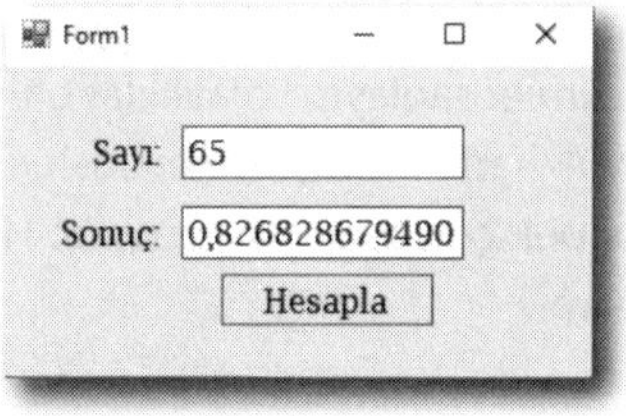

g) Pi Fonksiyonu

Pi sayısını veren fonksiyondur, yapılacak işlemlere göre virgülden sonraki basamak sayısı programcı tarafından belirlenebilir.

Uygulama 12

Klavyeden girilen yarıçap(r) değerine göre çember alanı hesaplayan kodu yazalım. Alan formülü; Pi * r* r

```
private void button1_Click(object sender, EventArgs e)
      {
          double yaricap, alan;
          yaricap = Convert.ToDouble(textBox1.Text);
          alan = Math.PI * yaricap * yaricap;
          textBox2.Text = alan.ToString();
      }
```

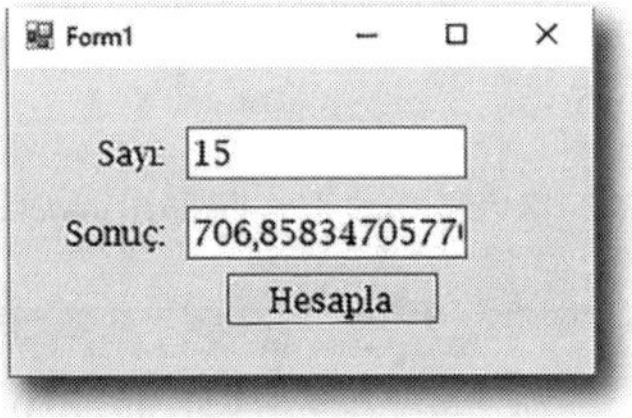

Başlıca kullanacağımız fonksiyonlar bunlar oldu. Sizler bu bölümde yer vermediğimiz diğer fonksiyonları inceleyebilir, detaylı kullanım şeklini pratik yaparak görebilirsiniz. Diğer fonksiyonlara ulaşmak için math. ifadesini yazıp tüm matematik fonksiyonlarına ulaşabilirsiniz.

STRING (METİN) FONKSİYONLARI

Matematik fonksiyonları olduğu gibi alfabetik yani metinsel ifadelerin de bir takım hazır fonksiyonları mevcuttur. Bu metinsel ifadeler programcının istediği formatta veri girişi yapılmasını sağlar, hatalı kullanımları önler, veritabanı kayıtlarında pratik çözümler sağlayıp kolaylıklar oluşturur. Girilen metni küçük harfe dönüştürme, büyük harfe dönüştürme, boşluklarını kaldırma, metin uzunluğunu bulma vs gibi pek çok başlık mevcuttur. Hadi öyleyse bunların bir kısmını beraber inceleyelim.

CONCAT FONKSİYONU

String ifadeleri birleştirmek için kullanılan fonksiyondur. Parantez içerisinde birleştirilmek istenen ifadeler yazılır, ifadeler arasına virgül konularak birbirinden ayrılır.

Uygulama 13

Klavyeden girilen iki metni birleştirelim.

```
private void button1_Click(object sender, EventArgs e)
        {
            string metin1 = textBox1.Text;
            string metin2 = textBox2.Text;
            string cikti;
            cikti = string.Concat(metin1, metin2);
            textBox3.Text = cikti;
        }
```

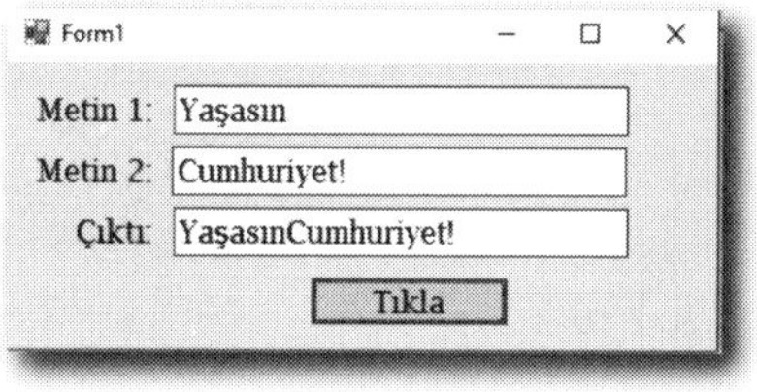

LENGTH FONKSİYONU

String ifadelerin uzunluğunun kontrol etmek için kullanılır. Örneğin bir siteye kullanıcı kaydı sistemi oluşturacaksınız. Kullanıcı adının en fazla 10 karakter olması gerekiyor. Kişi kullanıcı adını yazıp kaydet seçeneğine tıkladığı zaman length komutu ile 10 karakterden büyük ya da küçük olup olmadığı sorgulanabilir. Length ifadesi aritmetik bir değer döndürdüğünden yazdırma işlemi yapılırken sonuna `ToString` eklenmelidir.

Uygulama 14

Klavyeden girilen metnin uzunluğunu hesaplayalım.

```
    private void button1_Click(object sender, EventArgs e)
        {
            string metin1 = textBox1.Text;
            textBox2.Text = metin1.Length.ToString();
        }
```

INDEXOF FONKSİYONU

String ifadeler içinde herhangi bir değerin ilgili cümle ya da metin içinde olup olmadığını kontrol edip eğer varsa kaçıncı karakterden itibaren bu ifadenin başladığını veren komuttur. Eğer ki aradığımız değer yoksa bize -1 sonucunu döndürecektir.

Uygulama 15

Klavyeden girilen metnin içerisinde "aydın" kelimesinin geçip geçmediğini sorgulayalım.

```
private void button1_Click(object sender, EventArgs e)
      {
          string metin1 = richTextBox1.Text;
          textBox1.Text = metin1.IndexOf("aydın").ToString();
      }
```

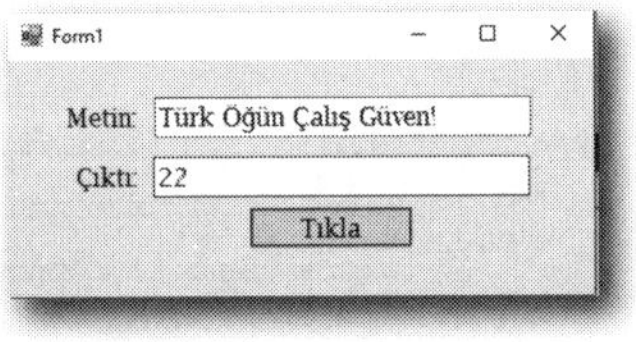

STARWITH FONKSİYONU

Klavyeden ya da kod bloğundan girilen cümlenin ilk kelimesi ya da harflerinin bizim istediğimiz değerden başlayıp başlamadığını kontrol eder. Eğer başlıyorsa true aksi durumda false sonucunu ekrana yazar.

Uygulama 16

Klavyeden girilen metnin "Merhaba" ile başlayıp başlamadığının kontrolünü yapalım.

```
private void button1_Click(object sender, EventArgs e)
      {
          string metin1 = richTextBox1.Text;
          textBox1.Text = metin1.trim("Merhaba").ToString();
      }
```

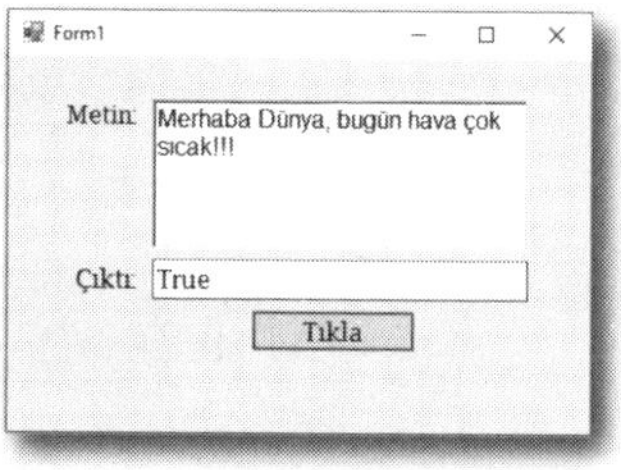

TRIM FONKSİYONU

Girilen metnin başındaki ve sonundaki boşlukları siler.

Uygulama 17

Klavyeden girilen metnin başındaki ve sonundaki boşlukları silen kodu yazalım.

```
private void button1_Click(object sender, EventArgs e)
        {
            string metin1 = richTextBox1.Text;
            textBox1.Text = metin1.Trim();
        }
```

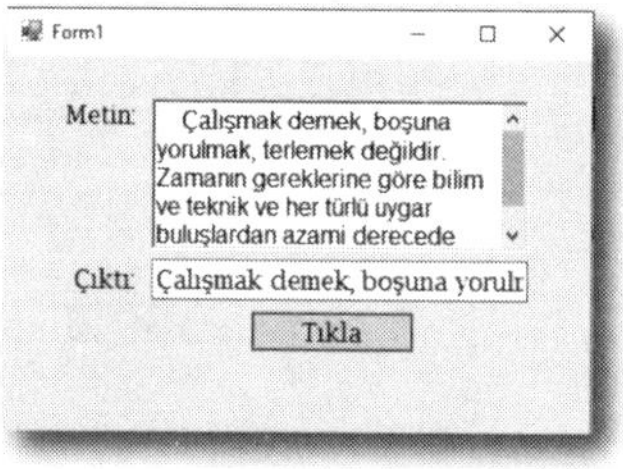

TOUPPER FONKSİYONU

Girilen metnin tüm karakterlerini büyük harfe çevirir.

Uygulama 18

Klavyeden girilen metnin harflerini büyük harfe çeviren kodu yazalım.

```
private void button1_Click(object sender, EventArgs e)
        {
            string metin1 = richTextBox1.Text;
            textBox1.Text = metin1.ToUpper();
        }
```

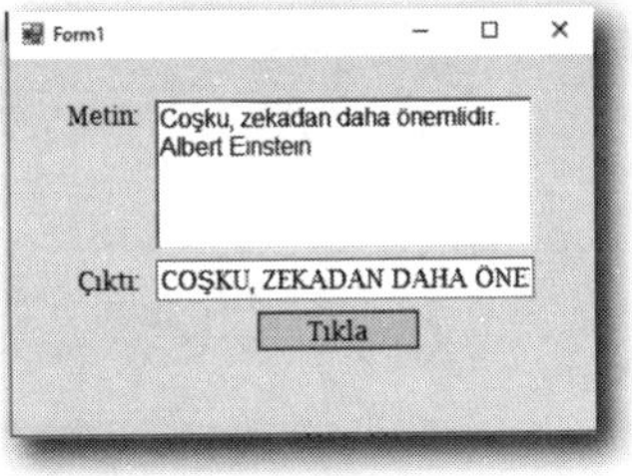

ToLower Fonksiyonu

Girilen metnin tüm karakterlerini küçük harfe çevirir.

Uygulama 19

Klavyeden girilen metnin harflerini küçük harfe çeviren kodu yazalım.

```
private void button1_Click(object sender, EventArgs e)
        {
            string metin1 = richTextBox1.Text;
            textBox1.Text = metin1.ToLower();
        }
```

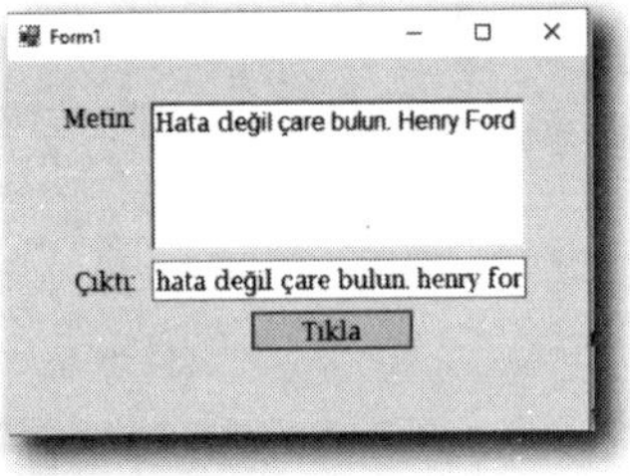

Remove Fonksiyonu

İstenilen karakterden itibaren metni siler

Uygulama 20

Klavyeden girilen metni 7.karakterden itibaren silen kodu yazalım.

```
private void button1_Click(object sender, EventArgs e)
        {
            string metin1 = richTextBox1.Text;
            textBox1.Text = metin1.Remove(7);
        }
```

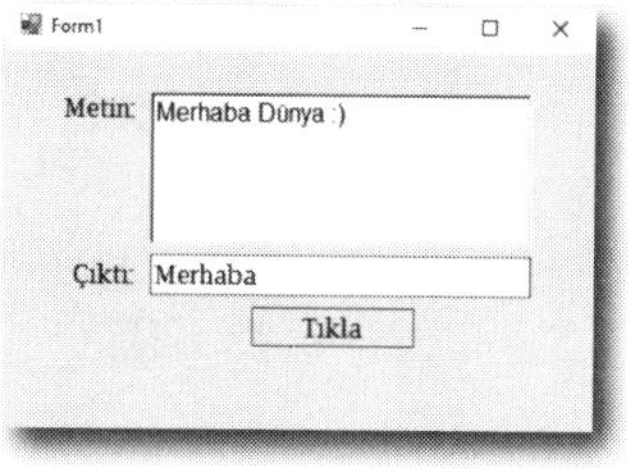

REPLACE FONKSİYONU

Karakterleri değiştirmek için kullanılır, örneğin a harfi gördüğü her yeri A ile değiştirsin gibi.

Uygulama 21

Klavyeden girilen metindeki ? işareti sembolünü # sembolü ile değiştirelim.

```
private void button1_Click(object sender, EventArgs e)
        {
            string metin1 = richTextBox1.Text;
        textBox1.Text = metin1.Replace("?","#");
 }
```

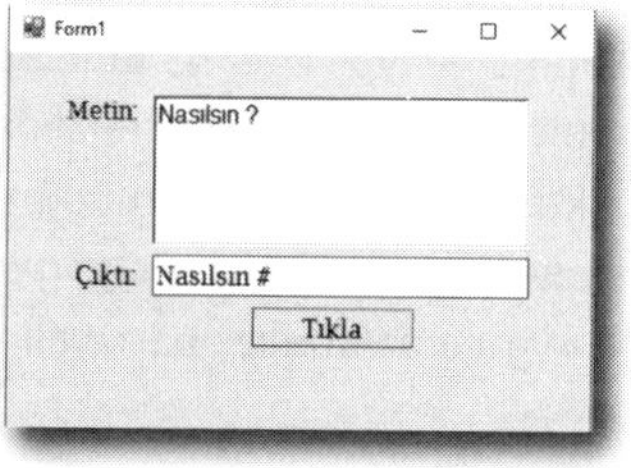

SUBSTRING FONKSİYONU

İstenilen karakterden itibaren işlem yapmak için kullanılır. Aşağıdaki örneğimizde 4. karakterden itibaren yazdırma işlemi gerçekleştireceğiz.

Uygulama 22

Girdiğimiz metni 4.karakterden itibaren yazdıran kodu yazalım.

```
private void button1_Click(object sender, EventArgs e)
        {
            string metin1 = richTextBox1.Text;
        textBox1.Text = metin1.Substring(4);
 }
```

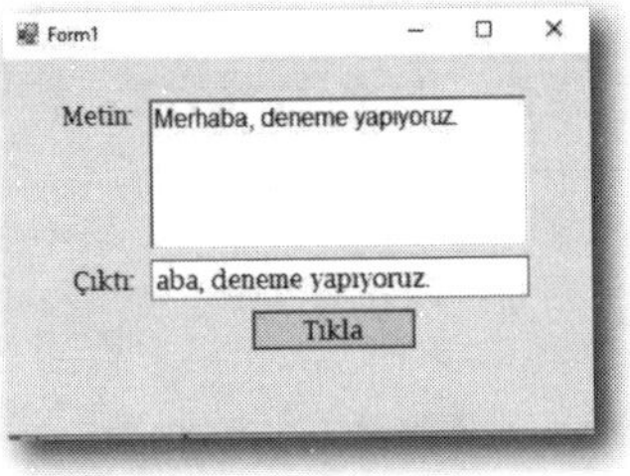

Temel başlıkta kullandığımız fonksiyonlar bunlar oldu. Sizler matematik fonksiyonlarında olduğu gibi biraz araştırma yaparak string ifadelere ait tüm fonksiyonlara ulaşabilir ve bunları kullanabilirsiniz. Veritabanı işlemlerine geçiş yaptığımız zaman hem string hem de matematik fonksiyonlarının pek çoğuna ihtiyacımız olacak.

DİNAMİK ARAÇLAR

C# programlama dilinin önemli başlıklarından birisi olan dinamik araçlar yapısı form ara yüzünde çok fazla aynı fonksiyonda araç bulunması durumunda kullanılmaktadır. Forma her araç eklediğimiz zaman arka planda ortalama 10 satırlık bir otomatik kod oluşuyor. Diyelim ki bir otobüs rezervasyon sistemi yazıyoruz. Otobüste yaklaşık 45 tane koltuk bulunmaktadır. 45 Tane koltuk demek 45 tane Button anlamına geliyor. Eğer 45 tane Button eklersek 45*10=450 satır kod daha program hiç çalışmadan belleğe alınacak ve bu da programın kasmasına sebep olacaktır. Bundan dolayı en doğrusu dinamik yani kodlarla araç oluşturmaktır. Kodlarla araç oluşturma işlemi genellikle döngülere bağlı olarak gerçekleşir. Öyleyse uygulamalarımıza başlayalım.

Uygulama 23

Form yüklendiği zaman formda bir tane dinamik Button oluşturan kodu yazalım.

```
private void Form1_Load(object sender, EventArgs e)
        {
            Button btn = new Button();
            btn.Name = "Button1";
            btn.Text = "Tıklayın";
            btn.Location = new Point(50, 120);
            btn.Height = 50;
            btn.Width = 100;
            this.Controls.Add(btn);
        }
```

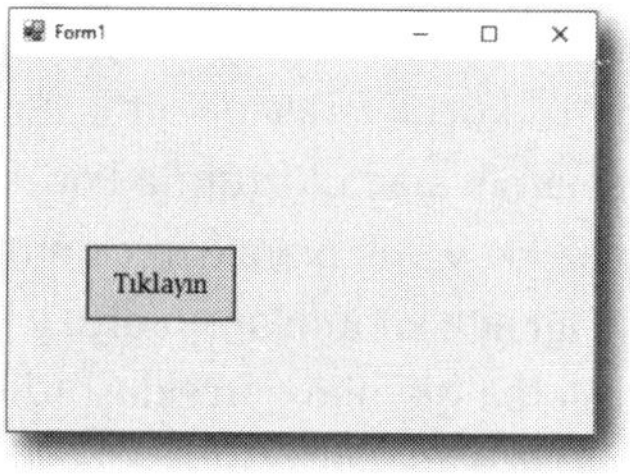

Formumuza çift tıklayıp kodlarımızı yazarak uygulamamıza başladık. Amacımız dinamik bir Button aracı oluşturmak olduğundan Button sınıfı içerisinden btn isminde bir nesne türettik. Bu nesne yardımıyla oluşturacağımız Butonumuzun `Name`, `Text`, `Location` gibi özelliklerine erişim sağladık. `Name` özelliği programın arka planında çalışan ismidir. Tıpkı Form ara yüzünde bulunan özellikler penceresindeki gibi. `Text` ise form yüklenince karşımıza çıkacak olan **Button** ismidir. Location konumlandırma işlemi için kullanılan yapıdır. `New Point` kavramı ise konumlandırma işlemlerinden kullanılan bir komut bloğudur. Konumlandırma işlemlerini `Chart` aracı kullanımında detaylı olarak anlatmıştık. `Height` ve `Width` özellikleri aracımızın yükseklik ve genişliğini ifade eder. Son satırda yazmış olduğumuz `this.controls` komutu da bu formun içerisine ilgili nesnemizi eklemek için yazdığımız kod bloğudur.

Uygulama 24

Form yüklendiği zaman alt alta 10 tane Label oluşturalım.

```
private void Form1_Load(object sender, EventArgs e)
      {
          for (int i = 1; i <= 10; i++)
          {
              Label lbl = new Label();
              lbl.Name = "Label" + i;
              lbl.Text = "Label" + i;
              lbl.Location = new Point(20, i*30);
              this.Controls.Add(lbl);
          }
      }
```

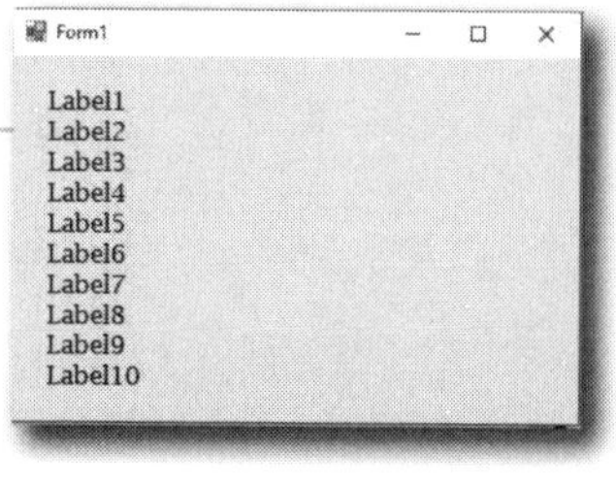

Button aracımızı oluşturduğumuz gibi aynı formatta Label aracımızı da oluşturduk. Sadece bir iki küçük farklılığa gittik. Bunlardan ilki 10 tane oluşturmak istediğimiz için dinamik araç oluşturma kod bloğumuzu 1'den 10'a giden bir döngü içerisine yazdık. Ve ek olarak araçlarımızı konumlandırırken hepsi aynı konumda olmasın alt alta konumlansın diye y koordinatı değerimizi i değeri ile çarptırarak konumlama işlemini gerçekleştirdik. Burada 30 değeri yerine daha büyük bir değer girilirse aradaki boşluk artacaktır.

POINT YAPISI

Chart aracında kısmen gördüğümüz point yapısına şimdi biraz daha detaylı bir şekilde değinelim. Point yapısı özellikle konumlandırmanın gerektiği, lokasyonların önemli rol oynadığı başlıklarda çokça tercih edilmektedir. Araçların x ve y gibi koordinat düzleminde alacakları değerler point yapısı ile belirlenebilir. İki boyutlu nesne hareketlerinden oyunlara kadar pek çok farklı başlıkta da yine point yapısına ihtiyaç duyulmaktadır. 2 Temel parametresi olan point yapısında birinci parametre düzlem üzerindeki x koordinatını, ikinci parametre ise y koordinatını temsil eder. O halde örnek bir uygulama üzerinde konuyu pekiştirelim.

Uygulama 25

Button'a tıklandığı zaman form üzerinde bulunan bir PictureBox aracını 100;75 koordinatına gönderen kodu yazalım.

```
private void button1_Click(object sender, EventArgs e)
        {
            pictureBox1.Location = new Point(100, 75);
        }
```

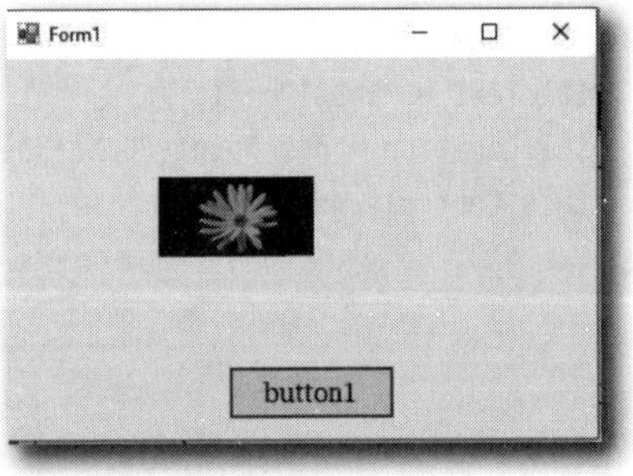

Dinamik araçlarımızı oluşturduktan sonra konumlarını ayarladığımız gibi burada da aynı yapıyı kullanarak PictureBox aracımızı istediğimiz koordinata gönderdik. Location aracımızın konumu belirtiyor. New point diyerek resim kutusu aracımıza yapıcı bir değeri referans verip x ve y koordinat değerlerini girerek uygulamamızı tamamladık.

Uygulama 26

Button'a tıkladığımız zaman resim kutumuzu otomatik olarak 10'ar piksel aşağı kaydıran kodu yazalım.

```
int sayac = 0;
        private void button1_Click(object sender, EventArgs e)
        {
            timer1.Start();
        }

        private void timer1_Tick(object sender, EventArgs e)
        {
            sayac += 10;
            pictureBox1.Location = new Point(100, sayac);
        }
```

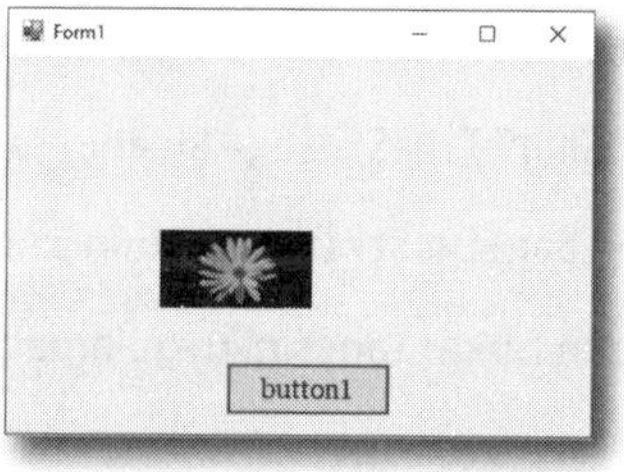

Global alanda sayaç isminde ilk değeri 0 olan bir değişken tanımladık. Bu değişkenin değeri timer çalıştığı zaman 10'ar 10'ar artacaktır. Timer Tick bloğu içerisinde sayacımızı arttırıp resim kutumuzun y koordinatına sayaç değişkenimizin değerini vererek kod bloğumuzu tamamladık.

TARİH ZAMAN FONKSİYONLARI

String ve int fonksiyonlarda olduğu gibi tarih zaman değerleri içinde bir takım hazır fonksiyonlar bulunur. Bu fonksiyonlar sayesinde pek çok işlem hızlıca yapılabilir. Örneğin; 10 bin kişilik bir öğrenci veritabanımız var. Bu veritabanında doğum tarihi ocak ayında olan öğrencileri kısacık bir kod bloğuyla listeleyebiliriz. Başka bir örnek verelim, mesela yaptığınız satışları tutan bir veritabanı programınız var. Son 15 günde ne kadar kar elde ettiğinizi görmek istiyorsunuz o zaman yine basit bir tarih zaman fonksiyonu kullanarak son 15 günü listeleyebilirsiniz. Bazı tarih zaman fonksiyonlarımızı inceleyelim.

`DateTime.Now.Day` - Bugünün gün bilgisini verir.

`DateTime.Now.Month` - Bugünün ay bilgisini verir.

`DateTime.Now.Year` - Bugünün yıl bilgisini verir..

`DateTime.Now.Hour` - Şu anın saat bilgisini verir.

`DateTime.Now.Minute` - Şu anın dakika bilgisini verir.

`DateTime.Now.Second` - Şu anın saniye bilgisini verir.

`DateTime.Now.Milisecond` - Şu anın salise bilgisini verir.

`Datetime.Now.ToShortDateString` - Bugünün tarih bilgisini kısa formatta verir.

`Datetime.Now.ToLongDateString` - Bugünün tarih bilgisini uzun formatta verir.

`Datetime.Now.ToShortTimeString` - Şu anın saat bilgisini kısa formatta verir.

`Datetime.Now.ToLongTimeString` - Şu anın saat bilgisini kısa formatta verir.

Bu başlıklarımızdan birkaç tanesini uygulamalar üzerinde görelim.

Uygulama 27

Form yüklendiği zaman Label araçlarımıza uzun tarih ve uzun saat bilgisini yazdıralım.

```
private void Form1_Load(object sender, EventArgs e)
      {
          label1.Text = DateTime.Now.ToLongDateString();
          label2.Text = DateTime.Now.ToLongTimeString();
      }
```

Formumuza iki tane Label aracı ekleyip bu Label araçlarına sırasıyla önce uzun tarihi sonra uzun saat formatında `Datetime` fonksiyonlarımızı yazdırdık. İfadelerimiz birer metot olduğundan sonlarında parantez açılıp kapandı.

Uygulama 28

İki tarih arasındaki farkı hesaplayan komutları yazalım.

```
private void button1_Click(object sender, EventArgs e)
    {
        TimeSpan zaman;
        int gunfarki;
        zaman = dateTimePicker2.Value - dateTimePicker1.Value;
        gunfarki = zaman.Days;
        label1.Text = gunfarki.ToString();
    }
```

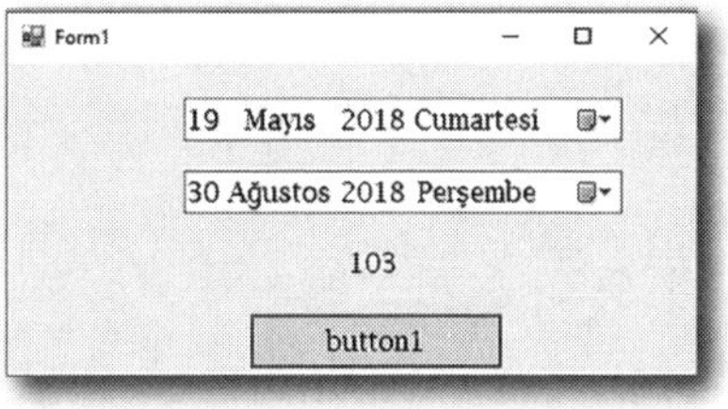

`timespan` komutu iki tarih arasında istenilen formatta farkı bulmak için kullanılır. Zaman sitinde `timespan` türünde bir değişken oluşturduk. Daha sonra gün farkını hesaplamak istediğimiz için ve gün farkı da aritmetik tam sayı türünden değer alacağı için `int` türünde gunfarkı isminde bir değişken tanımladık. Zaman değerinin hesabını `DateTimePicker` araçlarımızın değerlerini birbirinden çıkararak hesaplattık. `DateTimePicker` aracımıza ilk bölümümüz olan temel araç kullanımlarında değinmiştik. Özellikle veritabanı alt yapısı ile çalışan işlemlerde iki tarih arası kayıtları listelemek için çok sık kullanılır. İki tarih arasındaki farkı hesaplamak için `DateTimePicker` değerlerini birbirinden çıkardır. Gün farkı değişkenimize oluşan zaman değerinin `days` yani günler metodunu kullanarak aradaki gün farkını hesaplattık. Dilerseniz bunu saat, saniye hatta salise olarak hesaplatabilirsiniz. Son olarak Label aracımıza gün farkından gelen değeri yazdırıp uygulamamızı sonlandırdık.

Böylece temel tarih zaman fonksiyonlarını da kullanmış olduk. Daha detaylı bilgi için tarih zaman fonksiyonlarının metotlarını sizler kod ekranın deneyerek pratik uygulamalarla öğrenebilirsiniz.

NELER ÖĞRENDİK?

İlerleyen zamanlarda yapacağınız projelerde bolca karşılaşacağınız bazı temel başlıkları sizlerle paylaştık. Özellikle sınıf ve nesne kavramını pekiştirme adına ciddi konu başlıkları olan formlar arası geçiş işlemini, point yapısını, rastgele sınıfını ve dinamik araçları, bunların nasıl oluşturulacağız ve nasıl kullanılacağı, Random sınıfı ile rastgele karakter üretmeyi, formlar arası geçiş işlemleri ile yeni form türetme konularını, string ve int değişkenlere ait fonksiyonları ve bu fonksiyonların nasıl kullanıldığını, dinamik araçlara neden gereksinim duyduğumuzu, dinamik araçların nasıl üretildiği, birden fazla dinamik aracın nasıl oluşturulduğunu, konum ve lokasyon işlemlerinde çok ciddi bir yeri olan point yapısını, tarih zaman fonksiyonlarını ve tarih zaman fonskyionlarına neden ihtiyacımız olduğunuz, timespan komutunu, DateTimePicker kullanımını, iki tarih arası farkı istenilen türde hesaplamayı öğrenmiş olduk.

12

DOSYA GİRİŞ/ÇIKIŞ İŞLEMLERİ

BU BÖLÜMDE

Bu bölümde giriş çıkış işlemlerini, dosya oluşturup bunlara erişim sağlamayı, form üzerinden metin dosyalarına müdahale etmeyi, FolderBrowserDialog, SaveFileDialog ve OpenFileDialog araçlarını, System IO kütüphanesinin kullanmayı öğreneceğiz.

GİRİŞ ÇIKIŞ İŞLEMLERİ NEDİR?

Dosya klasör işlemleri ya da daha genel adıyla giriş çıkış işlemleri sadece C# dilinde değil pek çok dilde oldukça önemli bir durum arz eder. Yaptığımız işlemleri metin dosyalarına kaydedebilir, metin dosyası ya da klasör oluşturabilir, var olan metin dosyalarını açıp metin dosyası içindeki verileri TextBox, RichTextBox gibi araçlarda listeleyebiliriz.

Dosya giriş çıkış işlemleri için ihtiyacımız olan kütüphane **system.IO** olacaktır. Bu kütüphane giriş çıkış işlemleri ile ilgili komutları bünyesinde barındırır. Örneklerimiz için araç bazlı ilerleyeceğiz. Böylece bu bölümde de pek çok yeni araç kullanımını öğreneceğiz. Öyleyse giriş çıkış işlemlerini gerçekleştireceğimiz araç kullanımlarıyla beraber uygulamalarımızı yazmaya başlayalım.

FOLDER BROWSER DIALOG

Klasör tarayıcı iletişim kutusu anlamına gelen aracımız bilgisayarda lokasyon yani konum belirleme işlemleri için kullanılır. Klasör alt yapısında çalıştığından dosya işlemleri ile ilgilenmez. İnternetten bir dosya indirirken bize nereye indireceğimizi soran diyalog penceresidir. Formumuza bir tane FolderBrowserDialog ekleyip çalışma prensibine bakalım.

Uygulama 1

Buttona tıkladığımız zaman FolderBrowserDialog aracı ile iletişim kutusunu açan kod bloğunu yazalım.

```
private void button1_Click(object sender, EventArgs e)
      {
          folderBrowserDialog1.ShowDialog();
      }
```

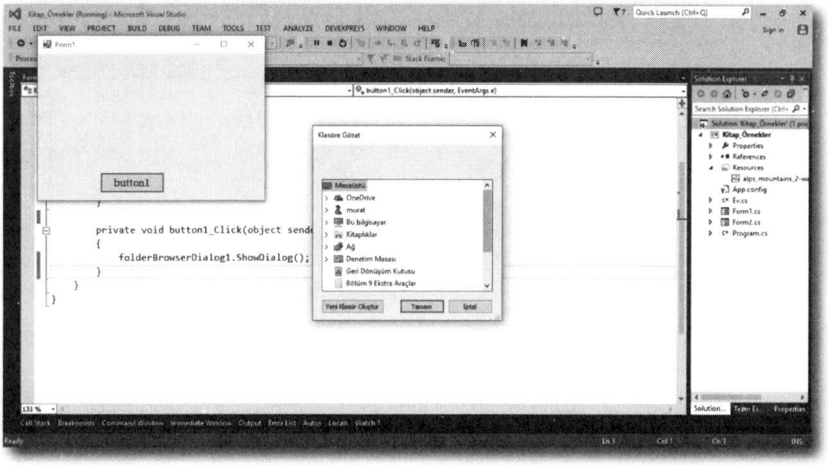

Button aracımıza tıkladığımız zaman `FolderBrowserDialog` aracımızın `ShowDialog` metodunu kullanarak iletişim kutusu açtık. Açılan iletişim kutusunda bize herhangi bir dosyayı göstermiyor. Sadece bilgisayarımızda bulunan klasörleri, sürücüleri ve konumları gösteriyor. Yani bir dosya kaydı yapılacakken o dosyanın nereye kaydedileceği bilgisi `FolderBrowserDialog` aracı ile sağlanabilir.

Uygulama 2

FolderBrowserDialog aracından seçilen dosya yolunu Label aracına yazdıran programı yazalım.

```
private void button1_Click(object sender, EventArgs e)
        {
            folderBrowserDialog1.ShowDialog();
            label1.Text = folderBrowserDialog1.SelectedPath;
        }
```

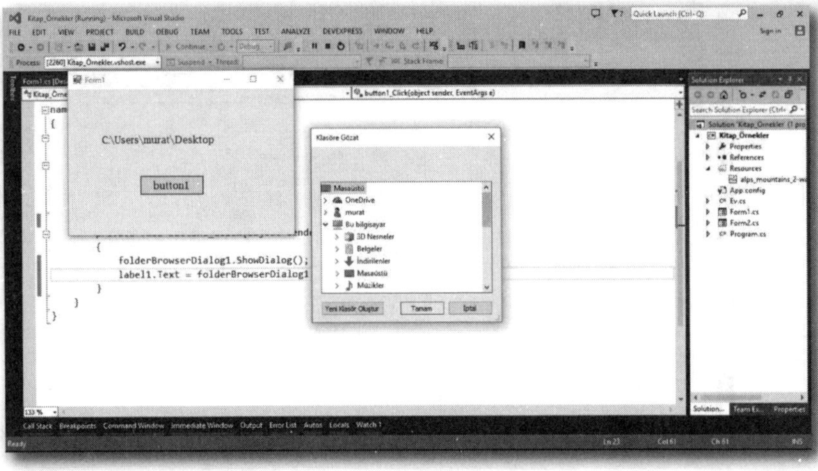

1. uygulamımıza göre yalnızca bir satır fark olan örneğimizde Label aracımıza `FolderBrowserDialog` aracının `SelectedPath` yani seçilen yolunu metin olarak yazdırdık. İlerleyen örneklerimizde `SelectedPath` özelliği dosyalarımızı kaydetmek istediğimiz konumlar için kullanacağız.

OPEN FILE DIALOG

Dosya diyalog/iletişim kutusu aç anlamına gelen, `FolderBrowserDialog` aracından farklı olarak sadece klasörleri değil, klasör dizinleri içerisinde bulunan dosyaları da gösteren, listeleyen araçtır. Örneğin; form içerisine bir resim dosyası, müzik dosyası ve ya başka herhangi bir dosyanın **göz at** seçeneği ile eklenmesi istenmektedir. İşte böyle bir durumda `OpenFileDialog` aracı devreye girecektir. Tıpkı `FolderBrowserDialog` aracında olduğu gibi karşımıza bir diyalog/iletişim penceresi açarak istediğimiz dosyayı seçip işlemimizi yapabileceğiz. Öyleyse kullanım şeklini inceleyelim.

Uygulama 3

Buttona tıkladığımız zaman OpenFileDialog aracı ile iletişim kutusunu açan kod bloğunu yazalım.

```
private void button1_Click(object sender, EventArgs e)
        {
            openFileDialog1.ShowDialog();
        }
```

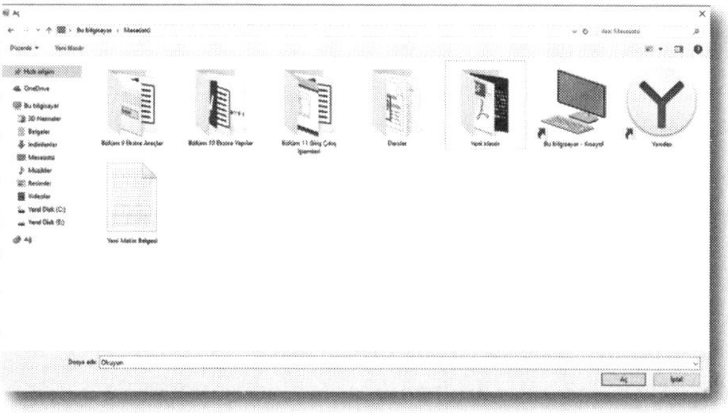

FolderBrowserDialog aracımızda olduğu gibi Butonumuza tıklayıp ilgili diyalog penceresini açtık. Ancak bu kez bize sadece klasörleri ve konumlar değil, dizinler içerisinde bulunan dosyaları da gösterdi. Böylece FolderBrowserDialog aracı ile OpenFileDialog aracı arasındaki fark daha net bir şekilde anlaşılmıştır. Şimdi örneklerimize devam edelim.

Uygulama 4

OpenFileDialog penceresinden seçilen herhangi bir dosyanın yolunu Label'e yazdıran programı kodlayalım.

```
private void button1_Click(object sender, EventArgs e)
        {
            openFileDialog1.ShowDialog();
            label1.Text = openFileDialog1.FileName;
        }
```

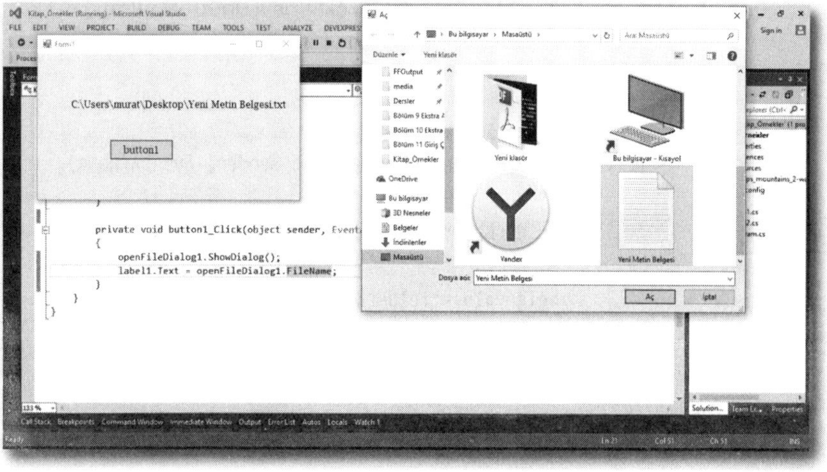

SAVE FILE DIALOG

Dosya diyalog/iletişim kutusu kaydet anlamına gelen, OpenFileDialog aracı ile ciddi anlamda benzerlik gösteren bir giriş çıkış sistemi aracıdır. OpenFileDialog aracında yalnızca dosya adı bulunurken SaveFileDialog aracında hem dosya adı hem de o dosyanın türü bulunur. Form üzerinde işlem yapılan dosyanın kaydedilmesi için SaveFileDialog aracı kullanılmaktadır.

NOT Diyalog penceresinin bu üç temel aracı timer aracında olduğu gibi arka planda çalışırlar. Yani çalıştıklarının görülmesi bir tetiklemeye ya da olaya bağlıdır.

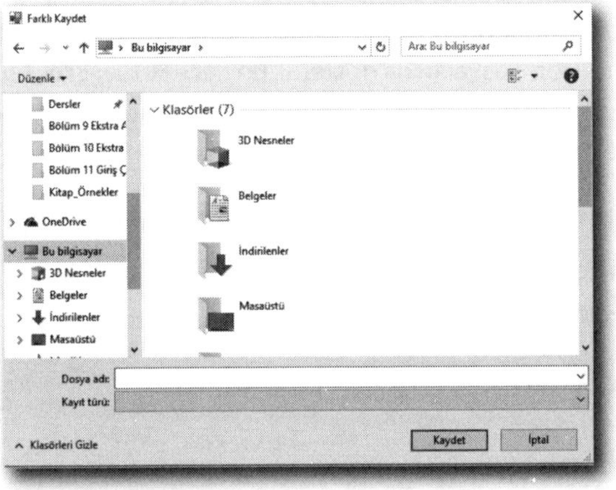

Uygulama 5

Masa üstünde bir tane boş metin belgesi oluşturan kodları yazalım. (Kütüphaneler kısmına Syste.IO kütüphanesini eklemeyi unutmayalım)

```
using System.IO;

        string belgeyolu, belgeadi;
        private void button1_Click(object sender, EventArgs e)
        {
            if (folderBrowserDialog1.ShowDialog() == DialogResult.OK)
            {
                belgeyolu = folderBrowserDialog1.SelectedPath;
                textBox2.Text = belgeyolu;
            }
        }
```

```
        private void button2_Click(object sender, EventArgs e)
        {
            belgeadi = textBox1.Text;
          StreamWriter sw = File.CreateText(belgeyolu + "\\" + belgeadi + ".txt");
            MessageBox.Show("Belge Oluşturuldu");
        }
    }
}
```

İlk olarak sistem kütüphaneleri kısmına IO (in-out) kütüphanemizi ekledik. Çünkü kod bloğumuz içerisinde yer alan yazma akışı komutlarını kullanabilmemiz için IO kütüphanesine ihtiyacımız var. Global alanda `belge adı` ve `belge yolu` isminde iki tane değişken oluşturduk. Form üzerinde bulunan **yol seç** butonuna tıklayıp `FolderBrowserDialog` aracımız aracılığı ile `selected path` komutunu kullanıp dosyamızı oluşturmak istediğimiz yeri seçiyoruz. Seçmiş olduğumuz bu konumu hem belge adı değişkenimize hem de TextBox aracımıza yazdırdık. Daha sonra belge adının yer aldığı TextBox aracımıza metin belgemiz için bir isim verip **oluştur** butonumuza tıklayarak oluşturma işlemini `file.createtext` yani dosya komutunun metin doyası alt komut kümesi aracılığıyla dosyamızı oluşturduk. Son olarak dosyamızın oluşma işlemi gerçekleşince mesaj kutusu ile **belge oluşturuldu** şeklinde bir mesaj vererek uygulamamızı tamamladık.

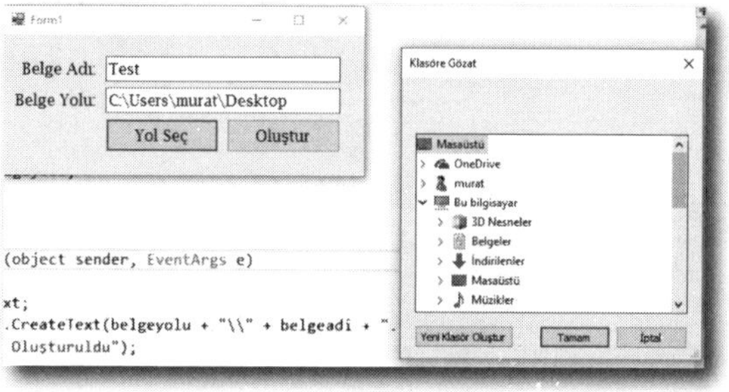

Uygulama 6

İçerisinde veri bulunan bir metin belgesini okutup bu verileri ListBox aracımıza yazdıralım.

```
private void button1_Click(object sender, EventArgs e)
        {
            if (openFileDialog1.ShowDialog() == DialogResult.OK)
            {
              StreamReader oku = new StreamReader(openFileDialog1.FileName);
                string satir = oku.ReadLine();
                while (satir != null)
                {
                    listBox1.Items.Add(satir);
                    satir = oku.ReadLine();
                }
            }
        }
```

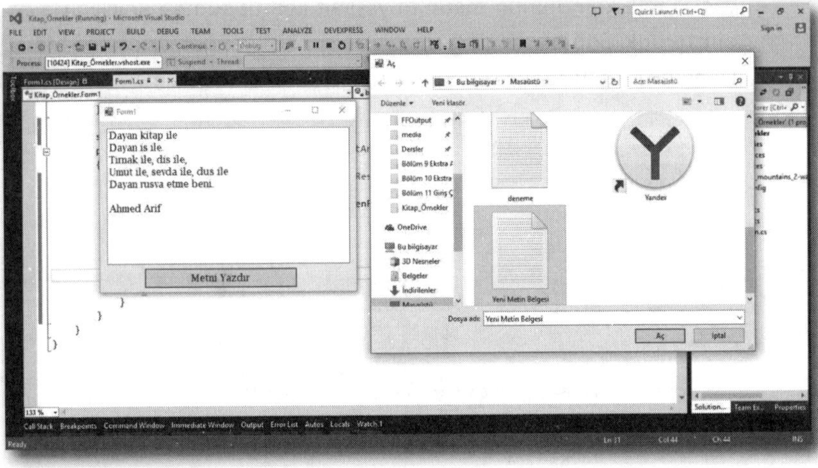

Formumuza bir tane ListBox, bir tane Button ve bir tane de OpenFileDialog aracı ekledik. Butonumuza tıkladığımız zaman OpenFileDialog aracımız `ShowDialog` komutu ile aktif hale geliyor. Burada kullanmış olduğumuz `DialogResult.Ok` ifadesi açılan diyalog penceresinde herhangi bir dosya seçip **Tamam** seçeneğine tıklarsak yapacağımız işlemi belirttiğimiz alandır.

Uygulamayı yazmaya başlamadan önce **System.IO** kütüphanesini eklemeyi unutmayalım. `StreamReader` komutu veri akışının okunması için kullandığımız sınıf komutudur. Bu sınıftan `oku` isminde bir nesne türetip bir alt satırda oluşturduğumuz `satir` isimli değişken aracılığıyla `ReadLine` komutu aracılığıyla `oku` komutumuzu satır değişkenine bağlayıp okuma işlemini başlattık. Okumada bir sonunun olması gerekecek yoksa okuma hep devam edecektir. Metin belgemizin sonuna nasıl geldiğimizi anlamak için `satir` adlı değişkenimizin `null` değere eşit olup olmadığını kontrol ettik. Eğer eşit değilse yani `null` değerden farklıysa okuma işlemi `ReadLine` komutuyla bir alt satıra geçip devam etti. Ve okuduğumuz her satırı ListBox aracımıza ekletip uygulamamızı tamamladık.

Uygulama 7

RichTextBox aracımıza girdiğimiz metni kaydedelim..

```
private void button1_Click(object sender, EventArgs e)
       {
           saveFileDialog1.Filter = "Metin Dosyası|*.txt";
           saveFileDialog1.ShowDialog();
          StreamWriter kaydet = new StreamWriter(saveFileDialog1.FileName);
           kaydet.WriteLine(richTextBox1.Text);
           kaydet.Close();
           MessageBox.Show("Kayıt Yapıldı");
       }
```

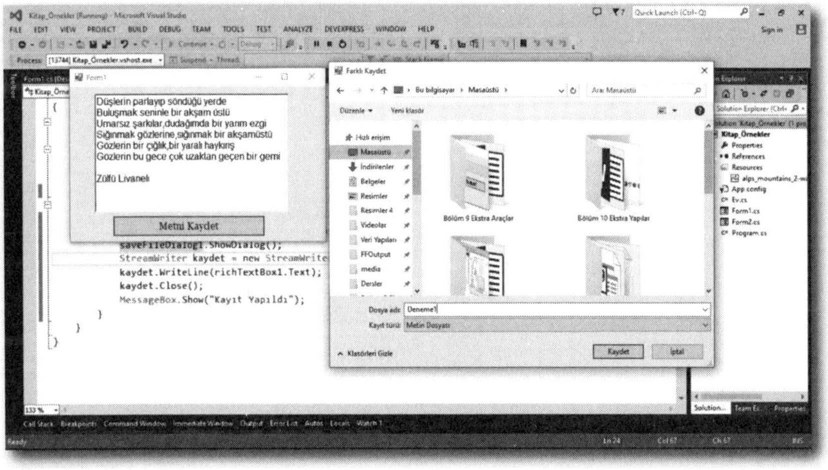

Formumuza bir tane Button, bir tane RichTextBox ve bir tane de SaveFileDialog aracı ekledik. Butonumuza tıkladığımız zaman ilk önce SaveFileDialog aracımızın Filter özelliği ile küçük bir filtreleme yaparak dosyamızın kaydedeceğimiz formatını belirledik.

Filter özelliği 2 parametreden oluşur ve ortada bulunan düz çizgi bu iki parametreyi birbirinden ayırır. Birinci parametre diyalog penceremiz açıldığı zaman dosya adının hemen altında bulunan kayıt türü alanında yazmasını istediğimiz metin ifadesidir.

İkinci parametre ise ilgili dosyamızın formatıdır. Biz metin belgesi kaydedeceğimiz için uzantımızı `txt` olarak belirledik. Daha sonra `StreamWriter` komutu ile yazma akışı sağlayıp kaydedeceğimiz dosyanın konumunu parantez içerisinde ekledik. Kaydetmek istediğimiz metni `WriteLine` komutu ile RichTextBox aracımızdan aldık. Kayıt işlemi tamamlanınca `close` ile ifademizi sonlandırıp uygulamamızı tamamladık.

NELER ÖĞRENDİK?

Bu bölümde giriş/çıkış dosya yapısını, form üzerinden metin belgesi oluşturmayı ve okumayı, yeni bir metin belgesi yazdırmayı, SaveFileDialog, OpenFileDialog ve FolderBrowserDialog araçlarının yapısını ve kullanımlarını, bu araçlar ile diyalog pencereleri açmayı, "Stream" akış komutlarını, System.IO kütüphanesini öğrenmiş olduk.

13

SQL VERİTABANI

BU BÖLÜMDE

Bu bölümde veritabanı kavramını, SQL veritabanını ve veritabanlarıyla neler yapılabileceğini, SQL veritabanı kurulumunu öğreneceğiz.

SQL NEDİR?

Structured Query Language kelimelerinin baş harflerinden oluşan dünya genelinde oldukça yaygın bir şekilde kullanılan bir veritabanı sorgulama dilidir. Veritabanı kavramı ise, verilerin hard disk gibi kalıcı bir bellekte depolanmasını sağlayan, ihtiyaç halinde verilerin çağrılabildiği, yeni veri eklemesi yapıldığı, var olan verilerin silinebildiği ve güncellemelerin gerçekleştiği yapıların ismidir.

Bugün veritabanı kavramı bilgisayarların ve internetin olduğu her yerde karşımıza çıkmaktadır. Bankacılık sistemlerinden öğrenci not sistemlerine, sosyal medya uygulamalarından oyunlara kadar karşımıza çıkan tüm yazılım ürünlerinde veritabanı bulunur. Veritabanı olmayan yani veritabanı kullanmayan uygulamalarda vardır. Örneğin; hesap makinesinin veritabanı yoktur veya klavyeden girilen notlara göre öğrencinin ortalamasını hesaplayan bir programda veritabanı yer almaz. Bundan dolayı bir yazılım ürününün veritabanına bağlı olması gibi bir şart söz konusu değildir.

SQL KURULUMU

Bu kitabı yazarken 2018 yılında olmamıza rağmen Microsoft tarafından en son çıkan SQL sürümü 2017 için kurulum yapacağız. Çünkü Microsoft 2018 sürümünü çıkarmadı. Bazı teknolojilerde bir iki sene atlanıp yeni versiyonlar bu şekilde çıkarılmaktadır. Tıpkı Windows 7 ve 8'den sonra 9 yerine 10 sürümünün çıkarılması gibi. Google'a **SQL Server 2017 İndir** yazıp karşımıza çıkan ilk web sitesi olan Microsoft'un sitesine giriş yapıyoruz.

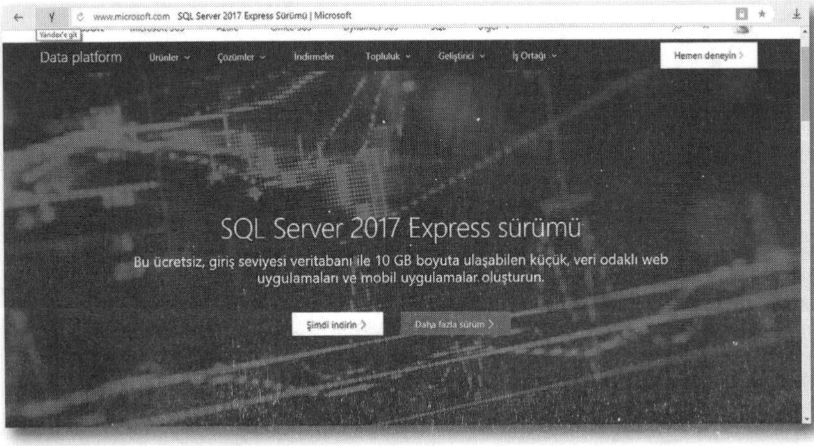

İndirme işlemi tamamlanınca indirmiş olduğumuz **setup** dosyasını açıyoruz.

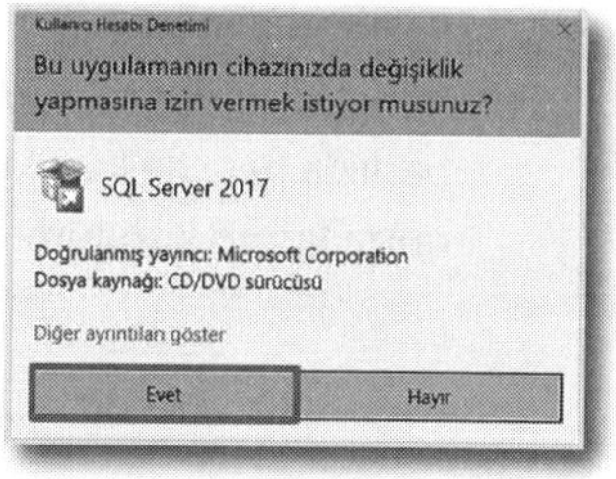

Dosya açıldıktan sonra en üstte bulunan **New SQL** Server ile başlayan alana tıklayıp kurulumu başlatıyoruz.

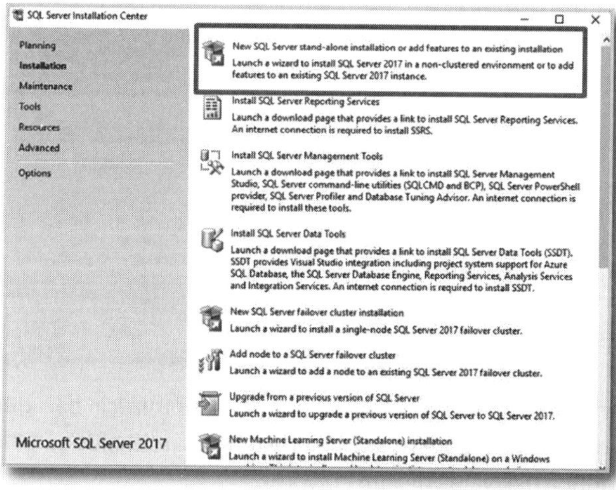

Açılan pencerede lisans anahtarı girmeye gerek olmadığından **Next** seçeneğine tıklayıp ilerliyoruz.

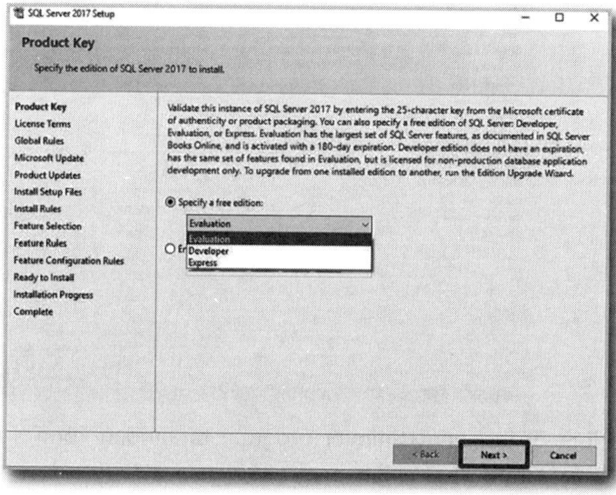

Sözleşme kurallarını kabul edip ileri diyoruz. Burada karşılaşabileceğiniz muhtemel bir hata mevcut. Eğer ki service pack sürümü eski ya da eksik gibi bir başlıkla hata ile karşılaşırsanız size verilen açıklamadaki eksik sürümü bilgisayarınıza kurup kurulumu devam ettirebilirsiniz.

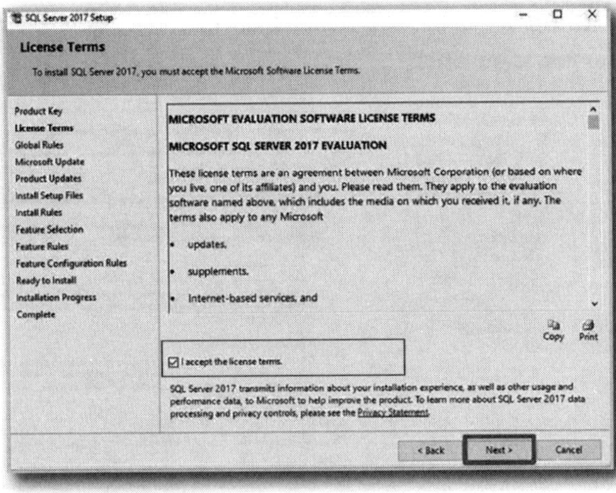

Çıkan erkanda, kurulum esnasında bilgisayarımız için bazı güncellemelere ihtiyaç duyulabilir bundan dolayı kutucuğun işaretli olduğunu kontrol edip **Next** butonuna tıklayarak devam ediyoruz.

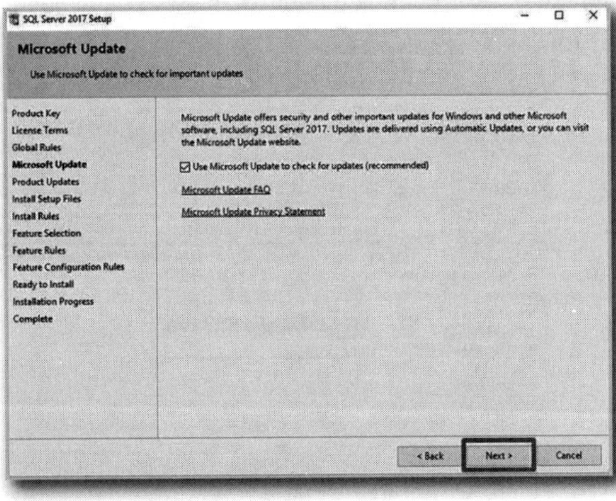

Kurulum öncesi gereksinimler program tarafından kontrol ediliyor, problem yoksa sol tarafta yeşil renkte onay tikleri gelecektir (yandaki resimde). **Next** butonuna tıklayarak bir sonraki kurulum ekranına geçiyoruz. Burada ilgili alanlar içinde hata çıkması durumunda ilk önce güvenlik duvarınızın kapalı olduğunu ve aynı şekilde anti virüs programınızın da kurulum esnasında devre dışı bırakıldığını kontrol etmeniz gerekiyor. Bunların aktif olması kurulumu engelleyebilir.

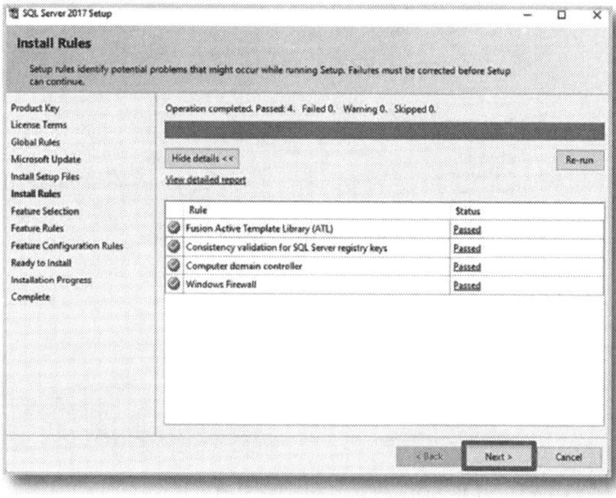

Bir sonraki ekranda dilersek tüm Sql özelliklerini kurabilir ya da sadece gerekli olan bileşenleri kurabiliriz. Bize gerekli olan kurulum için sadece "Database Engine Services" seçeneğini işaretleyerek buradaki seçimi tamamlıyoruz. SQL kurulum yollarını olduğu gibi bırakıyoruz. Tabi bunu özelleştirme imkânımız var. Buradaki seçim performans optimizasyonuna göre değişir.

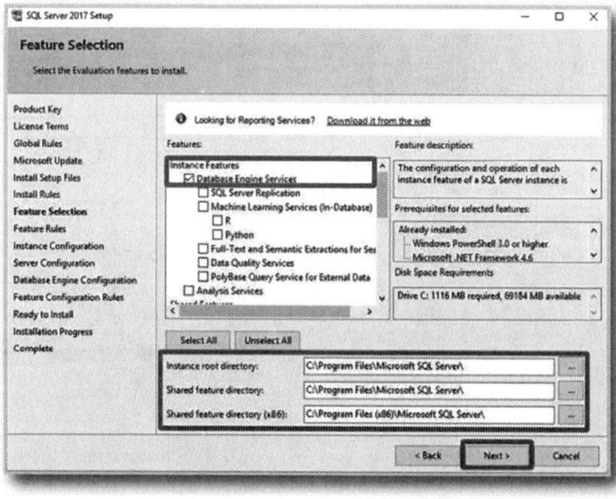

Bu ekranımızda SQL Serverımız için bir sunucu adı belirleyebiliriz ya da varsayılan olarak gelen haliyle de bırakabiliriz.

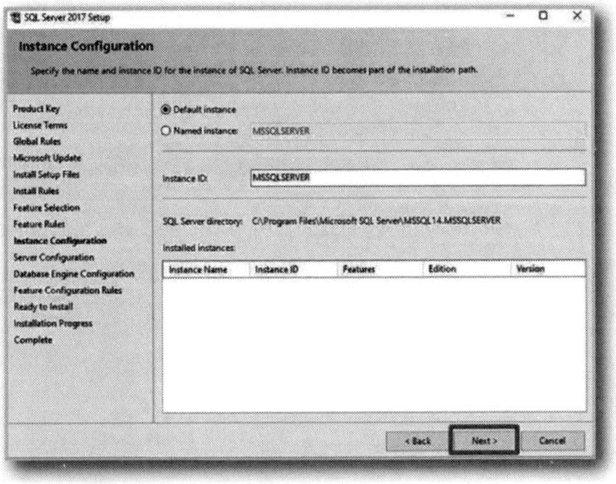

Bu ekranımızda SQL serverımızın başlangıçta otomatik mi yoksa elle mi çalışacağını kontrol edebilir ayrıca yan sekmede bulunan **Collation** kısmından sunucumuzun dil ve karakter ayarlarını değiştirebiliriz.

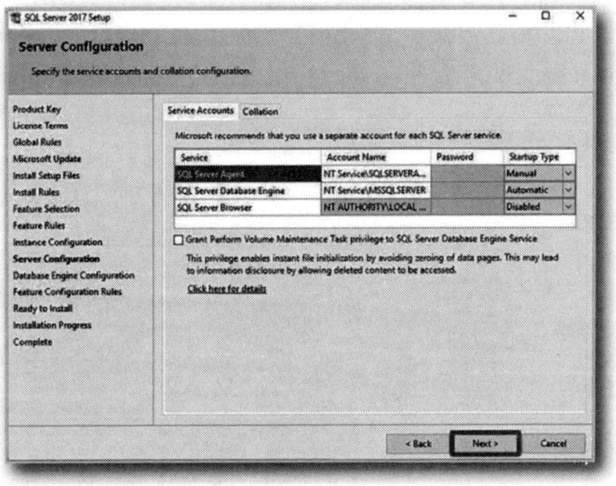

Bu ekran karakter ve dil değişimi için ayarların yapılabileceği ekrandır. **Next** seçeneğine tıklıyoruz.

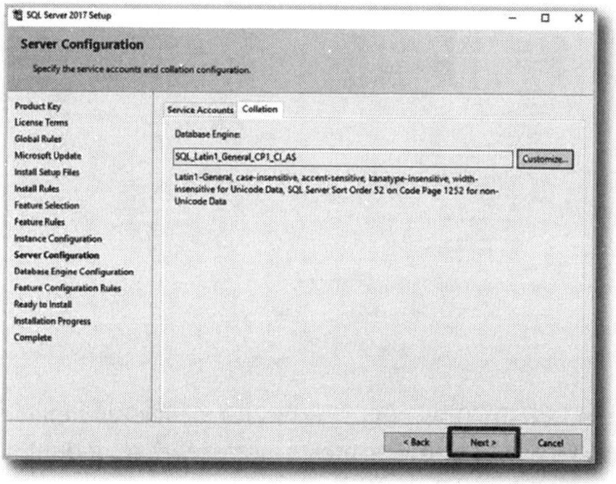

Bu ekranda SQL Server için yeni kullanıcı yetkilendirmesi yapılabilir ya da Windows'un bize verdiği varsayılan değerleri kullanabiliriz. Biz şimdilik varsayılan değerleri kullanacağız, **Next** diyoruz.

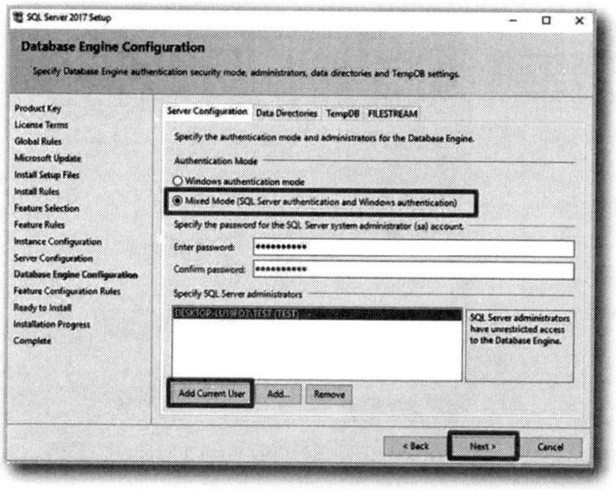

Kurulum için ön hazırlıklar bitti, **Install** seçeneğine tıklayarak kurulumu başlatıyoruz. Kurulum devam ediyor.

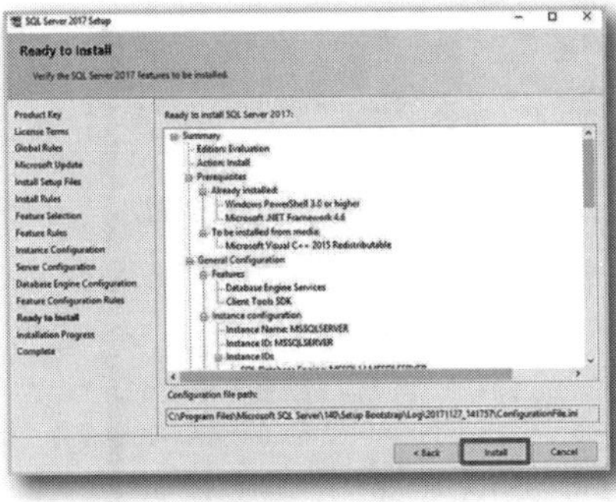

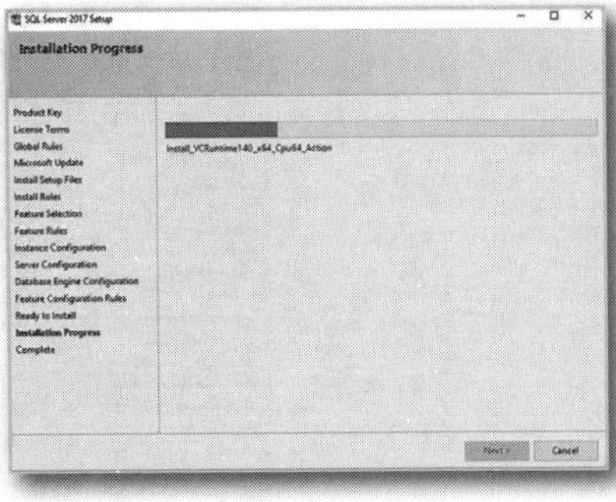

Kurulum tamamlandı. Eğer ki kurulum esnasında farklı bir hata ile karşılaşırsanız hata kodunu internette araştırdığınız zaman nedenini bulup kurulumu nasıl gerçekleştireceğinizi özellikle Microsoft'a ait web sitelerinden ve forumlardan alacağınız destekle düzeltebilirsiniz.

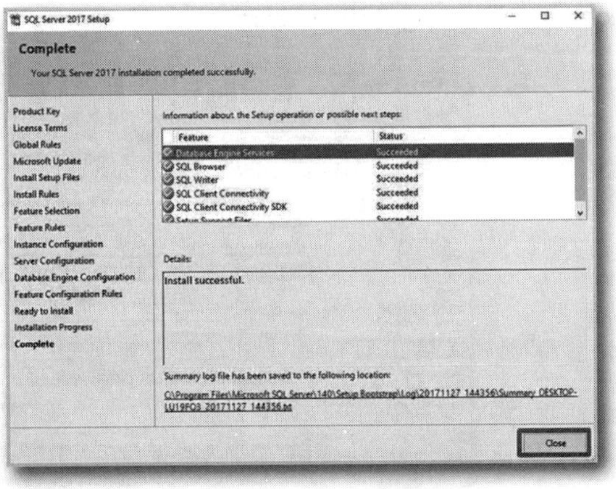

Şimdi başlat menüsüne gidip SQL Server'ı başlatalım. Kullanılan sürümlere göre karşılaşacağınız ekranda ki alanlar farklılık gösterebilir.

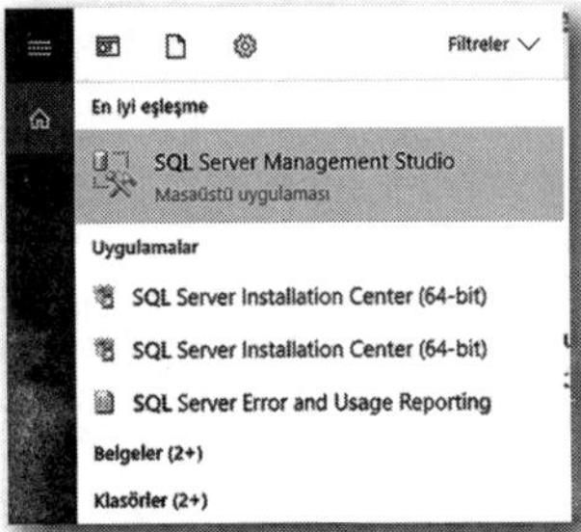

Benim bilgisayarımda 2012 sürümü yüklü olduğundan çalışmalarımı bu sürüm ile gerçekleştireceğim. 2012 ile 2017 arasında pek bir fark yok. 2017'de bir takım yapılandırmalar ve erişimlerin kolaylığı dışında 2012, 2014 ve 2016 sürümüyle neredeyse aynı. **Başlat** menüsünden SQL Serverı çalıştırdığımız zaman karşımıza aşağıdaki gibi bir ekran gelecek. Sunucu adınız yazmıyorsa bu alana nokta yazarak girmeyi deneyebilirsiniz. Bazı kurulumlar sonrası sunucu adının gelmeme durumu olabiliyor. Böyle bir durumla karşılaşırsanız **Server Name** alanına nokta sembolü koyup **Connect** seçeneğine tıklarsanız SQL açılacaktır.

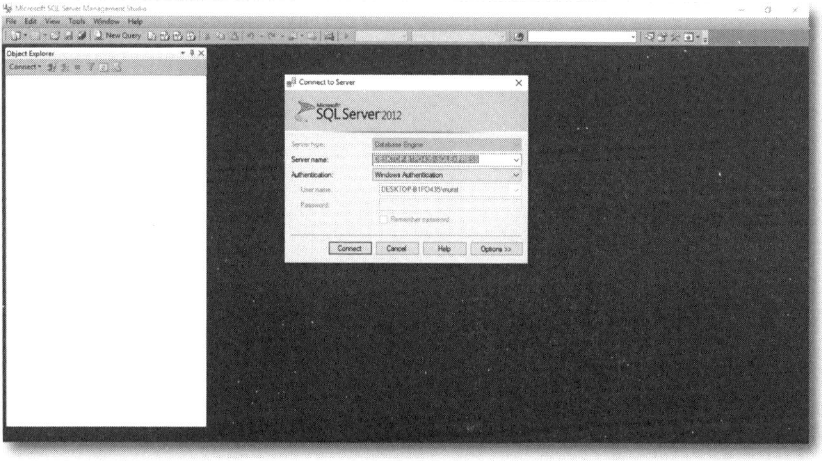

NELER ÖĞRENDİK?

Bu bölümde veritabanı kavramını, SQL veritabanıyla neler yapılabileceğini, sunucu ve sunucu adı kavramını bir de SQL kurulumunu öğrenmiş olduk.

14

SQL VERİTABANI, VERİ TİPLERİ VE TABLOLAR

BU BÖLÜMDE

Bu bölümde veritabanı kavramını, tablo ve veri türlerini, veritabanı ve tablo oluşturmayı, oluşturulan tablolara veri girişi yapmayı, veritabanı ve tablo pencerelerini ve nasıl kullanılacağını, veri türleri arasındaki farkları, en sık kullanılan 10 veri türünü, bu veri türlerinin ne anlam ifade ettiğini, satır ve sütun kavramlarını öğreneceğiz.

VERİTABANI KAVRAMI

Geçtiğimiz bölümde SQL'in nasıl kurulacağını öğrendik. Bu bölümde ilk olarak veritabanı oluşturma işlemiyle başlayalım. Veritabanları verilerin bellekte kalıcı olarak saklanması için ihtiyaç duyulan yapılardır. Kullandığımız sosyal medya uygulamalarından yemek tarifi sitelerine, öğrenci not sistemlerinden oyunlara kadar tüm bu uygulamaların arkasında küçük ya da büyük mutlaka bir veritabanı bulunur. **SQL'i başlat** menüsünden açıyoruz. Karşımıza aşağıda bulunan resimdeki gibi bir bağlantı ekranı gelecektir.

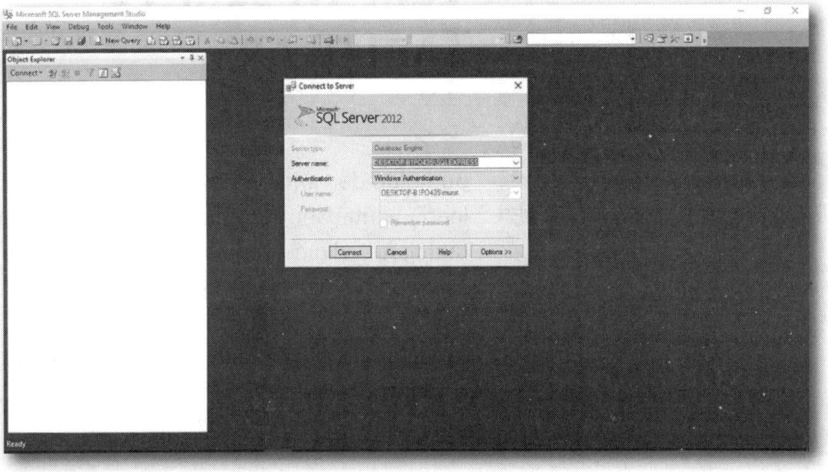

Sol tarafta bulunan **Databases** yani veritabanları alanına sağ tuşla tıklayalım ve yeni veritabanını seçelim. Bu menüde sadece yeni veritabanı işlemi bulunmaz bunun yanında sisteme dışarıdan eklenen bir veritabanı tanımlanabilir, raporlama işlemleri yapılabilir bu konuda daha detaylı bilgi için YouTube kanalımızda bulunan **60 Derste SQL ve Sorgular** video serisini ücretsiz olarak izleyebilirsiniz.

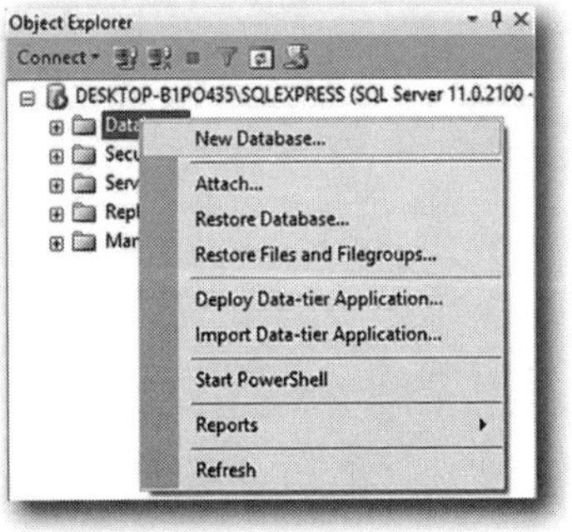

Açılan yeni veritabanı oluşturma penceresinde veritabanımızın ismini belirlememiz gerekiyor. Biz bir kitap veritabanı üzerinde çalışalım. Bu yüzden veritabanımızın ismini **KitapVt** olarak verebiliriz. **Vt** veritabanı kelimelerinin baş harfleridir.

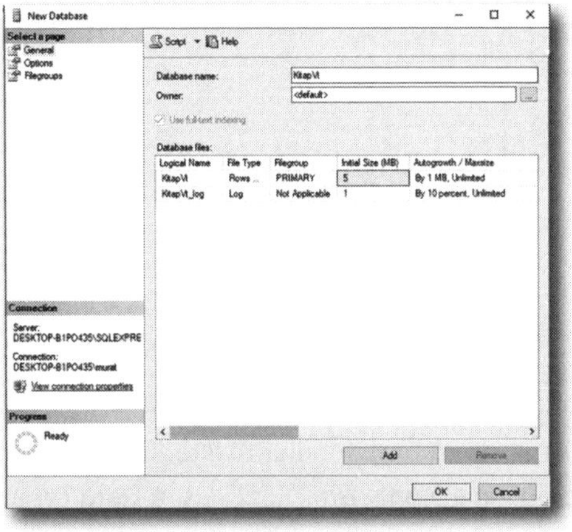

Veritabanları silindir sembolleriyle ifade edilirler. **OK** seçeneğine tıkladığımız zaman veritabanımız sol tarafta yer alacaktır. Veritabanımızın sol tarafında bulunan + seçeneğine tıkladığımız zaman karşımıza birkaç tane klasör açılacaktır. Bunlar tablolar, prosedürler, tetikleyiciler, fonksiyonlar, ilişkiler gibi başlıkları tutan alanlardır. Ancak bunlar kitabımız açısından ileri seviye başlıklar olmasından ötürü şu an bunlara değinmeyeceğiz.

Bizim için bu noktada önemli olan tek alan tables yani tablolar alanı. Veritabanlarının alt kategorisi tablolardır. Tablolar bir araya geldiği zaman veritabanlarını oluşturur. Üniversite veritabanı ise fakülteler onun tablolarıdır veya ülkeler veritabanı ise şehirler tablolarıdır gibi düşünebiliriz. Yeni bir tablo oluşturmanın birden fazla yöntemi var. Biz en klasik yöntemi kullanacağız. **Tables** üzerinde sağ tuş ile tıklayalım ve yeni bir tablo oluşturalım.

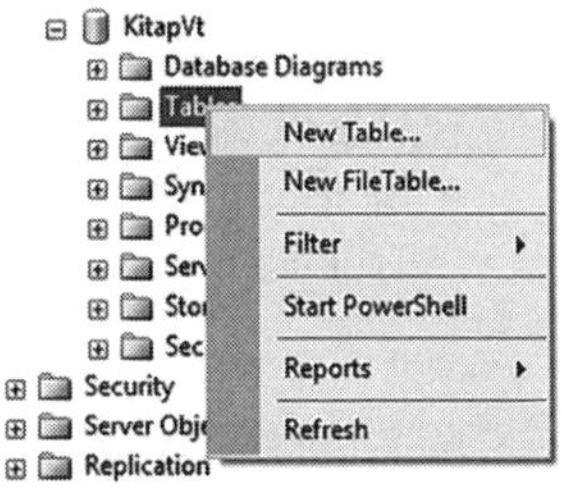

Tablolar veritabanlarını oluşturan yapılardır, veritabanları tablolar olmadan tek başlarına bir şey ifade etmezler. Aynı durum tabloların veritabanı ile ilişkisi için de geçerlidir. **New table** seçeneğine tıkladığımız zaman karşımıza aşağıdaki ekran gelecektir.

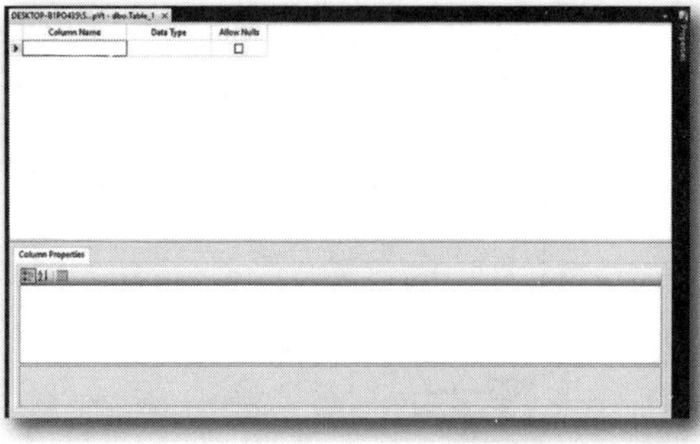

Burada 3 tane sütun başlığı bulunmaktadır. Bunlardan birincisi **Column Name** yani tablomuzun alanının ismi, ikinci kısım **Data Type** yani veri tipi, oluşturacağımız tablo sütunu sayısal mı, alfabetik mi yoksa daha farklı bir türe mi sahip gibi durumların belirtilmesi için kullanılır. Üçüncü alan Allow Nulls alanı veri girişi yapılırken bu alanın boş geçilip geçilemeyeceğinin kontrolünü sağlar. Eğer tik işaretli ise bu alanın boş geçilmesine izin verir. Tıpkı web sitelerinde üye kayıt formu oluştururken **bu kutucuğu boş geçemezsiniz!** seçeneğinde olduğu gibi.

Veri tiplerinin tamamını incelemeyeceğiz çünkü daha önce bahsettiğimiz gibi bizim için en çok önemli gördüğümüz SQL başlıklarına değindiğimiz için yalnızca 10 tane veri tipini inceleyeceğiz. SQL veri tipleri hakkında daha detaylı bilgi için **60 Derste SQL ve Sorgular** video serimizin veri tipleri bölümüne bakabilirsiniz.

VERİ TİPLERİ

En çok kullandığımız ve önemli gördüğümüz 10 veri tipini inceleyelim.

Bit Veri Tipi

`True` ve `False` şeklinde değer alan veri tipidir. Mantıksal türdedir. C# dilindeki `Bool` değişkenini karşılar. Örneğin; kişilerin evli mi bekar mı olduğunu tutan bir listede veya öğrenci mi çalışan mı gibi bir sorunun cevabı olarak tutulabilir. `True-False` ya da 1 - 0 şeklinde değerler alır.

Char Veri Tipi

Sabit uzunlukta karakterler için kullanılır. Parantez içerisinde bulunan 10 ifadesi ilgili sütun için kaç karakterlik yer ayrılacağını gösterir. Burada kullanılmayan yani boşta kalan karakterler için SQL boşluk atar. Yani veri tipinin uzunluğu sabit değilse kullanılması pek tercih edilmez. Türkiye Cumhuriyeti kimlik numarası, telefon numarası, banka kartı numarası gibi sabit değerler için kullanılması oldukça uygundur.

Datetime Veri Tipi

Tarih ve saat ifadesi için kullanılmaktadır. `Time`, `date` ve `smalldatetime` gibi türevleri bulunur. Bunlar içerisinde en çok tercih edileni `smalldatetime` türüdür. Bu tür normal datetime türüne göre çok daha az yer kaplar.

Decimal Veri Tipi

Ondalıklı saylar için kullanılır. Parantez içerisinde bulunan virgülden sonraki ifade basamak sayısını temsil eder. Yani biz 18,2 yaptığımız zaman virgülden sonra 2 basamak almasını istediğimizi belirtmiş oluyoruz. Virgülden önceki ifade de hafızada tutacağı aralıklar ile ilgilidir.

Image Veri Tipi

Veritabanında resim tutmak için kullanılan veri tipidir ancak kullanımı hiç tercih edilmez. Çünkü veritabanlarının optimize hale getirilmesi sistem performansı açısından çok büyük önem arz eder. Resimler veritabanını çok fazla şişirdiğinden veritabanında resimler tutulmaz, resimler bir hard disk veya sunucuda tutulur. Veritabanında ise sadece o resmin yolu metin olarak saklanır.

Int Veri Tipi

C#'da kullanmış olduğumuz sayısal veri tipinin aynısıdır. Ondalıklı değil sadece tam sayılar üzerinde işlem yapar.

Nchar Veri Tipi

Latin alfabesi dışında kalan özel karakterleri de kullanmak için tanımlanan türdür. Hafızada normal char alanına göre iki kat fazla yer kaplayacaktır.

Smallint Veri Tipi

+ - 32 Bin 768 aralığında değer alan veri tipidir. Bu aralıkta bulunan tam sayıları hafızada tutar. Eğer çok büyük sayılar üzerinde işlem yapılmayacaksa smallint oldukça uygun bir veri tipidir.

Tinyint Veri Tipi

0-256 arasındaki tam sayıları tutmak için kullanılır. Oldukça kullanışlı ve çok sık başvurulan bir veri tipidir. Örneğin öğrencilerin sınav notları 0-100 arsında olduğundan bu veri tipi kullanılabilir.

Varchar Veri Tipi

Değişken uzunluktaki karakterleri saklamak için kullanılır. Diyelim hafızada varchar(10) olarak tanımlama yapıldı, ama 4 karakter kullanıldı. Geriye kalana karakterler belleğe geri iade ediliyor yani daha doğrusu bellekte kullanılacak olan alan kadar yer açılıyor. Eğer verilerimizin uzunluğu sabit değilse kullanılması en çok tercih edilecek metin veri tipidir.

Bunun dışında 20'den fazla veri tipi daha var ancak şu an için önceliğimiz ve önem arz eden başlıklar bunlar. Artık tablomuzu oluşturabiliriz. Tablomuzda şu alanlar bulunsun;

» KitapNo (ya da ID)

» KitapAd

» Yazar

» Sayfa

» Fiyat

Toplamda 5 tane sütunumuz var. Öyleyse tablomuzu oluşturalım.

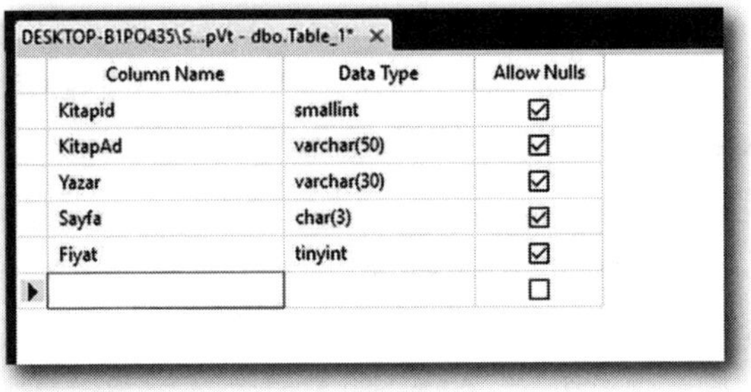
DESKTOP-B1PO435\S...pVt - dbo.Table_1* ×

Column Name	Data Type	Allow Nulls
Kitapid	smallint	☑
KitapAd	varchar(50)	☑
Yazar	varchar(30)	☑
Sayfa	char(3)	☑
Fiyat	tinyint	☑
		☐

Yandaki resimde olduğu gibi tablomuzu oluşturduk ve en uygun veri tiplerini seçmeye çalıştık. Burada bulunan ID alanı İngilizcedeki **Identity** yani kimlik kelimesinin ilk 2 harfinden gelmektedir. Her kitabımızın bir **ID** değeri yani kimliği olsun istiyoruz. Ancak bunu biz elle girmeyelim SQL tarafından otomatik gerçekleşsin. ID alanımıza tıklıyoruz. Aşağıda bulunan sütun özellikleri penceresine geliyoruz.

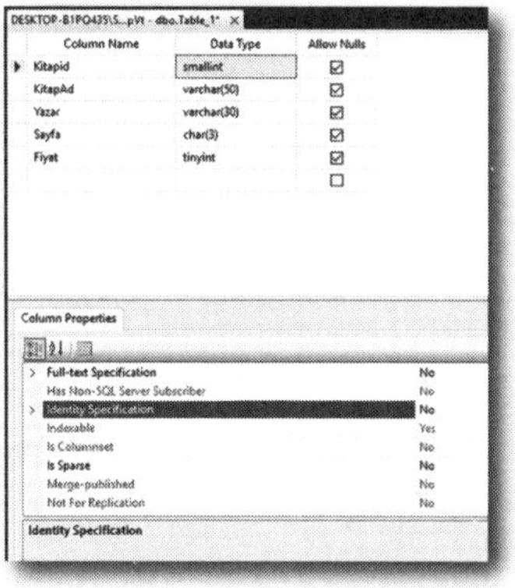

Daha sonra **Identity Spesification** yazan kimlik özelleştirme seçeneğinin sol tarafına tıklıyoruz. **IsIdentity** yazan alanı **Yes** yapıyoruz, böylece otomatik artım sağlanmış olacak.

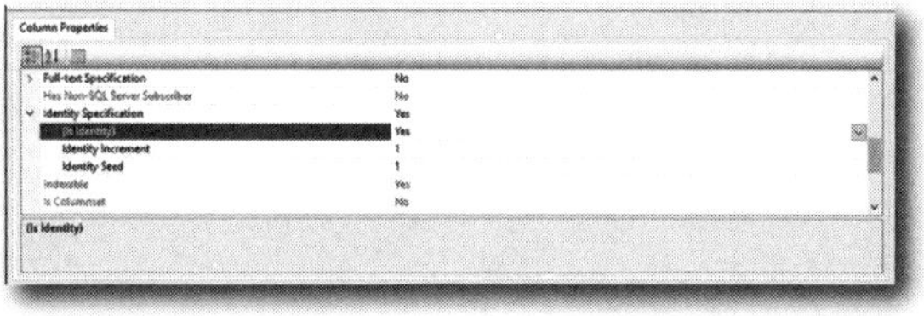

Increment miktar, **seed** ise kök başlangıç anlamına gelmektedir. Burada yazan **1-1** ifadeleri artış 1'den başlasın ve 1'er artarak ilerlesin anlamı taşıyor. Bunuda yaptıysak tablomuzu **Ctrl+S** tuşlarına basarak ya da sol üstte bulunan **Save** ikonuna tıklayarak kaydedelim. İsmi **TblKitaplar** olabilir. **Tbl** table ya da tablo kelimesinin sessiz harfleridir. Tablo adlandırmalarında çokça tercih edilir.

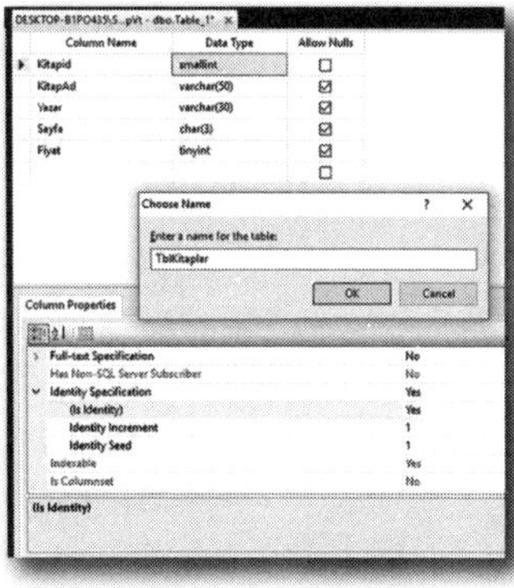

NOT

Eğer tabloyu bir kez kaydettikten sonra üstünde değişiklik yapmak istiyorsanız SQL ilk etapta buna izin vermeyecektir. Bunun nedeni tablo korumasından dolayıdır. Bunu önlemek için **Tools** menüsünden **Options** seçeneğini açalım.

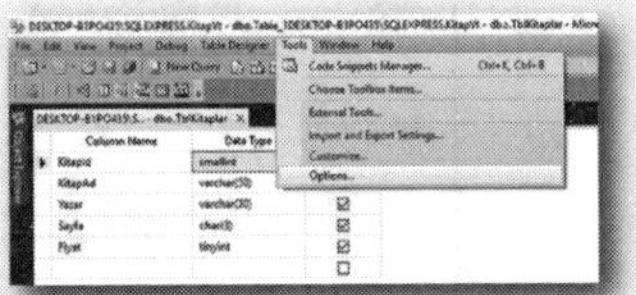

Sol altta bulunan **Designer** seçeneğine tıklayalım. Açılan pencerede **Prevent Saving Changes** ile başlayan yerin tikini kaldıralım. Böylece tablo üzerinde istediğimiz zaman değişiklik yapabileceğiz.

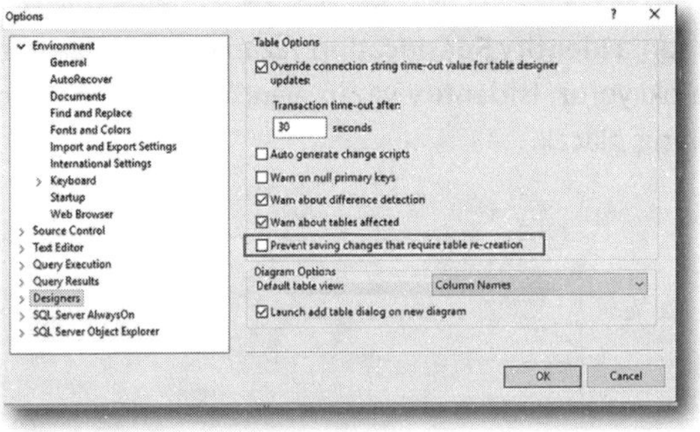

Bu hatayı da çözdüğümüze göre şimdi tablomuza veri girişi yapabiliriz. Tablomuzun üzerinde sağ tuşla tıklayalım. Bu menüden tablomuzun tasarım kısmına gidebilir, tablomuzu silebilir, ismini değiştirebilir, sorgu kısmını açabilir, veri girişi yapabilir ve daha pek çok alana ulaşabiliriz. Bizim amacımız veri girişi yapmak olduğundan **Edit Top 200 Rows** "en üstteki 200 satırı düzenle" anlamına gelen alana tıklıyoruz. Buradaki 200 ifadesi her bir sayfa için en fazla tutulacak veri sayısını belirtir. Bu sayı **Ayarlar** menüsünden değiştirilebilir.

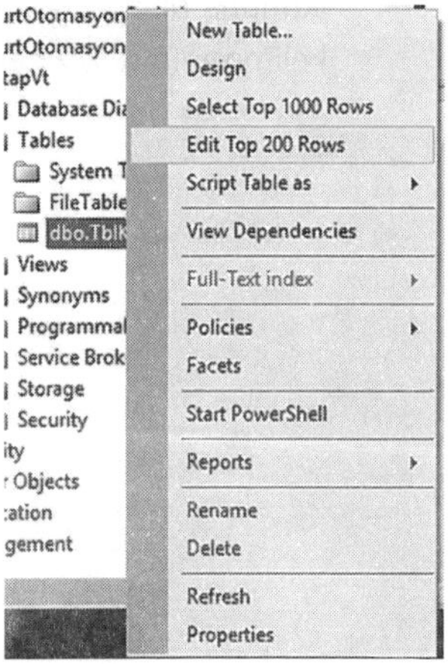

Karşımıza aşağıda bulunan resimdeki gibi bir pencere açılacaktır.

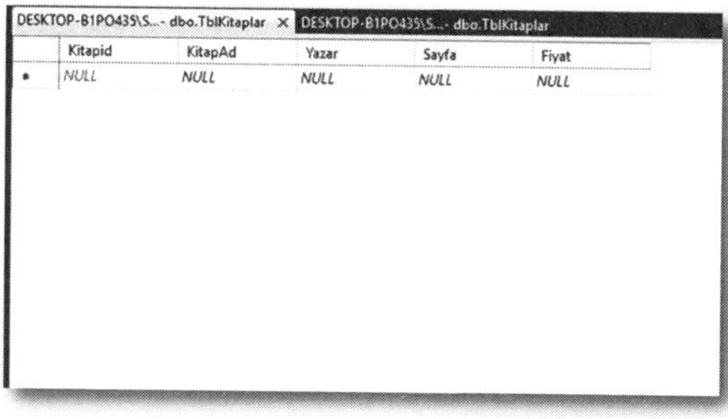

Burada ID alanımızın pasif olması gerekiyor. Yani dışarıdan veri girişi yapılamaz çünkü otomatik artan bir değere sahip. Şimdi tablomuza 5 tane kitap girişi yapalım. Veri girişi yapılırken alt satıra her inişte SQL verileri otomatik kaydeder.

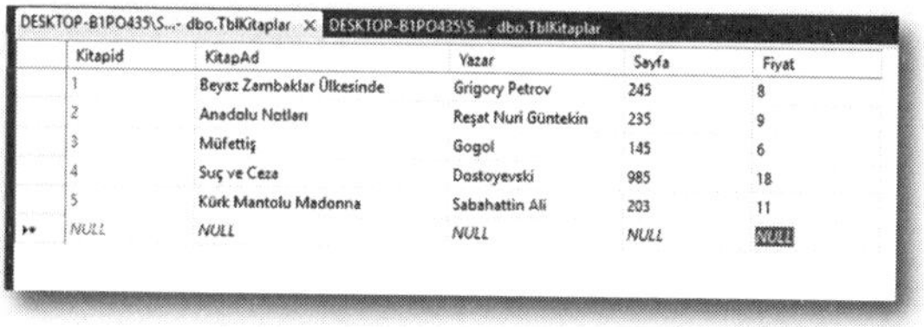

5 tane birbirinden güzel kitap girişi yaptık. SQL üzerinde yapacağımız ekleme silme gibi sorgulamaları diğer bölümümüzde gerçekleştireceğiz.

NELER ÖĞRENDİK?

Bu bölümde SQL kurulumundan sonra SQL'e erişim sağlamayı, veritabanı, tablo ve veri tipi kavramlarını, veritabanı ve tablo oluşturmayı, tabloya veri girişi yapmayı, otomatik artan kimlik değeri kavramını temel SQL veri tiplerini, veri türleri arasındaki farkları, veri türlerine neden ihtiyacımız olduğunu, sayısal veri türleri arasındaki farkları, char ve varchar veri türleri arasındaki farkı öğrenmiş olduk.

15

SORGULARLA SQL

BU BÖLÜMDE

Bu bölümde temel SQL sorgularını, Select, Insert, Update ve Delete komutlarını, alt sorguları, gruplandırma işlemlerini, tetikleyicileri, ilişkili tabloları ve ilişki türlerini, ilişki türlerinin gerçek dünya örneklerini, prosedür ve tetikleyici kavramlarıyla beraber bunları somut örnekler üzerinde uygulamayı, şartlı sorguları, SQL de kullanılan temel operatörleri öğreneceğiz.

TEMEL SQL SORGULARI

Geçtiğimiz bölümde temel veri tiplerini öğrenmiştik. Artık bu veri tiplerini kullanarak oluşturduğumuz tablomuzun içine sorgularla veri ekleyebilir, güncelleyebilir ya da silebiliriz. İnternette karşınıza çıkan web sitelerinin yüzde 90'ı, kullandığınız masaüstü uygulamaların büyük çoğunluğu şu dört yapıdan oluşur;

» Listele

» Ekle

» Sil

» Güncelle

Geriye kalan tüm durumlar bu dört başlığın türevleridir. Örneğin; Instagram uygulamasını ele alalım. Ana sayfanızda dolaşma işlemi aslında bir listelemedir. Sizin takip ettiğiniz sayfa ya da kişilerin paylaştığı fotoğraflar ana sayfanızda listeliyor. Eğer yeni bir fotoğraf yüklemek isterseniz bu kez ekle işlemini kullanmanız gerekecek. Var olan bir fotoğrafı kaldırmak için sil, var olan bir fotoğrafa konum eklemek için de güncelle seçeneklerinin kullanılması lazım. Bu başlıklar SQL'de şu şekilde sıralanıyor;

» Select

» Insert

» Delete

» Update

Şimdi bu komutları tek tek ele alalım.

SELECT

Seç, listele gibi anlamları olan bu sorgu terimi SQL denince akla ilk gelen yapılardan biridir. Hem bütün kayıtları listelemek hem de bu kayıtları filtreli şekilde listelemek için; örneğin kitap tablosunda yazarı **Sait Faik Abasıyanık** olan kitapları getirmek istiyoruz gibi... Bu durumlarda `select` sorgusunu kullanacağız.

Select sorgusu kullanırken tüm kayıtları getirmek için `select` kelimesinden sonra * sembolü kullanılır. * sembolü İngilizcedeki `all` yani **tümü** anlamı taşımaktadır. Yani bir sorgu içinde * sembolü varsa tüm kayıtları getirecektir. Bu kayıtların hangi tablodan olduğunu belirtmek için from ifadesi kullanılır. From den/dan anlamı taşır.

Örneğin; **From Kitaplar** dersek kitaplar tablosundan olmuş olur. Şimdi veritabanımız üzerinde yeni bir tane boş sorgu (new query) oluşturalım.

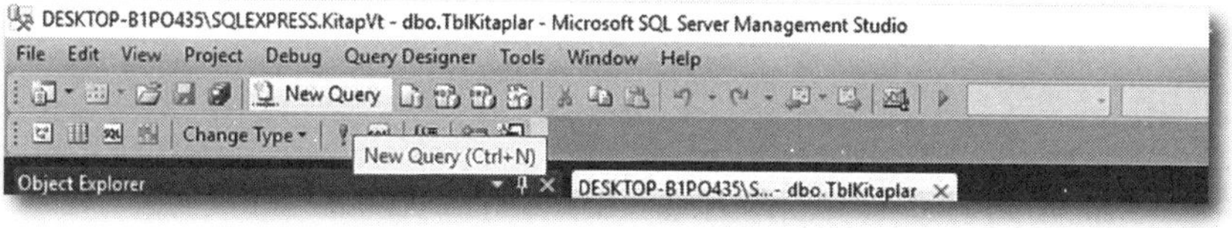

Açılan pencere SQL sorgularını çalıştırabileceğimiz sorgu penceresidir. SQL'de yazılan ifadeler kod olarak adlandırılmaz, bunun yerine sorgu ifadesi kullanılır. Sol tarafta **Master** yazan alan bizim hangi veritabanımız üzerinde çalışacağımızı gösterecektir. Aşağıda bulunan resimdeki gibi bu alanı bir önceki bölümde hazırlamış olduğumuz kitap veritabanımız olarak değiştirelim. Artık yazacağımız tüm sorgular kitap veritabanı üzerinden kontrol edilecek.

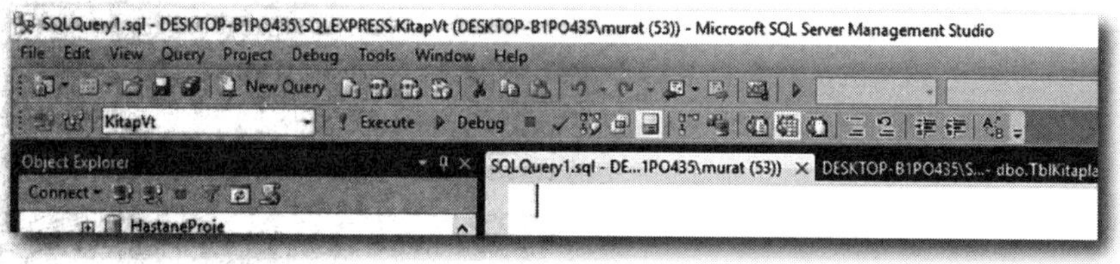

Uygulama 1

Kitap tablomuzdaki tüm kayıtları getiren SQL sorgusunu yazalım.

```
Select * From tblkitaplar
```

Sorgumuzu yazıp **Execute** (çalıştır) alanına tıkladığımız zaman karşımıza **TblKitaplar** tablomuz içerisinde yer alan tüm kitapları getirecektir.

	Kitapid	KitapAd	Yazar	Sayfa	Fiyat
1	1	Beyaz Zambaklar Ülkesinde	Grigory Petrov	245	8
2	2	Anadolu Notları	Reşat Nuri Güntekin	235	9
3	3	Müfettiş	Gogol	145	6
4	4	Suç ve Ceza	Dostoyevski	985	18
5	5	Kürk Mantolu Madonna	Sabahattin Ali	203	11

Uygulama 2

Kitap tablomuzdan sadece kitap adını ve yazarını getiren sorguyu yazalım.

```
Select KitapAd,Yazar From tblkitaplar
```

Sorgumuzu yazıp **Execute** (çalıştır) alanına tıkladığımız zaman bu kez tüm alanları değil sadece kitap adını ve yazarını getirecektir.

Results | Messages

	KitapAd	Yazar
1	Beyaz Zambaklar Ülkesinde	Grigory Petrov
2	Anadolu Notları	Reşat Nuri Güntekin
3	Müfettiş	Gogol
4	Suç ve Ceza	Dostoyevski
5	Kürk Mantolu Madonna	Sabahattin Ali

SQL'de tüm liste yerine listedeki belli şartları sağlayan ifadeleri çağırmak isteyebiliriz. Bu noktada devreye `where` yani sorgulama ifadesi girecektir. `Where` SQL'de bulunan alanlarımızın belli şartları yerine getirip getiremediğini sorgulayıp buna göre değerleri listeleyen komuttur. Where ifadesi kendisiyle beraber bir takım operatörleri de bünyesinde barındırır. Bu operatörler tıpkı C# formda kullanmış olduğumuz eşittir, büyüktür, eşit değildir gibi sembollerdir ve form operatörleri ile büyük ölçüde benzerlik gösterir. Şartlı sorgulamalarda önce getirilmesi istenen normal select sorgusu yazılır daha sonra `where` yazılıp ilgili şart `where` ifadesinin sonuna eklenir.

Uygulama 3

Kitap tablomuzda fiyatı 10'dan büyük olan kayıtları listeleyelim.

```
Select * From tblkitaplar where Fiyat>10
```

`Select * From` ifadesiyle tablomuzdaki tüm kayıtları listelemek istedik ancak sonuna eklemiş olduğumuz `where` ifadesi bu sorguda bir şart olacağını gösterdi. `where` ifadesinden sonra kullanmış olduğumuz `Fiyat>10` kontrolü tabloda fiyat alanı 10'dan büyük olan kayıtların getirilmesi içindir. Böylece fiyatı 10'dan büyük kayıtları listelemiş olduk.

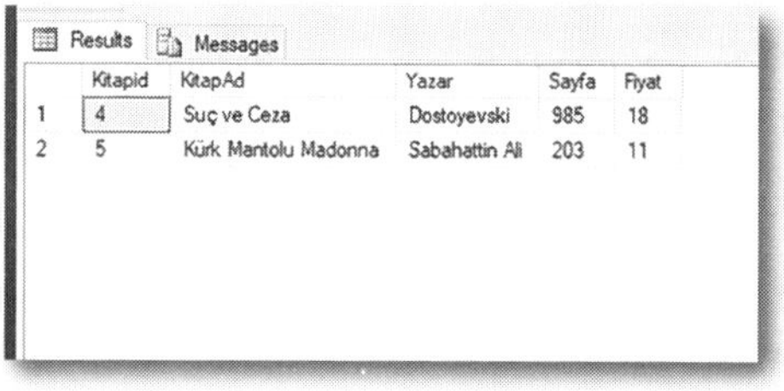

	Kitapid	KitapAd	Yazar	Sayfa	Fiyat
1	4	Suç ve Ceza	Dostoyevski	985	18
2	5	Kürk Mantolu Madonna	Sabahattin Ali	203	11

Uygulama 4

Kitap tablosunda kitap adı Suç ve Ceza olan kitabı getirelim.

```
Select * From tblkitaplar where KitapAd='Suç ve Ceza'
```

Burada çok önemli bir dip not var. SQL'de string yani alfabetik veriler üzerinde işlem yapılırken bu ifadeler tek tırnak içerisine yazılır. C#'da veya benzeri diğer dillerde ise çift tırnak içinde yazılıyordu. Kitaplar tablosunda kitap adı suç ve ceza olan kaydı listelemiş olduk. Select ile ilgili daha pek çok operatör ve kullanım başlıkları var bu başlıklar için YouTube kanalımda bulunan **60 Derste SQL** derslerini ücretsiz bir şekilde izleyebilirsiniz.

INSERT

Ekleme işlemleri için kullanılan insert sorgusu ile tablo içerisine yeni veri kayıtları yapılabilir. `Insert` komutu yazıldıktan sonra `into` ifadesi kullanılmaktadır. `into` içine anlamı taşıyor. `into` komutundan sonrada tablo adı yazılıp daha sonra alanlar ve veriler eklenerek ekleme işlemi gerçekleştirilir.

Uygulama 5

Kitap tablosuna sorgu kullanarak yeni bir kayıt ekleyelim.

```
Insert into tblkitaplar (KitapAd,Yazar,Sayfa,Fiyat) values ('Denemeler',
'Montaigne','265',11)
```

Ekleme işlemi için önce `insert into` ifadelerimizi yazdık. Daha sonra ekleme işlemi yapacağımız tablo adını yazıp hangi sütunlara ekleme yapmak istiyorsak bu sütun adlarını parantez içerisinde birbirinden virgüllerle ayırarak ekledik. `values` ifadesi değerler anlamına gelmektedir. Yani sütun adlarına karşılık gelecek değerlerdir. `values` ifademizden sonraki parantezimiz içerisine değerlerimizi yazıp sorgumuzu çalıştırdık.

NOT Ekleme işleminde değerler ve sütunlar arasında hiyerarşik bir atama vardır. Yani values alanından önceki parantez ile sonraki parantez içindeki alanlar birbiriyle uyumlu olmalıdır.

DELETE

Silme işlemleri için kullanılan SQL sorgu ifadesidir. Tablodan bir ya da daha fazla veri silinmesi istendiğinde kullanılır. Veri silme işlemleri mutlaka bir şarta göre yapılmalıdır. Aksi durumda tüm tablonun silinmesi gibi olumsuz durumlarla karşılaşılabiliriz. Silme işlemi için `delete` sorgusu kullanılır. `Delete` ifadesinden sonra from sonra da tablo adı eklenir. Tablo adından sonra şart yazılarak silme işlemi gerçekleştirilir. Örnek olarak kitap tablomuzda bir silme işlemi gerçekleştirelim.

Uygulama 6

Kitap tablosunda id değeri 2 olan kaydı silelim.

```
Delete From Tblkitaplar where kitapid=2
```

Sorgumuzu yazıp `execute` ifadesine tıkladığımız ya da **F5** tuşuna bastığımız zaman sorgumuz çalışacak ve 2'nolu ID alanında bulunan kayıt silinecektir. `select` yapısı ile büyük benzerlik gösteren `delete` sorgularında yukarıda belirttiğimiz gibi silme işlemi yapmadan önce `where` ile şartınızı yazmayı unutmayın.

UPDATE

Güncelleme işlemleri için kullanılan SQL sorgu ifadesidir. Tablodan bir ya da daha fazla verinin değerinin güncellenmesi istendiğinde kullanılır. Güncelleme işlemleri de mutlaka veri silme işlemlerinde olduğu gibi bir şarta göre yapılmalıdır. Aksi durumda tüm tablonun güncellenmesi gibi olumsuz durumlarla karşılaşılabiliriz. Tüm tablo güncellendikten sonra ne yazık ki **Ctrl+Z** gibi bir ifadeyle geri almak mümkün değildir. Bundan dolayı veritabanının sık sık yedeği alınmalıdır. `update` sorgusu yazılırken `update` ifadesinden sonra tablo adı yazılır. Daha sonra ayarla anlamına gelen `set` ifadesi kullanılır. `Set` ifadesinin ardından önce sütun adı sonra o sütunun yeni değeri yazılır. Yani kabaca özetleyecek olursak;

```
Update TabloAdı Set SütunAdı=YeniDeğeri, Sütun2Adı=YeniDeğeri…, where SütunAdı=Değeri
```

Şeklinde olacaktır. Şimdi pratik bir örnekle konuyu pekiştirelim.

Uygulama 7

Kitap tablosunda id değeri 4 olan kaydın yazarını Fyodor Dostoyevski olarak değiştirelim.

```
update tblkitaplar set yazar='Fyodor Dostoyevski' where Kitapid=4
```

Sorgumuzu yazıp **Execute** ifadesine tıklayınca güncelleme işlemini gerçekleştirecektir. Normalde 4'nolu ID alanımızda yazarımızın ismi sadece `Dostoyevski` iken bu sorgu sayesinde isminin önüne `Fyodor` ifadesini eklemiş olduk.

Results | Messages

	Kitapid	KitapAd	Yazar	Sayfa	Fiyat
1	1	Beyaz Zambaklar Ülkesinde	Grigory Petrov	245	8
2	3	Müfettiş	Gogol	145	6
3	4	Suç ve Ceza	Fyodor Dostoyevski	985	18
4	5	Kürk Mantolu Madonna	Sabahattin Ali	203	11
5	7	Denemeler	Montaigne	265	11

SQL ile ilgili kullanacağımız 4 temel başlığı anlatmış olduk. Bunların dışında sizlerin mutlaka öğrenmenizi istediğim bir takım konular daha mevcut. Ve bu konulara da kitabımızda yer vermek istedik. Normal şartlarda SQL kendi başına bu kitabın içeriği kadar olmasa da bu kitabın kalınlığına yakın içerikte konulardan oluşan bir başlıktır. Fakat biz tüm başlıklara değinmek yerine C# bilen birisi için ilk etapta önemli gördüğümüz başlıklara değineceğiz. Bunları sıralayacak olursak;

» Operatörler

» Alt Sorgular

» Gruplandırmalar

» İlişkili Tablolar

» Birleştirme İşlemleri

» Prosedürler

» Tetikleyiciler

OPERATÖRLER

C# dilinde olduğu gibi SQL'de de pek çok operatör bulunmaktadır. Bunlar arasında en sık kullanılanları beraber inceleyelim. Kitabımızın operatörler bölümünü hatırlayacak olursak kullanmış olduğumuz operatörlerin çoğunu aynı şeyleri ifade edecek şekilde burada da kullanabiliriz. SQL'de bulunan temel operatörlerimizi beraber inceleyelim.

Aritmetik Operatörler

C# dilinde olduğu gibi toplama, çıkarma, çarpma, ve bölme işlemler yapmak için kullanılan ifadelerdir. Bu ifadeler yeni sorgu alanında klasik aritmetik işlemlerin yapıldığı gibi yapılabilir.

Uygulama 8

2 sayı üzerinde aritmetik 4 işlemi yapan SQL sorgularını yazalım.

```
Select 15+5
Select 15-5
Select 15*5
Select 15/5
```

Aritmetik operatörler üzerinde işlem yaparken `Select` sorguları kullanmamız yeterli olacaktır. Burada klavyeden girmiş olduğumuz 15 ve 5 değerleri yerine tablo alanımızda bulunan aritmetik değerleri de okutup işlem yaptırabilirdik.

Karşılaştırma Operatörleri

Bu operatörler eşittir, eşit değildir, büyüktür, küçüktür, benzer mi gibi karşılaştırma sorgulaması yapan başlıkları içerir. SQL sorgularında C#'dan farklı olmak üzere eşitlik sorgusu çift eşittir ile değil tek eşittir ile yapılır. Ayrıca alfabetik değerlerin sorgulanması çift tırnak içinde değil tek tırnak içerisinde gerçekleşir. Bu notları önceki sayfalarda da belirtmiştik.

Uygulama 9

Kitap tablomuzda sayfa sayısı 250'den büyük olan kitapları listeleyelim.

```
Select * From Tblkitaplar where sayfa>250
```

`Select * From` ifadesi ile tablomuzdaki bütün kayıtları listeleme işlemi yaptık anca sonuna eklemiş olduğumuz filtreleme şartı tüm kayıtları değil sadece şartlarımızı sağlayan kayıtları getirecektir. Şartımızı sayfa sayısının 250'den büyük olması olarak belirledik. Eğer sayfa sayısı 250'den büyükse o satıra ait bilgileri ekranımıza yazdıracaktır.

Results | Messages

	Kitapid	KitapAd	Yazar	Sayfa	Fiyat
1	4	Suç ve Ceza	Fyodor Dostoyevski	985	18
2	7	Denemeler	Montaigne	265	11

Karşılaştırma operatörlerinin en önemli başlıklarından birisi like operatörüdür. Benzerliğin kontrolünü yapan like operatörü özellikle arama işlemlerinde çok sık kullanılır. Örneğin; Google İndex'de a yazdığınız anda a harfi ile ilgili kelimlerin gelmesi yanına s koyunca as ile başlayan ifadelerin gelmesi `like` operatörü mantığıyla çalışır.

Uygulama 10

Kitap tablomuzda içinde a harfi geçen kitap adlarına göre kayıtlarımızı listeyelim.

```
Select * From Tblkitaplar where kitapad like '%a%'
```

İfademiz alfabetik bir sorgulama olduğundan dolayı sorgulatacağımız harfi tek tırnak sembolü içerisine yazdık. `like` ifadesinin türevleri mevcuttur. Biz bu kullanımda içerisinde istediğimiz değerin olup olmadığını sorgulamak için harfimizi yüzde sembolleri içerisine yazdık. Eğer başına yüzde sembolü koymayıp sonuna ekleseydik bu kez sorgumuz a harfi ile başlayanlar şekline dönecekti ya da başına yüzde sembolü ekleyip sonunu boş bıraksaydık bu kez a ile bitenler şekline dönecekti.

Results | Messages

	Kitapid	KitapAd	Yazar	Sayfa	Fiyat
1	1	Beyaz Zambaklar Ülkesinde	Grigory Petrov	245	8
2	4	Suç ve Ceza	Fyodor Dostoyevski	985	18
3	5	Kürk Mantolu Madonna	Sabahattin Ali	203	11

Mantıksal Operatörler

Bu operatörler **ve, veya, değil** ifadelerinden oluşur. 3 Temel mantıksal operatör bulunur. Fakat bu operatörler C#'da olduğu gibi && veya || gibi sembollerle değil `and`, `or`, `not` komutlarıyla ifade edilir. and ve anlamına gelir. Bir sorgulama işleminde birden fazla şartın gerçekleşmesinin istendiği durumlarda kullanılır. Örneğin kitap tablosunda sayfa sayısı 200'den büyük ve fiyatı 15'den küçük olan kayıtları getirmek istersek burada şartlarımız arasına and operatörü yazmak durumundayız.

Uygulama 11

Kitap tablomuzda sayfa sayısı 200'den büyük ve fiyatı 15'den küçük kayıtları listeleyelim.

```
Select * From Tblkitaplar where sayfa>200 and fiyat<15
```

Sayfa sayısı 200'den büyük ve fiyatı 15'den küçük olan kayıtları bu şekilde listelemiş olduk. Filtrelerimiz arasına and operatörü yazdık. Filtreler 2 tane ile sınırlı kalmak zorunda değil dilerseniz arttırabilirsiniz.

Results | Messages

	Kitapid	KitapAd	Yazar	Sayfa	Fiyat
1	1	Beyaz Zambaklar Ülkesinde	Grigory Petrov	245	8
2	5	Kürk Mantolu Madonna	Sabahattin Ali	203	11
3	7	Denemeler	Montaigne	265	11

Uygulama 12

Kitap tablomuzda sayfa sayısı 200'den büyük veya fiyatı 10'dan küçük kayıtları listeleyelim.

```
Select * From Tblkitaplar where sayfa>200 or fiyat<10
```

Sayfa sayısı 200'den büyük veya fiyatı 10'dan küçük olan kayıtları bu şekilde listelemiş olduk. Filtrelerimiz arasına or operatörü yazdık. Böylece tüm şartları sağlamak zorunda kalmadan herhangi bir şartı sağlayan kayıtları karşımıza listelemiş oldu.

Results | Messages

	Kitapid	KitapAd	Yazar	Sayfa	Fiyat
1	1	Beyaz Zambaklar Ülkesinde	Grigory Petrov	245	8
2	3	Müfettiş	Gogol	145	6
3	4	Suç ve Ceza	Fyodor Dostoyevski	985	18
4	5	Kürk Mantolu Madonna	Sabahattin Ali	203	11
5	7	Denemeler	Montaigne	265	11

Uygulama 13

Kitap tablomuzda içinde a harfi geçmeyen kitapları listeleyelim.

```
Select * From Tblkitaplar where kitapad not like '%a%'
```

İçinde a harfi geçen bir değeri bulmak için `like` komutu yazıp yüzde sembolü içerisine a harfini eklememiz gerekmektedir. Eğer bunun tersinin istiyorsak yani içinde a harfi geçmeyen verileri arıyorsak o zaman `like` komutunun önüne olumsuzluk anlamı katan `not` ifadesini ekleyip işlemimizi tamamladık.

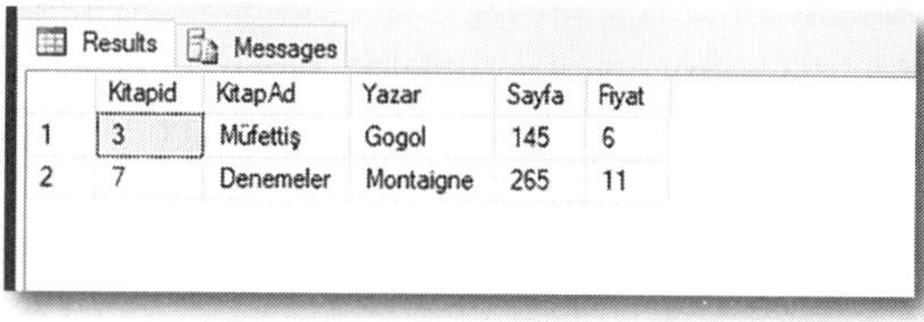

	Kitapid	KitapAd	Yazar	Sayfa	Fiyat
1	3	Müfettiş	Gogol	145	6
2	7	Denemeler	Montaigne	265	11

Bahsetmiş olduğumuz bu operatörler dışında birleştirme, küme gibi operatörler de mevcut fakat bunları vermek ilk aşama için çok gerekli olmadığından biz temel başlıklar ile yetineceğiz. Bu konudaki daha detaylı bilgi için youtube kanalımızda bulunan "60 Derste SQL" serisini izleyebilirsiniz.

ALT SORGULAR

SQL'de sadece tek tablo üzerinde sorgulama yapılmaz. Bazen yazdığınız bir sorgu 2 farklı belki daha fazla tablonun durumuna bağlı olabilir. İşte böyle durumlarda devreye alt sorgu girecektir. Alt sorgular kısaca sorgu içerisinde sorgu anlamı da taşır. Alt sorgularda bir başka tablonun durumuna göre sorgulama şartı yoktur, bir tablo kendi içinde de alt sorgulara sahip olabilir.

Uygulama 14

Kitap tablomuzda fiyatı Beyaz Zambaklar Ülkesinde kitabının fiyatından daha yüksek fiyata sahip olan kitapları listeleyelim.

```
Select * from tblkitaplar where fiyat>(select fiyat from tblkitaplar where
kitapad='Beyaz Zambaklar Ülkesinde')
```

Görüldüğü gibi sorgumuz 2 farklı `select` sorgusunda oluşuyor. Burada birinci sorgumuz kitaplar tablomuzdaki kayıtları getirecek ama bir şartımız var fiyatı bir şeyden büyük olan peki o şey ne? İkinci sorgumuza baktığımız zaman ikinci sorgumuz tek başına çalıştırılırsa sadece `Beyaz Zambaklar Ülkesinde` kitabının fiyatını listeleyecektir. Yani bu kitabın fiyatı 8 olduğundan sorgumuz şöyle olmuş oldu; Fiyatı 8'den büyük olan kitapları listele. Böylece aynı tablo içinde alt sorgu kullanmış olduk. Dilerseniz farklı tablolarda da alt sorgular yazabilirsiniz.

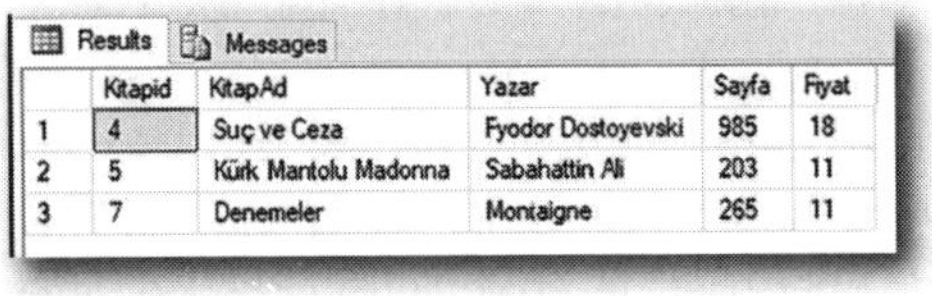

	Kitapid	KitapAd	Yazar	Sayfa	Fiyat
1	4	Suç ve Ceza	Fyodor Dostoyevski	985	18
2	5	Kürk Mantolu Madonna	Sabahattin Ali	203	11
3	7	Denemeler	Montaigne	265	11

GRUPLANDIRMALAR

Veritabanlarında çokça ihtiyaç olan başlıklardan birisi de gruplandırmadır. Gruplandırma işlemi belirli sütunlarda aynı değere sahip olan verileri bir araya toplama işlemi yapar. Gruplandırma işlemleri genellikle bazı hazır matematiksel fonksiyonlar üzerinden çalışırlar. Bunların en önemlileri `Count`, `Avg` ve `Sum` fonksiyonlarıdır. Önce bu fonksiyonlarımıza kısaca değinelim;

Count

Bir tablo içerisinde istenilen kayıt sayısını döndüren komuttur. Örneğin; tablodaki kayıtların tümünün ya da sadece fiyatı 10'dan büyük olanların kaç adet olduğunu bulmak için count kullanabiliriz. `Count` kullanmadan önce tablomuza bir tane daha sütun ekleyelim. Bu sütun yayınevi sütunu olsun yani hangi kitap hangi yayınevine ait şeklinde. Bunun için tablomuzun üzerinde sağ tuşla tıklayarak **design** penceresini açıyoruz.

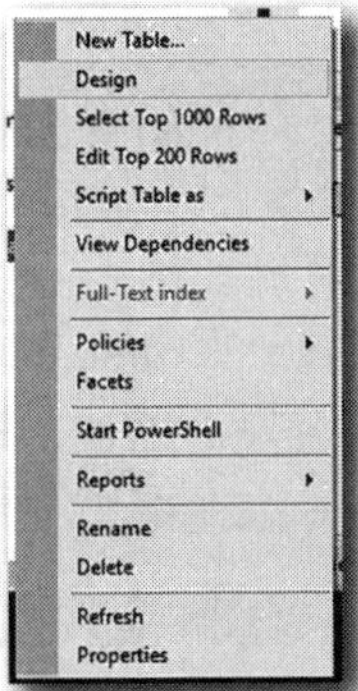

Daha sonra en alta **Yayınevi** sütunu ekleyelim. Sütun başlıklarının ayrı yazılmayacağını unutmayalım. Sonrasında **Ctrl+S** tuşlarına basarak tablomuzu kaydedelim.

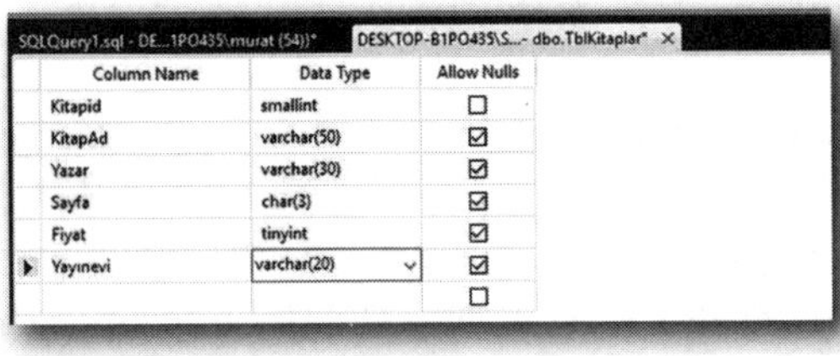

Column Name	Data Type	Allow Nulls
Kitapid	smallint	☐
KitapAd	varchar(50)	☑
Yazar	varchar(30)	☑
Sayfa	char(3)	☑
Fiyat	tinyint	☑
Yayınevi	varchar(20)	☑
		☐

Şimdi **edit top 200 rows** alanını açarak kitaplarımızın karşısına birer tane yayınevi ekleyelim.

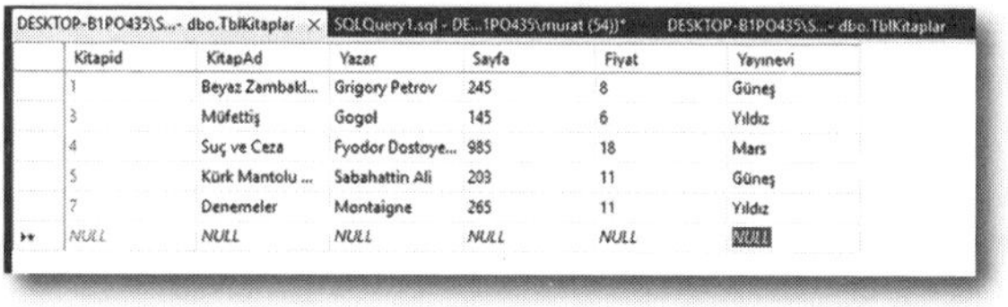

	Kitapid	KitapAd	Yazar	Sayfa	Fiyat	Yayınevi
	1	Beyaz Zambakl...	Grigory Petrov	245	8	Güneş
	3	Müfettiş	Gogol	145	6	Yıldız
	4	Suç ve Ceza	Fyodor Dostoye...	985	18	Mars
	5	Kürk Mantolu ...	Sabahattin Ali	203	11	Güneş
	7	Denemeler	Montaigne	265	11	Yıldız
▸*	NULL	NULL	NULL	NULL	NULL	NULL

Yayınevlerini de eklediğimize göre `count` konumuza devam edebiliriz. Count kullanımı ile ilgili küçük bir örnek yapalım.

Uygulama 15

Kitap tablomuzdaki kayıt sayısını döndüren sorguyu yazalım.

```
Select Count(*) From Tblkitaplar
```

`Count` ifadesinden sonra sayılacak olan değeri parantez içerisine yazdık. Biz bütün kayıtları saymasını istediğimiz için * sembolünü kullandık. Böylece bize kayıt sayısını döndürmüş oldu.

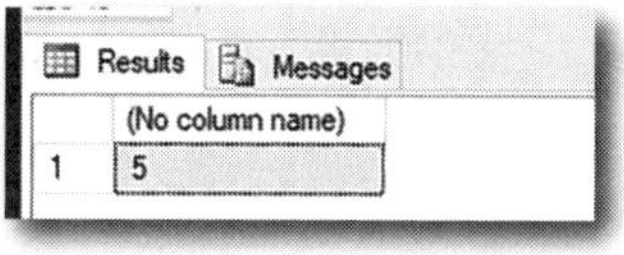

Uygulama 16

Kitap tablomuzda yayınevi güneş olan kitapların sayısını döndüren sorguyu yazalım.

```
Select Count(*) From Tblkitaplar where yayınevi='güneş'
```

SQL'de büyük küçük harf duyarlılığı olmadığından yayınevi ifadesinin ya da güneşin ilk harflerini küçük yazmamız sonucu etkilemiyor. `Count` ifadesi bize toplam kayıt sayısını veriyordu. İfadenin sonuna eklemiş olduğumuz where ile bunun bir şartlı sorgulama olduğunu bildirmiş oluyoruz. Şartımız yayınevinin güneş olduğu kitaplardır. Sorgumuzu çalıştırınca bize 2 sonucunu verecektir.

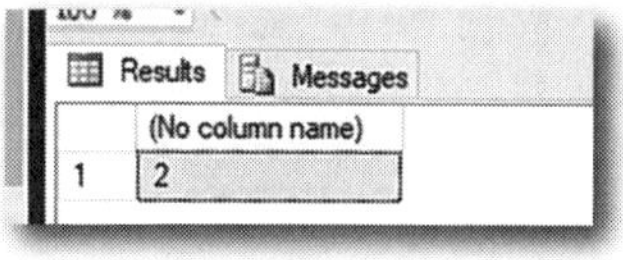

Sum

Bir tabloda bulunan aritmetik sütuna ait değerlerin toplanması için kullanılır. Örneğin kitaplar tablosundaki kitap fiyatlarımızın toplamını sum fonksiyonu ile bulabiliriz. `sum` fonksiyonu da `count` fonksiyonunda olduğu gibi SQL'de yapılacak olan sorgulamalar için büyük önem taşır.

Uygulama 17

Kitap tablomuzdaki toplam kitap fiyatlarını bulan sorguyu yazalım.

```
Select Sum(fiyat) From Tblkitaplar
```

Yapı olarak fonksiyonlar birbirine büyük ölçüde benzerler. `Sum` ifadesinden sonra toplatmak istediğimiz alan olan fiyat değerini parantez içerisine yazdık. Böylece kitap tablomuzdaki tüm kitapların fiyat değerleri toplamını bulmuş olduk.

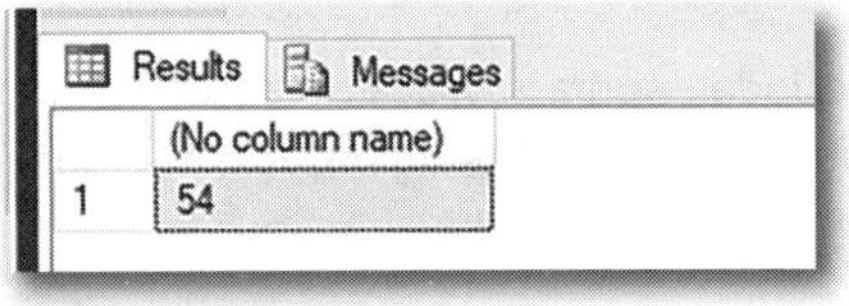

Avg

Average yani Türkçesi olarak **Ortalama** anlamına ortalama hesabı için kullanılan matematik fonksiyonudur. Örneğin kitaplar tablomuzda kitap fiyatlarının ortalamasını hesaplamak istersek kitap fiyatlarını toplayıp kayıt sayısına bölmemiz gerekmez bunun yerine `Avg` fonksiyonunu kullanabiliriz.

Uygulama 18

Kitap tablomuzdaki kitapların ortalama fiyatını veren sorguyu yazalım.

```
Select Avg(fiyat) From Tblkitaplar
```

Avg sorgusuyla herhangi bir ekstra matematik işlemi yapmadan direkt olarak ortalama hesabını bulmuş olduk. `Count` ve `Sum` fonksiyonlarında olduğu gibi `Avg`'de de `where` ile filtreleme yapılarak belirli şartlar getirilebilir.

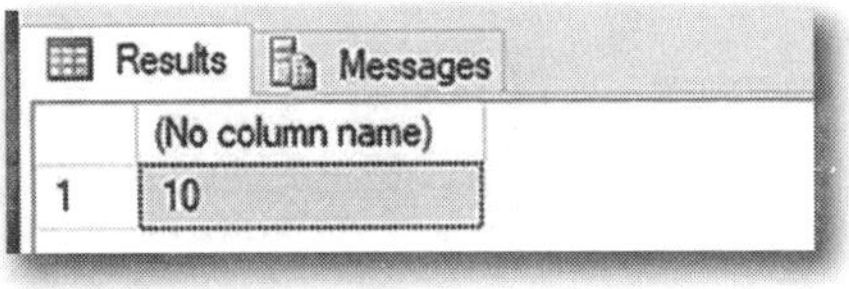

3 Temel aritmetik fonksiyonumuzu öğrendiğimize göre şimdi bu fonksiyonları beraberinde kullanacağımız gruplandırma işlemlerine değinelim. Örneğin kitap tablomuzda her bir yayın evinin kaç tane olduğunu bulmak veya daha somut bir örnek verecek olursak Türkiye'de her şehirde kaç insan yaşadığını hesaplamak için gruplandırma kullanabiliriz. Gruplandırma işlemleri `Group By` komutuyla yapılır. Örneklerimize bakalım.

Uygulama 19

Kitap tablomuzda her bir yayın evinin kaç tane kitabı olduğunu bulan sorguyu yazalım.

```
Select Yayınevi,Count(kitapad) From Tblkitaplar group by Yayınevi
```

Sorgumuzda geriye döndürmesini istediğimiz iki sütun var bunların birincisi yayınevinin ismi, ikincisi kaç adet kitabı olduğu. Bunun için `select` ifadesinden sonra `Yayınevi` sütununu sorgumuza ekledik. Daha sonra `Count(KitapAd)` ifadesiyle kitapları saymasını istedik. Ancak her bir yayınevinin kaç adet kitabı olduğunu bulmak için bir gruplandırmaya ihtiyacımız vardı. Bunun için de sorgumuzun sonuna yayınevine göre gruplandır anlamına gelen `group by Yayınevi` ifadesini yazarak uygulamamızı tamamladık.

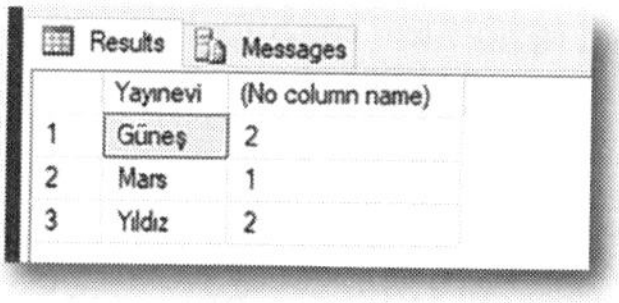

	Yayınevi	(No column name)
1	Güneş	2
2	Mars	1
3	Yıldız	2

İLİŞKİLİ TABLOLAR

Veritabanlarında içerik artıp depolanması gereken veriler daha da çoğalınca performans düşüklüğü sorunu ortaya çıkabilir. İşte bu noktada devreye ilişkiler girecektir. İlişkiler performansın en iyileştirilmesi, iş yükünü azaltmak, tablolar arasında esneklik sağlamak gibi durumları programcıya sunan yapılardır. İlişki kurabilmek için ihtiyacımız olan öncelikli değer birincil anahtardır. Peki, nedir birincil anahtar? Benzersiz olan sütun değerlerini ifade etmek için kullanılan semboldür. Yani bir tabloda bir satırda bulunan verileri diğerlerinden ayırt edecek değerdir. Örneğin insanların T.C kimlik numarası veya okuldaki öğrencilerin okul numarası gibi.

3 Temel ilişki türü bulunur;

» Bire bir ilişki

» Bire çok ilişki

» Çoka çok ilişki

Bire bir ilişki

İlişki türlerini teorik kavramlarla açıklamak pek yeterli olmayacaktır bu yüzden somut örnekler verelim. Mesela elinizde iki tane tablo var. Bu tablolardan birisi kişiler tablosu diğeri de biletler tablosu olan bir sinema bilet projesi olduğunu varsayalım. Sinemada online bilet alırken her bir bilet için kişi bilgisi girilmek zorundadır. Bir T.C kimlik numarası ile iki tane bilet alınamaz. Eğer sinemaya birden fazla kişi ile gidilecekse her kişi için koltuk seçilip o koltuğa ait T.C kimlik numarası bilgisi doldurulabilir. İşte bu yapı yani kişiler ile biletler tabloları bire-bir ilişkiyi oluşturacaktır.

Bire çok ilişki

Film sitelerinde bulunan kategoriler ve filmler bu ilişki için oldukça idealdir. Bir kategorinin birden fazla filmi olması örneğin macera kategorisinde hem Mad Max filmi varken hem de Karayip Korsanları filmi olabilir. Hatta bu film sayısı daha da artabilir. Ancak her filmin yalnızca bir kategorisi bulunabilir. Fakat bir kategorinin birden fazla filmi olabilir. İşte bu yapı bire çok ilişkidir.

Çoka çok ilişki

Bunun için de üniversitedeki öğrenciler ile ders listesini düşünebiliriz. Ancak çoka çok ilişkide genellikle bir ara geçiş tablosu kullanılır. Birinci tablomuz öğrenciler tablosu, ikinci tablomuz dersler tablosu olsun ara geçiş tablosunda da öğrencilerin aldığı dersleri tutalım. Ara geçiş tablosunda bir öğrenci birden fazla kez bulunabilir. Çünkü bir öğrencinin birden fazla ders alması gerekecektir. Aynı şekilde geçiş tablosunda dersler de birden fazla kez bulunacaktır. İşte bu yapı çoka çok ilişki türüdür. Bu kavramları şimdilik bu kadarıyla bilmeniz yeterli olacaktır. Biz örneklerimizde bire çok ilişkiyi kullanacağız. İlerleyen dönemlerde büyük ölçekli projeler yazmaya başladığınız zaman karşınıza en fazla çıkacak olan ilişki türü bire çok olacaktır. Şimdi SQL'de üzerinde çalıştığımız kitapvt veritabanımızı açıp içerisine bir tablo daha ekleyelim. Bu tablo kitapların türlerini tutsun. Şöyle bir tasarım oluşturalım;

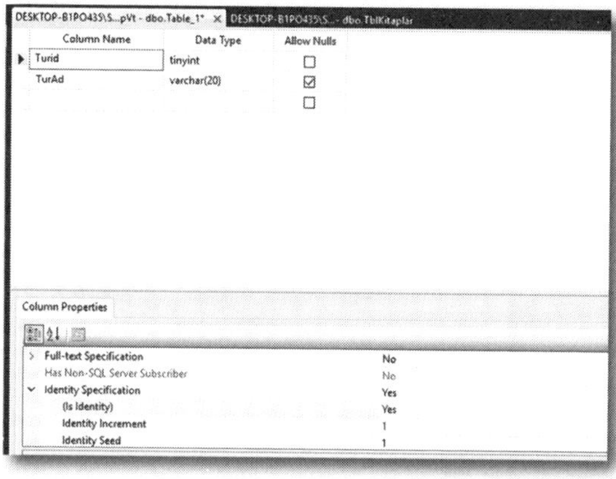

Türid alanımızı otomatik artan yaptıktan sonra **Türid** üzerinde sağ tuş yapıp bu sütunu birincil anahtar olarak belirleyelim.

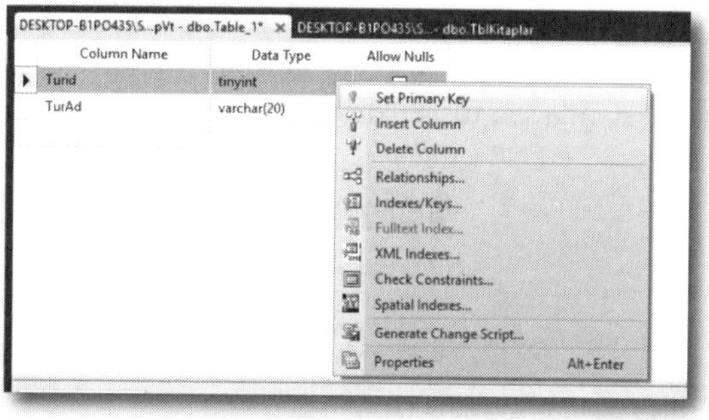

Son olarak tablomuzu **TblTurler** adıyla kaydedelim.

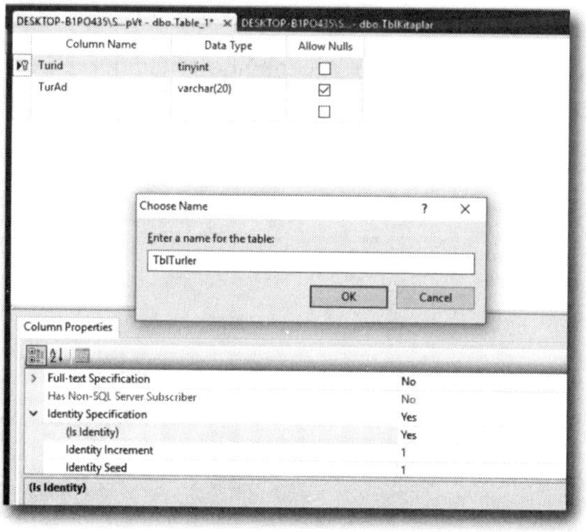

Şimdi **tblkitaplar** tablomuza dönelim ve en altına **Tür** isminde bir sütun ekleyelim.

NOT Tablolar arası ilişki oluştururken, ilişki oluşturulacak sütunların veri tipi aynı olmak zorunda.

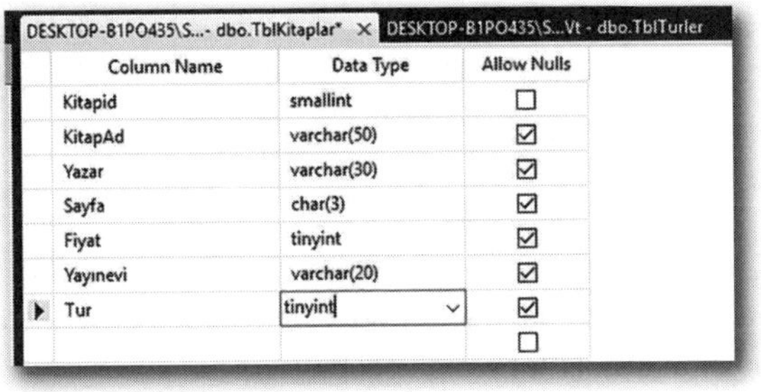

Şimdi geldik ilişki kullanmaya. Veritabanımızı açtıktan sonra hemen altında **Database Diagrams** isminde bir alan var, burası ilişkileri oluşturmak için kullanılan alandır. Bu alanda sağ tuşla tıklayıp **New Database Diagrams** alanını seçelim.

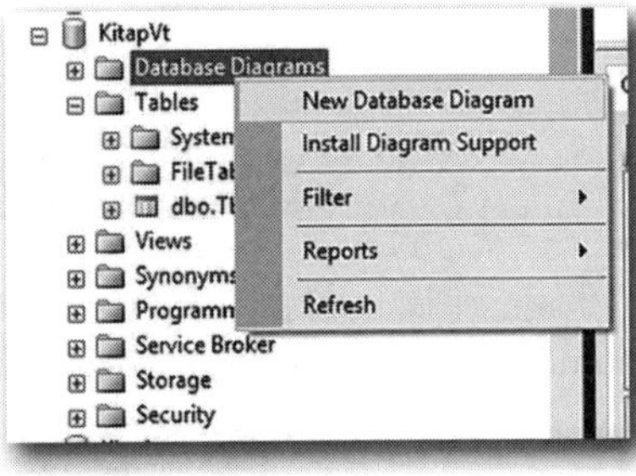

New Database Diagrams seçeneğine tıkladığımız zaman karşımıza aşağıda bulunan şekildeki gibi tablo alanları gelecektir. İlişki kurmak istediğimiz tüm tabloları seçeceğiz.

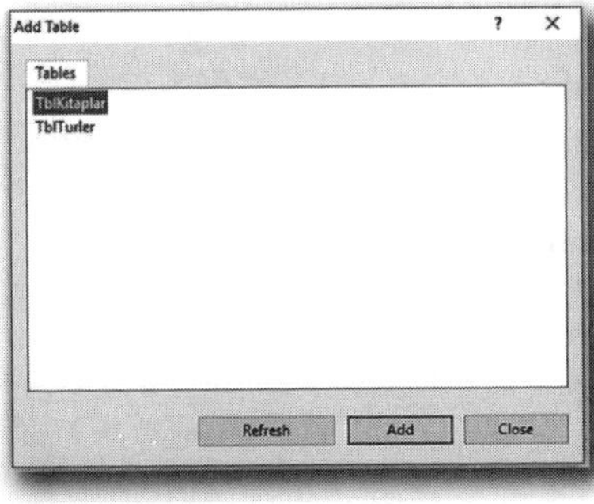

Her iki tablomuzu da diyagram alanına ekledik. Amacımız kitapların türlerini ilişkili formatta tutabilmek. Bunun için **Turid** alanının üzerinden sürükleyip kitaplar tablosundaki tür alanının üzerine bırakıyoruz.

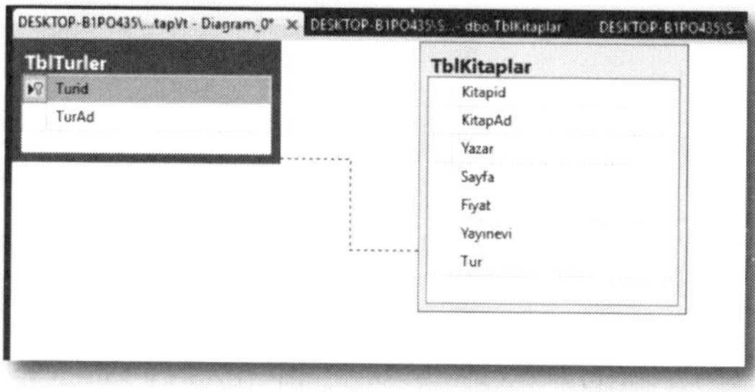

Üstüne sürüklediğimiz zaman karşımıza şu şekilde bir ekran gelecektir.

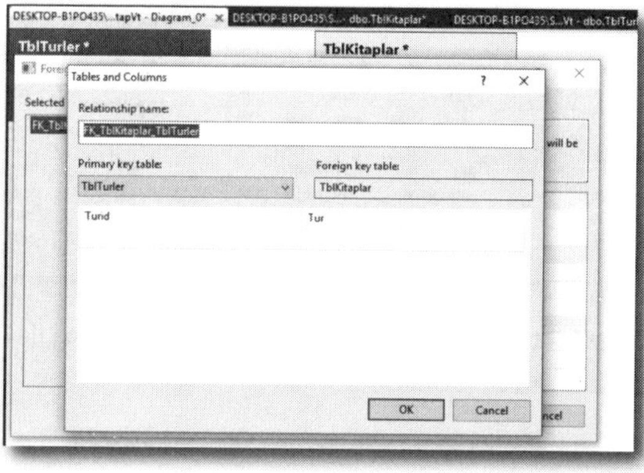

Türler tablosundaki turid alanı ile kitaplar tablosundaki tür alanını birleştireceğimizi SQL'e bildirmiş olduk. Açılan pencerede **OK** seçeneğine tıklıyoruz. Böylece ilişki kurulmuş olacak.

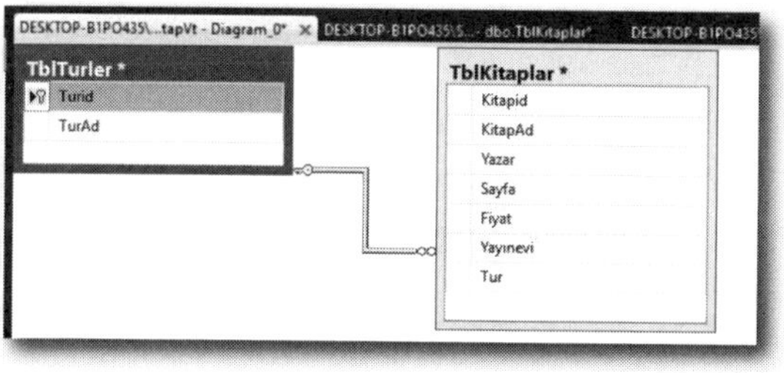

Anahtar sembolü bir, sonsuz sembolü çok anlamındadır. Yani bire çok ilişkimizi böylece kurmuş olduk. Şimdi türler tablomuza gidelim ve birkaç tane kitap türü girelim.

DESKTOP-B1PO435\S...Vt - dbo.TblTurler

	Turid	TurAd
	1	Hikaye
	2	Roman
	3	Şiir
	4	Tiyatro
▸*	NULL	NULL

4 tane kitap türü girişi yaptık. Şimdi bu türleri kitaplar tablomuzda da yazalım. Ancak kitaplar tablomuzda kitap türü olarak hikaye, roman gibi değerler yerine o türün id değerini gireceğiz.

DESKTOP-B1PO435\S...- dbo.TblKitaplar | DESKTOP-B1PO435\S...Vt - dbo.TblTurler*

	Kitapid	KitapAd	Yazar	Sayfa	Fiyat	Yayınevi	Tur
	1	Beyaz Zambakl...	Grigory Petrov	245	8	Güneş	2
	3	Müfettiş	Gogol	145	6	Yıldız	4
	4	Suç ve Ceza	Fyodor Dostoye...	985	18	Mars	2
	5	Kürk Mantolu ...	Sabahattin Ali	203	11	Güneş	2
	7	Denemeler	Montaigne	265	11	Yıldız	1
▸*	NULL	NULL	NULL	NULL	NULL	NULL	NULL

Veri girişlerini tamamladık. Şimdi örnek bir uygulama ile ilişkili tablomuzun nasıl gözüktüğünü beraber görelim.

Uygulama 20

Kitap tablomuzdaki verileri listeleyelim.

```
Select * from tblkitaplar
```

Results | Messages

	Kitapid	KitapAd	Yazar	Sayfa	Fiyat	Yayınevi	Tur
1	1	Beyaz Zambaklar Ülkesinde	Grigory Petrov	245	8	Güneş	2
2	3	Müfettiş	Gogol	145	6	Yıldız	4
3	4	Suç ve Ceza	Fyodor Dostoyevski	985	18	Mars	2
4	5	Kürk Mantolu Madonna	Sabahattin Ali	203	11	Güneş	2
5	7	Denemeler	Montaigne	265	11	Yıldız	1

Bu şekilde verilerimizi listelemiş olduk ancak dikkat ederseniz tür alanında bizim türlerimizin adı değil id değerleri geldi. Peki, biz o id değerine karşılık gelen adları nasıl getireceğiz? İşte bu noktada devreye birleştirmeler girecek. Öyleyse bir sonraki maddede birleştirmeleri beraber öğrenelim.

BİRLEŞTİRMELER

Özellikle ilişkisi olan veri tablolarında ilişkili sütun değerlerinin karşılığı olan alanları getirmek için kullanılan yapıdır. Pek çok farklı birleştirme yöntemi bulunur. Biz yalnızca ortak birleştirme olan iki kümenin kesişim elemanlarını kapsayan inner join birleştirmesinde bahsedeceğiz. Birleştirmeler iki tablo ya da daha fazla tabloda istenilen alanları tek bir tablo üzerinde göstermektir. Oldukça kolay bir kullanımı vardır. Örnek üzerinde inceleyelim.

Uygulama 21

Kitap tablomuzdaki verileri listeleyelim ek olarak türleri id olarak değil o id değerinin adı olarak listelensin.

```
Select Kitapad,Yazar,Sayfa,Fiyat,YayınEvi,TurAd from tblkitaplar inner join
TblTurler on TblKitaplar.Tur=TblTurler.Turid
```

Results | Messages

	Kitapad	Yazar	Sayfa	Fiyat	YayınEvi	TurAd
1	Beyaz Zambaklar Ülkesinde	Grigory Petrov	245	8	Güneş	Roman
2	Müfettiş	Gogol	145	6	Yıldız	Tiyatro
3	Suç ve Ceza	Fyodor Dostoyevski	985	18	Mars	Roman
4	Kürk Mantolu Madonna	Sabahattin Ali	203	11	Güneş	Roman
5	Denemeler	Montaigne	265	11	Yıldız	Hikaye

Birleştirme işlemlerinde * sembolü pek tercih edilmez onun yerine birleştirilecek olan sütunlar yazılır. Bizde birleştirme işleminde olmasını istediğimiz kitap adı, yazarı, sayfası, fiyatı, yayınevi ve diğer tablomuzdan gelecek olan tür adı alanlarını select kısmına yazdık. Daha sonra from diyerek ilk tablomuz olan kitaplar tablosunu ekledik. Kitaplar yazdıktan sonra inner join komutunun arkasına kitaplar tablomuzu birleştireceğimiz türler tablomuzu ekledik. `On` komutu burada şart belirtmeden önce kullanılan SQL ifadesidir. Şartımız da şu oldu; Kitaplar tablomuzdaki ID alanının türler tablosundaki karşılığını getirsin. Böylece birleştirme işlemini tamamladık.

ÖdevŞehirler ve ilçeler isminde iki tane tablo oluşturup bir şehre ait ilçeleri ilişki kurarak yazıp sonrasında birleştirme sorgusuyla ilgili ilçelerin ait olduğu şehirleri listeleyen SQL sorgusunu yazın.

Prosedürler

Uzun SQL sorgularını bir tek kelime içinde toplamak için kullanılan yapılardır. Tıpkı bizim C#'da kullanmış olduğumuz metotlar gibi. Kitap içerisinde verdiğimiz örnekler temel düzeyde olmak durumunda çünkü sizlere işin mantığını ve yapısını anlatırken en basit örnekleri kullanmak durumundayız. Ancak yarın sizler sektöre girdiğiniz zaman 50 satır belki daha da uzun SQL sorguları ile karşılaşacaksınız. Bu kadar uzun sorguları C# kısmında yeniden yazmak yerine sadece prosedür adını yazmak daha cazip ve performans açısından daha iyileştirici olacaktır. Pratik bir örnek üzerinde konuyu pekiştirelim.

Uygulama 22

Bir önceki örneğimizde yapmış olduğumuz birleştirme işlemini prosedür içerisinde yazalım.

```
Create Procedure Listele
As
Select Kitapad,Yazar,Sayfa,Fiyat,YayınEvi,TurAd from tblkitaplar inner join
TblTurler on TblKitaplar.Tur=TblTurler.Turid
```

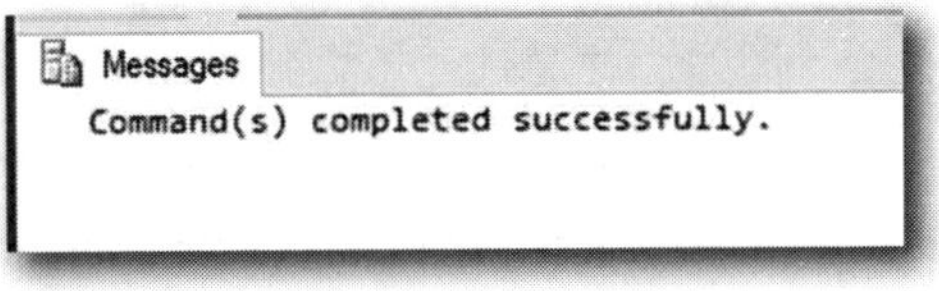

Create oluştur anlamına gelmektedir. Create dedikten sonra oluşturmak istediğimiz nesnemizin türünü prosedür olarak belirttik. Aynı şekilde tablo, veritabanı, ilişki gibi alanları da sorgularla oluşturabiliriz. Prosedürümüzün ismini **Listele** olarak belirledik. Daha sonra create komutu ile `select` komutu arasında bir bağ görevi gören ve kendisi yazıldıktan sonra esas sorgunun başladığını belirten as ifadesini ekledik, geriye kalan birleştirme işlemi bir önceki örneğimizde kullanmış olduğumuz sorgunun aynısıdır. Prosedürümüzü çalıştırmak için **Execute Prosedür Adı** yöntemini izlememiz lazım. Prosedürümüzü çalıştıralım;

```
Execute Listele
```

	Kitapad	Yazar	Sayfa	Fiyat	YayınEvi	TurAd
1	Beyaz Zambaklar Ülkesinde	Grigory Petrov	245	8	Güneş	Roman
2	Müfettiş	Gogol	145	6	Yıldız	Tiyatro
3	Suç ve Ceza	Fyodor Dostoyevski	985	18	Mars	Roman
4	Kürk Mantolu Madonna	Sabahattin Ali	203	11	Güneş	Roman
5	Denemeler	Montaigne	265	11	Yıldız	Hikaye

Prosedürümüzü çalıştırdıktan sonra üstte bulunan resimdeki gibi değerlerimiz listelenecektir.

TETİKLEYİCİLER

Bir SQL tablosunda bulunan verilerin çeşitli işlemlerden sonra etkilenmesi gereken durumları olabilir. Bu işlemler ekleme, silme güncelleme veya listeleme olabilir.. Örneğin kitap tablomuzdan bir kitap sildiğimiz anda bu veri silinenler tablosuna eklenebilir. Veya bir markette herhangi bir ürün satıldığı anda stok tablosundan o veri otomatik olarak bir azaltılır gibi... Tetikleyiciler de tıpkı prosedürler olduğu gibi create komutu ile oluşturulurlar. Tetikleyicileri daha somut bir örnek üzerinde anlatmak için ilk önce bir tane tablo oluşturalım. Bu tablo kitaplar tablomuzun kapasitesini yani kitaplar tablomuzda kaç adet kitap bulunduğu bilgisini tutsun.

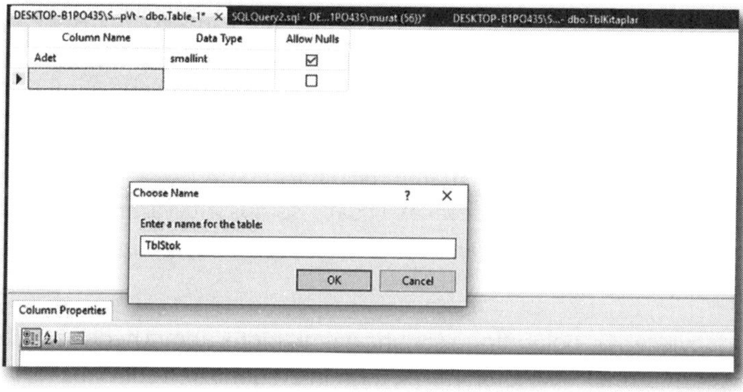

TblStok adında, bir tane sütunu bulunan ve veri tipi **smallint** olan tablomuzu oluşturduk. Şimdi bu tablonun değerini kitap sayımızın değeri olarak değiştirelim.

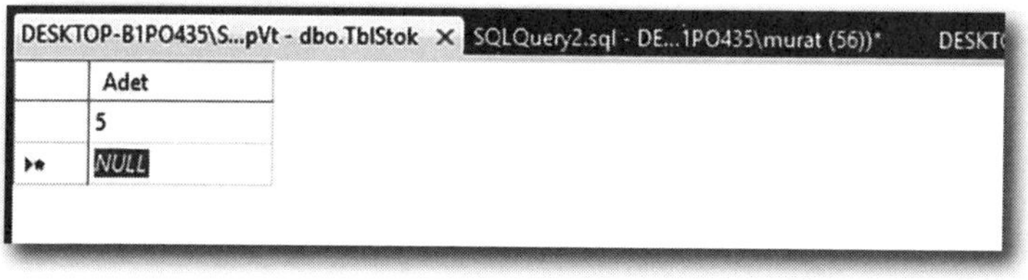

Tablomuz üzerinde sağ tuş yapıp **edit top 200 rows** kısmından adet değerini 5 olarak değiştirdik. Öyleyse tetikleyici başlığını pratik bir örnekle pekiştirelim.

Uygulama 23

Kitap tablosuna herhangi bir kitap eklendiği anda stok tablosunda bulunan adet alanını 1 arttıran sorguyu yazalım.

```
Create Trigger Arttır
On TblKitaplar
After Insert
As
Update TblStok set adet=adet+1
```

Sorgumuzu yazıp çalıştırdığımız zaman **Command(s) completed successfully** mesajını alacağız. İlk olarak `create` ifadesiyle başlayıp oluşturmak istediğimiz nesneyi yazdık. Tetikleyici oluşturmak istediğimiz için `create trigger` ifadesini kullanıp sonrasında bu tetikleyicimize arttır ismini verdik. Bu tetikleyicinin hangi tablo üzerinde çalışacağını bildirmek için `on` komutunu kullanıp kitaplar tablomuzu `on` komutunun yanına yazdık.

Peki, tetikleyici ne zaman çalışacak? Bunun için `after insert` komutunu ekledik. After `insert` komutu eklendikten sonra demek. Yani ekleme yapıldıktan sonra tetikleyicimiz devreye girecek. `As` komutuyla beraber sorgularımızı yazmaya başladık. Yapmak istediğimiz işlem kitap tablosuna bir kitap eklenince stok tablosunda bulunan adet alanımızın bir artması olduğundan bunun için adet alanımızı güncelleyecek `update` sorgusunu yazarak kod bloğumuzu tamamladık. Artık kitaplar tablosuna her veri ekleyişimizde adet değeri bir artacaktır.

Böylece SQL bölümünün sonuna gelmiş olduk. Temel hedefi sıfırdan orta seviye c# öğretmek olan kitabımızda tahmin ettiğimizden çok daha fazla SQL bilgisini sizlerle paylaştık. Bir sonraki bölümde SQL'de öğrenmiş olduğumuz bu konuları C# ile nasıl bağdaştıracağımızı uygulamalı projeler üzerinde göreceğiz.

NELER ÖĞRENDİK?

Bu bölümde SQL'de sorgu yazmayı, 4 temel SQL komutu olan Select, Insert, Delete ve Update komutlarını, SQL'de kullanılan operatörleri, şartlı sorgulamaları, filtreleme işlemlerini, alt sorguları, gruplandırmaları, ilişkili tabloları, ilişkili tablo türlerini, diyagram üzerinden ilişkili tablo kurmayı, prosedürleri, tetikleyicileri öğrenmiş olduk. Artık C# ile SQL ilişkisine hazır sayılırız. Gelecek bölümde bu öğrendiğimiz SQL kavramlarının neredeyse hepsini kullanıyor olacağız.

16

C# Form ile SQL

Bu Bölümde

Bu bölümde veritabanı projelerinin C# ile nasıl ilişkilendirildiği ve kullanıldığını, form üzerinde somut bir proje olarak bir kitap kayıt projesindeki kitapları listelemeyi, sisteme yeni kitap eklemeyi, kitap silmeyi ve var olan kitap bilgisini güncellemeyi, tür değerlerini ilişkili formatta araçlarımıza çekmeyi, SQLConnection adresi almayı, bağlantı sihirbazını ve pek çok C# SQLClient kütüphanesine ait veritabanı kavramını öğreneceğiz.

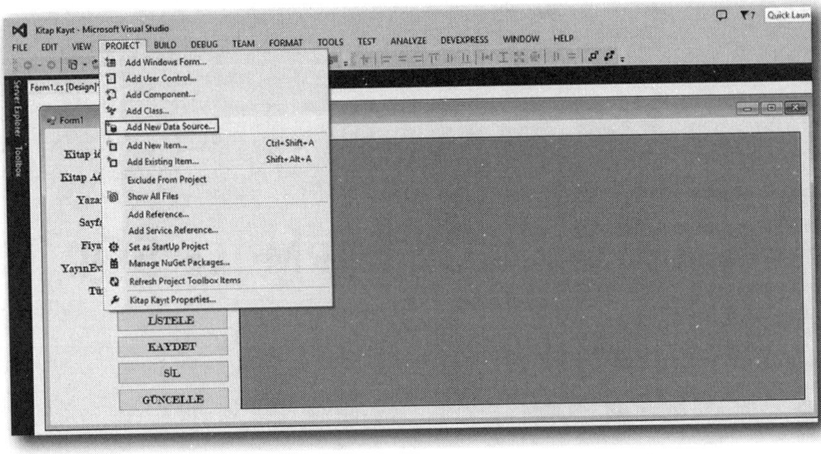

Geçtiğimiz bölümlerde SQL yapısını detaylı bir şekilde öğrendik. Artık tablo ve veritabanı oluşturabiliyor bu tablolara veri girişi yapabiliyoruz. Peki, bir masaüstü programı olarak kullanmak istediğimiz uygulama olduğu zaman verileri girebilmek için SQL'i mi açacağız? Bu durum son kullanıcılar yani yapmış olduğumuz uygulamayı çalıştıracak ve kullanacak olan kişiler için ne kadar verimli olur? Diyelim ki bir kitap kayıt projesi yapacağız. Bu projenin esnek ve anlaşılır kullanımı için en önemli kavram yalın bir ara yüze sahip olmasıdır.

Ara yüz; "Son kullanıcıların göreceği, işlemlerin yapılacağı ekrandır" bu işlemler listeleme, ekleme, silme veya güncelleme olabilir. Biz bu bölümde somut bir proje üzerinde SQL başlıklarının C# komutları ile nasıl kullanıldığını öğreneceğiz.

KİTAPLIK PROJESİ

Öncelikle nasıl bir proje yapacağımızın detaylarını ortaya koyalım. Projemiz veritabanı alt yapısıyla çalışacak olan, sistemdeki mevcut kitapları listeleyen, kitap eklemesi yapan, var olan kitapları silen ve bilgilerini güncelleyen, bunun yanında arama işlemi yapılabilen 5 temel başlık üzerine inşa edilecektir. Bu başlıklar SQL bölümlerinde öğrenmiş olduğumuz **Select**, **Insert**, **Delete** ve **Update** sorguları ile gerçekleştirilecek.

Yazılım projeleri yapılmadan önce ister dokümanları ortaya konulur. Bu dokümanlarda proje analizi yapılır, gerekli olan durum ve koşullar belirlenir. Biz kapsamlı bir doküman oluşturmayacağız ama en azından nelere ihtiyacımız olduğunu, hangi başlıkları ve adımları izleyeceğimizi adım adım yazıp bu sırayı takip edeceğiz.

- » Form ara yüzünün oluşturulması
- » Datagridview aracı hakkında bilgi verilmesi
- » Bağlantı adresinin alınması
- » Verileri listeleme
- » Yeni kitap kaydı
- » Kitap bilgilerini Datagridview 'den araçlara taşıma
- » Kitap silme
- » Kitap bilgisi güncelleme
- » Projeye genel bakış

FORM ARA YÜZÜNÜN OLUŞTURULMASI

Yazmış olduğunuz kod ne kadar güçlü ve sağlam bir zemin üstüne oturmuş olursa olsun eğer iyi bir ara yüzünüz yoksa bu durum size handikap olarak yansıyacaktır. Ara yüz ne kadar yalın ve kolay kullanışlı ise, son kullanıcılar üzerindeki etkisi de o denli büyük olacaktır. Form ara yüzümüzü oluşturmaya başlayalım. İlk olarak veritabanı tablo alanlarımızı hatırlayalım.

- » Kitap id
- » Kitap Adı
- » Yazarı
- » Sayfası
- » Fiyatı
- » Yayınevi
- » Kitap Türü

Bu başlıkları göz önüne alarak ilk önce yeni bir proje oluşturalım. İsmi **Kitap Kayıt** olsun.

Formumuzun font değerini biraz büyütelim.

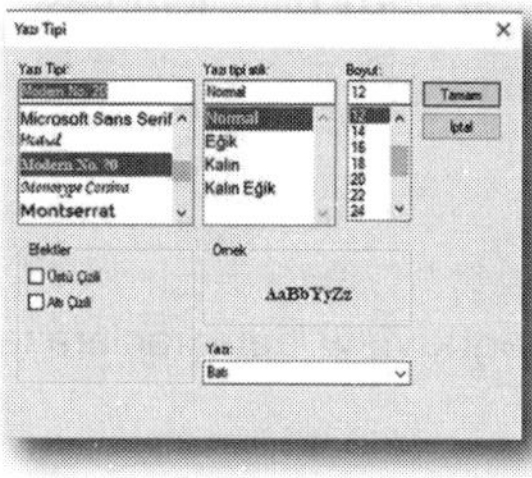

Şimdi formumuza Label ve TextBox araçları ekleyerek tasarımımızı yapalım. Tür alanı için ComboBox aracı kullanalım.

Daha sonra Button araçlarımızı ekledik. Her butonumuzun bir işlevi olacak. Sırasıyla listele, ekle, sil, güncelle işlemlerini gerçekleştirecek.

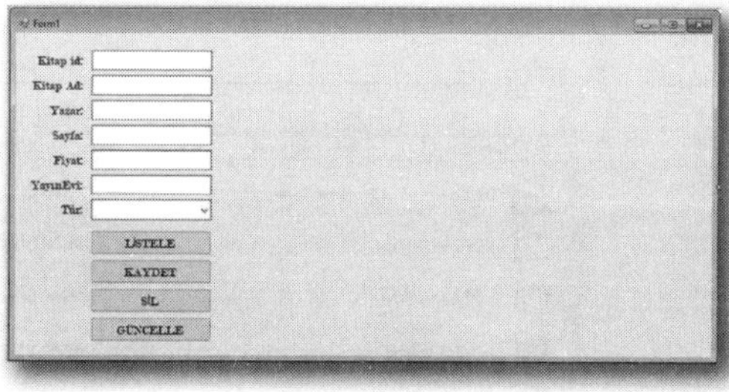

Formumuzun sağ tarafına bir tane **Datagridview** ekleyelim. Datagridview aracını ilerleyen sayfalarda biraz daha kapsamlı bir şekilde anlatacağız.

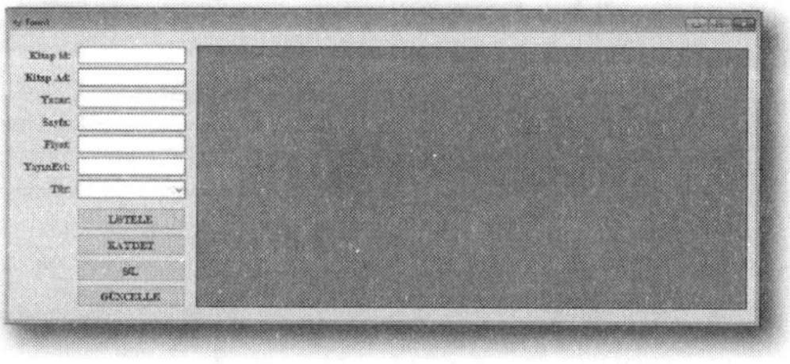

Form ara yüzümüzü tamamladık, sizler dilerseniz ara yüzü genişletebilir, daha fazla araç ekleyebilir, ya da farklı tasarımlar kullanabilirsiniz. Şimdi araçlarımın **Name** kısmından adlarını değiştirelim. Araç sayımız arttığı için TextBox1, TextBox2 şeklinde devam eden araç adlandırması çok doğru değildir. Araç sayımız artığı için hangi aracın ne işe yaradığını bulmak zor olacaktır. Bundan dolayı TextBox araçlarımızı ve butonlarımızı adlandıralım.

TextBox araçlarını adlandırırken Txt, ComboBox için Cmb, Button için Btn kısaltmalarını kullanıp sonrasında ilgili aracın işlevini yazdık. Örneğin TxtYazar, BtnListele gibi.

DATAGRIDVIEW ARACI

Özellikle veritabanından veri çekme işlemlerinde çokça kullanılan bir araçtır. Temel amacı da veritabanındaki verilerin form üzerinde listelenmesi sağlamaktır. Oldukça kapsamlı bir araçtır. İstenildiği takdirde manuel olarak sütunlar oluşturulabilir ve bu sütunlara veri girişi yapılabilir. Ancak biz manuel kullanım yerine direkt olarak veritabanına bağlama işlemi gerçekleştirip verilerimizi listelemek için kullanacağız. Datagridview aracıyla ilgili daha detaylı bilgi için YouTube kanalımızda bulunan **C# Dersleri** adlı 100 derslik Video serisinin **Datagridview Aracı** derslerini inceleyebilirsiniz.

BAĞLANTI ADRESİNİN ALINMASI

SQL işlemleri için ilk ihtiyacımız olan şey bağlantı adresini almaktır. Bağlantı adresi ilgili bilgisayarda kurulu olan SQL sunucu adını içeren kısa bir string ifadedir. Bu adres her bilgisayarda farklılık gösterecektir. Tamamlanan program farklı bir bilgisayarda çalıştırılacaksa o zaman bağlantı adresi olarak programın kurulacağı bilgisayarın SQL sunucu adının yazılması gerekecektir. Bağlantı adresini almak için ilk olarak **Visual Studio** menüleri içerisindeki **Project** menüsünden **Add New Data Source** alanına tıklayalım.

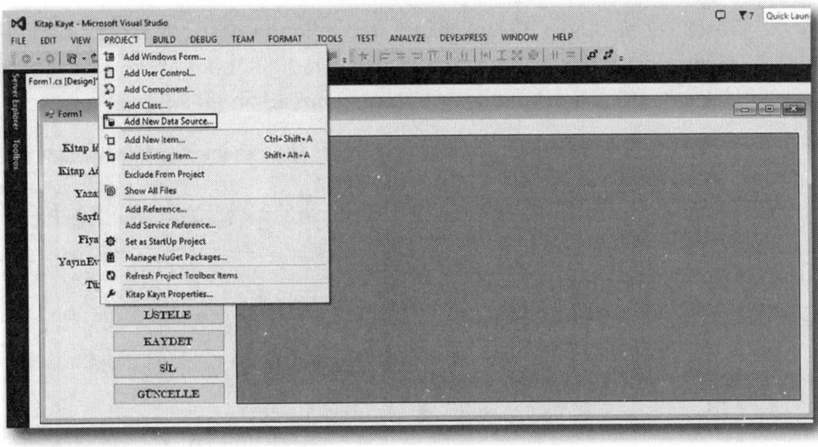

Karşımıza aşağıdaki gibi bir ekran gelecektir. Biz veritabanları üzerinde çalışacağımız için `Database` alanını seçip ileri seçeneğine tıklıyoruz.

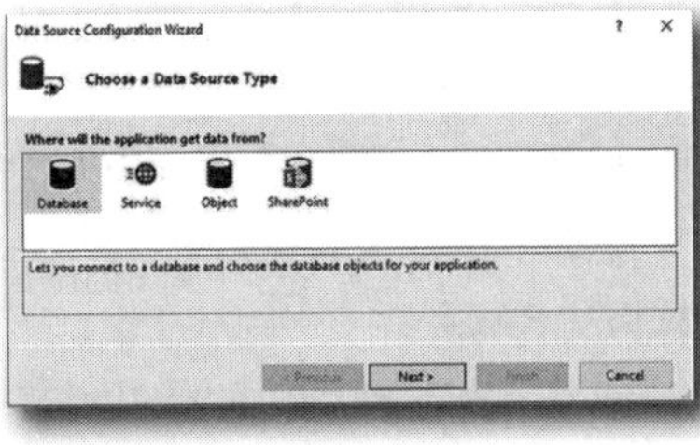

Karşımıza gelen ekran veritabanı modeli seçimi ekranıdır. Bu ekranda sadece **dataset** isminde bir alan mevcut. Dateset bir veri kaynağı ile ilişkilendirilen veritabanı kümesidir. Veri seti, veri kümesi şeklinde çevrilebilir. Biraz daha somutlaştıracak olursak verilerin belleğe alınma işlemidir. Dataset ile belleğe alınan veriler daha sonra Datagridview gibi bir aracın üzerinde listelenecektir. Dataset alanını seçip **Next** butonuna tıklıyoruz.

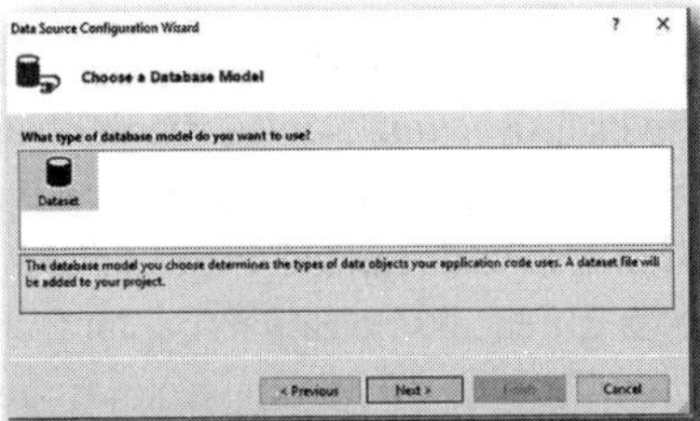

Karşımıza veritabanı seçme penceresi geldi. Bu pencereden kullanacağımız veritabanını seçmemiz gerekecek. Sağ tarafta bulunan **New Connection** seçeneğine tıklayalım.

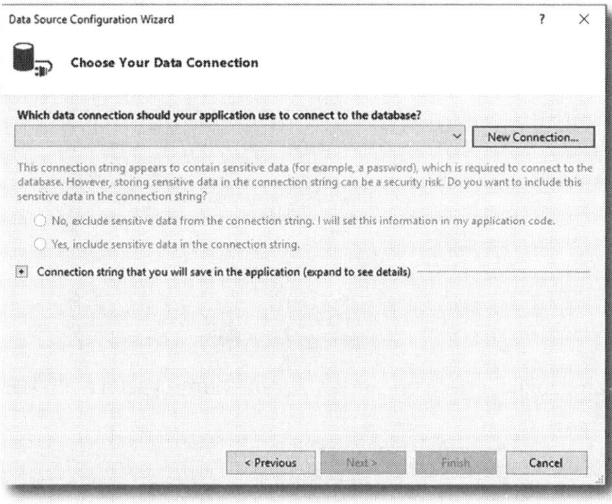

Yeni açılan pencerede hangi veritabanını kullanacağımızı soruyor, buradan SQL server seçeneğini seçelim. Farklı bir veritabanı kaynağı kullanılacaksa bu seçenek değiştirilebilir.

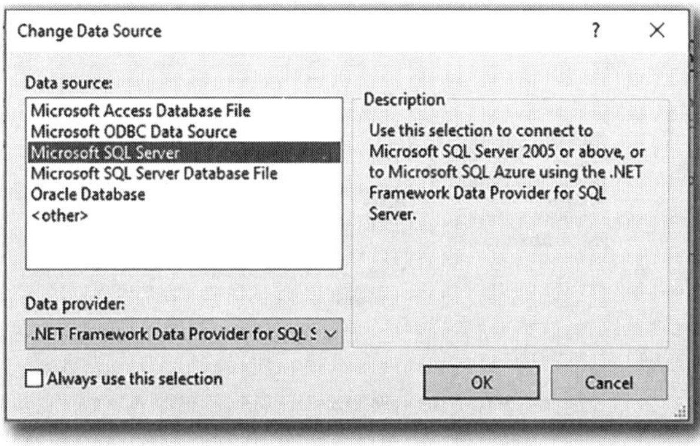

Tamam dediğimiz zaman aşağıda doğru yüksekliği olan dikdörtgen biçiminde bir pencere açılacaktır. **Server Name** yazan alana SQL'in ilk açılışındaki bağlantı adresini yazıyoruz. Bunu SQL'de veritabanları alanının hemen üstündeki kısımda sağ tuş yapıp özellikler seçeneğine tıklayarak getirebiliriz.

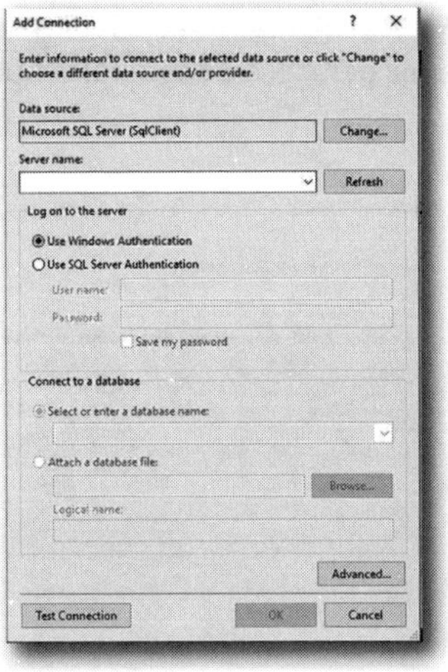

Açılan özellikler penceresinden **Server Name** yazan alanı kopyalayabiliriz.

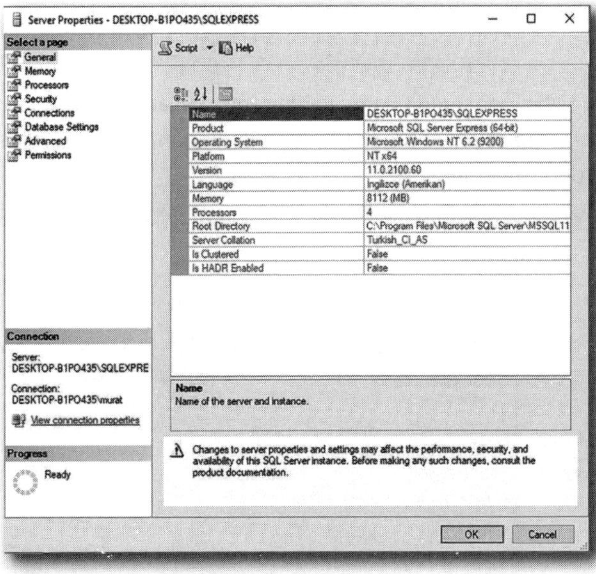

Kopyaladığımız değeri bağlantı alma penceremizin **Server Name** alanına yapıştırdığımız zaman alt kısımda bulunan **Select or Enter a Database Name** alanı aktif olacaktır. Buradan veritabanımızın ismini seçelim.

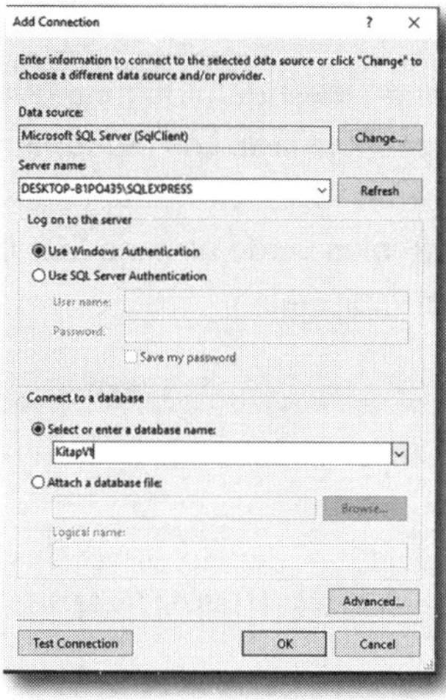

Tamam seçeneğine tıkladığımız zaman bizi tekrar bağlantı seçme penceresine yönlendirecek. Burada alt kısımda bulunan **Connection String** yazan alanı seçip kopyalıyoruz. Bu adımdan sonra iptal yani **Cancel** diyerek pencereyi kapatabiliriz. Amacımız tamamen bu bağlantı cümlesine ulaşabilmekti. Bağlantı adresimizi de aldığımıza göre verileri listeleme adımına geçebiliriz.

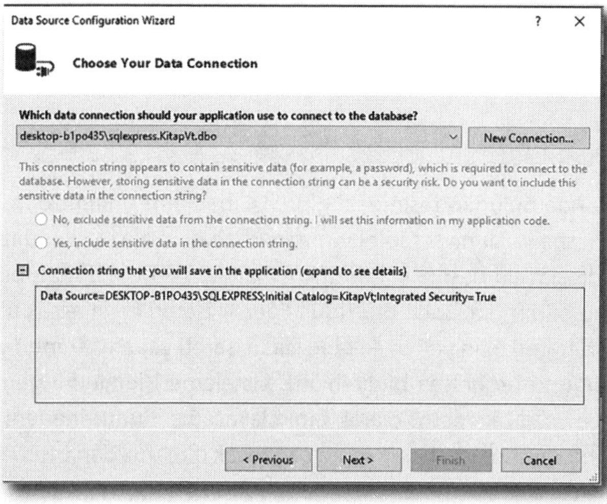

VERİLERİN LİSTELENMESİ (SELECT)

Elimizde bir bağlantı adresi de olduğuna göre listeleme işlemine geçebiliriz. **Listele** butonumuza çift tıklayıp kod bloğumuzu açalım. **Kütüphaneler** kısmına SQL komutlarını içeren `SQLClient` kütüphanesini ekleyelim. Şimdi global alanda yani kapsam dışı olan yerde bir tane SQL bağlantı sınıfı oluşturup içerisine bağlantı adresimizi yapıştıralım.

Uygulama 1

SQL Bağlantı adresimizi global alana tanımlayalım.

```
SqlConnection baglanti = new SqlConnection(@"Data Source=DESKTOP-B1P0435\
SQLEXPRESS;Initial Catalog=KitapVt;Integrated Security=True");
```

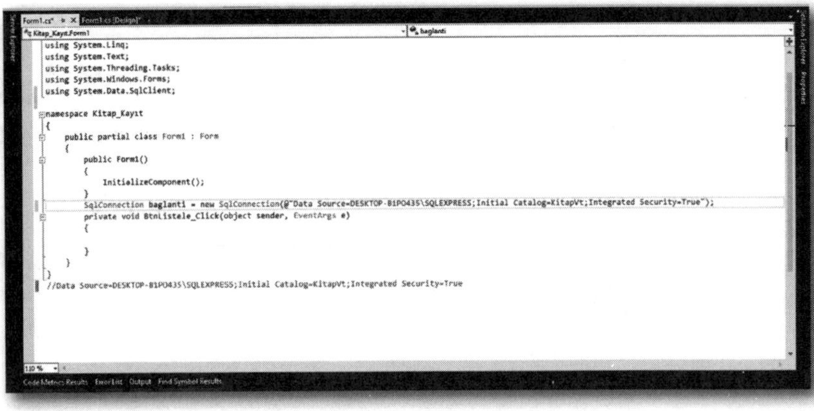

Yukarıda bulunan resimdeki gibi SQL bağlantı sınıfımızdan bir nesne türettik. Bu nesne yardımıyla tablolarımızı veritabanımızla ilişkilendirebileceğiz. Bağlantı adresimizin başına @ işareti koymamızın sebebi bunun bir dosya yolu olduğunu bildirmemizden ötürüdür. Eğer @ işareti koymazsak alternatif olarak tek **slash** işareti olan yerleri iki tane **slash** işareti yaparak bunun yine bir dosya yolu olduğunu programa bildirebiliriz. Listeleme işlemlerini geriye değer döndürmeye `void` bir metot olarak tanımlayacağız. Bunun nedeni listeleme işlemini yaptığımız her işlemden sonra çağıracak olmamızdan ötürüdür.

Örneğin formdan veritabanına yeni bir kitap ekledik, kayıt işlemi gerçekleştiği anda veritabanımızın son halini görüntülemek istiyoruz. O halde birkaç satırlık veri listeleme kodunu yeniden yazmak yerine sadece metot adını yazıp çağırmamız yeterli olacaktır. Öyleyse kodlarımızı yazmaya başlayalım.

Uygulama 2

Kitap tablomuz için verileri Datagridview aracımızda listeleyecek metodu yazalım.

```
void Listele()
        {
            SqlCommand komut = new SqlCommand("Select * From TblKitaplar",
baglanti);
            SqlDataAdapter da = new SqlDataAdapter(komut);
            DataTable dt = new DataTable();
            da.Fill(dt);
            dataGridView1.DataSource = dt;
        }

        private void BtnListele_Click(object sender, EventArgs e)
        {
            Listele();
        }
```

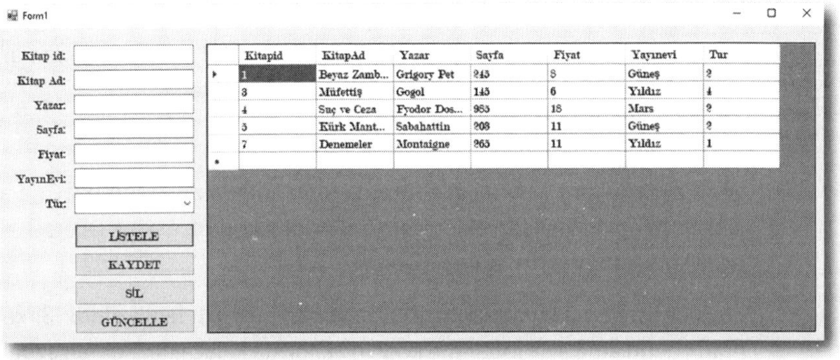

Listele isminde bir tane metot oluşturduk. Bu metodumuz geriye herhangi bir değer döndürmediğinden dolayı void tipinde oldu. Metodumuzun içerisindeki başlıkları tek tek inceleyelim.

SqlCommand

SQL komutu olarak çevireceğimiz bu kod bloğu temel SQL işlemleri olan listele, ekle, sil ve güncelle komutlarının C# tabanında yazılabilmesi için gerekli olan sınıftır. Kendisinden `komut` isminde bir nesne türettik. Türetilen nesne verilerin hafızaya alınmasında kullanılacaktır. `SqlCommand` sadece `Select` için değil, `Insert`, `Update` ve `Delete` komutları için de kullanılacaktır. Kendisi bir sınıf olduğundan nesne türetilerek kullanılmaktadır. Parantez içerisinde de SQL tabanında gerçekleşmesini istediğimiz sorgumuzu yazarak kod bloğunu tamamlamış olduk.

SqlDataAdapter

Veritabanı işlemlerinde genellikle listelemede kullanılan komut nesnesiyle verileri hafızaya dolduracak olan `DataTable` arasındaki köprüdür. Yani komuttan gelen sorgu verileri `DataAdapter` yardımıyla hafızaya alınır buradan da `DataTable`'a gönderilir. `SqlDataAdapter` sınıfının kullanılması için bir SQL sorgusuna ihtiyaç vardır. Yani tek başına çok bir şey ifade etmez. Bir SQL sorgusuna bağlandığı zaman anlamlı olur. Bundan dolayı `SqlDataAdapter` nesnesini türettikten sonra parantez içerisine sorgumuzu taşıyan komut nesnesini ekledik.

DataTable

Veri tablosu olarak çevireceğimiz bu komut verilerin satır ve sütunlar olarak SqlDataAdapter üzerinden alınıp Datagridview aracı üzerinde listelenmeden önce kullanılan sınıftır. Yani veriler listelenmeden önce `DataTable` üzerine alınır oradan `Datagirdview` aracına gönderilerek son kullanıcının karşısına çıkartılır.

Fill

Doldurmak anlamına gelen bu komut `SqlDataAdapter` komutundan gelen değerleri `DataTable` sınıfına aktarmak için kullanılmaktadır.

DataSource

Veri kaynağı yani `DataSource` formda kullandığımız `Datagridview` aracımızın verileri hangi kaynaktan alacağının belirtildiği kod bloğudur. Dilersek bunu sadece kodla değil sihirbaz ile de gerçekleştirebiliriz.

Böylece listeleme komutlarımızı yazıp verilerimizi listelemiş olduk. Birkaç küçük pratik uygulamasıyla listeleme kodları aklınızda kalacaktır. Kodları ezberlemeye çalışmayın bunun yerine kod mantığını öğrenin. Hangi projede hangi kütüphane ve kod bloklarına ihtiyacınız olduğunu kavradığınız anda bu iş büyük ölçüde olmuş demektir. Sizlerden ricam YouTube veya benzeri platformlarda bol bol video izlemenizdir. Videoların yanında kitaptan alacağınız takviye ile bilgi düzeyiniz çokça artacaktır. Acele etmeyin. **Zaman + Pratik + İstikrar** üçlüsünden ayrılmadığınız takdirde çok güzel işler yapacağınıza eminim.

Yeni kitap eklemeden önce yapmamız gereken bir işlem daha var, Türlerimizi ComboBox aracımızdan alacağımız için ComboBox aracımıza veritabanımızdan türleri listelememiz gerekecek. Tablomuzun arka planında ilişki olduğundan dolayı bunu da programa bildirmemiz gerekiyor.

Uygulama 3

Türler tablomuzda bulunan değerleri ComboBox aracımıza listeleyelim.

```
void Turler()
        {
              SqlCommand komut = new SqlCommand("Select * From TblTurler",
baglanti);
            SqlDataAdapter da = new SqlDataAdapter(komut);
            DataTable dt = new DataTable();
            da.Fill(dt);
            CmbTur.ValueMember = "Turid";
            CmbTur.DisplayMember = "TurAd";
            CmbTur.DataSource = dt;
        }

        private void BtnListele_Click(object sender, EventArgs e)
        {
            Listele();
            Turler();
        }
```

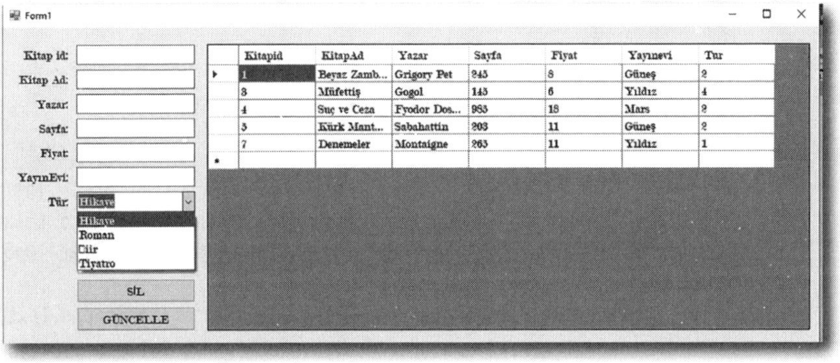

Türler isminde bir tane metot oluşturduk. Metodumuz listeleme metodunda olduğu gibi geriye değer döndürmeyen bir metot olduğundan türünü void olarak belirledik. SqlCommand ifadesiyle çekmek istediğimiz tablo sorgusunu komut nesnemiz içerisine yazdık. Daha sonra `SqlDataAdapter` sınıfımızı ile komut nesnemizi ilişkilendirdik. Sonra Datagridview aracımıza veri listelerken kullanmış olduğumuz `DataTable` komutunu ComboBox aracımız için de kullandık. Bu metodumuzun içerisinde 2 yeni kod bloğu var.

ValueMember

İlişkili tablolarda çekilen verinin arka planında çalışan değerdir. Genellikle ID değerini alırlar. Örneğin; Biz hikaye seçtiğimiz zaman `Value Member` değeri hikayenin türler tablosundaki ID değeri olacaktır.

DisplayMember

İlişkili tablolarda çekilen verinin kendisini gösteren komuttur. Yani kullanıcılar tarafından ComboBox aracımızda gözükecek olan tür değerlerini listeleyecektir.

`Value Member` ve `Display Member` komutlarımızı da yazıp veri kaynağı olarak ComboBox aracımızı göstererek kod bloğumuzu tamamladık.

YENİ KİTAP EKLEME (INSERT)

Listeleme işlemini tamamladığımıza göre ekleme işlemine geçebiliriz. Ekleme işlemini daha önce sorgularla SQL bölümümüzde detaylı bir şekilde anlatmıştık. Çok küçük bir farkla C# üzerinde de ne kadar kolay olduğunu göreceksiniz.

Uygulama 4

Formda bulunan araçlarımıza bilgilerimizi girip yeni kitap kaydı gerçekleştirelim.

```
private void BtnKaydet_Click(object sender, EventArgs e)
      {
          baglanti.Open();
           SqlCommand komutekle = new SqlCommand("insert into tblkitaplar
(KitapAd,Yazar,Sayfa,Fiyat,YayınEvi,Tur) values (@p1,@p2,@p3,@p4,@p5,@p6)",
baglanti);
          komutekle.Parameters.AddWithValue("@p1", TxtKitapAd.Text);
          komutekle.Parameters.AddWithValue("@p2", TxtYazar.Text);
          komutekle.Parameters.AddWithValue("@p3", TxtSayfa.Text);
          komutekle.Parameters.AddWithValue("@p4", TxtFiyat.Text);
```

```
            komutekle.Parameters.AddWithValue("@p5", TxtYayınEvi.Text);
            komutekle.Parameters.AddWithValue("@p6", CmbTur.SelectedIndex);
            komutekle.ExecuteNonQuery();
            baglanti.Close();
        MessageBox.Show("Kitap Veri Tabanına Eklendi", "Bilgi", MessageBoxButtons.
OK, MessageBoxIcon.Information);
            Listele();
        }
```

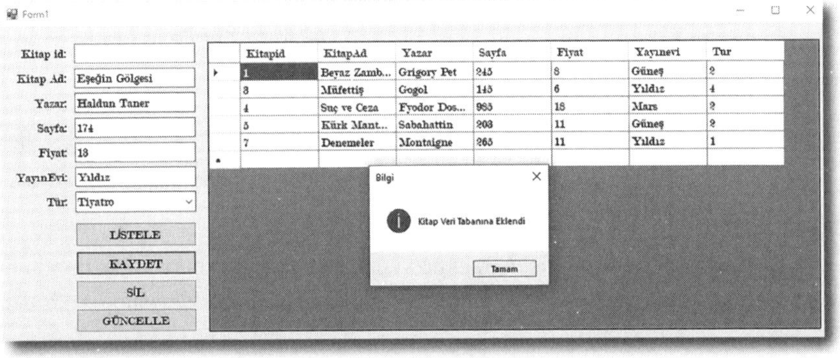

Kaydet butonumuza çift tıklayıp kodlarımızı yazmaya başladık. Veri listeleme işlemlerinde `SqlDataAdapter` kullanırken bağlantının açılmasına gerek yoktur. Ancak `SqlDataAdapter` sınıfının kullanılmadığı direkt olarak `SqlCommand` sınıfının kullanıldığı noktalarda bağlantının açılması gerekmektedir. Bağlantımızı open metoduyla açtık. Sonra `komut ekle` isminde bir nesne oluşturup bu nesnenin içerisine sorgumuzu yazdık. Sorgumuz daha önce öğrenmiş olduğumuz ekleme sorgusuna çok benzemektedir. Tek farkı değerleri parantez içerisinde direkt olarak göndermedik onun yerine bu değerleri karşılayacak olan parametreler kullandık. SQL'de değişken ve parametreler @ sembolü ile tanımlandığından C#'da da aynı yöntemi izledik. Parametre tanımlanmasında hiyerarşik bir atama söz konusudur. `Values` değerinden önceki ve sonraki alanlar birbirlerine otomatik olarak atanır. Yani tablo sütun alanlarındaki birinci değer birinci parametreye, ikinci değer ikinci parametreye gibi. `Komut ekle` nesnemizin parametrelerine sırasıyla formda bulunan araçlarımızı değer olarak atadık. Yalnızca ComboBox aracımın `Text` değeri değil arka planında çalışacak olan `id` değerine tekabül eden `SelectedIndex` komutunu kullandık. Böylece seçilen türün `id` değerini hafızaya alacaktır. Ekleme, silme ve güncelleme işlerinde yapılan işlemleri veritabanında da kaydetmek için `Executenonquery` komutu kullanılır.

Yani bu komut yapılan işlemleri veritabanında da **kaydet** anlamı taşır. Bağlantımızı kapattık ve mesaj kutumuzda kayıtlarımızın eklendiğini gösteren bir mesaj verdik. Son olarak listele metodunu yeniden çağırarak tablomuzun yeni halini `Datagridview` aracımız üzerinde görüntülemiş olduk.

VERİLERİ ARAÇLARA TAŞIMA

Silme ve güncelleme işlemleri genellikle `id` değerlerine göre yapılır. Özellikle güncelleme işleminde verilerin ilgili araçlara yeniden taşınması çok önemlidir. Datagridview'da herhangi bir hücreye tıkladığımız zaman o satıra ait verileri araçlarımıza taşıması durumunda id değerini ya da diğer sütun değerlerini elle yazmak durumunda kalmayacağız. Yapacağımız işlemlerin pratik kısmı bir nebze daha artmış olacak.

Uygulama 5

Datagridview aracımızda herhangi bir hücreye tıkladığımız zaman o satırdaki verileri ilgili araçlara taşıyan kodu yazalım.

İlk olarak Datagridview aracımızın özellikler pencersinin üst kısmında bulunan **Events** (olaylar) seçeneğine tıklayıp buradan **Cell Click** özelliğine çift tıklayalım.

```
private void dataGridView1_CellClick(object sender, DataGridViewCellEventArgs e)
        {
            TxtKitapid.Text = dataGridView1.Rows[e.RowIndex].Cells[0].Value.
ToString();
            TxtKitapAd.Text = dataGridView1.Rows[e.RowIndex].Cells[1].Value.
ToString();
             TxtYazar.Text = dataGridView1.Rows[e.RowIndex].Cells[2].Value.
ToString();
             TxtSayfa.Text = dataGridView1.Rows[e.RowIndex].Cells[3].Value.
ToString();
             TxtFiyat.Text = dataGridView1.Rows[e.RowIndex].Cells[4].Value.
ToString();
           TxtYayınEvi.Text = dataGridView1.Rows[e.RowIndex].Cells[5].Value.
ToString();
        }
```

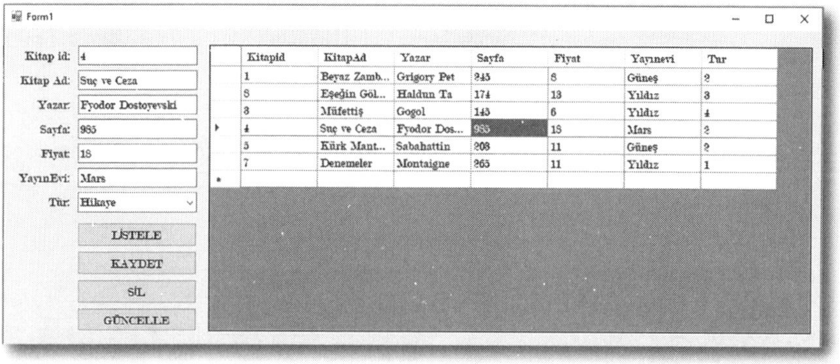

Datagridview aracımızın Cell Click olayı içerisine kodlarımızı yazdık. Tıklamış olduğumuz hücrenin satır indeksini almak için Datagridview aracımızın `Rows` yani satırlarını bir dizi gibi ele alıp bu satırlar içerisinde `e.RowIndex` komutuyla ilgili satırımızın indeksini almış olduk. Burada ki e bir nesne gibi kullanılmaktadır. e nesnesi tetiklenen olayların argümanlarını içerir. Yani olay argümanlarını içeren değerimizdir. Bizim olayımız `Datagridview` aracımızın satır indeksini almak olduğundan bu komutu kullandık. Hafızaya almış olduğumuz satır indeksinden sonra sırasıyla hücrelerimizden araçlarımıza aktarımları yaptık. Bu işlemin tamamı bir dizi yapısında olduğundan ve dizilerde sıralama işlemleri sıfırdan başladığından biz de ID değerini sıfırdan başlatıp tüm sütunları araçlarımızla eşleştirerek kodlarımızı tamamladık.

VERİLERİ SİLME

Genel olarak ekleme işlemine çok benzeyen silme yapısı sorgularla SQL bölümünde gördüğümüz `Delete` sorgusu ile gerçekleşmektedir. Sileceğimizin kitabın ID değerini elle TextBox aracımıza girmek zorunda kalmadan herhangi bir hücreye tıkladığımız anda ilgili sütun değerlerini araçlarımıza taşıyacak böylece biz sadece silmek istediğimiz kitabı seçip **sil** butonuna tıklayarak işlemlerimizi gerçekleştireceğiz.

Uygulama 6

Sil butonuna tıkladığımız zaman id değeri TxtKitapid alanında bulunan kaydı silen uygulamamızı yapalım.

```
private void BtnSil_Click(object sender, EventArgs e)
        {
            baglanti.Open();
             SqlCommand komutsil = new SqlCommand("Delete From TblKitaplar
where Kitapid=@p1", baglanti);
            komutsil.Parameters.AddWithValue("@p1", TxtKitapid.Text);
            komutsil.ExecuteNonQuery();
            baglanti.Close();
                MessageBox.Show("Kitap Veri Tabanından Silindi", "Bilgi",
MessageBoxButtons.OK, MessageBoxIcon.Warning);
            Listele();
        }
```

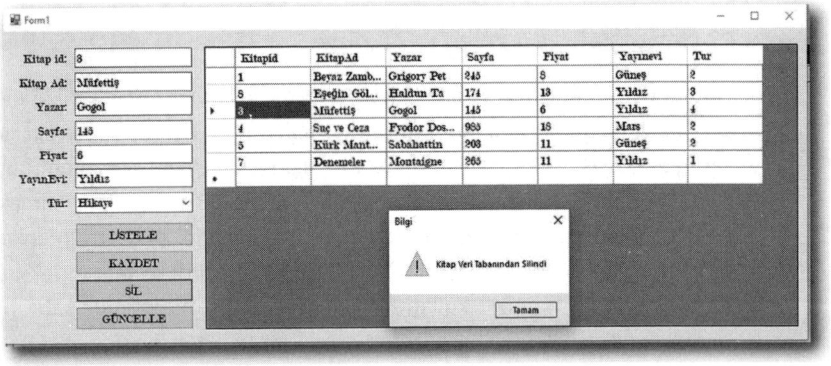

Ekleme, silme ve güncelleme işlemlerinde bağlantımızı açıp kapatmamız gerektiğini söylemiştik. `Komutsil` isminde bir nesne oluşturup bu nesnemize kitap ID değeri parametre1'e eşit kayıtları silme görevini verdik. Parametre1 değerini Txtid aracımızdan aldıktan sonra Executenonquery ile yaptığımız işlemleri veritabanımıza yansıttık. Bağlantımızı kapattık ve mesaj kutusu ile kaydın silindiğine dair bir mesaj verdirip listeleme komutunu çağırarak kod bloğumuzu tamamladık.

VERİLERİ GÜNCELLEME (UPDATE)

Son olarak kitap bilgisini güncelleyerek bu başlığımızı yavaş yavaş kapatalım. Girmiş olduğumuz bir kaydın bilgisi yanlış olabilir bu durumda o kaydı silip en baştan girmek çok fazla tercih edilen bir yöntem değildir. Bunun yerine kaydı güncelleyerek işlemlerimizi daha pratik bir şekilde halledebiliriz. SQL sorguları bölümümüzde update ile ilgili örnek uygulama yapmıştık. Şimdi uygulamamızı form üzerinde gerçekleştirelim.

Uygulama 7

Kitap tablomuzdaki herhangi bir satırda bulunan verileri güncelleyelim.

```
private void BtnGuncelle_Click(object sender, EventArgs e)
        {
            baglanti.Open();

            SqlCommand komutguncelle = new SqlCommand("Update TblKitaplar set
KitapAd=@p1,Yazar=@p2,Sayfa=@p3,Fiyat=@p4,YayınEvi=@p5,Tur=@p6 where Kitapid=@
p7", baglanti);
            komutguncelle.Parameters.AddWithValue("@p1", TxtKitapAd.Text);
            komutguncelle.Parameters.AddWithValue("@p2", TxtYazar.Text);
            komutguncelle.Parameters.AddWithValue("@p3", TxtSayfa.Text);
            komutguncelle.Parameters.AddWithValue("@p4", TxtFiyat.Text);
            komutguncelle.Parameters.AddWithValue("@p5", TxtYayınEvi.Text);
           komutguncelle.Parameters.AddWithValue("@p6", CmbTur.SelectedIndex);
            komutguncelle.Parameters.AddWithValue("@p7", TxtKitapid.Text);
            komutguncelle.ExecuteNonQuery();
            baglanti.Close();

        MessageBox.Show("Kitap Bilgisi Güncellendi", "Bilgi", MessageBoxButtons.
OK, MessageBoxIcon.Stop);
            Listele();
        }
```

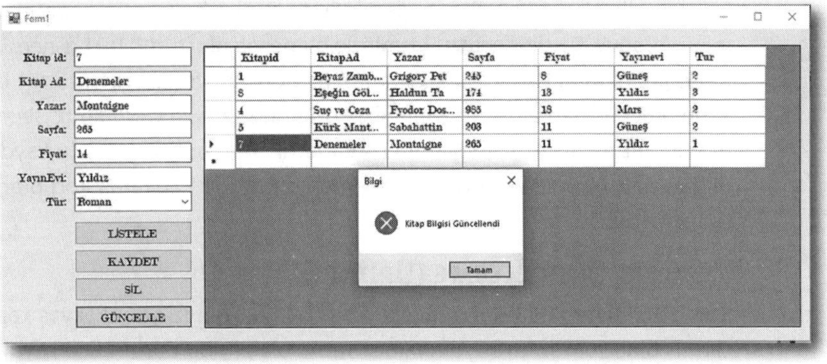

Kod bloğumuzu ekleme ve silmede olduğu gibi bağlantımızı açarak yazmaya başladık. Komut güncelle isminde bir nesne türettik. Bu nesnemizin içerisine sorgularla SQL bölümünde öğrenmişi olduğumuz update sorgumuzu yazdık. Insert yani eklemede olduğu gibi sütun adları ve araçlar yan yana gruplanmış şekilde değil de bir sütun adı karşısına araç adı şeklinde söz dizimine sahip olan güncelleme sorgumuzu yazdık.

NOT Güncelleme işlemlerinde where şartı yazmayı sakın unutmayın.

Daha sonra parametrelerimize karşılık gelecek araçlarla eşleştirme işlemi yapıp `Executenonquery` komutuyla işlemlerimizi kaydedip mesaj kutusunda kaydımızın güncellendiğine dair bir mesaj vererek programımızı sonlandırdık.

Böylece SQL'in 4 temel başlığı olan ekle, sil, güncelle ve listele komutlarının tamamını somut bir proje üzerinde kullanarak pratiklerimizi arttırmış ve bu SQL sorgularının C# ile nasıl kullanıldığını görmüş olduk.

Ödev

Türler kısmında ID yerine tür adı gelecek şekilde listeleme yapan SQL sorgusunu örneklerimizi de inceleyerek yapınız.

NELER ÖĞRENDİK?

Bu bölüm muhtemelen kitabımızda en çok yeni başlığa değindiğimiz bölüm oldu. Yazılım ve kodlama öyle bir zincir ki bir başlık olmadan diğer başlığa geçmeniz mümkün olmuyor. Örneğin biz sorgularla SQL bölümünde Select, Insert, Update ve Delete komutlarının nasıl kullanıldığını öğrenmeseydik bu bölümde uygulayamazdık. Bu bölümde bu 4 temel başlığı C# form üzerinde uygulamayı, SqlClient kütüphanesini, SqlConnection sınıfını, SqlCommand sınıfını, SqlDataAdapter sınıfını, DataTable sınıfını, DisplayMember ve ValuMember kavramlarını, ExecuteNonQuery metodunu, DataGridView aracını ve veritabanından form üzerine veri çekme işlemlerini öğrenmiş olduk.

17

RAPORLAMA

BU BÖLÜMDE

Bu bölümde raporlama kavramanı raporlamaya neden ihtiyaç duyduğumuzu C# formda raporlamanın nasıl yapıldığını, ReportViewer aracını ve rapor aldıktan sonra ilgili raporu farklı dosya formatlarında kaydetmeyi öğrenceğiz.

RAPORLAMA NEDİR?

Yapılan işlerin kalitesini arttırmak için belirli zaman aralıklarında (haftada bir, ayda bir vs.) istatistiksel veriler sonucunda ilgili verilerin analizinin yapılmasıdır. Bu analizler neticesinde sistemi kullanan kişi ya da kişiler eksiklerini görerek düzeltebilir, iyileştirme yoluna gidebilir veya sistemi daha optimal hale getirebilirler. Raporlar bazen bütün olarak alınırken bazen de belirli şartlara göre alınırlar. Örneğin kitaplar tablomuzda son 10 gün içinde satılan romanların raporuna almak istersek sorgumda tür değeri olarak romanı, satış aralığı olarak da bugünün 10 gün öncesini seçmemiz gerekecektir.

C# Form'da raporlama genellikle verileri istenen formatta çıktı olarak alabilmek için kullanılır. Bu format Excel, Word ya da PDF olabilir. Raporlama oluşturabilmek için bir veritabanına da ihtiyaç vardır. Bu veritabanı SQL olmak zorunda değildir. Alternatif veritabanlarında da raporlar alınabilir.

REPORT VIEWER ARACI

C# Formda raporlama için kullanılabilecek birkaç farklı yöntem mevcuttur. Biz bunlardan biri olan Report Viewer Aracı ile rapor ara yüzü oluşturmayı öğreneceğiz. Raporlama işlemini bir önceki bölümde uygulamadığımız kitaplar tablomuz üzerinden yapabiliriz. Bunun için kitap kayıt projemizi açıp projemize yeni bir tane Windows formu ekleyelim.

Açılan formumuza araç kutumuzdan bir tane Report Viewer aracı ekleyelim.

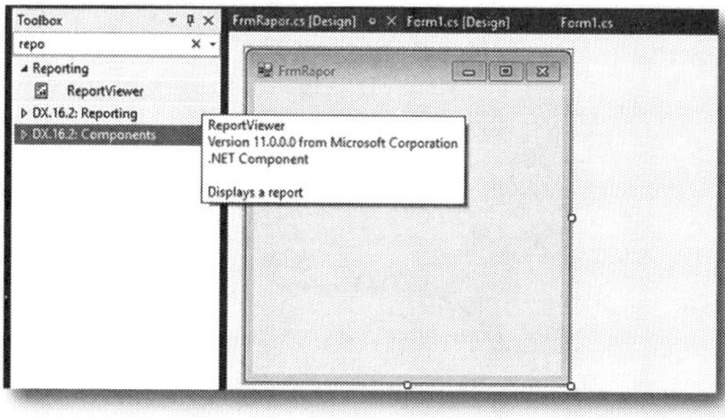

Aracımızı ekledikten sonra aracımızın üzerindeki **Play** simgesi şeklindeki ikona tıklayıp **Dock In Parent Container** seçeneğine tıklayıp aracımızın formun tamamını kaplamasını sağlayalım.

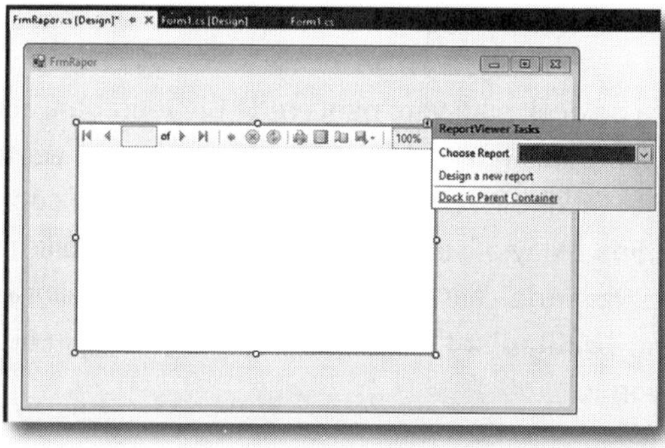

Şimdi aracımızın üzerinde bulunan **design a new report** yani yeni bir rapor tasarla alanına tıklayarak raporumuzu oluşturmaya başlayalım. Karşımıza yeni bir veri kaynağı seçmemizi söyleyen pencere geldi. **Next** butonuna tıklayalım.

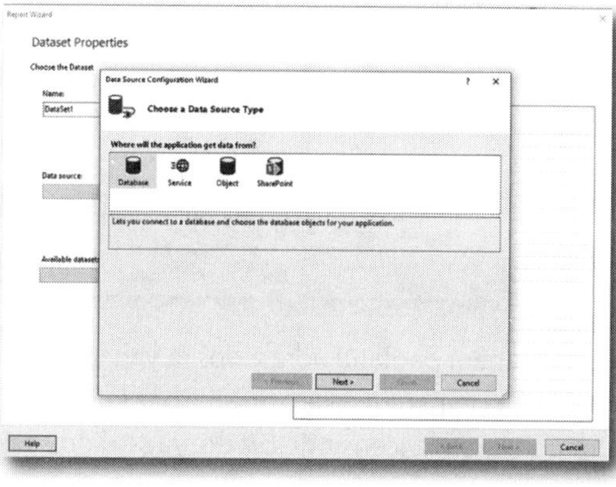

Veri kaynağı olarak **Database** alanını seçtikten sonra bir veritabanı modeli seçmemizi istiyor. Zaten bu pencerede yalnızca Dateset yani veri kümesi seçeneği mevcut. Bunu da seçip **Next** diyelim.

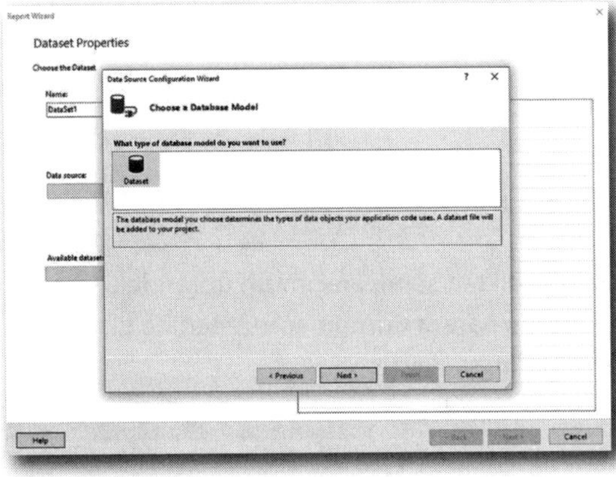

Karşımıza gelecek olan yeni pencerede bir veritabanı alanı seçmemiz isteniyor. Burada şuan kullanmış olduğumuz projemizdeki veritabanı otomatik olarak geldi. Eğer farklı bir veritabanı kullanacaksak **new connection** yani yeni bağlantı alanına tıklayıp istediğimiz veritabanını seçebiliriz. Ancak biz **kitap kayıt** projemiz üzerinde çalıştığımızdan ve veritabanı bilgisi olarak **KitapVt** veritabanımızın **TblKitaplar** tablosunu kullanacağımız için hiçbir şeyi değiştirmeden **Next** diyoruz.

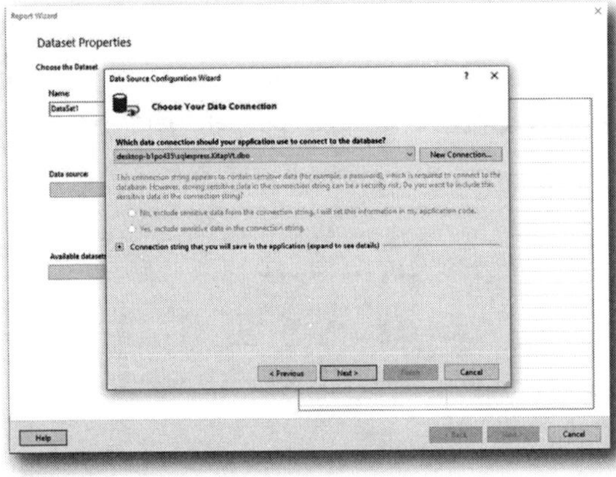

Karşımıza veritabanı bağlantı adresi dosya yapılandırmasını içeren bir pencere geldi. Veritabanı kaynağını çekerken sihirbaz kullandığımızdan dolayı bu ayarları çözüm penceremiz içerisinde bir dosya şeklinde saklayacak. Kendisi ismini otomatik olarak **KitapVtConnectionString** olarak atamış. Dilersek bunu değiştirebiliriz. Ancak böyle kalması bizim açımızdan sorun teşkil etmeyecektir. **Next** diyelim.

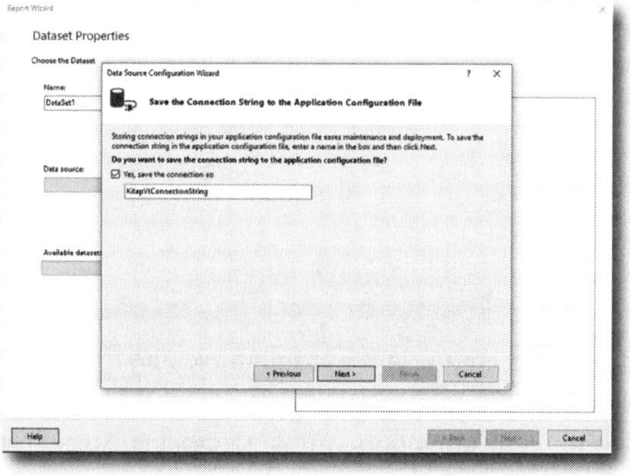

Açılan son pencerede veritabanımıza ait kullanacağımız tabloyu soruyor. Eğer tablo yerine prosedür kullanmak istersek **Prosedürler** seçeneğinden onu da seçebiliriz. Biz yalnızca **TblKitaplar** tablomuzu kullanacağımız için tablo kutucuğunu işaretliyoruz. Tabloya ait tüm sütunları alma zorunluluğu yoktur. Yalnızca istenilen alanlar dâhil edilebilir. Tablomuzu seçip **Finish** butonuna tıklıyoruz.

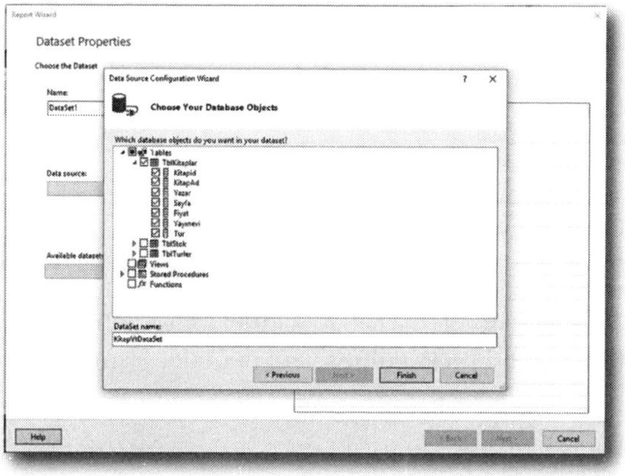

Veri kaynağı oluştu ancak raporlama henüz oluşmadı. Şimdi de raporlama kısmına geçeceğiz. Bir önceki menüde **Finish** dediğimiz anda menünün altında bulunan raporlama sihirbazı aktif hale gelecek ve sağ tarafta bulunan fields yani alanlar kısmına tablomuzun sütunları dolacaktır. **Next** seçeneğine tıklayalım.

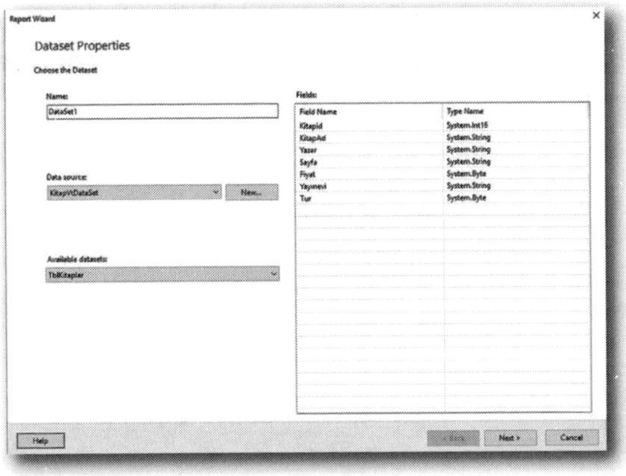

Bir önceki pencerede Next butonuna tıkladığımız zaman karşımıza aşağıdaki gibi bir ekran gelecektir. Bu ekranda raporlanacak alanları direkt alabilir ya da satır/sütun başlıklarına göre gruplandırabiliriz. Ancak biz direkt olarak bozmadan almak istiyoruz.

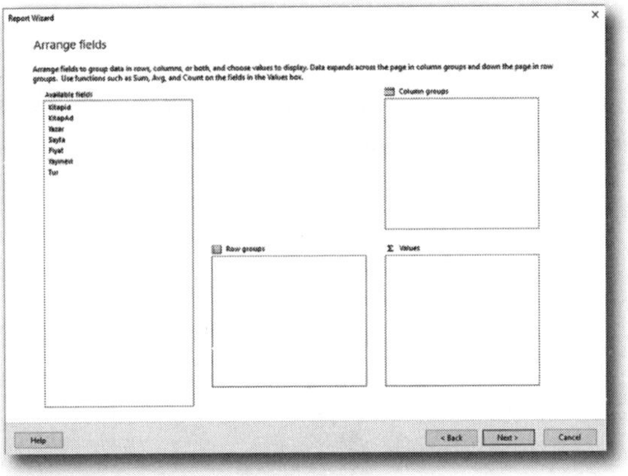

Direkt almak istediğimiz için **available fields** yani ulaşılabilir alanlar yazan yerdeki tüm verileri seçip **values** yani değerler kısmına bırakıyoruz. **Next** seçeneğine tıklayalım.

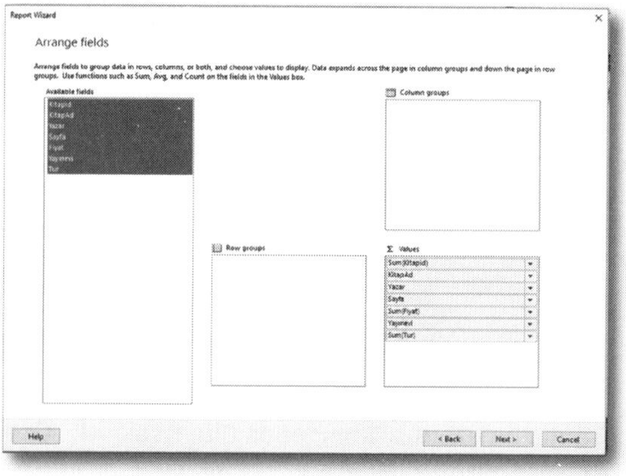

Yeni gelen pencere düzeni seçme penceresidir. Ancak biz satır ya da sütunlara göre herhangi bir gruplandırma yapmadığımız için burada bir değişiklik yapamıyoruz. **Preview** alanında raporumuzun başlıkları için ön izleme oluşturulmuş. **Next** butonuna tıklayarak devam edelim.

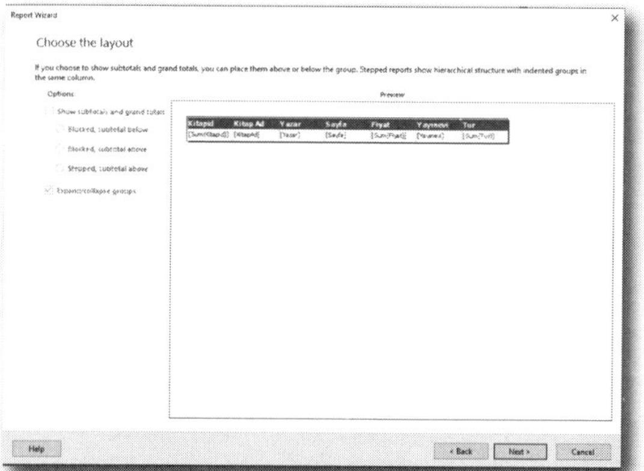

Karşımıza gelen son pencerede rapor sütun başlıkları için bir renk seçmemizi istiyor. Buradaki renkleri deneyerek görebilirsiniz. Kullanılan sürümlere göre daha fazla renk paleti bulunabilir. Biz **Forest** yani orman yeşili rengini seçtik. **Finish** diyerek işlemi tamamlıyoruz.

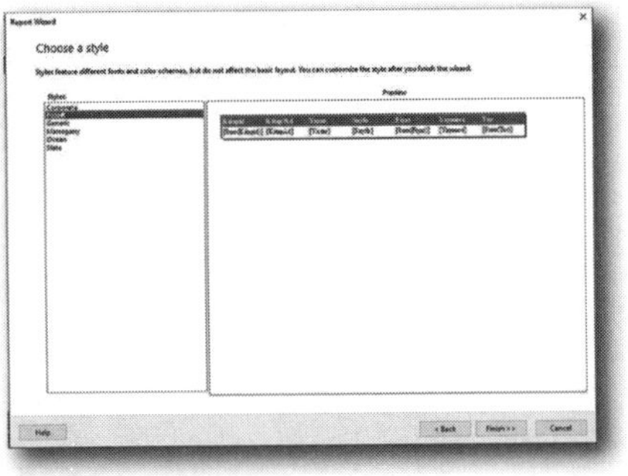

Karşımıza bu şekilde boş bir rapor penceresi açıldı. Bu penceredeki alan aslında raporumuzun uzantısı sonucunda oluşan alandır. **Özellikler** penceresinden font, renk, yazı stili ve benzeri pek çok nitelik değiştirilebilir.

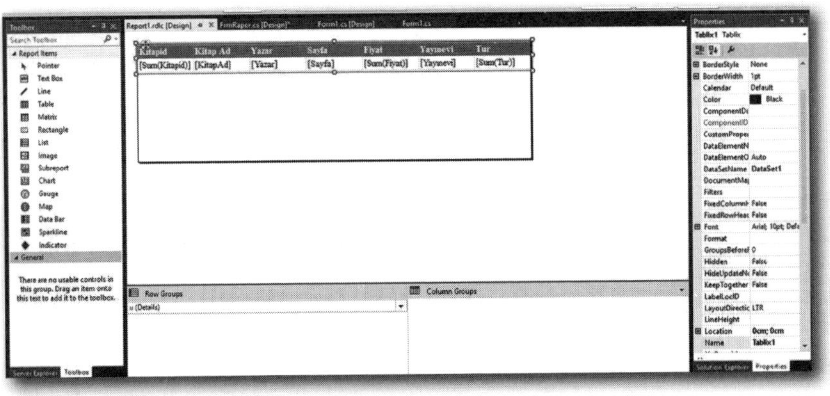

Raporlama formumuza geri dönelim. Report Viewer aracımızın üst kısmında bulunan simgeye yeniden tıklayalım. Burada **Choose Report** yani rapor seç yazan alandan oluşturmuş olduğumuz raporu seçiyoruz.

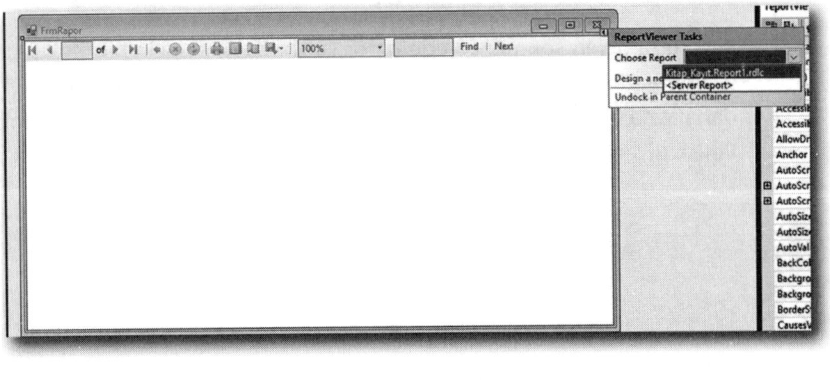

Şimdi projemizin ilk formuna geri dönelim ve en alta **raporlar** isminde bir buton ekleyelim. Bu butona tıkladığımız zaman raporlar formumuz açılacaktır.

Butonumuza çift tıklayıp formlar arası geçiş kodumuzu yazalım.

```
private void BtnRaporlar_Click(object sender, EventArgs e)
        {
            FrmRapor frm = new FrmRapor();
            frm.Show();
        }
```

Ve formumuzu çalıştıralım.

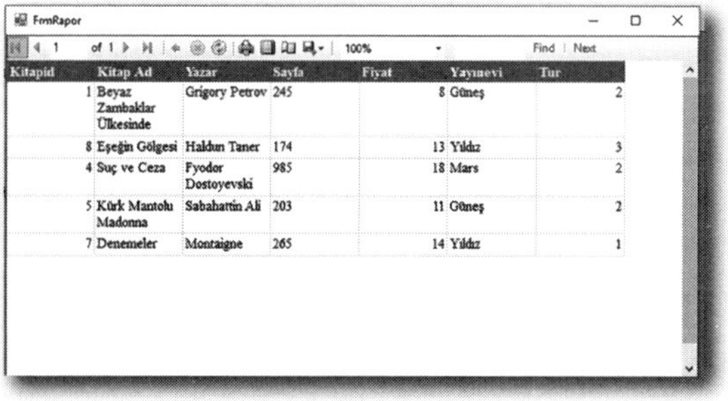

Böylece raporlamamızı bitirmiş olduk. Bize hazır olarak sunulan üst menüden arama yapabilir, ya da aşağıdaki resimde görüldüğü gibi raporumuzu çeşitli formatlarda kaydedebiliriz.

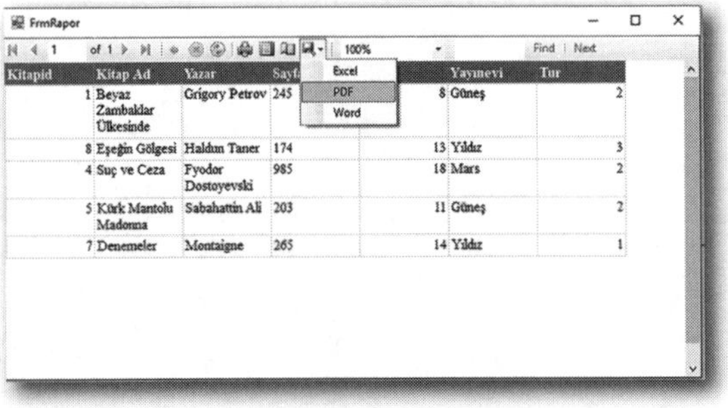

Sizler raporlarınıza daha fazla alan ekleyerek ve daha büyük tablolar üzerinde çalışarak pratiğinizi arttırabilirsiniz. Böylece bölümümüzün sonuna geldik.

NELER ÖĞRENDİK?

Bu bölümde raporlama kavramını, raporlamanın neden bu kadar önemli olduğunu, raporlamanın nasıl yapılacağını, Report Viewer aracımızı ve çalışma mantığını, raporlama sihirbazını ve kullanımını, raporların farklı formatlarda nasıl çıktı alınacağını, raporlama aracımız üzerinde tasarım biçimlendirmelerinin nasıl yapılacağını öğrenmiş olduk.

18

Events ve Delegate

Bu Bölümde

Bu bölümde events ve delegate kavramını, delege yani temsilcilerin nasıl oluşturulduğunu, metotlarla temsilcilerin ilişkisini, temsilci parametreleri yapısını, olayları, olaylara neden ihtiyaç duyduğumuzu, Button, TextBox gibi araçların bazı olaylarını kullanmayı öğreneceğiz.

DELEGATE

Temsilciler C# programlama dilinde bir veya birden fazla metodu gösteren referans türünden nesnelerdir. Metot tanımlamaları ile aynı şekilde yapılırlar. Bir temsilci yani delegate tanımlandıktan sonra bir veya birden fazla metot, temsilciye atanarak kullanılır. Temsilcilerin tam olarak ne işe yaradığını görebilmek için birden fazla aynı formatta metot tanımlaması yapmamız gerekmektedir. Ne işe yarar sorusunun cevabı olarak metotların adresini hafızada tutup istenildiği zaman çalıştırabilir diyebiliriz. Pratik bir uygulama üzerinde görelim.

Uygulama 1

İlk olarak aritmetik 4 işlem yapan 4 farklı metot oluşturup bunları form içerisinde butonumuza tıkladığımız zaman çağıralım.

```
void toplam(int s1, int s2)
        {
            listBox1.Items.Add(s1 + s2);
        }

        void fark(int x1, int x2)
        {
            listBox1.Items.Add(x1 - x2);
        }
        void carpim(int a1, int a2)
        {
            listBox1.Items.Add(a1 * a2);
        }
        void bolum(int b1, int b2)
        {
            listBox1.Items.Add(b1 / b2);
        }
        private void button1_Click(object sender, EventArgs e)
        {
            toplam(20, 4);
            fark(20, 4);
            carpim(20, 4);
            bolum(20, 4);
}
```

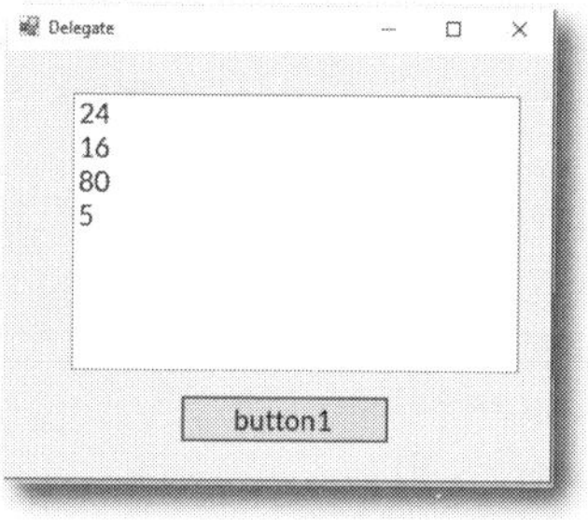

Global alanda toplam, fark, çarpım ve bölüm olmak üzere 4 farklı metot oluşturduk. Metotlarımız işlemleri ve yazdırmayı kendi içerisinde yapacağı için yazdırma komutunu da metotlarımızın içerisinde tanımladık. ListBox aracımız içinde direkt olarak aritmetik işlemi de yaptığımız için metotlarımızı `void` türünde tanımladık. Daha sonra butonumuzun `click` olayı içerisinde metotlarımızı çağırıp içerisine 20 ve 4 değerlerini vererek 4 farklı metodumuzu çalıştırmış olduk. Peki, `delegeate` bunun neresinde derseniz şimdi 2. örneğimizde `delegate` başlığını göreceğiz.

Uygulama 2

Bir önceki örneğimizde bu kez işlem isminde bir delegate yani temsilci oluşturup uygulamamızı yapalım.

```
delegate void islemler(int p1, int p2);

        void toplam(int s1, int s2)
        {
            listBox1.Items.Add(s1 + s2);
        }

        void fark(int x1, int x2)
        {
            listBox1.Items.Add(x1 - x2);
        }
        void carpim(int a1, int a2)
        {
            listBox1.Items.Add(a1 * a2);
        }
        void bolum(int b1, int b2)
        {
            listBox1.Items.Add(b1 / b2);
```

```
        }
        private void button1_Click(object sender, EventArgs e)
        {
            islemler islem = new islemler(toplam);
            islem += fark;
            islem += carpim;
            islem += bolum;
            islem(50, 3);
    }
```

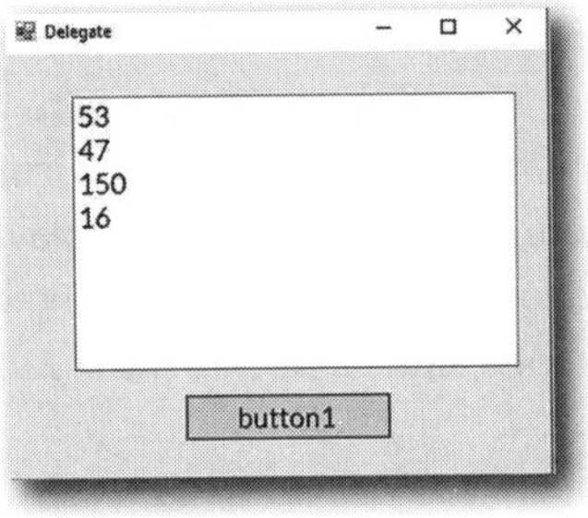

Temsilci oluşturmak için öncelikli ihtiyacımız olan şey temsilcilerin tek bir başlıkta toplanacak değişken ve yapıda olmasıdır. Kod bloğumuzun en üstüne `delegate` yazıp bir temsilci kullanacağımızı bildirmiş olduk. Daha sonra bu temsilcimizin türünü verdik. Temsilcimizin türü ile metotlarımızın türünün aynı olmasına dikkat edelim. Temsilcimizin ismini işlemler olarak belirledik. Daha sonra temsilcimizin içerisine metotlara atayacağımız değerleri karşılayacak parametrelerimizi girdik. Bu parametreler de metotlardaki türle aynı olmalı.

`P1` ve `P2` isminde 2 adet parametre tanımlayıp sonra bir önceki örneğimizdeki gibi metotlarımızı tanımladık. Butonumuzun click olayı içerisinde temsilcimizden bir nesne türettik ve be nesneye ilk görev olarak toplam metodunu gerçekleştirmesini istedik. Daha sonra fark çarpım ve bölüm metotları için de temsilcimizden türettiğimiz nesnenin birleştirilip bu metotlarla da işlem yapabilmek yani temsilci aracılığıyla bu metotlarımızı aktif hale getirebilmek için işlem nesnemizin üzerine metotlarımızı ekledik. Son olarak temsilcilimiz içerisinde tanımladığımız parametre değerlerine tekabül edecek olan değerleri yazmak için işlem nesnemin içine 50 ve 3 değerlerini ekledik. Dilersek bu değerleri klavyeden de alabiliriz. Böylece temel olarak temsilci kavramını öğrenmiş olduk. Şimdi olaylar yani Events kavramına geçelim.

EVENTS (ALT BAŞLIK)

Olaylar olarak çevireceğimiz events başlığı C# form için büyük önem arz etmektedir. Olaylar manuel yapılabileceği gibi belli şartların sağlanması durumunda otomatik olarak da yapılabilir. Tıpkı SQL'de kullanmış olduğumuz tetikleyiciler başlığı gibi. Her aracın mutlaka onlarca belki daha fazla olayı vardır. Yani C# programlama dili ile formun geneline baktığımız zaman binlerce olay olduğunu görürüz. Kitabımız boyunca en fazla kullandığımız olay butonların click olayı oldu. Şimdi birkaç farklı araç üzerinde olayları uygulamalarla görelim.

Uygulama 3

TextBox aracımıza sarı yazdığımız zaman formun arka plan rengini sarı, kırmızı yazınca kırmızı ve beyaz yazınca beyaz yapan komutları yazalım.

```
private void textBox1_TextChanged(object sender, EventArgs e)
        {
            if (textBox1.Text == "sarı")
            {
                this.BackColor = Color.Yellow;
            }
            if (textBox1.Text == "kırmızı")
            {
                this.BackColor = Color.Red;
            }
            if (textBox1.Text == "beyaz")
            {
                this.BackColor = Color.White;
            }
        }
```

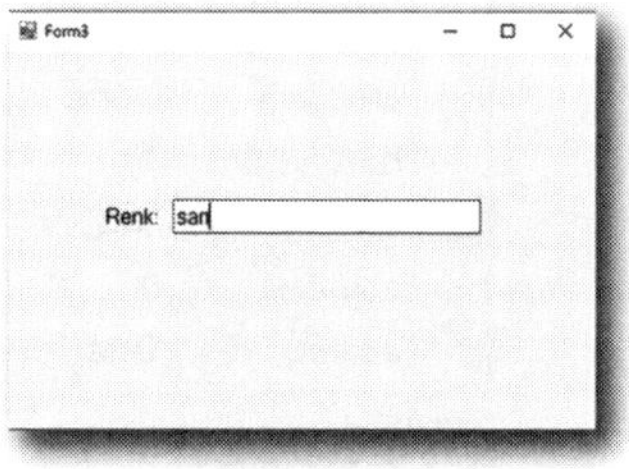

Formumuza eklemiş olduğumuz TextBox aracımıza çift tıklayıp kodlarımızı yazmaya başladık. TextBox aracımıza çift tıkladığımız anda aracımızın `Text_Changed` yani metin değiştiğinde ne olacağı ile ilgili olayımız tetiklenmiş oldu. Olayımızın içine 3 tane `if` şartı yazdık. Bunlar sırasıyla gireceğimiz renklerin kontrolü oldu. Eğer **sarı** yazarsak ki bu noktada her metin değişiminde yani TextBox aracındaki her harekette `if` şartlarının gerçekleşip gerçekleşmediği kontrol ediliyor. Eğer şartlar sağlanırsa formun arka plan rengi şartta sağlanan rengi alıyor. TextBox aracımızın daha pek çok olayı bulunmaktadır. Bunun için form tasarımını açalım ve özellikler penceremizdeki **şimşek** sembolüne tıklayalım.

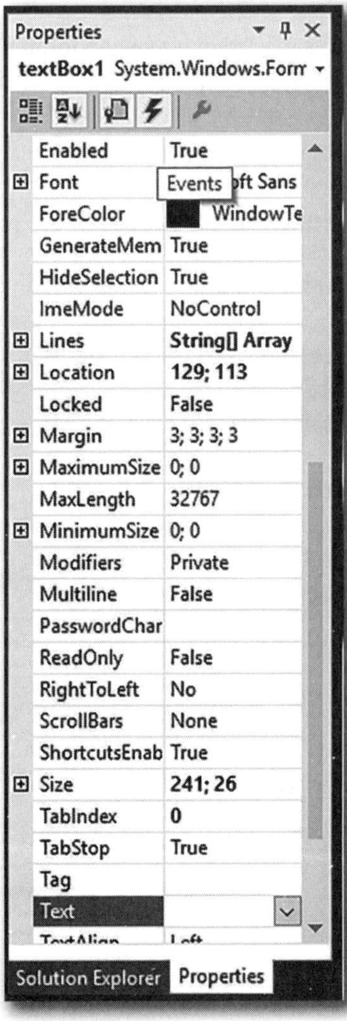

Events kısmında onlarca farklı olay var. Örneğin fareyle TextBox aracımızın üzerine gelince ne olsun, veya enter tuşuna basınca ne olsun, TextBox aracının üzerine bir kez tıklayınca ne olsun gibi pek çok olay mevcuttur.

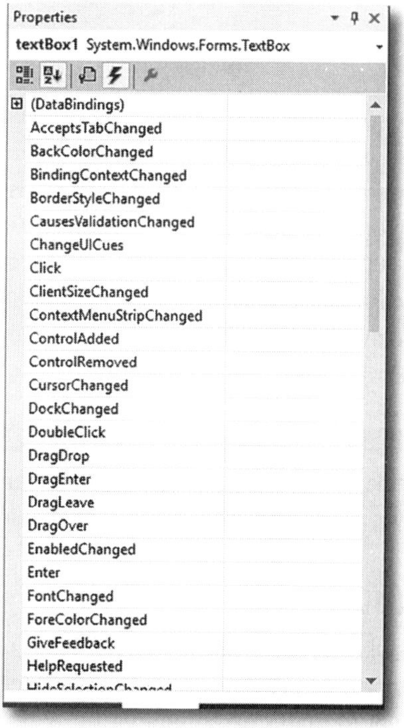

Uygulama 4

Button aracımızın üzerine geldiğimiz zaman boyutunu büyüten komutu yazalım.

```
private void button1_MouseHover(object sender, EventArgs e)
        {
            button1.Width = 200;
            button1.Height = 75;
        }

        private void button1_MouseLeave(object sender, EventArgs e)
        {
            button1.Width = 100;
            button1.Height = 50;
        }
```

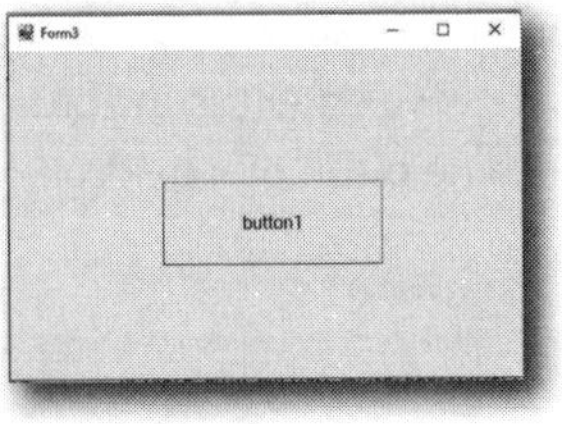

Butonumuzun olayları içinde MouseHover ve MouseLeave olaylarını kullandık. Butonumuzun üstüne geldiğimiz zaman yani MouseHover olduğu zaman butonumuzun genişliği 200 yüksekliği 75 piksel olsun istedik. Faremizi butonun üstünden ayırdığımız zaman yani butonun üstünden Mouse imleci çekilince genişliğimiz 100 yüksekliğimiz 50 piksel olsun dedik. Masaüstü projeleri için çok etkili olmasa da web projelerinde tasarım olarak çok sık kullanılan bir başlıktır Mouse olayları. Böylece olaylar üzerine de örnek 2 uygulamayla bu bölümü tamamlamış olduk.

Ödev

TextBox aracına her metin girişinde kaç karakter hakkımız kaldığını gösteren uygulamayı yazın. Başlangıçta 100 karakter hakkımız bulunsun.

NELER ÖĞRENDİK?

Bu bölümde Olaylar ve temsilcilerin neler olduğunu, temsilcilerin nasıl oluşturulduğunu, metotların ve temsilcilerin ilişkisini, temsilcilere neden tanımlandığı metotlarla aynı formatta parametre ve tür ataması yapıldığını, olayların nasıl oluşturulduğunu, TextBox ve Button araçlarımız için olaylar tanımlamayı, MouseHover, MouseLeave, TextChanged gibi olayların ne işe yaradığını, en fazla kullandığımız olayın hangisi olduğunu pratik uygulamalarla öğrenmiş olduk.

19

HATA KONTROLLERİ

BU BÖLÜMDE

Bu bölümde temel hata kontrollerini, hata kontrollerinin programlamadaki önemini, Try – Catch – Finally kod bloğunu ve bunların nasıl kullanıldığını, çeşitli hata istisna yöntemlerini nasıl kullanıldığını ve özel durum formlarını öğreneceğiz.

HATALAR

Hatalar muhtemelen programcılık ve kodlamanın olmazsa olmaz bir yapısıdır. Basit aritmetik işlemler yapan bir projeden kompleks bir web sitesine kadar her projede hatalar olabilir. Eğer hatalara müdahale edilmez, var olan sistem açıkları minimum seviyeye indirilmezse kötü niyetli kişiler sistemlere çeşitli yöntemlerle saldırarak zarar verebilir ve sistemi etkisiz hale getirebilirler. Bu hataları önleyebilecek başlıklardan biri olan hata kontrollerini kitabımızın bu bölümünde öğreneceğiz.

TRY - CATCH BLOĞU

İşlemler yapılmadan önce ilgili işlemin denetlenip, kod bloğunun çalışıp çalışmadığını kontrol eden yapıdır. Örneğin programımız iki sayıyı toplan basit bir aritmetik işlem hesabı olsun. Klavyeye gireceğimiz değerler sayısal ifade değilse program hata verecek ve çalışmayacaktır. Bir programın hata vererek kapanması ya da programcılık tabiriyle patlaması son kullanıcılar için kesinlikle karşılaşılması istenmeyen bir durumdur. Zira programın kapanması yerine basit bir hata mesajı vermek daha uygun olacak böylece programı kullanan kişi yeniden veri girişi yapıp projeyi çalıştırmayı deneyecektir. Basit bir uygulama üzerinde anlatalım.

Uygulama 1

Klavyeden girilen iki sayıyı toplan programı yazalım. Sayılardan birine harf değeri girelim.

```
private void button1_Click(object sender, EventArgs e)
        {
            int sayı1, sayı2, sonuc;
            sayı1 = Convert.ToInt16(textBox1.Text);
            sayı2 = Convert.ToInt16(textBox2.Text);
            sonuc = sayı1 + sayı2;
            label4.Text = sonuc.ToString();
        }
```

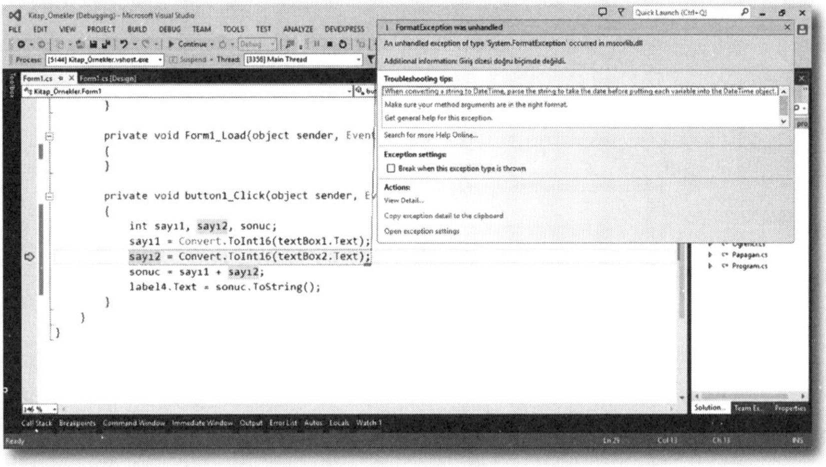

sayı1, sayı2 ve sonuç isminde 3 tane değişken oluşturup bu değişkenlerimizin değerini klavyeden aldık. Değişkenlerimizin türü int yani tam sayı formatında. O halde gireceğimiz değerlerin de tam sayı olması gerekmektedir. Ancak biz 2. Textbox aracımıza tam sayı yerine harf girişi yaptık. Harf girişi yaptığımız için program hata verdi ve kapandı. Böyle bir durumun önüne nasıl geçeceğiz? Yani olası hata ihtimallerine karşı neler yapabiliriz. İşte bu bölümde try - catch bloğu kullanarak bu sorumuza cevap vereceğiz. Şimdi aynı örneğimizi hata kontrolü bloğumuz içerisine alarak yeniden yapalım.

Uygulama 2

Klavyeden girilen iki sayıyı toplan programı yazalım. Sayılardan birine harf değeri girelim. Fakat hata durumlarına karşı kod bloğumuzu try – catch içerisine alalım.

```
private void button1_Click(object sender, EventArgs e)
    {
        try
        {
            int sayı1, sayı2, sonuc;
            sayı1 = Convert.ToInt16(textBox1.Text);
            sayı2 = Convert.ToInt16(textBox2.Text);
            sonuc = sayı1 + sayı2;
            label4.Text = sonuc.ToString();
        }
        catch (Exception)
```

```
        {
            MessageBox.Show("Hata, Lütfen Değerleri Kontrol Edin!");
        }
    }
```

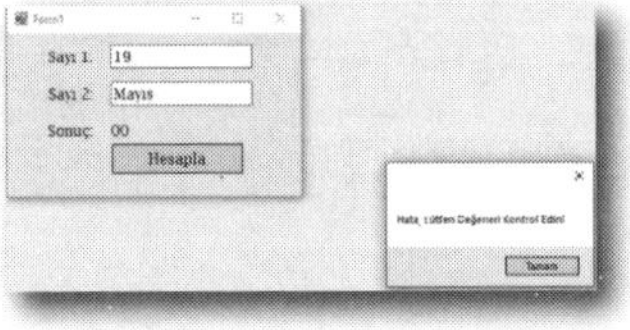

try komutu programımızın gerçekleştirmesini istediğimiz kod bloğunu kapsayan alandır. Zaten Türkçe anlamlı **dene** demektir. try kod bloğunun olduğu kısmı yapmaya çalıştı fakat blok içerisinde bulunan değişkenler int yani tam sayı türünde olmasına rağmen klavyeden veri girişi yapılırken 2. TextBox aracımıza girmiş olduğumuz ifade metin türünde olduğu için try başarısız oldu. Yani deneme başarılı olamadı. O zaman catch yani yakala kısmı devreye girecektir. Burası programın patlamasına izin vermeyecek, kendi içerisinde bulunan komutu çalıştıracaktır. catch bloğu içerisinde bulunan mesaj kutumuz devreye girdi böylece program patlamadan bir hata mesajı ile durumu kurtarmış olduk. Bir başka örnek yapalım.

Uygulama 3

Aynı örneğimizi bu kez hata mesajı detaylarını verecek şekilde yapalım.

```
private void button1_Click(object sender, EventArgs e)
    {
        try
        {
            int sayı1, sayı2, sonuc;
            sayı1 = Convert.ToInt16(textBox1.Text);
            sayı2 = Convert.ToInt16(textBox2.Text);
            sonuc = sayı1 + sayı2;
            label4.Text = sonuc.ToString();
        }
        catch (Exception hata)
        {
            MessageBox.Show(hata.ToString());
        }
    }
```

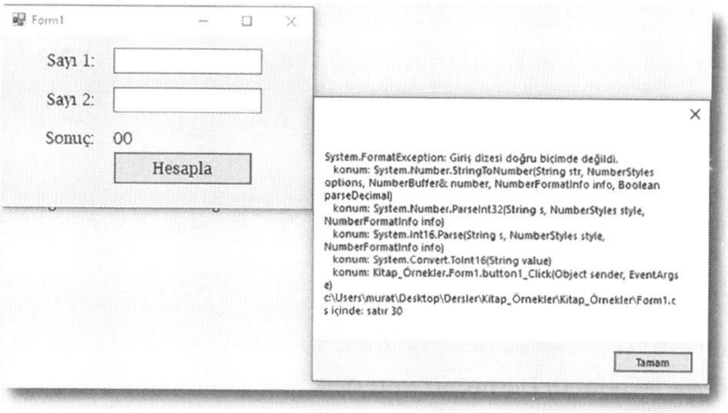

Bu uygulamada `catch` bloğu içerisinde bulunan `exception` alanı üzerinde hatamızı yakalamak ve bir mesaj kutusunda detaylarını görüntülemek istedik. Bunun için `exception` yani istisna durumlarının olduğu yerde `hata` isminde bir değer tanımladık. `hata` değerimiz burada bir değişken gibi görev alacak. Sonra mesaj kutusu içerisinde `hata` değerimizi string olarak yazdırdık. Programı çalıştırdığımız zaman her iki kutucuğa da herhangi bir veri girişi yapmadan `null` değer şeklinde bırakıp butonumuza tıkladığımızda hata aldık. `null` değerler de tam sayı türünü karşılamadığı için program hata verdi. Hatada girilen biçimin doğru formatta olmadığını, 30'nolu satıra uyum sağlamadığını belirtti. 30'nolu satırda klavyeden convert etme işlemleri mevcut. Convert işlemlerinde `null` değeri `ToInt16` formatına dönüştürülemediği için `catch` bloğu içerisindeki istisna kısmı devreye girdi ve hata mesajı ekrana yansımış oldu.

ÖZEL DURUM FORMATLARI

C#'da hatalar için oluşturulmuş bazı özel durum formatları vardır. Bu formatlar sayesinde küçük kısa mesajlarla kişiye direkt olarak yaptığı hataya dair mesaj verilebilir. Kişinin bir önceki örnekte yaptığı hatadan dolayı aldığı mesajı çözümlemesi çok güç olacaktır. Bunun yerine **lütfen kutucukları boş geçmeyin** deseydik o zaman daha doğru bir kullanım formatı yakalamış olacaktık. Böyle durumlarda genellikle birden catch bloğu kullanılır yani tek try ama birden fazla catch. Olası bası hatalar ve kısa tanımları şu şekildedir;

FormatException: Sayısal formattaki bir alana harf veya sembol girilmesi durumunda karşılaşılan hatadır.

OverFlowException: Bir değişkenin aralıkları dışında değer girilmesi durumunda oluşan hatadır.

ArgumentNullException: Aritmetik formattaki bir alana null değer yani boş bırakılması durumunda olabilecek hatadır.

InvalidCastException: Tür dönüştürme işleminde tanımlana değişkenlere göre farklı bir türde dönüşüm yapmaya çalışırken alınacak hatadır.

IndexOutOfRangeException: Dizide bulunmayan değerle karşılaşınca verilebilecek hatadır.

DividedByZero: Sıfıra bölme yapılmak istendiği zaman oluşan hatadır.

ArithmeticException: Matematiksel yani aritmetik hataları yakalayan bloktur.

Bunların dışında da pek çok hata yakalama komutları mevcuttur. Ancak temel düzeyde bunları bilmemiz yeterli olacaktır.

Uygulama 4

FormatException komutu için bir önceki örneğimiz olan iki sayının toplamını yeni yaparak bu hatayı inceleyelim.

```
private void button1_Click(object sender, EventArgs e)
        {
            try
            {
                int sayı1, sayı2, sonuc;
                sayı1 = Convert.ToInt16(textBox1.Text);
                sayı2 = Convert.ToInt16(textBox2.Text);
                sonuc = sayı1 + sayı2;
                label4.Text = sonuc.ToString();
            }
            catch (FormatException)
            {
                MessageBox.Show("Lütfen Sayısal Değerler Giriniz", "Uyarı",
MessageBoxButtons.OK, MessageBoxIcon.Warning);
            }
        }
```

try bloğumuz içerisinde toplama işlemini yapmayı denedik. catch içerisine ise FormatException kullanarak eğer sayısal değerler dışında bir değer girerse hata vermesini sağladık. Burada FormatException tek başına sanki normal Exception komutunda bir farkı yokmuş gibi duruyor. Farkının ortaya çıkması için birden fazla hata bloğunun yazılması gerekmektedir. Öyleyse şimdi hem FormatException hem de OverFlowException hata başlıklarını beraber kullanalım.

Uygulama 5

FormatException ve OverFlowException hata bloklarını tek bir örnek içinde beraber kullanalım.

```
private void button1_Click(object sender, EventArgs e)
        {
            try
            {
                int sayı1, sayı2, sonuc;
                sayı1 = Convert.ToInt16(textBox1.Text);
                sayı2 = Convert.ToInt16(textBox2.Text);
                sonuc = sayı1 + sayı2;
                label4.Text = sonuc.ToString();
            }
            catch (FormatException)
            {
                                    MessageBox.Show("Lütfen Sayısal Değerler
Giriniz","Uyarı",MessageBoxButtons.OK,MessageBoxIcon.Warning);
            }
            catch (OverflowException)
            {
                    MessageBox.Show("Lütfen Daha Küçük Değer Girin", "Uyarı",
MessageBoxButtons.OK, MessageBoxIcon.Warning);
            }
        }
```

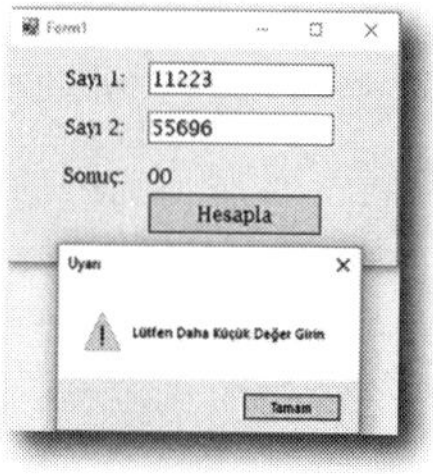

Bu kez bir try bloğundan sonra birden fazla catch bloğu yazdık. Eğer klavyeden girmiş olduğumuz değerler sayısal ifadeler dışında olursa ilk hata yakalama bloğu olan FormatException devreye girecek ve sayısal değerler girmemiz konusunda bizi uyaracaktır. Eğer ki değişkenlerimizin aralık değeri olarak tanımlamış olduğumuz ToInt16 formatının dışında kalan (+ - 32767) bir sayı girersek bu kez OverFlowException devreye girecek ve tanımladığımız değişken aralıkları dışında bir sayı girdiğimizi bundan dolayı programın hata verdiğini belirtecek. Böylece programın patlamasının önüne geçmiş olacağız.

FINALLY

Yaptığımız uygulamada hata olsa da olmasa da mutlaka çalışan bloktur. Try Catch bloğu içerisinde eğer hata yoksa try bloğu, hata varsa catch bloğu çalışmaktadır. Ancak finally komutunu eklediğimiz zaman hata yoksa try bloğu ve finally bloğu, hata varsa catch bloğu ve finally bloğu çalışmaktadır. Buradan hareketle şunu söyleyebiliriz; finally bloğu her durumda ve koşulda mutlaka çalışan bloğumuzdur.

Uygulama 6

Try Catch bloğumuza Finally bloğunu da ekleyelim.

```
private void button1_Click(object sender, EventArgs e)
        {
            try
            {
                int sayı1, sayı2, sonuc;
                sayı1 = Convert.ToInt16(textBox1.Text);
                sayı2 = Convert.ToInt16(textBox2.Text);
                sonuc = sayı1 + sayı2;
                label4.Text = sonuc.ToString();
            }
            catch (Exception)
            {
                                    MessageBox.Show("Lütfen  Değerleri  Kontrol
 Edin","Uyarı",MessageBoxButtons.OK,MessageBoxIcon.Warning);
            }

            finally
            {
```

```
                        MessageBox.Show("Bu Kod Bloğu Çalıştı", "Bilgi",
MessageBoxButtons.OK, MessageBoxIcon.Information);
            }
        }
```

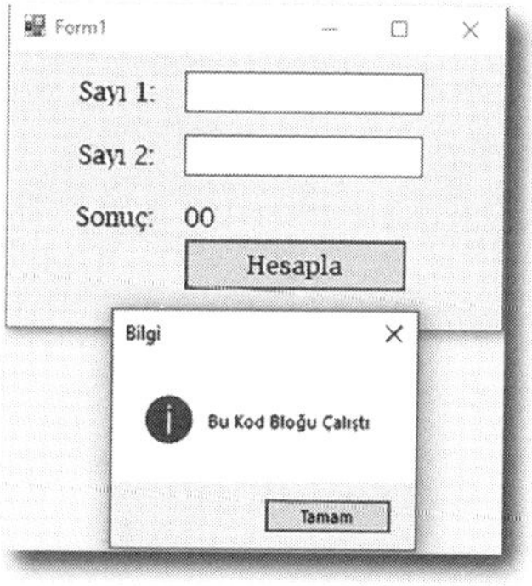

Eğer ki sayısal ifadeler dışında ya da verilen aralıktan büyük değerler girersek önce `catch` bloğu devreye girecek ve bize değerlerinizi kontrol edin mesajını verecektir. Daha sonra biz o mesaj kutusunda **Tamam** seçeneğine tıkladığımız zaman `finally` bloğu çalışacak ve **bu kod bloğu çalıştı** şeklinde mesajı verecektir. Aynı koşul hata olmaması durumunda da geçerlidir. Yani uygulamamızda hata yoksa `try` bloğu içerisindeki toplama işlemi gerçekleşecek ardından `finally` bloğundaki mesajı vererek uygulama sonlanacaktır. Hata kontrolleri ile ilgili temel olarak anlatacağımız başlıklar bu kadar.

NELER ÖĞRENDİK?

Bu bölümde hata kontrolleri ve hata kontrolü oluşturmayı, neden hata kontrollerine ihtiyacımız olduğunu, Try – Catch – Finally kod bloklarını, bu blokların nasıl kullanılacağını, harf, sayı aralık gibi kontrollerin sağlandığı özel hata kontrol formatlarını pratik uygulamalı örnekler üzerinde öğrenmiş olduk.

20

KOLEKSİYONLAR

BU BÖLÜMDE

Bu bölümde koleksiyon sınıfını, koleksiyon yapısının ne olduğunu, listeleri, ArrayList, List, SortedList, HashTable, Kuyruk ve Stack yapılarını, FIFO ve LIFO kavramlarını system.collections kütüphanesini pratik örmekler üzerinde öğreneceğiz.

KOLEKSİYON SINIFLARI

Kitabımızın ilk bölümlerinde yer alan ve programlama dünyasında neredeyse tüm programlama dilleri için çok büyük bir önem arz eden diziler ya da programcılık literatürü ile array yapısı sayesinde çok sayıda aynı türde veri tanımlanıp çağrılarak üzerinde işlemler yapılabilir. Diziler bu yönüyle oldukça kullanışlı bir formattır fakat ciddi iki sorunla bizi karşı karşıya getiriyor. İlk dizilerde veri tiplerinin aynı olması zorunluluğu vardır. Bir dizi tanımlanırken int olarak tanımlandıysa tüm veriler tam sayı formatında olmak zorundadır. İkincisi dizinin boyutu önceden belli olmak zorundadır. Peki, biz farklı türde verileri bir arada kullanmak istersek ya da boyutu önceden belli olmayan verileri ele almak istediğimizde ne yapmalıyız? İşte bu noktada devreye koleksiyon veri tipleri giriyor. İlk olarak ön tanımlı koleksiyonları inceleyelim.

System.Collections kütüphanesi başlığında temel koleksiyon türleri bulunur. Verileri saklamak ve üzerinde işlem yapmak için kullanılan koleksiyonlar genel koleksiyonlarda olduğu gibi farklı türde verileri üzerinde barındırması ve boyutunun önceden belirlenme zorunluluğu olmaması dolayısıyla dizilerden bir adım daha öndedir. Bazı koleksiyonlarımız şunlardır;

» Arraylist

» SortedList

» HashTable

» Kuyruk

» Stack

» List

ARRAYLIST

Farklı türde verileri bünyesinde varındırıp boyutu da istenildiği gibi büyüyüp küçültülebilen koleksiyon yapısıdır. Dizilere çok benzer. Dizilerle koleksiyon sınıfları arasında belirtmiş olduğumuz farklar ArrayList için de geçerlidir.

NOT `ArrayList` komutunu kullanabilmek için System.Collections kütüphanesinin eklenmesi gerekmektedir.

Uygulama 1

5 elemanlı bir arraylist oluşturup bu listeyi ListBox aracımıza yazdıralım.

```
private void button1_Click(object sender, EventArgs e)
        {
            ArrayList liste = new ArrayList();
            liste.Add(1);
            liste.Add(2);
            liste.Add("abc");
            liste.Add('a');
            liste.Add(19.19);
            foreach (var lst in liste)
            {
                listBox1.Items.Add(lst);
            }
        }
```

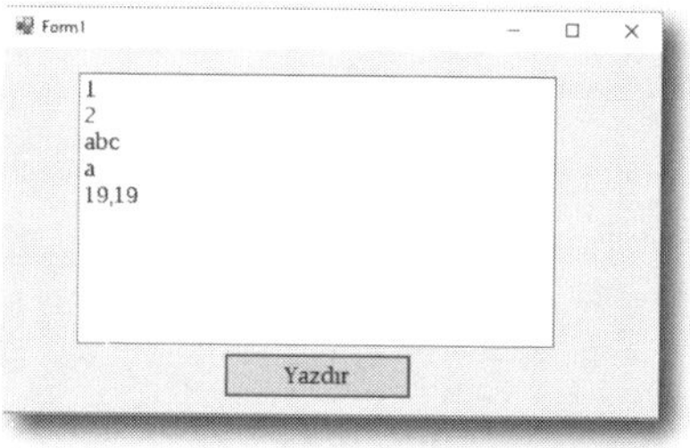

ArrayList sınıfımızdan **liste** isminde bir nesne türeterek kodlarımızı yazmaya başladık. Liste nesnemize add metodu ile eklemeler gerçekleştirdik. Sırasıyla int, int, string, char, ve double türlerinde veri tanımlamaları yaptık. Böylece dizilerde olduğu gibi tek tip veri kullanmak zorunda kalmadık. Ayrıca add metodu ile ekleme yapmadan önce herhangi bir boyut belirleme gereği de duymadık. İstediğimiz kadar değeri bir boyut sınırına takılmadan ekleyebiliriz. Eklemeleri yaptıktan sonra dizilerde olduğu gibi elemanların tümünü listelemek için foreach döngüsü kullandık.

SORTED LIST

Anahtar ve değer olmak üzere iki türlü parametre alan Sorted List yani sıralı listeler genellikle verilerin sıralanması için kullanılır. Sıralama işlemi anahtar değerine göre yapılır. Anahtar ve değer parametreleri birbirinden virgülle ayrılır. Pratik bir örnek üzerinde görelim.

Uygulama 2

5 elemanlı bir Sorted List oluşturup elemanların sıralanmış halini ListBox aracımızda gösterelim.

```
private void button1_Click(object sender, EventArgs e)
    {
        SortedList sort = new SortedList();
        sort.Add("6", "Ankara");
        sort.Add("1", "Adana");
        sort.Add("9", "Aydın");
        sort.Add("7", "Antalya");
        sort.Add("2", "Adıyaman");
        foreach (var deger in sort.Values)
        {
            listBox1.Items.Add(deger);
        }
    }
```

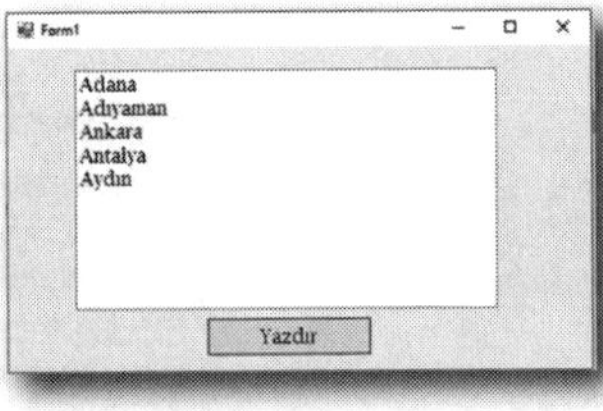

`SortedList` sınıfımızdan `sort` isminde bir tane nesne oluşturduk. Bu nesne yardımıyla add metodunla ulaşıp anahtar ve değerlerimizi girdik. Anahtarlarımızı illerin plakaları, değerlerimizi de illerin adları şeklinde belirleyerek eklemelerimizi yaptık. Daha sonra `foreach` döngümüzü oluşturup nesnemize ait olan değerleri listelemesi için komutlarımızı yazdık. Değişkenlerimizin veri tipini bilmediğimizi varsayarak veri türlerini var yani tüm değişkenleri kapsayacak değişken türümüz olarak belirledik. Son olarak değerleri ListBox aracımıza ekleyip kod bloğumuzu tamamladık.

HashTable

Yapı olarak SortedList'e çok benzeyen HashTable SortedList koleksiyonunda olduğu gibi iki tane parametre alır. Bu parametreler anahtar ve değerdir. Ancak SortedList yapısından farklı olmak üzere bu kez sıralamalar anahtara göre değil, değerlere göre yapılır. Pratik bir örnek üzerinde uygulamamızı yapalım.

Uygulama 3

5 elemanlı bir HashTable oluşturup elemanların sıralanmış halini ListBox aracımızda gösterelim.

```
private void button1_Click(object sender, EventArgs e)
        {
            Hashtable liste = new Hashtable();
            liste.Add("8", "İlyas");
            liste.Add("1", "Necati");
            liste.Add("3", "Sezen");
            liste.Add("6", "Mehmet");
            liste.Add("5", "Ersin");
            foreach (var deger in liste.Values)
            {
                listBox1.Items.Add(deger);
            }
        }
```

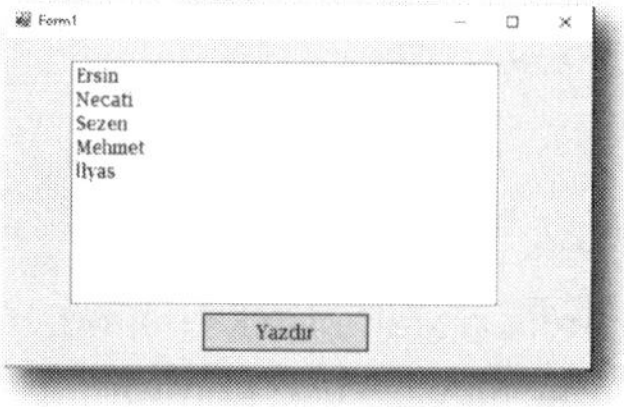

`HashTable` koleksiyonu `SortedList` koleksiyonunda olduğu oldukça kullanışlı bir yapıya sahip olduğunu örneğimiz üzerinde görmüş olduk. Bu kez sıralamayı anahtarlara göre değil değerlere göre yaptı. Yani normalde 1 numarada Necati olmasına rağmen alfabetik sıralamada Ersin daha önce geldiği için Ersin değerini en üste yazdırdı. Listemizin değerlerini `foreach` döngüsüyle ListBox aracımıza yazdırarak uygulamamızı tamamladık.

STACK

Yapı olarak kuyruğa benzer ancak çalışma prensibi `FILO First In Last Out` yani ilk giren son çıkar şeklindedir. Bunu da üst üste dizilmiş kitaplar olarak düşünebilirsiniz. En alttaki kitap normalde ilk olarak girmesine rağmen bu kitabı çıkarmak istediğimizde önce üstündeki tüm kitapları çıkarmamız gerekmektedir. Ya da en üstteki kitabı ele alırsak son değer olarak girmesine rağmen ilk çıkan değer olacaktır.

Uygulama 4

4 elemanlı bir stack listesi oluşturup elemanları listeyelim.

```
private void button1_Click(object sender, EventArgs e)
        {
            Stack stc = new Stack();
            stc.Push("Mahiye");
            stc.Push("Mehmet");
            stc.Push("Murat");
            stc.Push("Mesut");
            while(stc.Count>0)
            {
                listBox1.Items.Add(stc.Pop());
            }
        }
```

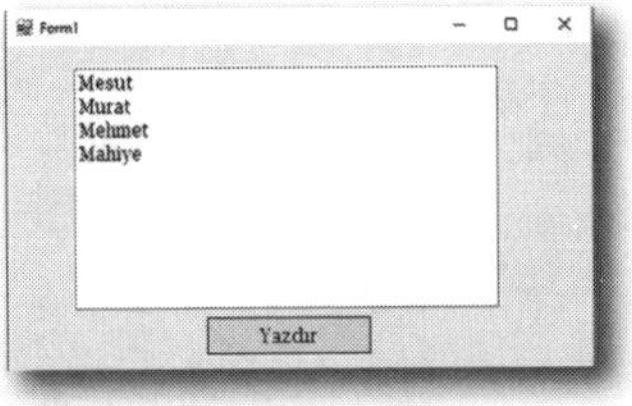

Stack işlemleri için ilk olarak `stack` sınıfından bir tane nesne türettik. Türettiğimiz bu nesne aracılığıyla Push komutunu kullanıp ekleme işlemleri yaptık. `Push` komutu ilgili stack listesine yeni veri eklemesi gerçekleştirir. `Pop` komutu da sırasıyla listemizde bulunan değerleri alır. Listemizin eleman değeri 0'dan büyük olduğu müddetçe eleman çıkarma işlemine devam etmesini istediğimiz için `while` döngümüzü oluşturduk, son olarak ListBox aracımıza listeden çıkardığımız değerleri yazarak kod bloğunu tamamladık.

KUYRUK

Kuyruk günlük hayatta karşımıza çıkan kuyruk mantığındandır. İlk giren ilk çıkar şeklinde sıralanır. Mesela bir banka atm kuyruğu düşünün. En öndeki kişi atmnin başına ilk olarak gelen kişidir. İşlemini yapar ve çıkar. Son gelen kişi de kuyruğa son giren kişidir ve en son kişi olarak kuyruktan çıkar. İşte bu yapısı `FIFO yani Firts In First Out` ilk giren ilk çıkar yapısıdır.

Uygulama 5

4 elemanlı bir kuyruk oluşturup kuyruğumuzun elemanlarını listeleyelim.

```
private void button1_Click(object sender, EventArgs e)
        {
            Queue deger = new Queue();
            deger.Enqueue("Ömer Seyfettin");
            deger.Enqueue("Halide Edip");
            deger.Enqueue("Sait Faik");
            deger.Enqueue("Ziya Gökalp");
            while(deger.Count>0)
            {
                listBox1.Items.Add(deger.Dequeue());
            }
        }
```

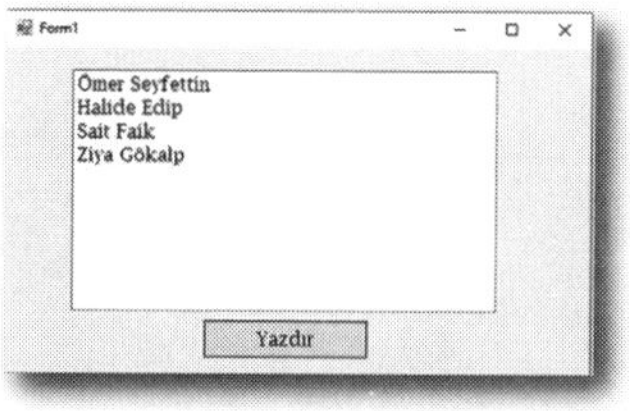

Kuyruk listemiz için `Queue` sınıfından değer isminde bir tane nesne türettik. Daha sonra `Enqueue` metodu yardımıyla verilerimizi kuyruğa ekledik. **Çıkarma** işlemini yapmadan önce döngümüzü oluşturduk. Kuyrukta bulunan eleman sayısı 0'dan büyük olduğu sürece kuyruktan eleman çıkarma işlemleri gerçekleştireceğiz `Dequeue` komutuyla eleman çıkarma işlemini yaparak çıkardığımız elemanları ListBox aracımıza ekledik.

LIST

`ArrayList` yapısına çok benzeyen ancak tanımlama işlemi parantez değil küçük büyük sembolü içerisinde yapılan komut kümesidir. Özellikle OOP tabanındaki başlıkları veritabanıyla birleştirmek için çokça tercih edilmektedir. Listeler de dizi mantığındadır ancak koleksiyonlarımızdaki temel farklar listelerimiz için de geçerlidir. Örnek bir uygulama yapalım.

Uygulama 6

Tam sayılardan oluşan bir liste oluşturup bu listenin elemanlarını ListBox aracımıza ekleyelim.

```
private void button1_Click(object sender, EventArgs e)
        {
            List<int> sayilar = new List<int>();
            sayilar.Add(24);
            sayilar.Add(16);
            sayilar.Add(20);
            sayilar.Add(19);
            foreach (int x in sayilar)
            {
                listBox1.Items.Add(x);
            }
        }
```

List türünde bir koleksiyon nesnesini int değişken tipiyle türettik. List sınıfının veri türü küçük büyük sembolü içerisine yazılır. Daha sonra add metoduyla değerlerimizi girmeye başladık. Burada ilk giren ilk çıkar mantığı vardır. Yani yazdırma işlemi yapılırken herhangi bir şart yoksa ilk olarak en üstteki değeri sonra onun altındakini yazdırarak devam edecek. Foreach döngümüzü oluşturup int türünde x isminde bir değişkenle listemiz içerisindeki değerleri okutup ListBox aracımıza yazdırarak uygulamamızı tamamladık.

Koleksiyon sınıfları için ilk etapta bu 6 temel başlığı bilmeniz yeterli olacaktır. Daha fazlası için youtube kanalımızda bulunan **İkinci 100 Derste C#** video serisini inceleyebilirsiniz.

NELER ÖĞRENDİK?

Koleksiyon sınıfının ne olduğunu, nasıl koleksiyon sınıfı tanımlandığı ve kullanıldığını, listeleri, ArrayList yapısını, diziler ve listelerin farkını, SortedList yapısını, HashTable kullanımını, Kuyruk yapısı ve kullanımını, Stack kavramını, pop, add, push, enqueue, dequeue gibi metotların neler olduğunu ve nasıl kullandıklarını somut örnekler üzerinde öğrenmiş olduk.

21

ÖĞRENCİ NOT KAYIT SİSTEMİ

BU BÖLÜMDE

Bu bölümde C# form ile ADO.NET çerçevesinde temel SQL sorguları olan Ekleme, Silme, Güncelleme ve Listeleme başlıklarını bu 4 temel başlığa ek olarak prosedür, tetikleyici, alt sorgu ve birleştirme işlemlerini bir proje altında birleştireceğiz.

Tamamıyla SQL alt yapısında gerçekleştireceğimiz projemizde kullanıcılar arası mesajlaşma, sisteme giriş yapan kullanıcının bilgilerini getirme işlemini yani biraz daha terim biçiminde ifade edecek olursak "User Login Managment" (Kullanıcı Giriş Yönetimi) sistemini, duyuru oluşturmayı, alınan sınav notlarına göre öğrencinin durumunu SQL üzerinde değiştirme gibi pek çok farklı başlığı modüler ve geliştirmeye çok müsait bir proje çerçevesinde öğreneceğiz.

PROJE AMACI

İlk olarak projemizde neler yapacağımızla başlamak istedim. Bu projemizde amacımız kitabımızın 19 bölümünün tamamında kullandığımız başlıkları derleyip harmanlayarak ortaya somut ve daha kapsamlı ayrıca geliştirmeye çok müsait bir veritabanı uygulaması koyabilmektir. Projemiz içerisinde kişilerin kendi verilerini görebilecekleri, mesajlaşabilecekleri, profil bilgilerini düzenleyebileceği alanlara da yer vermek istedim. Bunu beraber kolaylıkla yapabiliriz. Amacımız öğrencilerin tıpkı e-okul gibi kendi numara ve şifreleri ile sisteme giriş yaptıkları zaman notlarını görüntülediği Fotoğraf, Ad, Soyad, Şifre gibi bilgilerini düzenleyebildikleri, diğer öğrencilere ve öğretmenlere mesaj atabildikleri bir sistem oluşturmak. Projemizde tablo olarak;

» Öğrenci Bilgileri Tablosu

» Öğretmen Bilgileri Tablosu

» Sınav Notları Tablosu

» Mesajlar Tablosu

» Duyurular Tablosu

Olmak üzere 5 temel tablo kullanacağız. Form ara yüzü olarak da;

» Giriş Formu

» Öğrenci Kayıt Formu

» Öğrenci Bilgi Detayları Formu

» Öğretmen Bilgi Detayları Formu

» Öğrenci Listesi Formu

» Mesajlar Formu

» Duyurular Formu

Olmak üzere 7 temel form kullanacağız. Dilerseniz proje bittikten sonra yeni tablo ve veritabanları ile içeriğinizi zenginleştirebilirsiniz.

VERİTABANI VE TABLOLARIN OLUŞTURULMASI

SQL Server'ı açalım ve yeni bir veritabanı oluşturarak işlemlerimize başlayalım. Projemizin ve veritabanımızın isimlerini birbirine paralel olarak adlandıralım. Veritabanı adı olarak **OgrenciNotKayıtDB** verebiliriz.

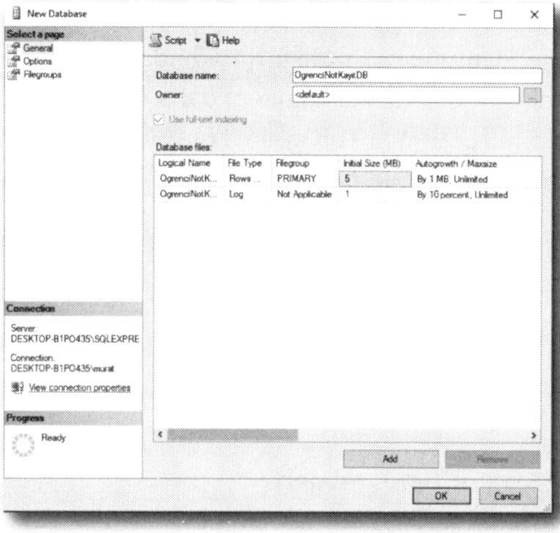

Şimdi ilk tablomuz olan öğrenci bilgilerini tutacağımız tablomuzu oluşturarak başlayalım. Sırasıyla tablolarımızın alanlarını yazalım içeriğini detaylandıralım.

Öğrenci Tablosu

- » ID
- » Ad
- » Soyad
- » Numara
- » Şifre
- » Fotoğraf

DESKTOP-B1PO435\S...- dbo.TblOgrenci ×

Column Name	Data Type	Allow Nulls
ID	smallint	☐
AD	varchar(20)	☑
SOYAD	varchar(20)	☑
NUMARA	char(4)	☑
SIFRE	varchar(10)	☑
FOTOGRAF	varchar(100)	☑
		☐

ID alanımızı notlar tablosundaki değerlerle ilişkilendireceğimiz için birincil anahtar olarak belirledik. Ayrıca yine ID alanımızın değerini otomatik artan yaptık. Otomatik artan işlemini önceki bölümlerde anlatmıştık. Numara için `char(4)` ifadesi kullanmamızın sebebi öğrencilerimizin numarasının 4 karakterden oluşacak olmasındadır. Siz dilerseniz daha geniş kapsamlı bir proje için daha geniş aralıklar kullanabilirsiniz. Şifre alanını da en fazla 10 karakter olacak şekilde ayarladık. Fotoğraf kısmı için Image kullanmadık. Çünkü Image veri tipi veritabanı boyutunu çok fazla arttırdığından bunun yerine resim yolunu tutacağımız bir string ifade kullanmanın daha optimal bir çözüm olacağını düşündük. Tablomuzun ismini **TblOgrenci** olarak belirleyip kaydederek ilk tablomuzun işlemlerini tamamlamış olduk.

Öğretmen Tablosu

» ID

» Ad

» Soyad

» Numara

» Şifre

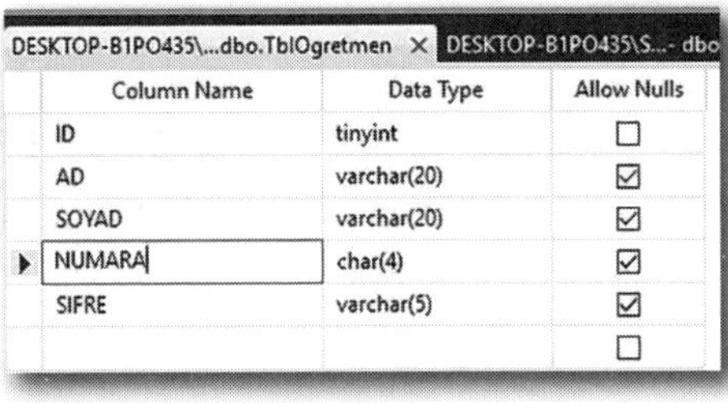

DESKTOP-B1PO435\...dbo.TblOgretmen × DESKTOP-B1PO435\S...- dbo

Column Name	Data Type	Allow Nulls
ID	tinyint	☐
AD	varchar(20)	☑
SOYAD	varchar(20)	☑
NUMARA	char(4)	☑
SIFRE	varchar(5)	☑
		☐

5 temel alanımız var. Tıpkı öğrenci tablosunda olduğu gibi her öğretmenin de birer ID değeri, Adı, Soyadı, Numarası ve Şifresi bulunacak. Ancak fotoğrafa ihtiyaç duymadık. Çünkü fotoğraf alanı öğretmenin öğrenciyi hatırlaması için mevcuttur. Numarayı yine 4 karakter olarak belirleyip şifreyi bu kez daha kısa tuttuk. Öğretmen ve öğrenci tablolarına girişler farklı şekilde olacak. Bu detayları projemizin form kısmına geçtiğimiz zaman göreceğiz.

Notlar Tablosu

» ID

» Sınav1

» Sınav2

» Sınav3

» Proje

» Ortalama

» Durum

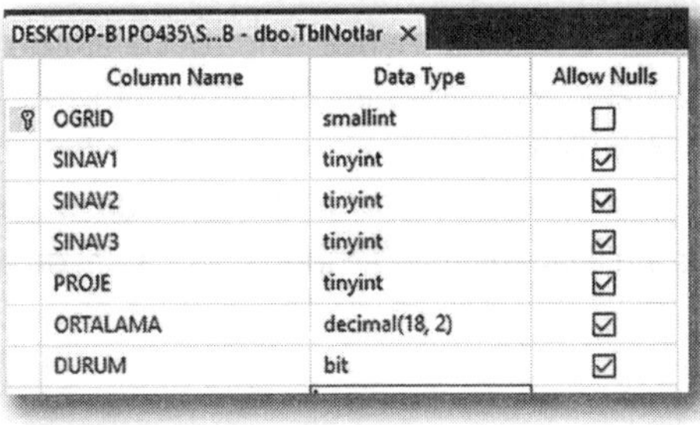

DESKTOP-B1PO435\S...B - dbo.TblNotlar ×

Column Name	Data Type	Allow Nulls
OGRID	smallint	☐
SINAV1	tinyint	☑
SINAV2	tinyint	☑
SINAV3	tinyint	☑
PROJE	tinyint	☑
ORTALAMA	decimal(18, 2)	☑
DURUM	bit	☑

Notlar tablomuzda ID alanı dışında Sınav notlarını gireceğimiz 1, 2 ve 3. sınavlar, proje notunu gireceğimiz proje sütunu, notların toplanıp bölünmesiyle hesaplanacak ortalama değeri ve öğrencinin geçti mi, yoksa kaldı mı? sonucunun yazılacağı durum sütunları bulunmaktadır. Sınav notları 0-100 arasında birer tam sayıdan oluşacağı için **tinyint** veri tipini kullandık. Ortalama değerleri ondalıklı çıkabileceğinden **decimal** veri tipini virgülden sonra en fazla iki basamak alacak şekilde tercih ettik. Durumun iki sonucu olduğundan bu veri tipi için de bit kullanarak tablomuzu oluşturduk.

Mesajlar Tablosu

- ID
- Gönderen
- Alıcı
- Başlık
- İçerik

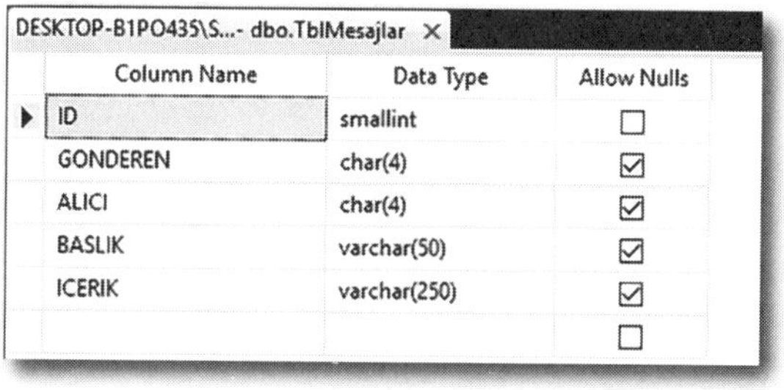

DESKTOP-B1PO435\S...- dbo.TblMesajlar ×

Column Name	Data Type	Allow Nulls
ID	smallint	☐
GONDEREN	char(4)	☑
ALICI	char(4)	☑
BASLIK	varchar(50)	☑
ICERIK	varchar(250)	☑
		☐

Her mesajın bir ID numarası olsun istediğimizden ilk olarak ID sütununu ekledik ve sütun özellikleri penceresinden bu alanımızı otomatik artan yaptık. Gönderici ve alıcı değerleri numaraya göre yapılacağı için bu başlıkları **char(4)** olarak belirledik. Mesajımızın bir başlığı ya da konusu olsun istediğimiz için başlık son olarak da mesajın içeriğinin tutulacağı içerik sütunumuzu da ekleyerek tablomuzu tamamladık.

Duyurular Tablosu

- Duyuru ID
- Duyuru İçerik

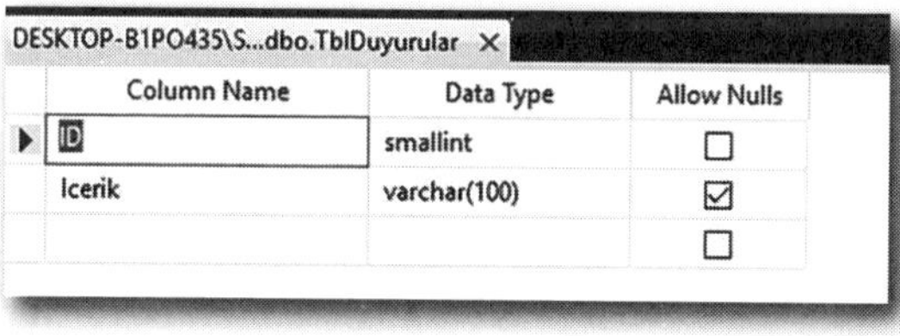

DESKTOP-B1PO435\S...dbo.TblDuyurular ×

Column Name	Data Type	Allow Nulls
ID	smallint	☐
Icerik	varchar(100)	☑
		☐

Duyuru tablomuz öğretmen tarafından oluşturulacak duyuruları tutacaktır. Bu duyurular tüm öğrencilere ulaşacağı için herhangi bir kısıtlama yoktur. Yani diyelim ki öğretmen yarın sabah dersin 09:30 yerine 10:15'de başlayacağını tüm öğrencilere haber vermek istiyor. Bunun için öğrencilerin tamamına tek tek mesaj atmak çok zahmetli olacağından basit bir duyuru oluşturma yöntemiyle tek bir **Buton** tıklamasıyla tüm öğrencilere ulaşabilir. Böylece tablolarımızı tamamlamış olduk. Son olarak öğrenci tablomuzla notlar tablomuz arasında ilişki olduğundan dolayı bu iki tabloyu birbirine bağlayalım. **Database Diagrams** üzerinde sağ tuşla tıklayalım.

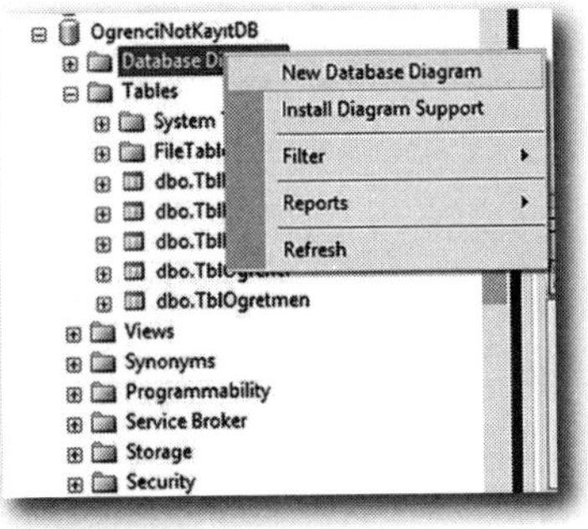

Açılan pencerede **CTRL** tuşuna basılı tutarak öğrenci tablosunu ve notlar tablosunu seçelim.

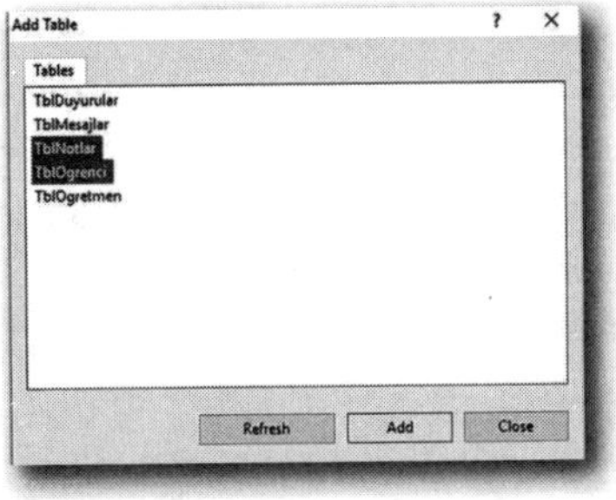

Daha sonra öğrenci tablosundaki ID alanını üzerinden tutup sürükleyip notlar tablosunun üzerine bırakalım.

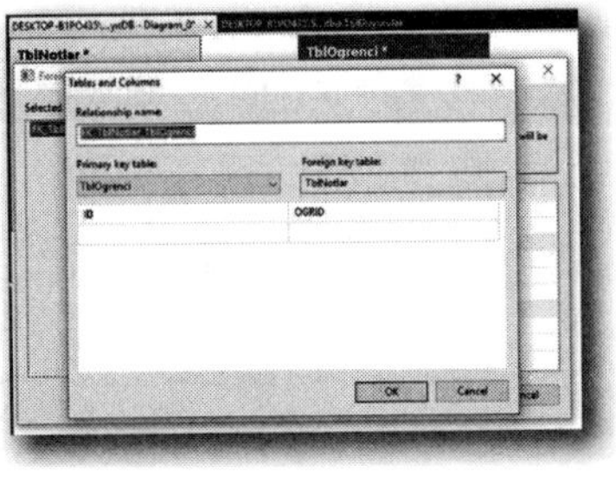

Aşağıda bulunan resimdeki gibi birebir formatında bir ilişki oluşacaktır. Birebir formatta olması şu anlama geliyor; bir öğrencinin yalnızca bir kez notları girilebilir. Yani 4 nolu ID değerine sahip öğrenci birden fazla kez notları girilemez.

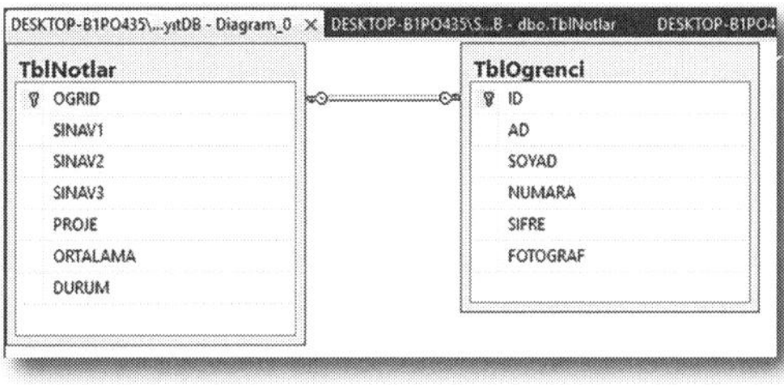

Böylelikle ilişkimizi de tamamlamış olduk. Bu pencere üzerindeyken **Ctrl+S** tuşlarına basarak ilişkimizi kaydedelim.

Şimdi çok önemli olan bir başka durum var. Bir öğrenci sisteme kaydedildiği anda o öğrencinin ID değeri notlar tablosuna da otomatik olarak kaydolmalıdır. Bunun için tetikleyici kullanabiliriz. Tetikleyicilerin ne işe yaradığını hatırlayalım: "Bir tablodaki olayın bir başka tabloyu etkilemesidir." Örneğin; biz ürün tablosundan bir ürünü sildiğimiz anda ilgili ürünün değeri stok tablosunda bir azalsın gibi...

TETİKLEYİCİLERİN OLUŞTURULMASI

SQL'de daha önce basit bir şekilde nasıl tetikleyici oluşturacağımızı öğrenmiştik. Şimdi biraz daha kapsamlı bir tetikleyici oluşturacağız. Sorgumuzu yazıp açıklayalım.

Uygulama 1

Öğrenci tablosuna herhangi bir öğrenci eklendiği anda ilgili öğrencinin ID değerini otomatik olarak notlar tablosuna atayan sorguyu yazalım.

```
Create trigger IdEkle
on TblOgrenci
After Insert
as
Declare @ID smallint
select @ID=ID from inserted
insert into TblNotlar(OGRID)values(@ID)
```

Sorgumuzu yazıp çalıştırdığımız zaman alt ekranda işlemin başarılı bir şekilde gerçekleştirildiğine dair bir mesaj almamız gerekecektir.

`Create` ifadesi ile önce ne oluşturacağımızı sorgumuza bildirdik. `Create` komutundan sonra tablo, prosedür, veritabanı ve daha pek çok şey oluşturulabilir. Biz tetikleyici oluşturacağımız için `trigger` ifadesini kullandık ve tetikleyicimizin ismini `IdEkle` olarak belirledik. `on` komutu ile tetikleyicimizin hangi tablo üzerinde çalışacağını belirttik. Daha sonra tetikleyicimizin ne zaman çalışacağını bildirdik. `After Insert` sorgusu ile tetikleyicimiz herhangi bir kayıt yapıldıktan sonra çalışacaktır. `as` komutu ile tetikleyici çalışınca neler olacağını yazmaya başladık. Biz bir tablodaki değeri diğer tabloya taşımak istediğimiz için taşımak istediğimiz değerler için birer değişken oluşturduk. Sadece ID alanını taşıyacağımız için `@ID` isminde bir değişken tanımlaması yaptık.

Bu değişkenin veri türünü tablomuzdaki veri türleri ile aynı olmasını gözden kaçırmayalım.

Değişken tanımlamaları SQL'de `Declare` komutu ile başladığından sorgumuzun başına bu komutu ekledik. Alt satırda yani `Select` ile başlayan satırda tanımlamış olduğumuz değişkene atayacağımız değeri verdik. Bu değer öğrenci tablosuna son eklenen öğrencinin ID değeridir. Daha sonra hafızaya aldığımız `@ID` değişkenini `Insert` sorgusuyla notlar tablosuna ekleyerek sorgumuzu tamamladık.

Öğrenci tablomuza bir kayıt eklemeden önce sınav notlarını tutacağımız tabloda tüm notlarımızın varsayılan değerini 0 yapalım ki herhangi bir öğrenci eklemesi yaptığımız zaman notları null değer olarak kalmasın.

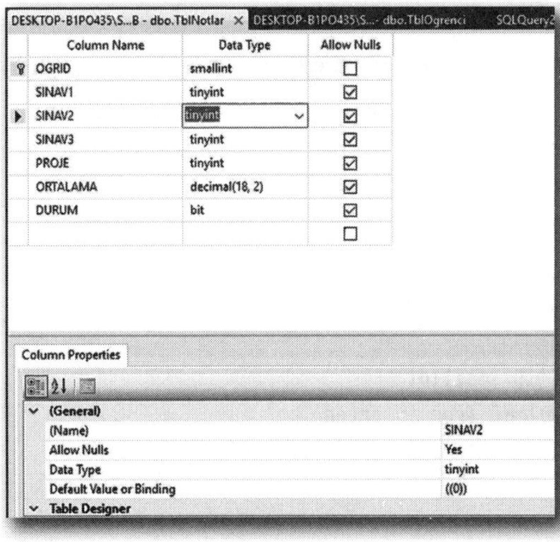

Tablo sütunlarımızın **default value** alanından tüm sınav notları ve durum alanımızın başlangıç değerini 0 yaptık. Şimdi öğrenci tablomuza iki tane veri girişi yapalım. Veri girişi için tablomuz üzerinde sağ tuşla tıklayıp **Edit Top 200 Rows** alanını seçiyoruz.

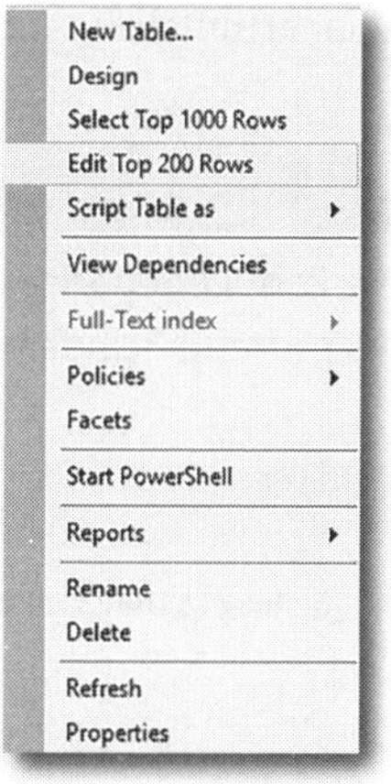

İki tane veri girişi yapalım.

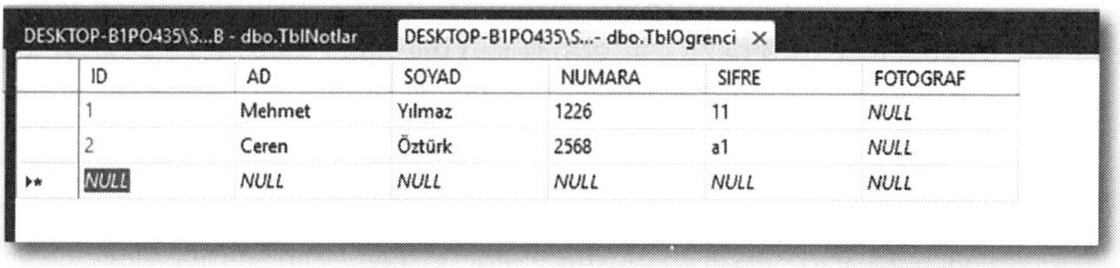

	ID	AD	SOYAD	NUMARA	SIFRE	FOTOGRAF
	1	Mehmet	Yılmaz	1226	11	NULL
	2	Ceren	Öztürk	2568	a1	NULL
▸*	NULL	NULL	NULL	NULL	NULL	NULL

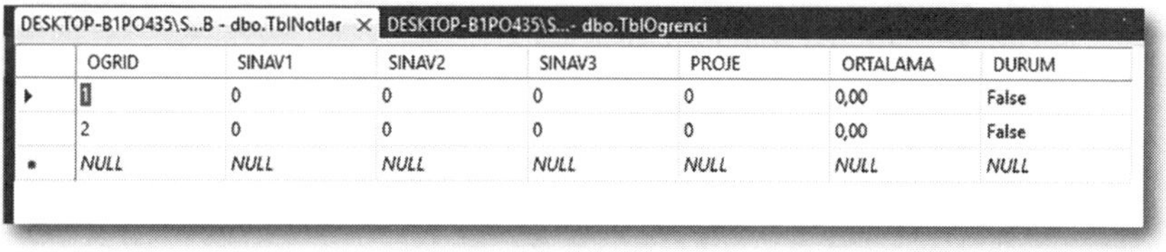

	OGRID	SINAV1	SINAV2	SINAV3	PROJE	ORTALAMA	DURUM
▸	1	0	0	0	0	0,00	False
	2	0	0	0	0	0,00	False
*	NULL	NULL	NULL	NULL	NULL	NULL	NULL

Biz öğrenci tablosuna verilerimizi girdiğimiz anda notlar tablosunda ID değerleri otomatik olarak eklendi. Böylece tetikleyicimizi de tamamlamış olduk. Şimdi gelelim bir diğer başlığımız olan prosedür yazımına.

PROSEDÜRLERİN OLUŞTURULMASI

Prosedürler başlığını önceki bölümlerimizde detaylı bir şekilde anlatmıştık. Prosedürleri genellikle ilişkili tablolardaki bazı sütunları birleştirme sonrasında uzun SQL sorgularını kısaltmak için kullanıyoruz. Projemizin içeriğine göre prosedür kullanılacak alanlar arttırılabilir. Ancak biz yalnızca notlar tablosu için bir prosedür yazacağız.

Uygulama 2

Notlar tablosundaki verileri ID değerine karşılık gelen Ad ve Soyad bilgisine göre listeleyen sorguyu prosedür içinde yazalım.

```
Create Procedure Ogrenciler
as
Select Ad,Soyad,Sınav1,Sınav2,Sınav3,Proje,Ortalama,Durum From TblNotlar
inner join TblOgrenci
on
TblOgrenci.ID=TblNotlar.OGRID
```

Yukarıdaki sorgumuzu yazıp çalıştırdığımız zaman prosedürümüz oluşmuş olacaktır. Prosedürümüzü çalıştırmak için başına `Execute` yazmamız yeterlidir. Bu prosedür ile notlar tablosuyla öğrenciler tablosu arasında birleştirme yapmış olduk.

SQL üzerinde yapacağımız temel işlemleri bitirdiğimize göre **Visual Studio** derleyicimizi açıp projemizi oluşturabiliriz. Projemizi şu adımlara ayıracağız;

- » Giriş formunun tasarlanması
- » Bağlantı sınıfının oluşturulması
- » Öğrenci bilgileri formu
- » Öğretmen formu
- » Mesajlar formu
- » Duyurular formu

GİRİŞ FORMUNUN TASARLANMASI

İlk olarak yeni bir proje oluşturalım. Projemizin ismini veritabanımızın ismiyle uyumlu bir şekilde adlandırmaya özen gösterelim.

Projemizde ilk olarak giriş formunu hazırlayacağız. Giriş formunda iki ayrı giriş ekranı kullanalım. Bunlardan birisi öğretmen için diğeri de öğrenci için olsun. Alanları birbirinden ayırmak için kullanılabilecek birden fazla araç mevcut. Biz **Groupbox** tercih edeceğiz.

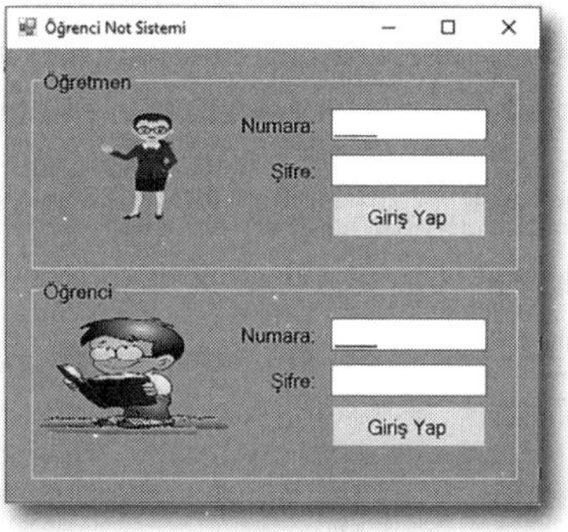

Giriş formunu yukarıdaki gibi tasarladık. Peki, neler yaptık? İlk olarak öğretmen ve öğrenci isminde iki ayrı giriş alanı oluşturduk. Bu alanları Groupbox araçları ile birbirinden ayırdık. Her bir Groupbox aracının içerisine bir tane Picturebox yani resim kutusu ekledik. Bu resim kutularında öğretmen ve öğrenciyi temsil edecek iki tane resmi Google görsellerde **PNG** formatında bulup resim kutularımız içinde kullandık. PNG tercih etmemizin sebebi arkasının transparan yani şeffaf olmasını istediğimiz içindir. Öğretmen ve öğrenciler sisteme numara ve şifreleri ile giriş yapacakları için birer tane MaskedTextBox ve TextBox araçları kullandık. MaskedTextBox aracımızın giriş modunu 4 karakter olarak belirledik.

Bu aracımızın kullanımını kitabımızın araçlar bölümünde detaylı olarak anlatmıştık. Daha sonra aşağıda bulunan görseldeki gibi TextBox araçlarımızın şifreleme özelliklerini açtık böylece girilen değerler şifre karakteri şeklinde gözükecektir.

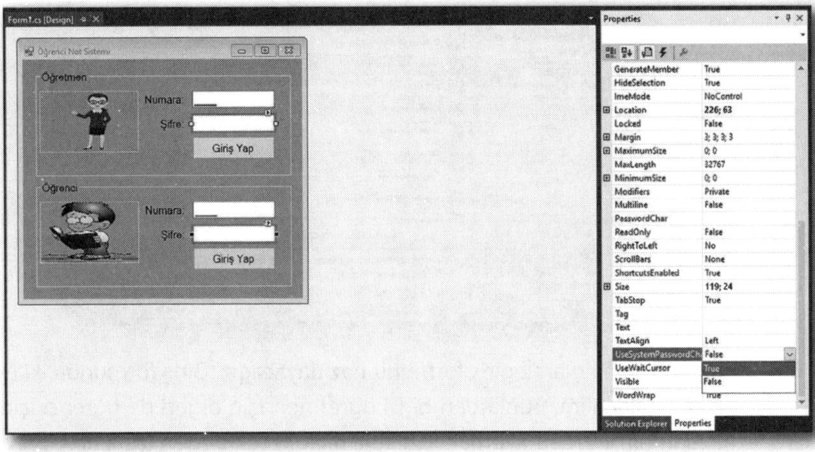

Böylece giriş formumuzu tamamlamış olduk. Unutulmaması gereken en önemli durumlardan birisi de araçların isimlendirilmeleridir. Çünkü birden fazla birbirini tekrar eden araç olduğu için hangi aracın ne işe yaradığını kod kısmından karıştırabiliriz. Bundan dolayı araçlarımızı en doğru şekilde adlandırmaya çalışalım. Araçların adlandırılması işlemini de kitabımızın geçmiş bölümlerinde pek çok kez yapmıştık. Örneğin öğretmen numarasının girileceği aracımızı aşağıda bulunan görseldeki gibi adlandırabiliriz.

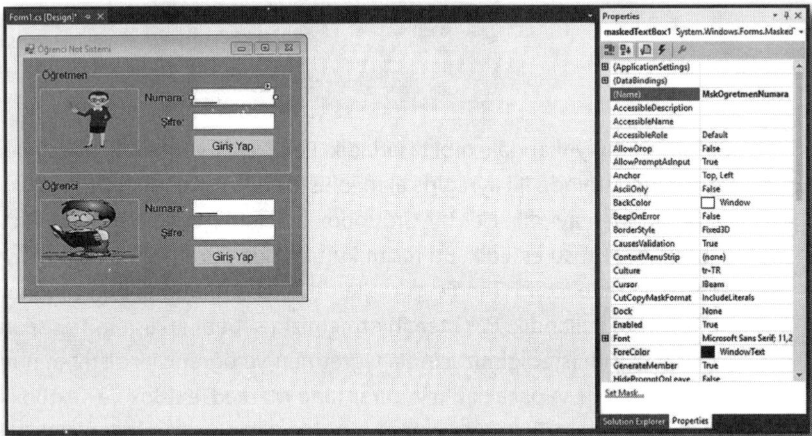

Diğer araçlarımız için de şu isimleri kullanalım:

Öğretmen Numara: MskOgretmenNumara

Öğretmen Şifre: TxtOgretmenSifre

Öğrenci Numara: MskOgrenciNumara

Öğrenci Şifre: TxtOgrenciSifre

Öğretmen Giriş Yap: BtnOgretmenGiris

Öğrenci Giriş Yap: BtnOgrGiris

Diğer araçlarımızı kod kısmında kullanmayacağımız için onların isimlerini değiştirmemiz gerekmeyecektir. Şimdi ikinci form olarak öğretmen formunu ekleyelim. Öğretmen formunu ekleyip formlar arası geçiş işlemini yapıp akabinde öğretmen formunun tasarımını detaylı bir şekilde yağalım. Öğretmen formumuzu ekleyelim.

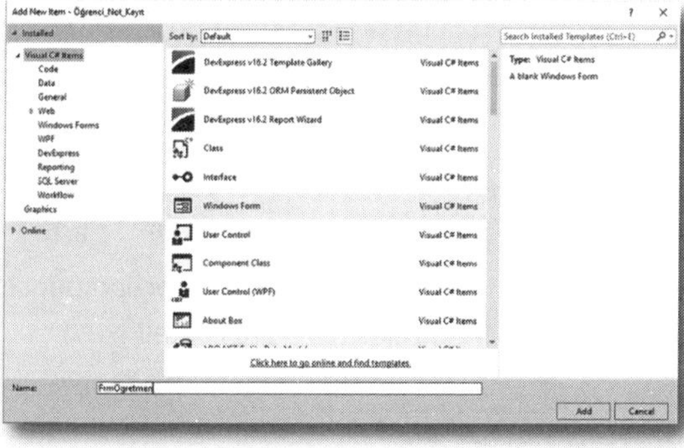

Project menüsünden **add Windows form** seçeneğine tıklayarak yeni form ekleme penceresini açtık. Açılan pencerede formumuzun ismini **FrmOgretmen** olarak belirleyip **OK** yani tamam seçeneğine tıklayarak formumuzu oluşturmuş olduk.

Formlar arasında geçiş yapmadan önce halletmemiz gereken önemli bir problem var. Projemizde 5 belki de daha fazla form bulunacak. Her formumuzun altında mutlaka bir veritabanı işlemi yer alacak. Formlarımızın altında veritabanı işlemi olduğu için bir veritabanı bağlantısına ihtiyaç duyacağız.

Sorun şu; diyelim ki projeyi başka bir bilgisayara taşımak istedik ve projemizde 5 değil de 55 tane form var. Başka bilgisayarda çalıştırmak için tüm bağlantı adreslerine ilgili bilgisayarın SQL sunucu adının yazılması gerekiyor. Ancak 55 defa tek tek değiştirmek hem zaman kaybı hem de algoritmik olarak yanlış bir yaklaşım olur. Ne yapmalıyız?

İşte bu noktada devreye sınıf ve metot yapısı girecek. Oluşturacağımız sınıf içinde adresimizi tutup her yeni formda sadece bir nesne türeterek bağlantı adresimizi çağırabiliriz. O halde gelin bu başlığı beraber inceleyelim.

BAĞLANTI SINIFININ OLUŞTURULMASI VE GİRİŞ FORMU KODLARI

Bağlantı sınıflar sadece C# formda değil ASP gibi web tabanlı platformlarda da büyük önem taşır. Bağlantı sınıfını oluşturmak için ihtiyacımız olan ilk şey boş bir tane sınıf. Bunun için **Project** menüsünü kullanabiliriz.

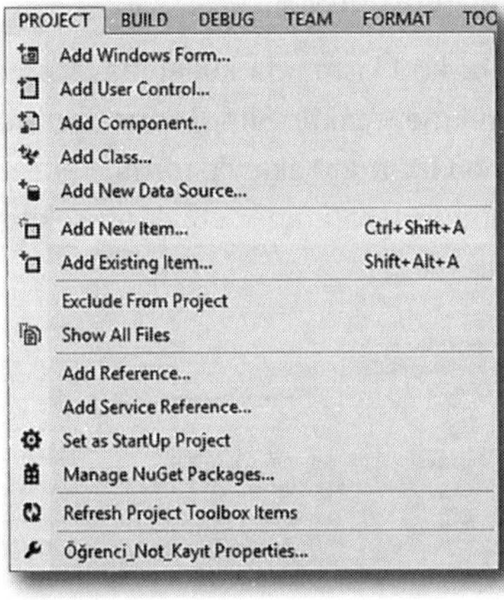

Add New Item seçeneğine tıkladıktan sonra açılan pencereden sınıf alanını seçip sınıfımızın ismini **SqlBaglantisi** olarak verelim.

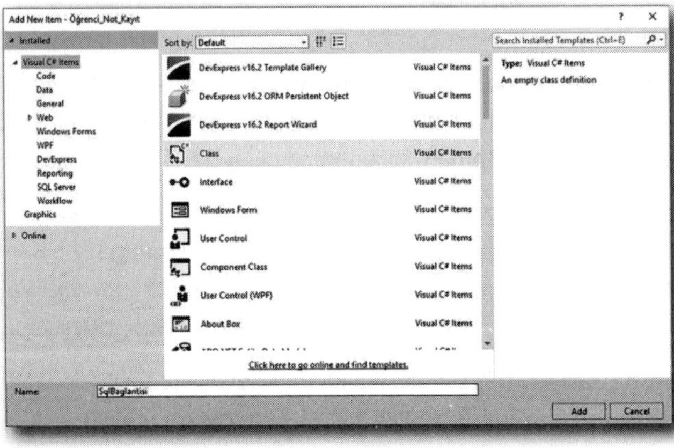

Karşımıza aşağıda bulunan görseldeki gibi boş bir kod sınıf alanı gelecektir. Sınıf içinde bir metot tanımlayıp bu metot aracılığı ile değerlerimize ulaşabiliriz. Sınıf içerisinde metot tanımlamadan önce üzerinde işlem yapacağımız SQL bağlantı adresini yani **Connection String** değerimizi almamız gerekiyor. Bunun için bağlantı sihirbazını kullanabiliriz.

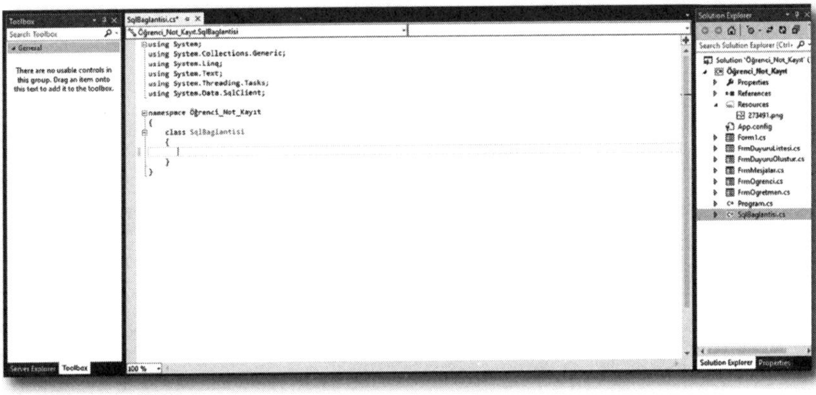

İlk olarak **Project** menüsünden **Add New Data Source...** Açılan pencereden **Database** seçeneğini seçip **Next** butonuna tıklayarak devam edelim.

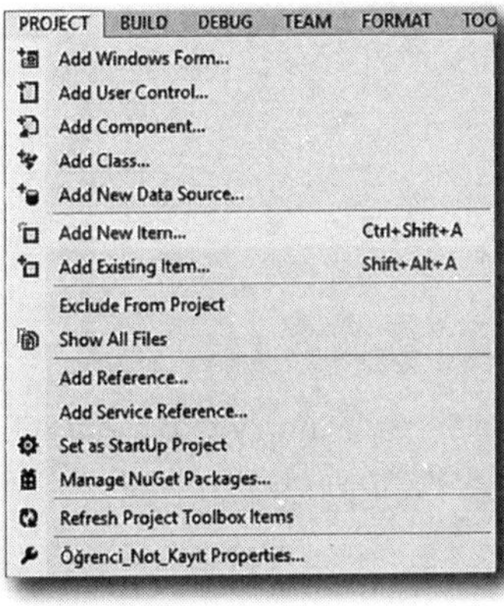

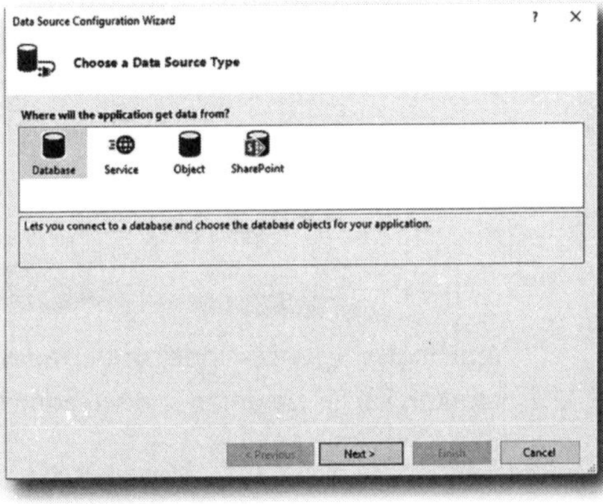

Çıkan ekrandan **Dataset** alanını seçip **Next** butonuna tıklıyoruz.

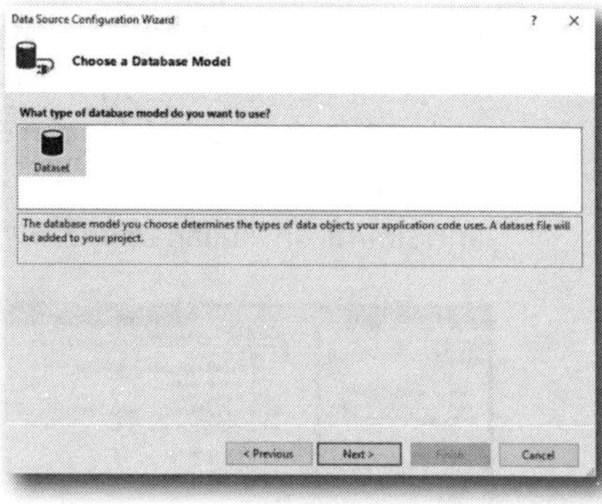

Daha sonra açılan pencerede daha önce kullandığımız herhangi bir bağlantı adresi olabilir. Biz yeni bir bağlantı oluşturmak için **New Connection...** seçeneğine tıklıyoruz.

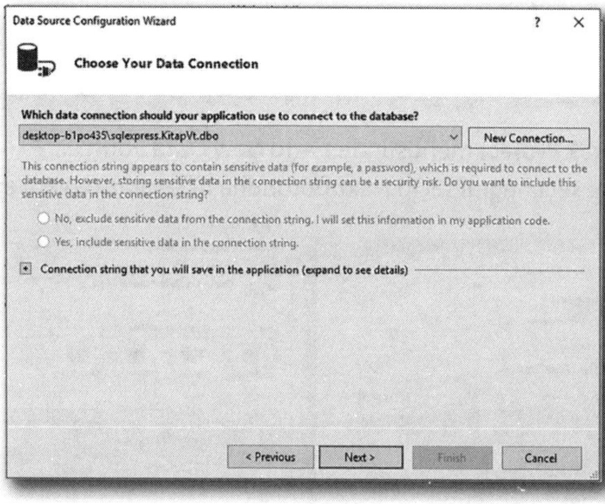

Yeni bağlantı pencersinde sunucu adı yani **Server Name** yazan alana SQL'e bağlanırken karşımıza gelen sunucu adını kopyalayıp yapıştırıyoruz.

Sunucu adını yeni bağlantı penceresinin **Server Name** alanına yapıştırdığımız zaman aşağıda bulunan veritabanı seçim alanı aktif hale gelecektir. Oradan kullanacağımız veritabanını seçiyoruz ve devam ediyoruz.

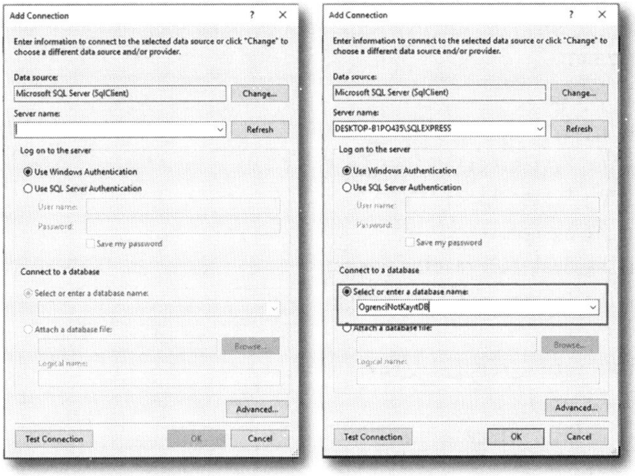

Tamam butonuna tıklayıp tekrar sihirbaz penceremize döndük. Burada yapmamız gereken şey **Connection String** yazan yani bağlantı adresimizi tutan alanın sol tarafındaki artıya tıklayıp bağlantı adresini almak. Bağlantı adresini kopyalıyoruz ve **Cancel** seçeneğine tıklayarak sihirbazı kapatıyoruz. Amacımız yalnızca bağlantı adresini alabilmekti.

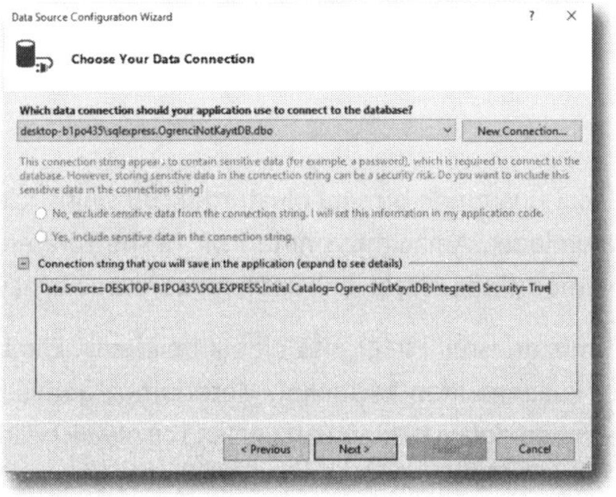

Tekrar sınıfımıza dönelim. Önce kodlarımızı yazalım daha sonra kodlarımız üzerinde açıklamalarımızı yapalım.

Uygulama 3

SQL bağlantısı sınıfı içerisine bir tane SQL bağlantı metodu tanımlayan kodu yazalım.

```
using System;
using System.Collections.Generic;
using System.Linq;
using System.Text;
using System.Threading.Tasks;
using System.Data.SqlClient;

namespace Öğrenci_Not_Kayıt
{
    class SqlBaglantisi
    {
        public SqlConnection baglanti()
        {
        SqlConnection baglan = new SqlConnection(@"Data Source=DESKTOP-B1P0435\
SQLEXPRESS;Initial Catalog=OgrenciNotKayıtDB;Integrated Security=True");
            baglan.Open();
            return baglan;
        }
    }
}
```

SqlBaglantisi isminde bir sınıf oluşturduk. Bu sınıfın içine bir tane bağlantı metodu tanımladık. Amacımız sınıftan bir nesne türeterek bu nesne yardımıyla bağlantı metoduna ulaşıp ilgili bağlantı adresini hafızaya alabilmektir.

Metodumuzun ismini baglanti olarak belirledik. Elimizden geldiğince **Türkçe** karakter kullanmaktan kaçınalım. Metodumuz geriye bir bağlantı adresi döndüreceğinden dolayı türünü SqlConnection olarak belirledik. Geriye değer döndüren metotlar bölümümüzde int, string gibi türlerde metotlar tanımlamıştık. Burada da metodumuz int veya string gibi bir değişken yerine SqlConnection türünde bir değer almış oldu.

Metodumuzu tüm formlarımızdan sorunsuz bir şekilde ulaşabilmek için metodumuzun erişim türünü `Public` olarak belirledik. Sonra süslü parantezimizi açıp metodumuzun işlevini yazmaya başladık. İlk olarak metodumuz aracılığı ile ulaşacağımız SQL bağlantı adresimizi tanımladık. Bağlantıyı metot içerisinde açtık ve geriye bağlantımızdan türettiğimiz `bağlan` nesnesini döndürdük. `bağlan` nesnesi bağlantı adresimizi hafızasında tutacaktır.

Küçük bir tablo verecek olursak;

Sqlbaglantisi	Sınıfımızın adı
Baglanti	Metodumuzun adı
Baglan	Metodumuz aracılığı ile ulaşacağımız SQL bağlantı nesnemizin adı

Şeklinde toparlayabiliriz. Şimdi şunu yapalım.

Eğer öğretmen Kullanıcı Adı olan Numarayı ve Şifresini doğru bir şekilde giriyorsa daha önce oluşturmuş olduğumuz boş öğretmen formunu açalım.

Kodlarımızı yazmadan önce kodlarımızın doğruluğunu kontrol etmek için öğretmen tablomuzu açıp bir tane kayıt girişi yapalım ve hemen akabinde kod bloğumuza geçelim.

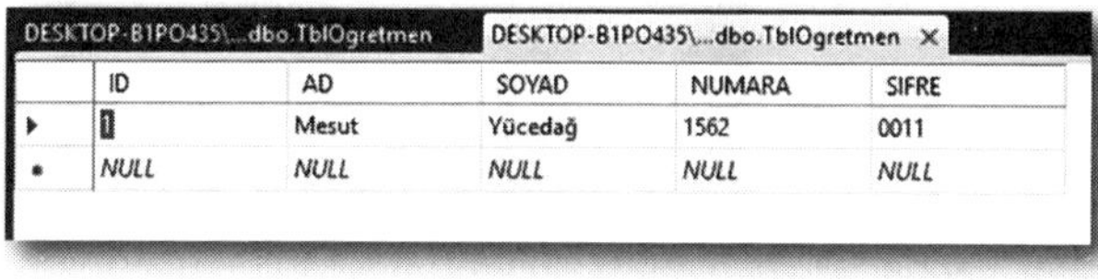

ID	AD	SOYAD	NUMARA	SIFRE
1	Mesut	Yücedağ	1562	0011
NULL	NULL	NULL	NULL	NULL

Uygulama 4

Öğretmen; numarasını ve şifresini doğru bir şekilde girerse öğretmenin formunu açan kodları yazalım.

```
SqlBaglantisi bgl = new SqlBaglantisi();
        private void BtnOgretmenGiris_Click(object sender, EventArgs e)
        {

          SqlCommand komut = new SqlCommand("Select * From TblOgretmen where
Numara=@p1 and Sıfre=@p2", bgl.baglanti());
            komut.Parameters.AddWithValue("@p1", MskOgretmenNumara.Text);
            komut.Parameters.AddWithValue("@p2", TxtOgretmenSifre.Text);
            SqlDataReader dr = komut.ExecuteReader();
            if (dr.Read())
```

```
            {
                FrmOgretmen frm = new FrmOgretmen();
                frm.Show();
                this.Hide();
            }
            else
            {
                    MessageBox.Show("Hatalı Numara ya da Şifre", "Uyarı!",
MessageBoxButtons.OK, MessageBoxIcon.Stop);
            }
            bgl.baglanti().Close();
        }
```

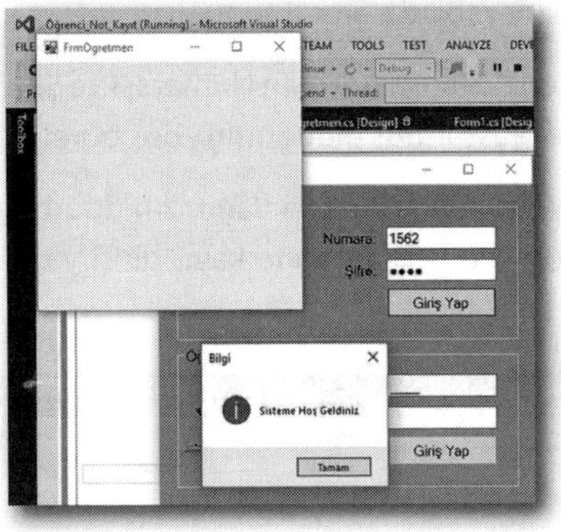

Global alanda SQL bağlantısı sınıfımızın içeriğine ulaşabilmek için `bgl` isminde bir nesne türettik. Nesne isimlerinde aynılarını yazmak zorunluluğu yoktur. Dilediğiniz ismi verebilirsiniz. Daha sonra öğretmen giriş butonumuza çift tıkladık ve kodlarımızı yazmaya başladık. İlk olarak 4 temel sorgumuzu olan **Listele, Ekle, Sil, Güncelle** komutlarından hangisini kullanacağımızı belirlememiz gerekiyor.

Yapacağımız işlemde amacımız girdiğimiz bilginin doğru olup olmadığını okutmak. Eğer bir yerde okutma işlemi varsa orada mutlaka `Select` sorgusu kullanılır. Biz de SQL sorgularını yazabilmek için ihtiyacımız olan `SqlCommand` sınıfından komut isminde bir nesne türettik. Bu satırımızın içine yapmayı istediğimiz SQL sorgusunu yazdık.

Sorgumuzda **"öğretmen tablosundan bütün bilgileri çek ancak numarası 1. parametreye ve şifresi 2. parametreye eşitse"** anlamı taşıyan bir ifade var. Altında bulunan satırlarda parametrelerimize değer ataması işlemi yaptık. 1. parametre öğretmen numara aracından, 2. parametre öğretmen şifre kutucuğundan alınacak. Sonra bu sorgu ifadesini `SqlDataReader` ile okuttuk.

Hemen altındaki satırda eğer okuma işlemi başarılı bir şekilde gerçekleşiyorsa yani parametreler ile kutucuktaki ifadeler birbiri ile uyumluysa o zaman öğretmen formunu aç aksi durumda yani veritabanındaki ifadeyle parametre değerleri birbirine eşleşmiyorsa o zaman bir uyarı ver dedik. İşlemlerimiz bitince bağlantımızı da kapatarak kod bloğumuzu tamamladık.

Ödev

Eğer TextBox ya da MaskedTextBox araçları boş geçilirse **lütfen boş geçmeyin** şeklinde uyarı veren kod bloğunu projenize ekleyin.

Eğer öğretmenin numarası ya da şifresi yanlışsa o zaman aşağıdaki gibi bir uyarı ekranı gelecektir.

Projemize bir tane daha form ekleyelim. Bu form öğrenci bilgilerini tutacak olan form olsun. Şu an içerisine herhangi bir araç eklememize gerek yok. Sadece formu eklememiz yeterli. İlgili formların tasarımını ve kodlamasını giriş formunun işlemleri bittiği zaman yapacağız.

Boş bir öğrenci formu eklediğimize göre artık öğrencilerimiz için de kodlarımızı yazabiliriz.

Uygulama 5

Klavyeden numarası ve şifresini giren öğrencinin bilgileri doğru ise sisteme giriş yapıp kendi bilgilerini listeleyen kodu yazalım.

```
private void BtnOgrenciGiris_Click(object sender, EventArgs e)
    {
        SqlCommand komut = new SqlCommand("Select * From TblOgrenci where
Numara=@p1 and Sıfre=@p2", bgl.baglanti());
        komut.Parameters.AddWithValue("@p1", MskOgrenciNumara.Text);
        komut.Parameters.AddWithValue("@p2", TxtOGrenciSifre.Text);
        SqlDataReader dr = komut.ExecuteReader();
        if (dr.Read())
        {
            FrmOgrenci frm = new FrmOgrenci();
            frm.Show();
                MessageBox.Show("Sisteme Hoş Geldiniz", "Bilgi",
MessageBoxButtons.OK, MessageBoxIcon.Information);
            this.Hide();
        }
        else
        {
                MessageBox.Show("Hatalı Numara ya da Şifre", "Uyarı!",
MessageBoxButtons.OK, MessageBoxIcon.Stop);
        }
        bgl.baglanti().Close();
    }
```

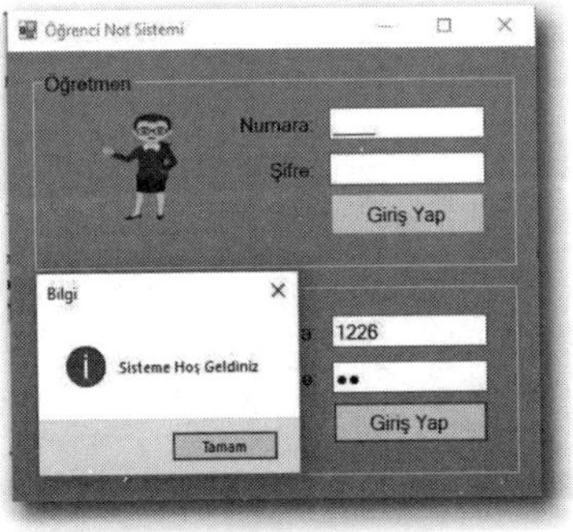

Bir önceki öğretmen girişiyle yüzde 90 ölçüde aynı kodlara sahip bloğumuzda değiştirdiğimiz 3 yer oldu.

Bunların birincisi tablo adı bu kez öğretmen değil öğrencidir. Çünkü bilgileri **TblOgrenci** tablosundan çekiyoruz. İkincisi 1. parametre değerini öğretmenin numara kutucuğundan değil öğrencinin numara kutucuğundan aldık. Üçüncüsü ise diğer parametremizi öğretmen şifre kutucuğundan değil öğrenci şifre kutucuğundan alarak kod bloğumuzu tamamladık. Böylelikle hem öğrenci hem de öğretmen için giriş değerlerimizi yazmış olduk. Öyleyse bir diğer formumuz olan öğretmen formuna geçiş yapabiliriz.

ÖĞRETMEN FORMU TASARIMI

Öğretmen formumuzu açıp dikdörtgen şeklinde bir boyut ayarlaması yapalım. Sol üst tarafa bir tane Groupbox aracı ekleyelim. Groupbox aracımız içerisine 4 tane Label ekliyoruz. Label aracımızın ikisi etiket görevi görecek, 3. label aracımız giriş formundaki numarayı tutacak son Label aracımız ise sisteme giriş yapan öğretmenin numarasına göre adını ve soyadını yazdıracak.

İkinci adımda öğrencinin bilgilerinin kaydedilmesi için formumuz üzerinde küçük bir alan oluşturduk. Bu alanda öğrencinin adı, soyadı, şifresi TextBox araçlarına, numarası MaskedTextBox aracına ve fotoğrafı da Picturebox aracından kaydedilecektir.

NOT Fotoğraf için dosya yolu kullanacağız.

Araçlarımızı adlandırmayı unutmayalım ve diğer panelimiz olan notlar kısmına geçelim.

Üçüncü adımımızda notlar panelini oluşturuyoruz. Bunun için aşağıda bulunan görseldeki gibi bir tane Groupbox aracı ekleyip içine 6 tane TextBox ekledik. TextBoxlarımız öğrencilerin sınav notlarını tutacak. Sınav notları üzerindeki değişiklikleri öğrencilerin numara bilgisine göre yapacağız. Notlar panelimizin altına işlemlerimizi tutacak Groupboxımızı ekledik. 4 Temel işlem olan ekle, sil, güncelle ve listele bu alandan gerçekleştirilecek.

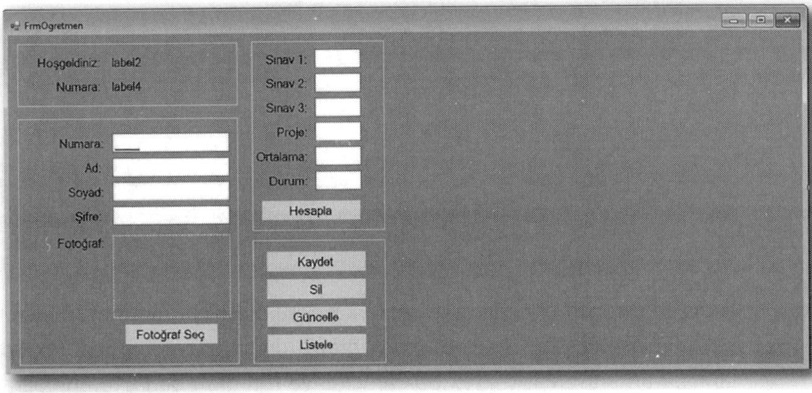

Son olarak dördüncü adımda formumuzun sağ tarafına iki tane Groupbox ekleyip her birinin içine birer tane Datagridview aracını dahil ettik. Bu Datagridview araçlarımızın birisi öğrenci listesini diğeri de notlar listesini tutacaktır. Böylece form tasarımımızı öğretmenler için de bitirmiş olduk.

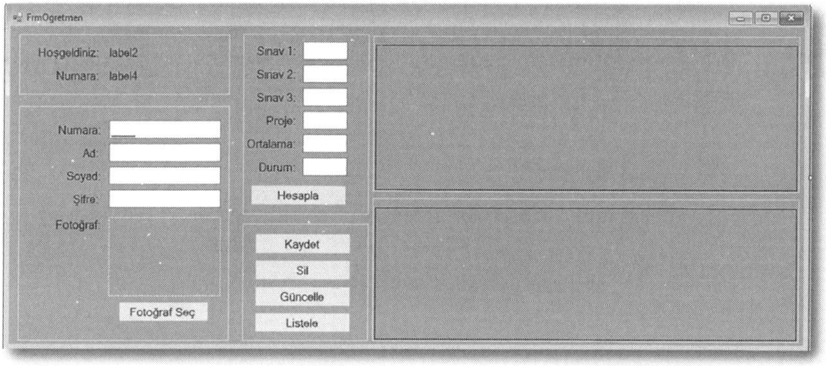

Öğretmenler formu için yapmamız gereken işlemleri adım adım yazalım;

- Formlar arası veri yaşıma işlemiyle numaranın taşınması
- Taşınan numaraya göre öğretmenin ad soyad bilgisini getirme
- Öğrencileri listeleme
- Notları listeleme
- Yeni öğrenci kaydı
- Öğrenci bilgilerinin araçlara taşınması
- Öğrenci silme
- Öğrenci güncelleme

FORMLAR ARASI VERİ TAŞIMA İŞLEMİYLE NUMARANIN TAŞINMASI

Bir formdan diğerine veri taşıma işlemi gerçekleştireceğiz. Sisteme giriş yapan öğretmenin numarasını üzerinde çalıştığımız **FrmOgretmen** formuna taşımamız gerekiyor. Formlar arası veri taşıma işlemlerinde devreye erişim belirteçleri girecek. Bir veriyi diğer forma taşımamız için ilk olarak taşınacak formda bir adet global ve public değişkene ihtiyacımız var. Önce öğretmen formumuz için sonra da giriş formu için kodlarımızı yazalım.

NOT Label2 ve Label4 araçlarımızı adlandırmayı unutmayalım. Bu araçların hangileri olduğunu hatırlamak için önceki sayfada bulunan tasarım görseline bakabilirsiniz.

Uygulama 6

Öğretmen formu için değer ataması yapacağımız global bir değişken kodunu yazalım.

```
public string numara;

        private void FrmOgretmen_Load(object sender, EventArgs e)
        {
            LblNumara.Text = numara;
        }
```

Öğretmen formumuza çift tıklayıp global alanda yani herkes tarafından erişim sağlanacak kapsam dışı noktada string türünde public olarak bir değişken tanımladık. Tanımladığımız bu değişkenimizin alacağı değeri yazdırmak için formumuzun `load` yani yüklenme kod bloğu içinde `LblNumara` aracımızın Text özelliğine numara değişkenimizden gelen değeri yazdırdık.

Uygulama 7

Öğretmenin numara bilgisini giriş formundan öğretmen formuna gönderecek kodu yazalım.

```
if (dr.Read())
            {
                FrmOgretmen frm = new FrmOgretmen();
                frm.numara = MskOgretmenNumara.Text;
                frm.Show();
                          MessageBox.Show("Sisteme Hoş Geldiniz", "Bilgi",
MessageBoxButtons.OK, MessageBoxIcon.Information);
                this.Hide();
            }
```

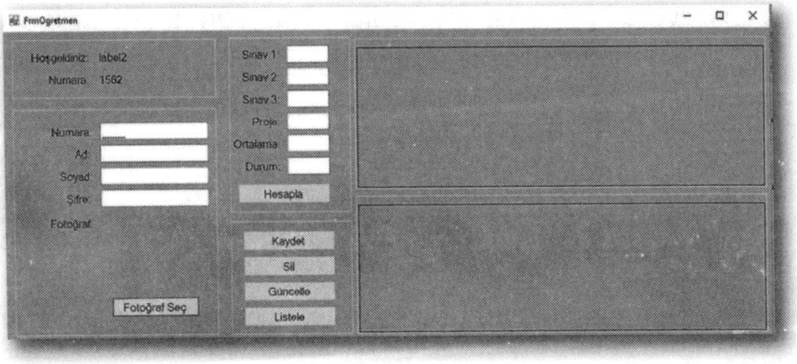

Giriş formumuzda daha önce öğretmen ve öğrenci için giriş kodlarımızı yazmıştık. Öğretmen girişi içinde diğer forma yönlendirme kod bloğunda bulunan `Frm.Show()` metodundan önce veri taşıma görevini üstlenecek `frm.numara=MskOgretmenNumara.Text` komutu ile taşıma işlemini gerçekleştirdik. Numara değişkenimize ulaşmak için öğretmen formumuza ait bir nesneye ihtiyacımız vardı. Biz zaten `frmogretmen frm=new frmogretmen` komutunu daha önce yazdığımız için ekstra bir nesne türetme gereği duymadık. Bunun yerine türettiğimiz `frm` nesnesine değer ataması yaparak kod bloğumuzu tamamladık. O zaman şöyle bir not düşerek bu başlığımızı kapatalım;

NOT Bir formdan diğerine veri taşıma işlemi; veri nereye taşınacaksa o forma ait bir nesne türetilerek gerçekleştirilir.

TAŞINAN NUMARAYA GÖRE ÖĞRETMENİN AD SOYAD BİLGİSİNİ GETİRME

Öğretmenin numara bilgisi sisteme taşıdık. Şimdi taşınan numaraya göre adı ve soyadı getirme işlemi yapacağız. Yani tıpkı herhangi bir sosyal medyanın oturum açma yöntemi gibi. Mail adresi ve şifremizi yazdıktan sonra sisteme giriş yapınca kendi ad – soyad bilgimizin karşımıza çıkması gibi işlemler yapacağız. Ad ve soyad bilgisi veritabanından `Select` sorgusunun numara şartına göre çekeceğiz.

Uygulama 8

Sisteme giriş yapan öğretmenin numarasına göre ad ve soyad bilgisini yazdıran kodu yazalım.

```
public string numara;
    SqlBaglantisi bgl = new SqlBaglantisi();

    private void FrmOgretmen_Load(object sender, EventArgs e)
    {
        //Numarayı Label aracına yazdırma.
        LblNumara.Text = numara;

        //Numaryaa göre isim bilgisi getirme
       SqlCommand komut = new SqlCommand("Select * From TblOgretmen where 
Numara=@p1", bgl.baglanti());
        komut.Parameters.AddWithValue("@p1", numara);
```

```
            SqlDataReader dr = komut.ExecuteReader();
            while (dr.Read())
            {
                LblAdSoyad.Text = dr[1] + " " + dr[2];
            }
            bgl.baglanti().Close();
        }
```

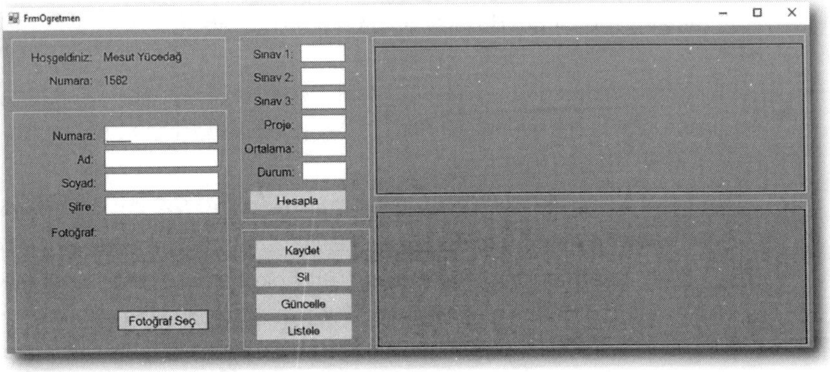

İlk olarak kütüphaneler kısmına SQL kütüphanemizi ekleyerek kodlarımızı yazmaya başladık. Global alanda bağlantı sınıfımızdan bir tane nesne türettik. Bu nesneyi **öğretmen** formumuzun hemen her yerinde kullanacağız. Formumuzun load kısmına geri döndük. Daha önce yazmış olduğumuz numara bilgisi taşıma komutlarının hemen altında SQL için kodlarımızı yazmaya başladık. `SqlCommand` sınıfından `komut` isminde bir nesne türeterek bu kod bloğumuzun içine SQL sorgumuzu yazdık. SQL sorgumuzda şartımız öğretmen formundan numarası `parametre1'e` eşit olan kaydı getir olsun dedik. Sonra alt satırda yani `komut.parameters` ile başlayan satırda numara değerimize tekabül edecek `@p1` ifadesinin değerini nereden alacağını bildirdik.

Burada değerimizi numara değişkenimizden alacak. Numara değişkenimiz de değerini giriş formundaki **MaskedTextBox** aracından almakta. Sonra `SqlDataReader` komutuyla dr isminde bir nesne türetip bu nesnemizi komut sorgumuzla ilişkilendirdik. Son olarak `dr` komutu okuma işlemi yaptığı sürece `LblAdSoyad` Label aracımıza `dr` nesnemizden gelen 1 ve 2. sırada bulunan indeksteki değerlerimizi yazdırdık. Burada 1 ve 2. sıradaki değerler SQL tablomuzdaki sıralardır.

Örneğin 0.indekste id alanı, 1'de ad, 2'de soyad, 3'de numara ve 4'de şifre alanları bulunmaktadır. Bağlantımızı kapatarak kod bloğumuzu sonlandırdık.

ÖĞRENCİLERİ LİSTELEME

Öğretmen formuna giriş yapıldığı zaman form yüklenince gerçekleşmesini istediğimiz bir diğer başlık öğrenci listesini görüntülemektir. Öğrencileri **Datagridview** aracımızda listeleyebiliriz. Öğrenci listeleme işlemi `Select` sorgusuyla yapılacaktır. Oldukça kolay bir kullanım yapısı olan listeleme kodlarını beraber yazalım.

NOT Projelerinizi özellikle ödev veya dönem sonu bitirme uygulaması gibi projelerinizi teslim ederken içine olabildiğince çok veri girişi yapın. Ne kadar çok veri olursa projeniz o kadar dolu gözükecektir.

Uygulama 9

Öğretmen formuna giriş yapıldığı zaman 1. Datagridview aracımızda öğrenci tablosundaki kayıtlarımızı listeleyelim.

```
void OgrenciListesi()
        {
              SqlCommand komut = new SqlCommand("Select * From TblOgrenci",
bgl.baglanti());
            SqlDataAdapter da = new SqlDataAdapter(komut);
            DataTable dt = new DataTable();
            da.Fill(dt);
            dataGridView1.DataSource = dt;
        }
  private void FrmOgretmen_Load(object sender, EventArgs e)
        {
            //Form Loadda metodumuzu çağırıyoruz.
            OgrenciListesi();
        }
```

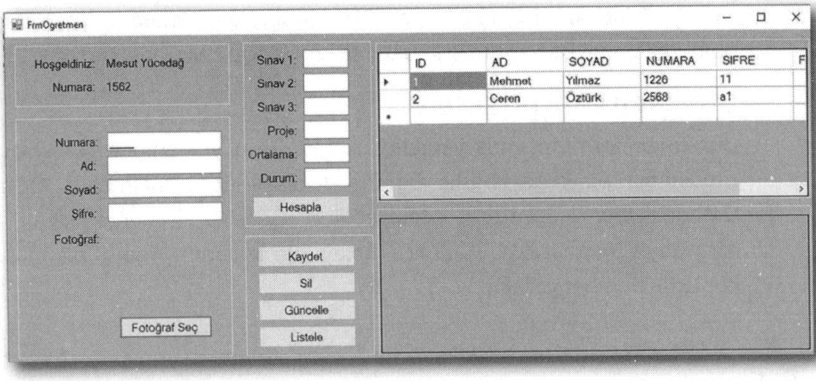

Öğrenci Listesi isminde bir metot oluşturduk. Burada metot oluşturmamızın sebebi ilerleyen sayfalarda yapacağımız ekleme, silme ve güncelleme işlemlerinden sonra da listeleme işlemini yapacağımız içindir.

`SqlCommand` sınıfından komut isminde bir nesne türetip bu nesnemiz aracılığı ile sorgumuzu yazdık. `SqlDataAdapter` komutu **Datagridview** aracımıza verileri yazdırmak için sorgumuzu üzerinde tutacak olan köprü görevi gören sınıftır. Bu sınıfımızı komut nesnemizle ilişkilendirdik. Geçtiğimiz bölümlerde tüm bu kavramları detaylı olarak açıkladığımız için burada biraz daha yalın bir şekilde geçiyoruz. Bir tane veri tablosu nesnesi oluşturup verileri tablonun içine atıp Datagridview aracımızın veri kaynağı olarak bu veri tablomuzu göstererek kodlarımızı tamamlamış olduk. Son olarak formumuzda metodumuzu çağırdık.

NOTLARI LİSTELEME

Öğrencileri listeledik. Şimdi de diğer Datagridview aracımıza öğrencilerimizin notlarını listeleyeceğiz. Notları listelemek için `Select` sorgusu kullanmayacağız bunun yerine önceki sayfalarda oluşturmuş olduğumuz prosedürü kullanmak yeterli olacaktır. Çünkü notlar tablosunda ilişki vardı ve öğrenci ID değerini öğretmenin anlamayacağını düşünerek ID değerlerine karşılık gelen ad soyad bilgilerini prosedürümüz içinde birleştirme sorgusuyla oluşturmuştuk.

Uygulama 10

Öğretmen formuna giriş yapıldığı zaman 2. Datagridview aracımızda öğrenci notlarını listeleyelim.

```
void NotListesi()
        {
              SqlCommand komut = new SqlCommand("Execute Ogrenciler", bgl.
baglanti());
            SqlDataAdapter da = new SqlDataAdapter(komut);
            DataTable dt = new DataTable();
            da.Fill(dt);
            dataGridView2.DataSource = dt;
        }

        private void FrmOgretmen_Load(object sender, EventArgs e)
        {
            //Form Loadda 2.metodumuzu çağırıyoruz.
            NotListesi();
        }
```

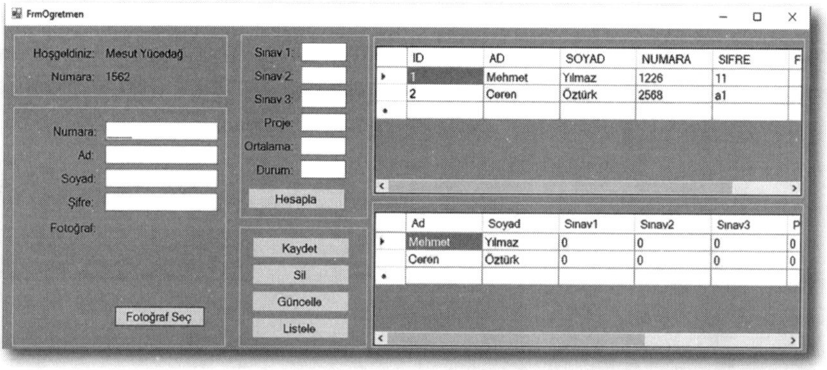

Öğrenci Listesinde olduğu gibi aynı formatta kodlarımızı yazdık. Metodumuzun ismini **Not Listesi** olarak belirledik. Tek bir farkı var. Bu kez sorgu alanı içerisine `Select` sorgusu yerine direkt prosedürümüzü yazıp çalıştırmak istediğimiz için `Execute Ogrenciler` yazarak kod bloğumuzu tamamlamış olduk. Yani SQL üzerinde sorgularımızı nasıl yazıyorsak C#'da da aynı formatta yazdığımız zaman sorgumuz sorunsuz bir şekilde çalışacaktır.

YENİ ÖĞRENCİ KAYDI

Formumuza yeni öğrenci eklemesi gerçekleştireceğiz. Biz öğrenci eklediğimiz anda tetikleyicimiz çalışacak ve notlar tablosuna ilgili öğrencimizin id değeri otomatik olarak eklenecektir. Ekleme işlemi için `Insert` sorgusunu kullanacağız. Kodlarımızı yazmaya başlamadan önce formumuza bir tane **OpenFileDialog** aracı ekleyip öğrencimizin resmini hafızaya alalım. Daha sonra da `Insert` sorgumuzu yazalım.

Uygulama 11

Fotoğraf seç butonuna tıkladığımız zaman seçtiğimiz fotoğrafı Picturebox aracımızda görüntüleyip yol bilgisini globalde tanımladığımız değişkenimize aktaran kodu yazalım.

```
string Fotograf;
        private void BtnFotografSec_Click(object sender, EventArgs e)
        {
            openFileDialog1.ShowDialog();
            Fotograf= openFileDialog1.FileName;
            pictureBox1.ImageLocation = Fotograf;
        }
```

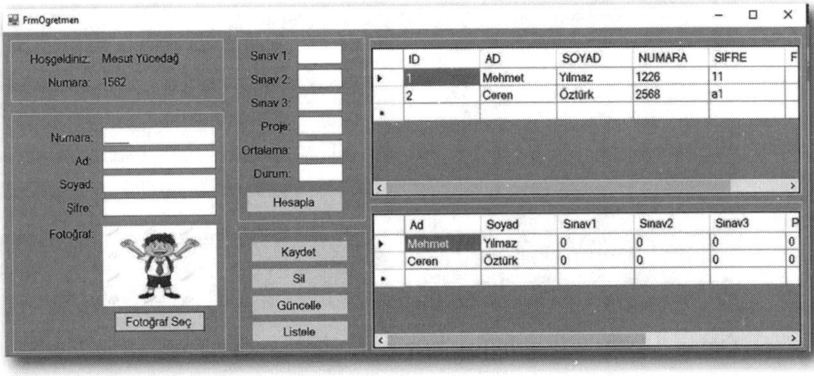

Global alanda fotoğraf isminde bir string değişken tanımladık. Bu değişkeni hem fotoğraf seç butonu içinde hem de kaydetme komutu içinde kullanacağız. Fotoğraf seç butonumuza çift tıkladık ve kodlarımızı yazmaya başladık. İlk önce dosya açma işlemlerinde kullandığımız OpenFileDialog aracımız yardımıyla diyalog penceremizi açtık. Daha sonra fotoğraf değişkenimize OpenFileDialog aracımızdan seçmiş olduğumuz dosyanın yolunu atadık. Son olarak Picturebox aracımızda fotoğraf değişkeninin hafızasında tuttuğu görseli görüntüledik.

Uygulama 12

Öğrenci bilgilerini girip kaydetme işlemini gerçekleştirelim.

```
private void BtnKaydet_Click(object sender, EventArgs e)
        {
                        SqlCommand komut = new SqlCommand("insert into tblogrenci
(ad,soyad,numara,sıfre,fotograf) values (@p1,@p2,@p3,@p4,@p5)", bgl.baglanti());
            komut.Parameters.AddWithValue("@p1", TxtAd.Text);
            komut.Parameters.AddWithValue("@p2", TxtSoyad.Text);
            komut.Parameters.AddWithValue("@p3", MskNumara.Text);
            komut.Parameters.AddWithValue("@p4", TxtSifre.Text);
            komut.Parameters.AddWithValue("@p5", Fotograf);
            komut.ExecuteNonQuery();
                        MessageBox.Show("Öğrenci Sisteme Kaydedildi", "Bilgi",
MessageBoxButtons.OK, MessageBoxIcon.Information);
            bgl.baglanti().Close();
            OgrenciListesi();
            NotListesi();
        }
```

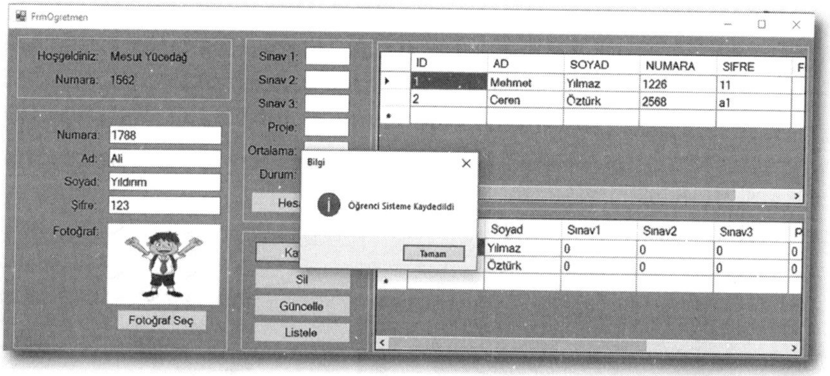

Kaydet butonumuza çift tıkladık ve `komut` isminde bir nesne oluşturarak kodlarımızı yazmaya başladık. Ekleme işlemi yapacağımız için `Insert DML` komutumuzu kullandık. Daha sonra tablo adımızı yazıp hangi sütunlara ekleme yapacaksak o sütunları bir parantez bloğu içine yazdık. Bu sütunlar değerlerini alabilmesi için hiyerarşik bir yapıda atama sağlayan parametrelerimizi yazdık. Böylece `values` komutunun sol tarafındaki değerler SQL sütunlarımızı, sağ tarafındaki değerler ise bu sütunlara tekabül edecek parametreleri ifade eder.

Daha sonra her bir parametreye değer ataması yapıp ExecuteNonQuery metodu ile komutlarımızı çalıştırmasını programa bildirdik. Kaydetme işleminden sonra hem öğrenci hem de not listesi metotlarımızı çağırdık.

ÖĞRENCİ BİLGİLERİNİ ARAÇLARA TAŞIMA

Öğrencilerin ad, soyad veya benzeri bilgilerinin güncellenmesi için araçlara taşınması şarttır. Ayrıca aynı şekilde notların hesaplanması işleminde de güncellemeye ihtiyacımız olacak. Bunun iki adımı var. Birincisi tıklanan değere ait kişi bilgilerinin araçlara taşınması. Diğeri tıklanan kişiye ait not bilgilerinin notlar alanına taşınması şeklinde olacaktır. O halde ilk önce tıklanan hücrenin değerlerini araçlara taşıyalım. Bunun için Datagridview aracımızın olaylar kısmındaki Cell Click yani hücre tıklanması alanına çift tıklıyoruz.

Uygulama 13

Datagridview aracına tıkladığımız zaman tıklanan hücredeki verileri araçlara taşıyan komutu yazalım.

```
private void dataGridView1_CellClick(object sender, DataGridViewCellEventArgs e)
    {
      int secilen = dataGridView1.SelectedCells[0].RowIndex;
         TxtAd.Text = dataGridView1.Rows[secilen].Cells[1].Value.ToString();
         TxtSoyad.Text = dataGridView1.Rows[secilen].Cells[2].Value.ToString();
         MskNumara.Text = dataGridView1.Rows[secilen].Cells[3].Value.ToString();
         TxtSifre.Text = dataGridView1.Rows[secilen].Cells[4].Value.ToString();

         pictureBox1.ImageLocation = dataGridView1.Rows[secilen].Cells[5].
Value.ToString();
      }
```

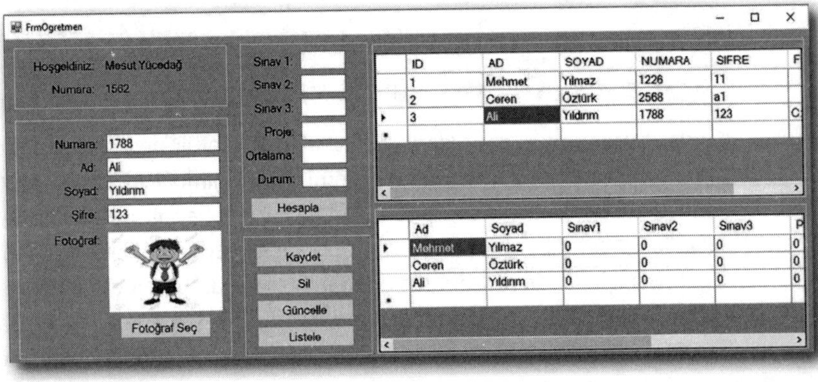

Seçilen isminde bir değişken tanımlayıp bu değişkene değer olarak satır indeksini atadık. Yani tıklamış olduğumuz satırın indeksini seçilen adlı değişkenimize atadık. Daha sonra seçilen alanımıza göre ad, soyad, numara ve şifre bilgilerini ilgili araçlara atadık. Tüm araçlarımızın Text özelliğini kullanarak yazdırma işlemi yaparken Picturebox aracımızın ImageLocation özelliğini kullandık. Böylece tıkladığımız değerin adresinde bulunan resmi Picturebox aracımızda göstermiş olduk.

Uygulama 14

Seçilen numaraya ait not bilgilerini ilgili araçlara aktaralım.

```
private void dataGridView1_CellClick(object sender, DataGridViewCellEventArgs e)
        {
            int secilen = dataGridView1.SelectedCells[0].RowIndex;
            TxtAd.Text = dataGridView1.Rows[secilen].Cells[1].Value.ToString();
            TxtSoyad.Text = dataGridView1.Rows[secilen].Cells[2].Value.ToString();
            MskNumara.Text = dataGridView1.Rows[secilen].Cells[3].Value.ToString();
            TxtSifre.Text = dataGridView1.Rows[secilen].Cells[4].Value.ToString();

            pictureBox1.ImageLocation = dataGridView1.Rows[secilen].Cells[5].
Value.ToString();

            SqlCommand komut = new SqlCommand("Select * From TblNotlar where
Ogrıd=(Select ID From TblOgrenci Where Numara=@p1)", bgl.baglanti());
            komut.Parameters.AddWithValue("@p1", MskNumara.Text);
            SqlDataReader dr = komut.ExecuteReader();
            while (dr.Read())
            {
                TxtSınav1.Text = dr[1].ToString();
                TxtSınav2.Text = dr[2].ToString();
                TxtSınav3.Text = dr[3].ToString();
                TxtProje.Text = dr[4].ToString();
                TxtOrtalama.Text = dr[5].ToString();
                TxtDurum.Text = dr[6].ToString();
            }
            bgl.baglanti().Close();
        }
```

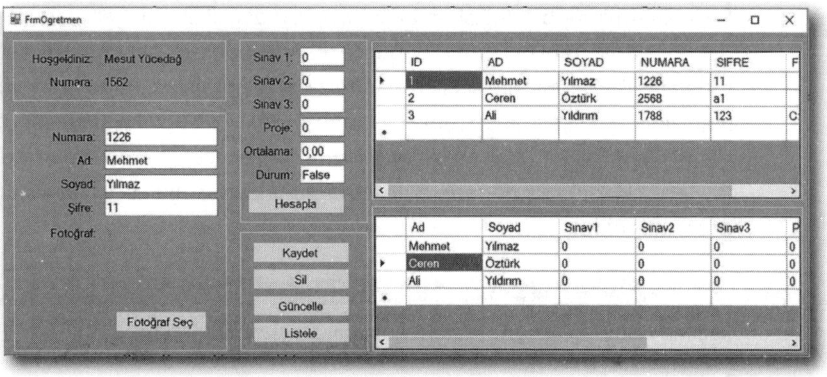

Bir önceki kod bloğumuz içinde kodlarımızı yazmaya devam ediyoruz. Amacımız seçmiş olduğumuz öğrencinin not bilgilerini listelemek. Bu noktada bir alt sorgu kullanmamız gerekecek çünkü notlar ile öğrenciler arasında ortak olan tek alan ID alanıdır. Öğrenciler tablosundaki ID değeri ile notlar tablosunda ID değeri aynı olan değerin not bilgisini listelemiş olduk. Burada şartımız parametre1'e karşılık gelen yani numara sütununun değerinin **MskNumara** aracından alınacak olmasıdır. Araçlarımıza `not` değerlerini aktarıp kod bloğumuzu tamamladık.

ÖĞRENCİ BİLGİLERİNİ SİLME

Silme işlemini kitabımızın SQL bölümlerinde detaylı bir şekilde vermiştik. Bu projemizde silme işlemi kullanmayacağız. Çünkü içerisinde ilişki bulunan tablolarda silme işlemi tercih edilen bir durum değildir. Bunun yerine aktif pasif işlemi yapılır. Şöyle ki; her öğrencinin yanına aktiflik durumunu belirten bir sütun eklenir. Eğer öğrenci silinmek istenirse delete komutu kullanılmaz bunun yerine update komutu ile aktiflik durumu değiştirilir. Öğrenci pasif hale getirilir. Zira öğrencinin silinmesi ilişkide hata doğuracağından dolayı aktif ve pasif hale getirme işlemi daha çok tercih edilir.

ÖĞRENCİ BİLGİLERİNİ GÜNCELLEME

Güncelleme işlemi özellikle hatalı bilgi girişi durumunda çokça kullanılan bir yapıdır. Kişinin şifresinin değiştirilmesi istenebilir veya soyadı yanlış girilmiş olabilir. Böyle durumlarda güncelleme kullanılması gerekmektedir. Güncelleme işlemi için `DML` komutları içindeki `update` komutu kullanılmaktadır.

Uygulama 15

Seçilen öğrencinin bilgilerini güncelleyen komutu yazalım.

```
private void BtnGuncelle_Click(object sender, EventArgs e)
        {
            //Öğrenci Bilgilerini Güncelleme
            SqlCommand komut = new SqlCommand("update tblogrenci set ad=@
p1,soyad=@p2,sıfre=@p3,fotograf=@p4 where numara=@p5", bgl.baglanti());
            komut.Parameters.AddWithValue("@p1", TxtAd.Text);
            komut.Parameters.AddWithValue("@p2", TxtSoyad.Text);
            komut.Parameters.AddWithValue("@p3", TxtSifre.Text);
            komut.Parameters.AddWithValue("@p4", Fotograf);
            komut.Parameters.AddWithValue("@p5", MskNumara.Text);
            komut.ExecuteNonQuery();
                MessageBox.Show("Öğrenci Bilgisi Güncellendi", "Bilgi",
MessageBoxButtons.OK, MessageBoxIcon.Warning);
            bgl.baglanti().Close();
            OgrenciListesi();
        }
```

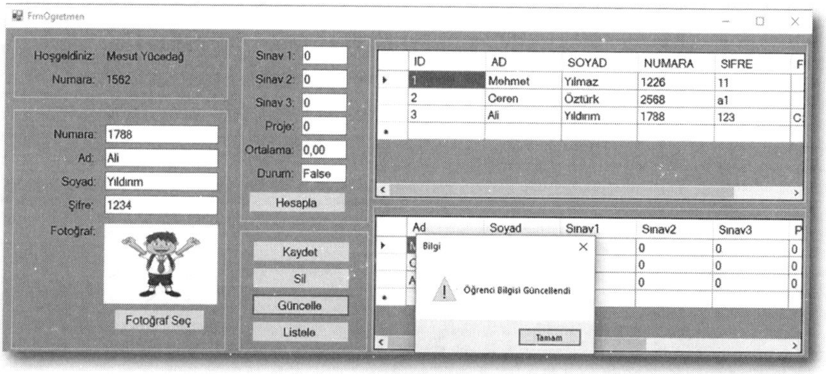

İlk önce öğrencinin kişisel bilgilerini güncelleyerek başladık. Bir sonraki adımda öğrencinin not bilgisini güncelleyeceğiz. Güncelleme işlemi için update sorgumuzu kullanıyoruz. Her bir sütunu bir parametreden alıyoruz. Güncelleme işleminde şart sütununu numara olarak belirledik. Yani numarası parametre 5'e eşit olan alana göre güncelleme işlemi gerçekleştirdik. Fotoğraf sütununu da global alanda tanımlamış olduğumuz fotoğraf değişkeninden alarak güncelleme işlemini tamamladık. İlk noktada yalnızca öğrencinin profil bilgilerini güncelliyoruz. Not bilgisini güncellemeden önce hesaplama işlemi yapacağız.

Uygulama 16

Hesapla butonuna tıkladığımız zaman öğrencinin notlarını hesaplayıp durumunu yazdıran kodu yazalım. (Durum 50'den büyükse veya eşitse geçti, aksi durumda kaldı şeklinde düzenlenecektir)

```
private void BtnHesapla_Click(object sender, EventArgs e)
    {
        double sınav1, sınav2, sınav3, proje, ortalama;
        sınav1 = Convert.ToDouble(TxtSınav1.Text);
        sınav2 = Convert.ToDouble(TxtSınav2.Text);
        sınav3 = Convert.ToDouble(TxtSınav3.Text);
        proje = Convert.ToDouble(TxtProje.Text);
        ortalama = (sınav1 + sınav2 + sınav3 + proje) / 4;
        TxtOrtalama.Text = ortalama.ToString();
        if (ortalama >= 50)
        {
            TxtDurum.Text = "True";
        }
        else
        {
            TxtDurum.Text = "False";
        }
    }
```

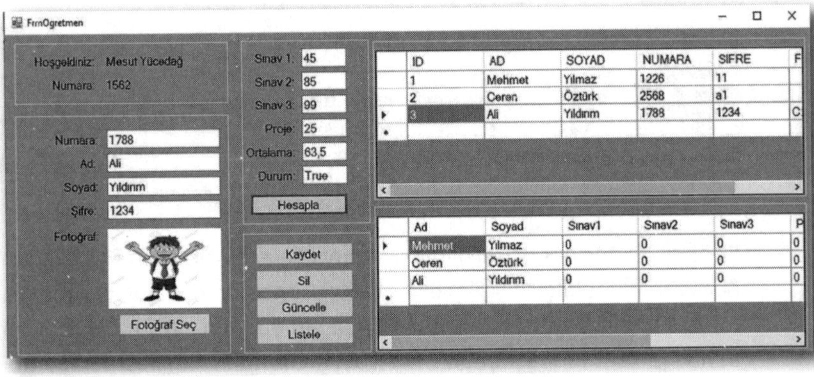

Hesapla butonumuza çift tıklayıp kodlarımızı yazmaya başladık. İlk olarak `double` türünde değişkenlerimizi tanımladık. Burada `double` kullanmamızın sebebi ortalamanın ondalıklı olarak sonuç verme ihtimalindendir. Değişkenlerimizi double olarak tanımladığımız için klavyeden alınacak dönüşüm işlemleri için de `ToDouble` dönüşümünü tercih ettik.

Daha sonra ortalamayı hesaplamak için sınavlarımızı ve proje notumuzu toplayıp 4'e bölerek ortalamamızı hesapladık. Eğer ortalama 50'den büyük veya eşitse durum TextBox aracına `True` değerini yazdırdık. True yazmamızın sebebi durum alanını SQL'de bit olarak tuttuğumuz içindir. Bit veri tipi yalnızca 1-0 ya da `True- False` şeklinde değer aldığından biz de durum alanını geçti kaldı yerine `True - False` olarak kullanmayı tercih ettik. Böylece hesaplama işlemini tamamladık. Şimdi notları da güncelleme işlemine ekleyelim.

Uygulama 17

Güncelle butonuna tıkladığımız zaman hem profil bilgilerini hem de not bilgilerini güncelleyen kod yazalım.

```
private void BtnGuncelle_Click(object sender, EventArgs e)
{
    //Öğrenci Bilgilerini Güncelleme

     SqlCommand komut = new SqlCommand("update tblogrenci set ad=@
p1,soyad=@p2,sıfre=@p3,fotograf=@p4 where numara=@p5", bgl.baglanti());
    komut.Parameters.AddWithValue("@p1", TxtAd.Text);
    komut.Parameters.AddWithValue("@p2", TxtSoyad.Text);
    komut.Parameters.AddWithValue("@p3", TxtSifre.Text);
    komut.Parameters.AddWithValue("@p4", Fotograf);
    komut.Parameters.AddWithValue("@p5", MskNumara.Text);
    komut.ExecuteNonQuery();
    bgl.baglanti().Close();

    //Not Bilgilerini Güncelleme

    SqlCommand komut2 = new SqlCommand("update TblNotlar set Sınav1=@
p1,Sınav2=@p2,Sınav3=@p3,Proje=@p4,Ortalama=@p5,Durum=@p6 where OGRID=(Select
ID From TblOgrenci Where Numara=@p7)", bgl.baglanti());
    komut2.Parameters.AddWithValue("@p1", TxtSınav1.Text);
    komut2.Parameters.AddWithValue("@p2", TxtSınav2.Text);
    komut2.Parameters.AddWithValue("@p3", TxtSınav3.Text);
    komut2.Parameters.AddWithValue("@p4", TxtProje.Text);
  komut2.Parameters.AddWithValue("@p5", Convert.ToDecimal(TxtOrtalama.Text));
    komut2.Parameters.AddWithValue("@p6", TxtDurum.Text);
    komut2.Parameters.AddWithValue("@p7", MskNumara.Text);
    komut2.ExecuteNonQuery();
```

```
                MessageBox.Show("Öğrenci Bilgisi Güncellendi", "Bilgi",
MessageBoxButtons.OK, MessageBoxIcon.Warning);
            bgl.baglanti().Close();
            OgrenciListesi();
            NotListesi();
        }
```

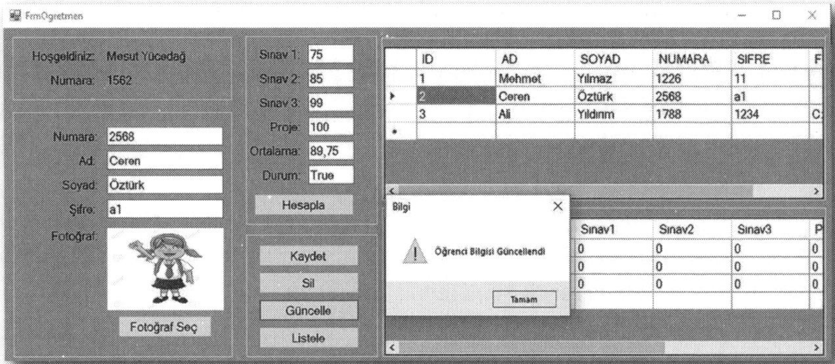

Her iki kod bloğunu yani hem profil bilgileri güncelleme işlemini hem de not güncelleme işlemini aynı buton içinde gerçekleştirdik. Profil bilgileri güncelleme kısmından öğrenci bilgilerini listeleme metodunu ve mesaj kutusunu kaldırdık çünkü bu işlemi notları güncelledikten sonra yapmak daha doğru olacaktır.

Not bilgisi güncelleme açıklama satırı ile başlayan alanımızda `komut2` isminde bir `SqlCommand` nesnesi oluşturduk. Bu nesneye notlar tablomuzun güncellenmesi için gerekli olan sorgu değerini atadık. Şartımız yine alt sorguya bağlı olarak gerçekleşecektir. Yani ID değeri öğrenci tablosundaki ID ile uyan öğrencinin numarasına göre güncelleme yaptık. Böylece alt sorguyu bir kez daha kullanarak bir adım daha fazla pekiştirmiş olduk. Sırasıyla sütunlarımıza ait parametrelere araçlara karşılık gelen değerleri atadık. Parametre 5'de sadece küçük bir dönüşüm uyguladık. SQL'de ortalama sütunu decimal olduğu için C# Form üzerinde de decimal türüne dönüştürdük. Aksi durumda hata vermesi muhtemeldir. Son olarak bağlantımızı kapatıp not ve profil bilgilerini listeleyip mesaj kutusunda güncelle şeklinde bir uyarı vererek kod bloğumuzu tamamlamış olduk.

Öğretmen ile ilgili temel öğrenci – not ilişkisini tamamladığımız göre şimdi öğretmen formunda küçük bir tasarım değişikliğine gideceğiz. Öğretmenimiz için bir tane hızlı erişim menüsü oluşturalım. Bunun için 2. Daatagridview aracımızın hemen altına şöyle bir tasarım eklemesi yapalım.

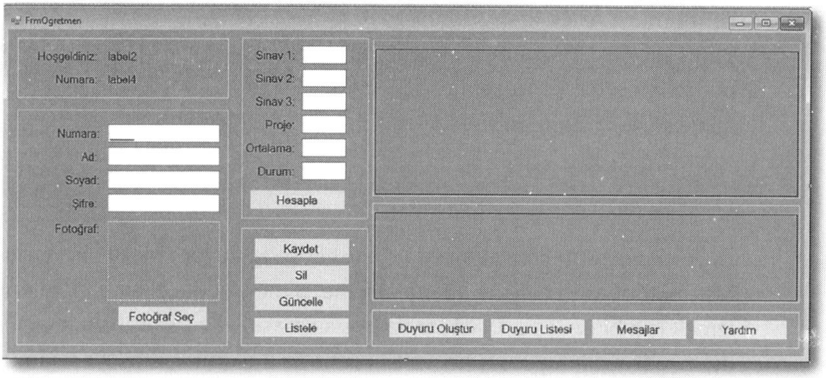

4 tane yeni buton eklemesi yaptık. Bu butonlarımız sırasıyla duyuru oluştur, duyuru listesi, mesajlar ve yardım menülerini açacaktır. Öyleyse öğretmen formunda ilk olarak duyuru oluşturmayla başlayalım.

DUYURU İŞLEMLERİ OLUŞTURMA FORMU

Öğretmenin tüm öğrencilere ileteceği mesajlar olabilir. Örneğin; dersin iptali, ders saatini değişmesi, sınav sonuçlar vs. böyle durumlarda her bir öğrenciye tek tek mesaj atmak yerine bir duyuru oluşturarak işlemlerini çok daha pratik bir şekilde çözebilir. **Project** menüsünden **Add Windows Form** seçeneğine tıklayarak yeni bir form ekleyelim.

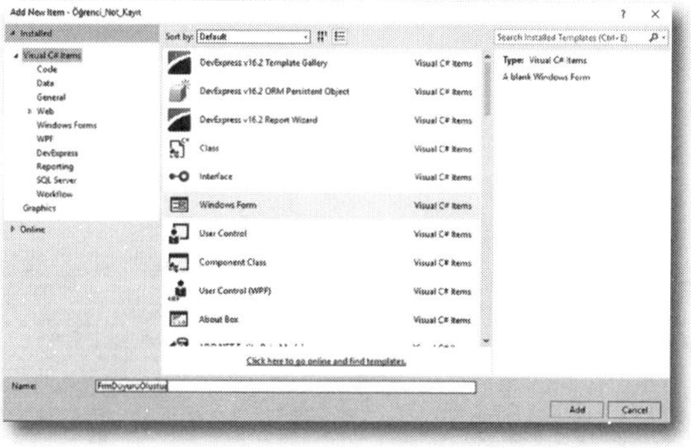

Formumuzu ekledikten sonra küçük bir tasarım yapalım. Formumuz ekleme, silme ve güncelleme blokları üzerine çalışacaktır. O halde şöyle bir tasarım yapabiliriz.

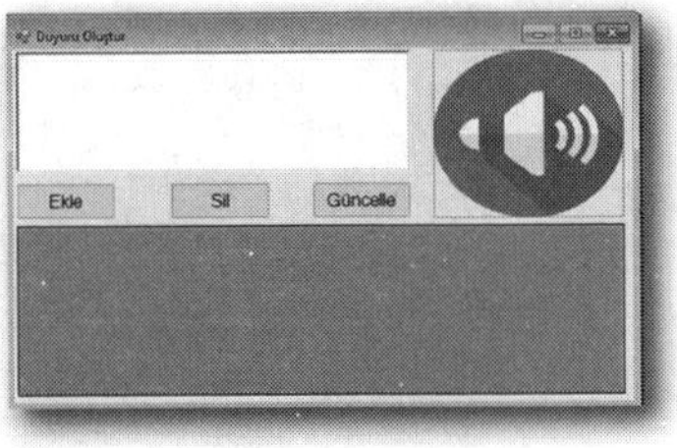

Duyuru oluşturma formumuzda sol üst köşede duyuru metninin yazılacağı bir RichTextBox aracı ekledik. Altına ekleme, silme ve güncelleme işlemlerini tetiklemek için birer Button, sağ tarafa boş kalmasın ve biraz daha görsel olarak şık dursun diye bir duyuru resmi ve alt kısma da duyuruları listeleyeceğimiz bir Datagridview aracı ekleyerek tasarımımızı tamamladık.

İlk olarak formumuz yüklendiği zaman duyurularımızı Datagridview aracımızda listeleyerek kodlarımızı yazmaya başlayalım. Ancak bir adım öncesinde duyurular formuna geçiş yapmak için **öğretmen** formuna eklediğimiz **duyuru oluştur** butonuna tıklayıp bu formumuza geçiş yapalım.

Uygulama 18

Duyuru oluştur butonuna tıkladığımız zaman duyuru oluşturma ve düzenleme formunu açan kodu yazalım.

```
private void BtnDuyuruOlustur_Click(object sender, EventArgs e)
        {
            FrmDuyuruOlustur frm = new FrmDuyuruOlustur();
            frm.Show();
        }
```

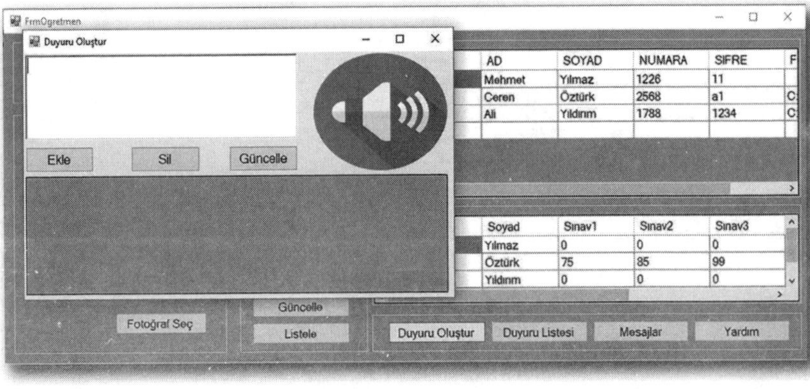

Duyuru oluştur butonumuza tıklayıp duyurular formundan `frm` isminde bir nesne türettik. Daha sonra bu nesnenin `show` özelliğini kullanarak yeni formumuzu açtık.

Uygulama 19

Duyurular formu açıldığı zaman duyuruları SQL'den Datagridview aracımıza çeken komutu yazalım.

```
SqlBaglantisi bgl = new SqlBaglantisi();
      void Listele()
      {
          SqlCommand komut = new SqlCommand("Select * From TblDuyurular",
bgl.baglanti());
          SqlDataAdapter da = new SqlDataAdapter(komut);
          DataTable dt = new DataTable();
          da.Fill(dt);
          dataGridView1.DataSource = dt;
      }
      private void FrmDuyuruOlustur_Load(object sender, EventArgs e)
      {
          Listele();
      }
```

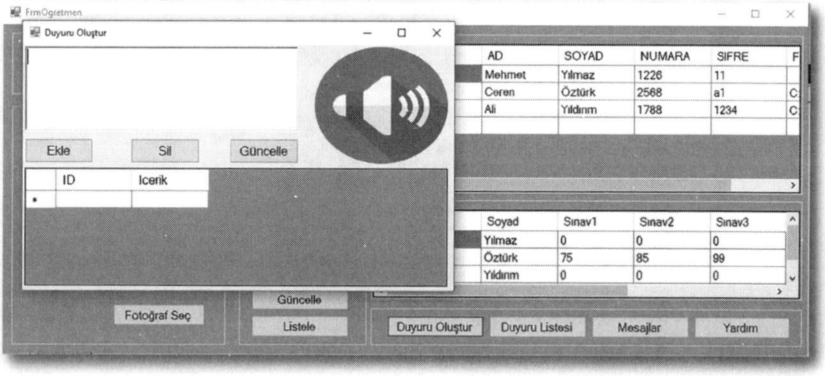

SQL Bağlantısı sınıfımızı çağırarak kodlarımızı yazmaya başladık. Kütüphaneler kısmına **SQLClient** kütüphanesini eklemeyi unutmayalım. `listele` isminde bir metot oluşturup bu metodun içine sorgu değeri olarak duyurular tablomuzdaki verileri listelemek için "`Select * From TblDuyurular`" ifadesini ekledik. Daha sonra `SqlCommand` sınıfımızdan türettiğimiz komut nesnemizi `SqlDataAdapter` sınıfı içine alıp `dt` isminde bir veri tablosu oluşturduk.

Tablomuzun içine doldurup Datagridview aracımızın veri kaynağı kısmına dt adlı nesnemizi atayarak kod bloğumuzu tamamladık ve metodumuzu formumuz yüklenince çağırdık.

Uygulama 20

Duyurular formunda yeni duyuru oluşturma işlemini gerçekleştirelim.

```
private void BtnEkle_Click(object sender, EventArgs e)
    {
            SqlCommand komut = new SqlCommand("insert into TblDuyurular
(ıcerik) values (@p1)", bgl.baglanti());
            komut.Parameters.AddWithValue("@p1", RchDuyuru.Text);
            komut.ExecuteNonQuery();
            MessageBox.Show("Duyuru Oluşturuldu", "Bilgi", MessageBoxButtons.
OK, MessageBoxIcon.Information);
            bgl.baglanti().Close();
            Listele();
    }
```

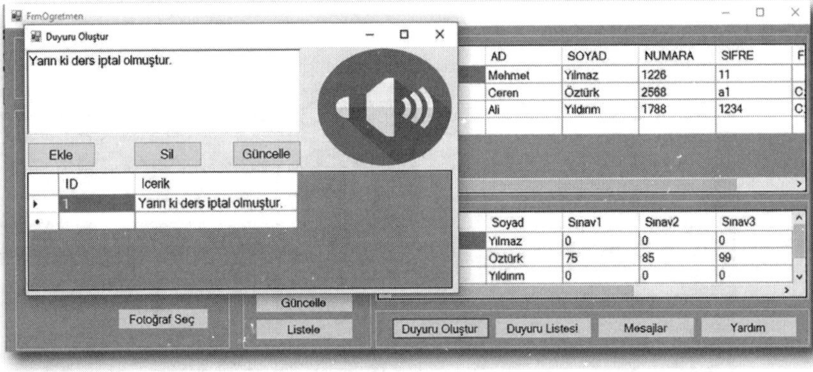

Ekle butonumuza tıklayıp `SqlCommand` sınıfımızdan `komut` isminde bir nesne türettik ve bu nesnemize sorgu değeri olarak `Insert` ataması yaptık. Daha sonra sorgu içindeki tek parametre ifadesi olan `parametre1`'in değerinin **RichTextBox** aracımızdan aldık. `ExecutenonQuery` ifadesiyle sorguyu çalıştırıp kaydetme işlemini gerçekleştirdik ve bir mesaj kutusuyla kaydetme işleminin gerçekleştiğine dair uyarı mesajı verdik. Datagridview'de tıkladığımız hücredeki değeri tekrar RichTextBox aracına gönderelim.

Uygulama 21

Datagridview'de seçilen hücredeki duyuru içeriğini RichTextBox aracına aktaran kodu yazalım.

```
string id;

                    private    void    dataGridView1_CellClick(object    sender,
DataGridViewCellEventArgs e)
        {
            int secilen = dataGridView1.SelectedCells[0].RowIndex;
            id = dataGridView1.Rows[secilen].Cells[0].Value.ToString();
              RchDuyuru.Text = dataGridView1.Rows[secilen].Cells[1].Value.
ToString();
            this.Text = id;
        }
```

Global alanda id isminde string türünde bir değişken oluşturduk. Bu değişken duyurumuzun ID değerini tutacak. Böylece silme ve güncelleme işlemlerini ID değerine göre kolaylıkla yapabileceğiz. Daha sonra seçtiğimiz satırın indeks değerini seçilen değişkenine atadık. Bu indeks değerine göre tıkladığımız hücredeki duyuru içeriğini RichTextBox aracımıza kolaylıkla yazdırdık. Ayrıca formun sol üst köşesine de seçtiğimiz duyurunun ID değerini görüntülemek için `id` değerini yazdırdık.

Uygulama 22

Seçilen duyuruyu silen kodu yazalım.

```
private void BtnSil_Click(object sender, EventArgs e)
      {
            SqlCommand komut = new SqlCommand("Delete From TblDuyurular where
ID=@p1", bgl.baglanti());
             komut.Parameters.AddWithValue("@p1", id);
             komut.ExecuteNonQuery();
            MessageBox.Show("Duyuru Silindi", "Bilgi", MessageBoxButtons.OK,
MessageBoxIcon.Stop);
             bgl.baglanti().Close();
             Listele();
      }
```

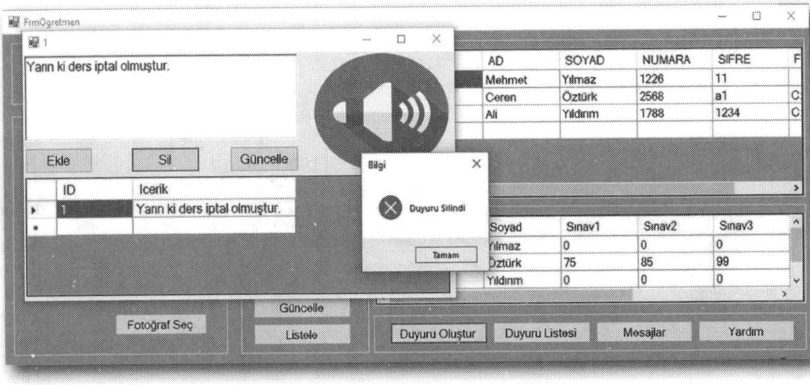

Sil butonumuza **çift tıklayıp** kodlarımızı yazmaya başladık. Oluşturduğumuz komut nesnesine `delete` görevini vererek `ID` değeri `parametre1`'e eşit olan duyuruyu **sil** dedik. Parametre değerimizi de global alanda tanımladığımız `id` adlı değişkenden aldık. Daha sonra işlemi tamamlayıp mesaj verip son olarak duyuruları listeleyerek kodlarımızı tamamladık. Güncelleme işlemi yapabilmek için bir iki tane duyuru eklemesi yapalım çünkü veritabanımızda duyurumuz kalmadı.

Uygulama 23

Seçilen duyuruyu güncelleyen kodu yazalım.

```
private void BtnGuncelle_Click(object sender, EventArgs e)
        {
          SqlCommand komut = new SqlCommand("Update TblDuyurular set ıcerik=@
p1 where ID=@p2", bgl.baglanti());
            komut.Parameters.AddWithValue("@p1", RchDuyuru.Text);
            komut.Parameters.AddWithValue("@p2", id);
            komut.ExecuteNonQuery();
           MessageBox.Show("Duyuru Güncellendi", "Bilgi", MessageBoxButtons.
OK, MessageBoxIcon.Warning);
            bgl.baglanti().Close();
            Listele();
        }
```

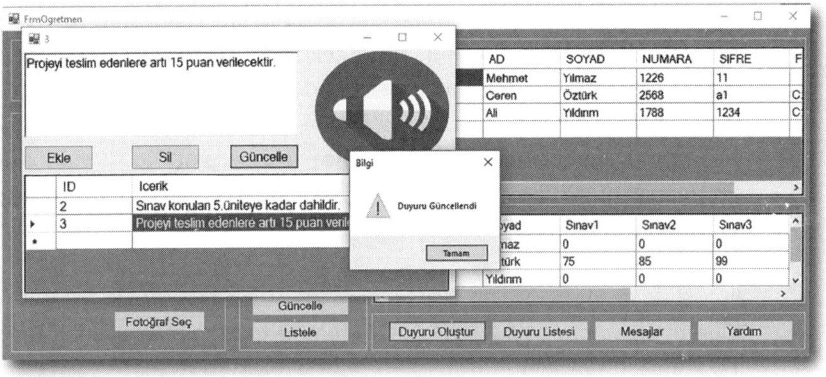

Güncelle butonuna çift tıklayıp kodlarımızı yazmaya başladık. İlk olarak `SqlCommand` sınıfından komut isminde bir nesne türettik. Daha sonra bu nesnemizin alacağı SQL sorgusu olan `update` sorgusunu yazıp sırasıyla `id` ve duyuru içeriği parametrelerimizi tanımladık. `ExececutNonQuery` ifadesini kullanıp hemen akabinde bir mesaj vererek sorgumuzun güncellendiğini öğretmene bildirmiş olduk.

Son olarak bağlantımızı kapatıp verileri listeleyerek kod bloğumuzu tamamladık. Böylece duyuru işlemleri formumuzu bitirdik. Duyuru listesi formu öğrenciler tarafından gözükecek ve sadece okunur bir form olacak. O formda amacımız dinamik araç kullanmak olduğundan biraz daha farklı bir yol izleyeceğiz.

DUYURU LİSTESİ FORMU

Böyle bir formu kullanacak olmamızın en büyük sebebi dinamik olarak oluşturacağımız bir araca veritabanından atama yapabilmektir. İçerisine herhangi bir araç eklemeden duyuru listesi adında bir form oluşturalım.

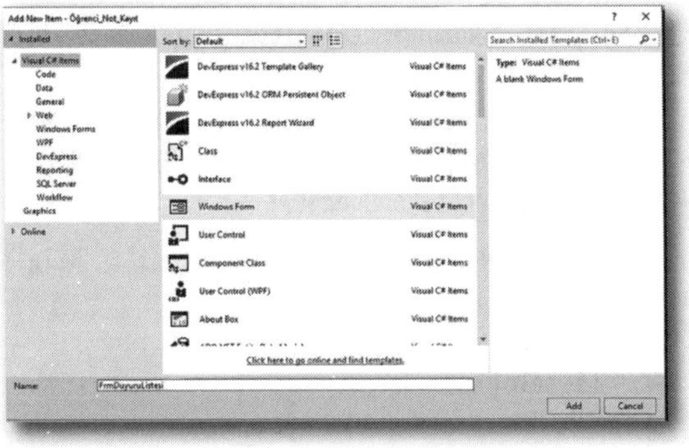

Duyuru listesi formumuzu oluşturduk. Formumuza araç eklemesi yapmayacağız. Yalnızca dinamik bir şekilde bir tane ListBox aracı oluşturup bu aracımızın içine veritabanından duyurularımızı çekeceğiz. Dilerseniz araç kutusundan ListBox veya benzeri bir araç ekleyerek daha pratik bir yöntemle ilgili işlemi yapabilirsiniz. Burada yazar olarak benim amacım sizlere olabildiğince farklı başlıkları gösterebilmek. Öyleyse ilk önce dinamik araç oluşturma sonra da bu aracın içine duyuruları çekme işlemini yapalım. Fakat hepsinden önce öğretmen formundan bu forma geçişi sağlayalım.

Uygulama 24

Öğretmen formunda duyuru listesi butonuna tıkladığımız duyuru listesi formunu açan kodu yazlaım.

```
private void BtnDuyuruListesi_Click(object sender, EventArgs e)
        {
            FrmDuyuruListesi frm = new FrmDuyuruListesi();
            frm.Show();
        }
```

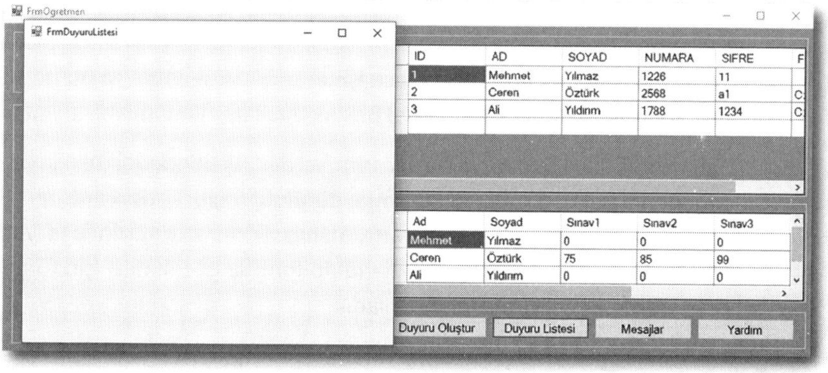

Duyuru listesi formumuzdan `frm` isminde bir nesne türettik ve `frm` nesnemizin `show` özelliği kullanarak diğer forma geçiş işlemini tamamladık.

Uygulama 25

Duyuru listesi formu açıldığı zaman formda dinamik bir ListBox aracı oluşturan kodu yazalım.

```
private void FrmDuyuruListesi_Load(object sender, EventArgs e)
        {
            ListBox lst = new ListBox();
            Point lstkonum = new Point(10, 10);
            lst.Name = "Listbox1";
            lst.Height = 200;
            lst.Width = 150;
            lst.Location = lstkonum;
            this.Controls.Add(lst);
        }
```

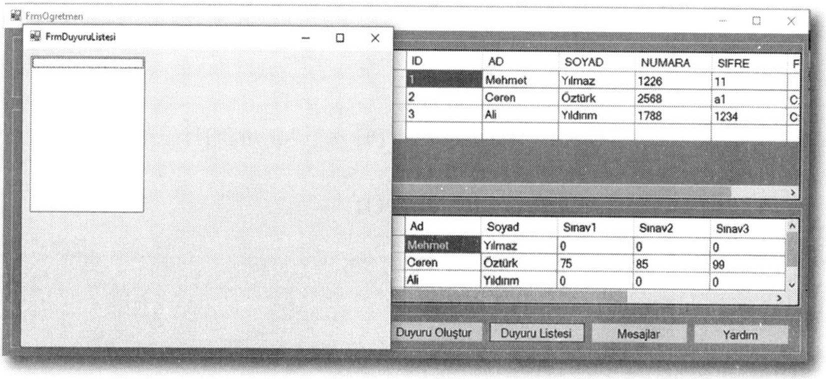

Duyuru listesi formu yüklendiği zaman ListBox aracı oluşturmak istediğimiz için kodlarımızı **form load** içine yazdık. ListBox sınıfından `lst` isminde bir nesne türettik. Point sınıfından da `lstkonum` isminde bir nesne türetip bu nesnemize X ve Y koordinatlarında kaçar piksel boşluk bırakarak konumlanacağını belirttik.

Daha sonra ListBox aracımıza bir isim verdik. Akabinde yükseklik ve genişlik değerlerini belirledik. Üstteki resimde görüldüğü gibi ListBox aracımız epey küçük kaldı genişliğini biraz daha arttırabiliriz. Sonra aracımızın lokasyon değeri olarak `lstkonum` nesnemizle ilişkilendirip formda gözükmesi için formun içine ekleyerek kod bloğumuzu tamamladık.

Uygulama 26

Duyuruları dinamik olarak oluşturduğumuz ListBox aracımızda gösterelim.

```
SqlBaglantisi bgl = new SqlBaglantisi();

        private void FrmDuyuruListesi_Load(object sender, EventArgs e)
        {
            ListBox lst = new ListBox();
            Point lstkonum = new Point(10, 10);
            lst.Name = "Listbox1";
            lst.Height = 250;
            lst.Width = 450;
            lst.Font = new Font("Georgia", 14, FontStyle.Regular);
            lst.Location = lstkonum;
            this.Controls.Add(lst);

            //Duyuruları Listeleme Kodları

            SqlCommand komut = new SqlCommand("Select * From TblDuyurular",
bgl.baglanti());
            SqlDataReader dr = komut.ExecuteReader();
            while (dr.Read())
            {
                lst.Items.Add(dr[0] + " " + dr[1]);
            }
            bgl.baglanti().Close();
        }
```

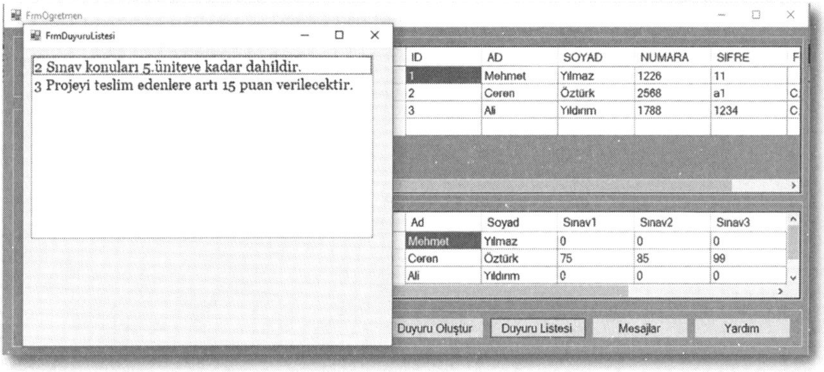

En üst kısma kütüphanemizi ekleyerek kodlarımızı yazmaya başladık. Daha sonra SQL bağlantı sınıfımızı çağırdık. Bir önceki sayfada yazmış olduğumuz dinamik araç oluşturma kodunda bir iki değişikliğe gittik. ListBox aracımızın genişliğini biraz daha arttırdık ve yazı stilini de `new font` özelliği ile özelleştirdik. `New fon` komutundan sonra 3 tane parametre kullandık.

Bunların birincisi yazınını font türü, ikincisi boyutu ve üçüncüsü de ekstra özelleştirme durumu yani kalın, italik vs. daha sonra duyuruları listelemek için bir `Select` sorgusu yazdık. Yazdığımız sorgu ile hem duyuru id değerlerini hem de içerikleri çekebiliyorduk.

İkisini de aralarında bir karakterlik boşluk bırakarak ListBox aracımızda gösterdik. ListBox aracımıza bu ifadeleri yazdırmak için ListBox aracımız için türetmiş olduğumuz `lst` nesnesinin `Items.Add` kod bloğunu kullandık. Böylece duyuru listeleme işlemini de tamamlamış olduk. Geriye yalnızca mesajlar ve yardım menüsü kaldı. Öyleyse yeni başlığımız olan mesajlara geçebiliriz.

MESAJLAR FORMU

Mesajlar formumuz hem öğrenciler hem de öğretmen için ortak olacak. Yalnızca geçişlerde biraz daha farklı bir yöntem uygulayacağız. Mesajlar formumuz gelen mesajlar ve giden mesajlar şeklinde ikiye ayrılacak. Ayrıca mesaj gönderme formunu da yine aynı form içinde oluşturabiliriz. Öncelikle yeni bir form ekleyelim.

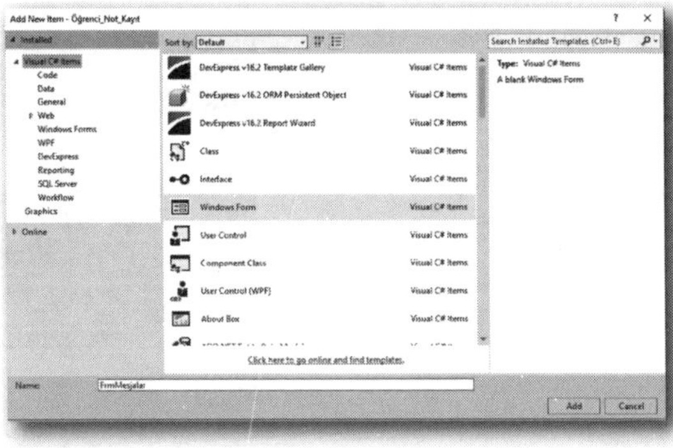

Formumuza ekledik. Şimdi bu formda olması gerekenleri sıralayacak olursak;

» Mesaj gönderme alanı

» Gelen kutusu

» Giden kutusu

» Mesaja tıklandığı zaman mesaj detaylarını görebilme

Bu 4 başlığa göre işlemlerimizi gerçekleştireceğiz. İlk önce form tasarımını yapalım.

Formumuzun üst kısmına bir tane **Tabcontrol** aracı ekledik. Bu araç sekmeli kontrol anlamındadır ve tasarımda sekmelere ayırmamız gereken durumlarda kullanılmaktadır. Tabcontrol aracımızın her bir sekmesinin ismini değiştirmek için önce ilgili sekmeye tıklıyoruz sonra ilgili sekmenin bulunduğu alanın içine tıkladığımız özellikler penceresinde **Tab Page** yani sekme sayfasının özellikleri gelecektir. Buradan isim değiştirme gerçekleştirilebilir. Sekmelerimizin birisi gelen diğeri de giden kutusunu listeleyecek. Alt kısma bir tane Groupbox aracı ekledik. Groupbox eklediğimiz alanı mesaj gönderme paneli şeklinde düzenledik. Mesaj gönderme işlemleri numaraya göre yapılacağı için gönderici ve alıcı değerlerini numara olarak belirledik. Daha sonra mesaj başlığını, içeriğini ve gönderme butonunu ekledik. Şimdi Datagridview aracımızı da ekleyelim

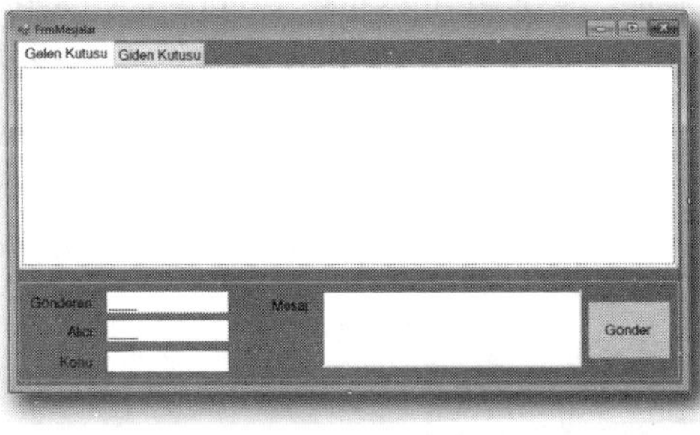

Gelen ve giden kutusu alanlarına birer tane Datagridview aracı ekledik. Bu alanlarda mesajlarımızı listeleyeceğiz. Form tasarımımızı bitirdiğimize göre artık kodlama kısmına geçebiliriz. İlk önce öğretmen formunda bu forma geçiş işlemi yapalım.

Uygulama 27

Öğretmen formundan mesajlar formuna geçiş yapan kodu yazalım.

```
private void BtnMesajlar_Click(object sender, EventArgs e)
    {
        FrmMesjalar frm = new FrmMesjalar();
        frm.Show();
    }
```

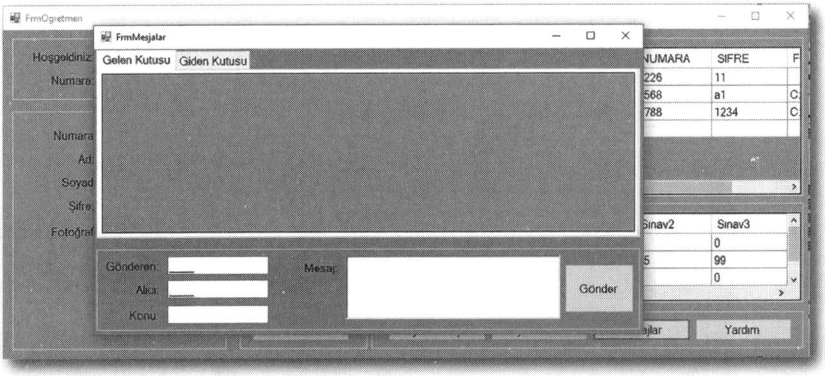

Mesajlar butonumuza tıkladık ve formumuzu açtık. Yalnız küçük bir değişikliğe gidelim. İlk etapta rastgele olarak belirlediğimiz öğretmen numarası olan 1562 değerini değiştirelim. Çünkü bu değer sıradan bir öğrenci numarası gibi karşılanabilir. Onun yerine 0000 seçeneğini ekleyelim. Böylece bu kişinin bir öğretmen ya da sistem yetkilisi olduğu biraz daha belli olacaktır.

DESKTOP-B1PO435\...dbo.TblOgretmen × DESKTOP-B1PO435\S...- dbo.TblOgrenci DESKTOP-B

	ID	AD	SOYAD	NUMARA	SIFRE
	1	Mesut	Yücedağ	0000	0011
▶*	NULL	NULL	NULL	NULL	NULL

SQL'de bulunan öğretmen tablomuzdaki numarayı **0000** olarak değiştirdik. İşlemlerimize devam edelim. İlk olarak gelen kutusu ve giden kutusu listelememiz gerekecek. Ancak öncesinde yapmamız gereken bir işlem daha var. Formlar arası geçişte sisteme kimin giriş yaptığını bulmak için numara değişkenini diğer forma taşımak. Bunu beraber uygulayalım.

Uygulama 28

Mesajlar formuna giriş yapan öğretmenin numarasını öğretmen formundan mesajlar formuna taşıyalım.

```
//Öğretmen Formu

  private void BtnMesajlar_Click(object sender, EventArgs e)
        {
            FrmMesjalar frm = new FrmMesjalar();
            frm.numara = LblNumara.Text;
            frm.Show();
        }
//Mesajlar Formu

        public string numara;
        private void FrmMesjalar_Load(object sender, EventArgs e)
        {
            MskGonderen.Text = numara;
        }
```

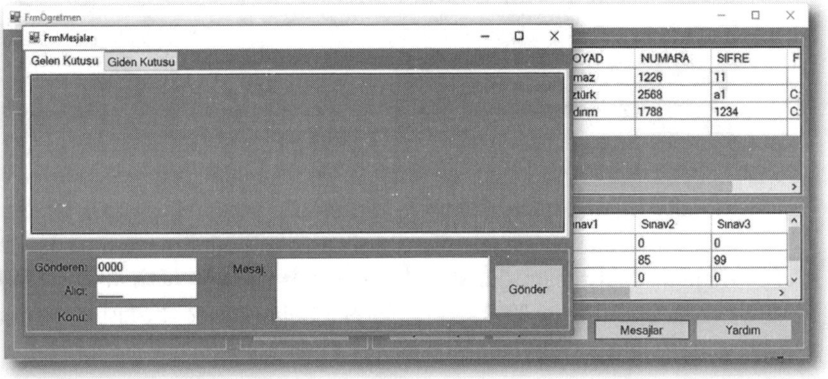

Önce öğretmen formuna gelip mesajlar formunun açılma kısmında mesajlar formunda tanımlamış olduğumuz numara değişkenine değer ataması yaptık. Bu değişkenimiz değerini sisteme giriş yapan öğretmenin numarasından alacaktır. Daha sonra mesajlar formunda global alanda **public** erişiminde bir değişken oluşturduk ve bu değişkenimizi öğretmen formundan değer aldıktan sonra tekrar mesajlar formuna dönünce aldığı değeri göstermesi için `MskGonderen` `MaskedTextBox` aracımıza yazdırdık.

Uygulama 29

Mesajlar formunda öğretmene gelmiş olan mesajları listeleyelim.

```
        void GelenMesajlar()
        {
            SqlCommand komut = new SqlCommand("Select * From TblMesajlar Where Alıcı=@p1", bgl.baglanti());
            komut.Parameters.AddWithValue("@p1", numara);
            SqlDataAdapter da = new SqlDataAdapter(komut);
            DataTable dt = new DataTable();
            da.Fill(dt);
            dataGridView1.DataSource = dt;
        }
        private void FrmMesjalar_Load(object sender, EventArgs e)
        {
            MskGonderen.Text = numara;

            GelenMesajlar();
        }
```

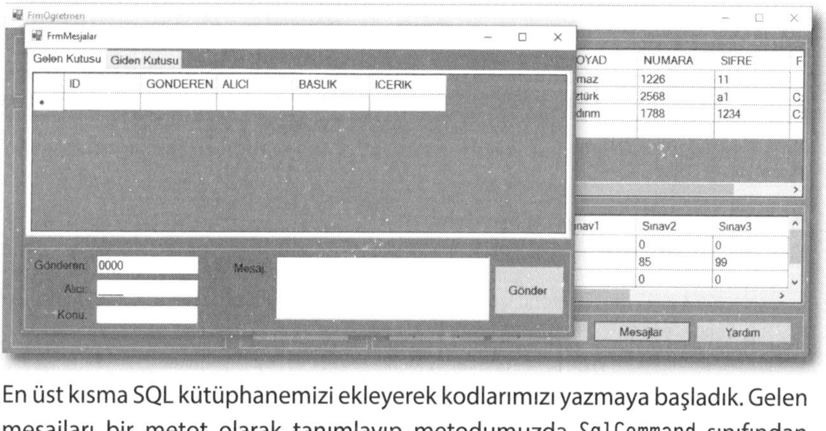

En üst kısma SQL kütüphanemizi ekleyerek kodlarımızı yazmaya başladık. Gelen mesajları bir metot olarak tanımlayıp metodumuzda `SqlCommand` sınıfından komut isminde bir nesne türettik. `komut` nesnemizin sorgusu için mesajlar tablosunda alıcı değeri `parametre1`'e eşit olan değerleri getirmesi istedik. `parametre1` değeri olarak diğer formdan taşıdığımız numara değerini verdik. Bu numara değeri öğrenciler için de aynı yöntemle alınacaktır yani bundan dolayı öğrenciler için yeni bir değer ataması yapmak zorunda değiliz. Daha sonra parametremizi tanımlayıp sanal tablomuzu oluşturup bunun içini doldurup verileri Datagridview aracımızda gösterdik ve metodumuzu formda çağırdık.

Datagridview aracımızda hiç gri alan kalmaması ve tüm boşluklara eşit şekilde hücre verilerinin dolması için özellikler penceresinde her iki Datagridview aracımızın da **AutoSizeColumnsMode** özelliğini **Fill** yani doldur seçeneği olarak belirliyoruz.

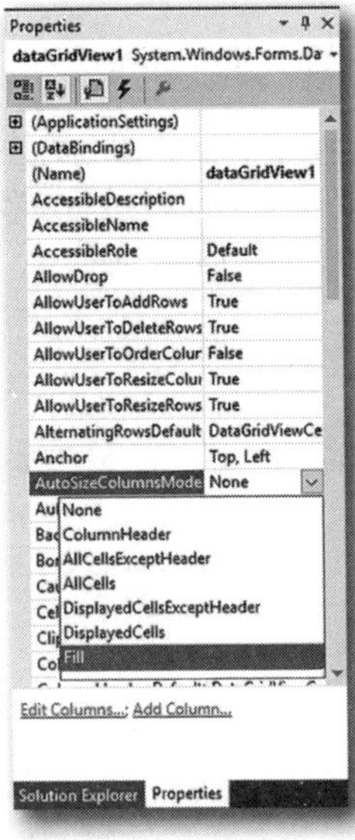

Uygulama 30

Mesajlar formunda öğretmenin göndermiş olduğu mesajları listeleyelim.

```
void GidenMesajlar()
    {
        SqlCommand komut = new SqlCommand("Select * From TblMesajlar Where
Gonderen=@p1", bgl.baglanti());
        komut.Parameters.AddWithValue("@p1", numara);
        SqlDataAdapter da = new SqlDataAdapter(komut);
        DataTable dt = new DataTable();
        da.Fill(dt);
        dataGridView2.DataSource = dt;
    }
    private void FrmMesjalar_Load(object sender, EventArgs e)
    {
        MskGonderen.Text = numara;
```

```
            GelenMesajlar();

            GidenMesajlar();
        }
```

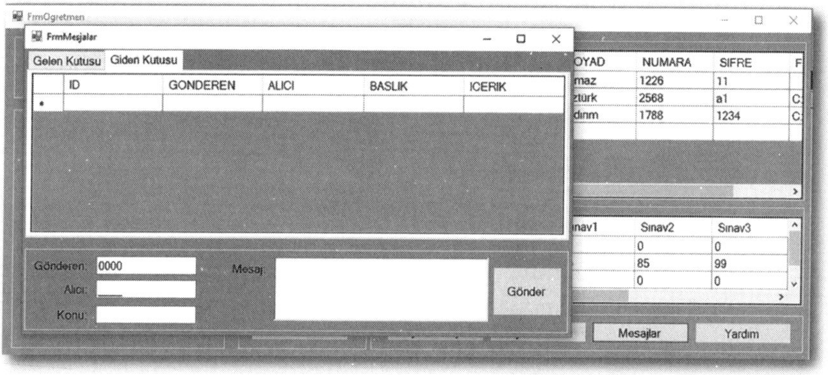

Gelen mesajlar metodundaki yöntemin aynısını giden yani gönderilmiş olan mesajlar için de izledik. Bu kez tablo sütunumuzda şartımızı parametre değerimizin gönderen değeri olmasıdır. Yani sisteme giriş yapan numaranın göndermiş olduğu mesajları listeledik. Listeleme işlemi için 2. datagridview aracımızı kullandık. Son olarak metodumuzu formda çağırarak kod bloğumuzu tamamladık.

Uygulama 31

Yeni mesaj gönderme işlemini gerçekleştirelim.

```
  private void BtnGonder_Click(object sender, EventArgs e)
        {
                SqlCommand komut = new SqlCommand("insert into TblMesajlar
(Gonderen,Alıcı,Baslı,Icerık) values (@p1,@p2,@p3,@p4)", bgl.baglanti());
            komut.Parameters.AddWithValue("@p1", MskGonderen.Text);
            komut.Parameters.AddWithValue("@p2", MskAlıcı.Text);
            komut.Parameters.AddWithValue("@p3", TxtKonu.Text);
            komut.Parameters.AddWithValue("@p4", RchMesaj.Text);
            komut.ExecuteNonQuery();

        MessageBox.Show("Mesajınız İletildi...", "Bilgi", MessageBoxButtons.
OK, MessageBoxIcon.Information);
            bgl.baglanti().Close();
            GelenMesajlar();
            GidenMesajlar();
        }
```

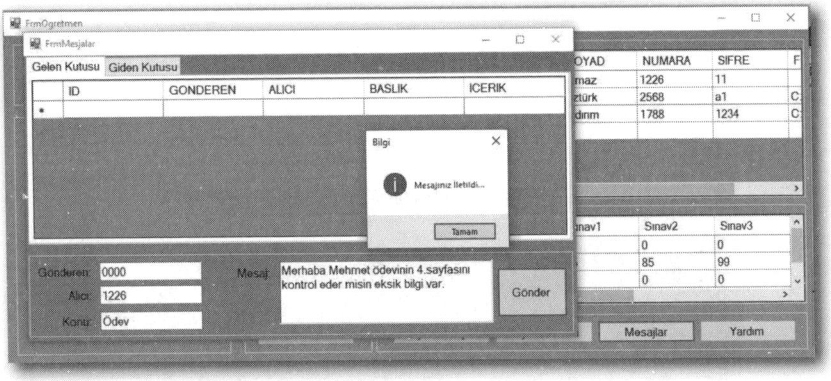

Gönder butonumuza çift tıkladık ve kodlarımızı yazmaya başladık. İlk olarak `SqlCommand` sınıfımızdan `komut` isminde bir nesne türettik. Daha sonra bu nesnemize `Insert` sorgusu gönderdik. `Insert` sorgusu aracılığı ile mesajlar tablomuza ekleme yaparak mesaj gönderimi sağlayacağız. Gönderen, alıcı, başlık ve mesaj içerikleri için parametrelerimizi tanımlayıp değer atamalarını gerçekleştirdik. Sonra mesaj kutusunda mesajımızı iletildiğine dair bir mesaj gösterdik. Bağlantımızı kapatıp gelen ve giden kutusu mesajlarını listeleyen metotlarımızı çağırarak kod bloğumuzu sonlandırdık.

Ödev

Mesajların listelendiği Datagridview araçlarına çift tıklandığı zaman ilgili mesajın detaylarını ve numarası yerine ad soyad bilgisi listeleyen kodları yazın. (Birleştirme kullanılacak)

Öğretmen formunun son başlığı olan yardım menüsünde de küçük bir değişikliğe gidiyoruz. Dilerseniz burası yardım menüsü olarak kalabilir ve siz küçük bir pencerede öğretmen formunun nasıl kullanılacağına dair bir açıklama metni yazıp yönlendirmeleri verebilirsiniz. Ben burayı çıkış olarak değiştirmeye karar verdim. Böylece öğretmen işini tamamlayınca sistemi buradan direkt olarak kapatabilecek.

Uygulama 32

Yardım butonunun ismini çıkış olarak değiştirip, tıklandığı zaman sistemi kapatan kodları yazalım.

```
private void BtnCikis_Click(object sender, EventArgs e)
    {
        Application.Exit();
    }
```

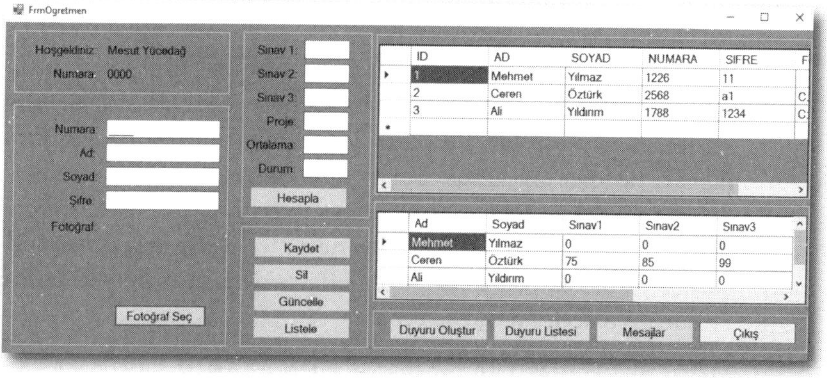

Üstte bulunan görseldeki gibi yardım butonunun değerini çıkış olarak değiştirdik. Butonumuza çift tıklayıp uygulamayı sonlandır anlamına gelen `Application Exit` komutunu yazarak kod bloğumuzu tamamladık. Böylece öğretmen formu tamamen bitmiş oldu. Sizlerin bu formu daha çok geliştirip daha optimize bir hale getireceğinden şüphem yok. Artık öğrenci formuna geçip öğrenci ile ilgili işlemleri yapabiliriz.

ÖĞRENCİ FORMU

Öğretmen formunu tamamen bitirdik. Şimdi öğrenci formuna geçiş yapacağız. Projemizin ilk kısımlarında öğrenci formunu oluşturmuş ancak tasarımını yapmamıştık. Önce öğrenci formumuzu tasarlayalım. Öğrenci formunda izleyeceğimiz adımlar şöyle olacak;

- » Form tasarımı
- » Numaranın taşınması
- » Numaraya göre isim bilgisi getirme
- » Numaraya göre sınav bilgisi getirme
- » Duyurular formu
- » Mesajlar formu
- » Hesap makinesi
- » Çıkış

ÖĞRENCİ FORMU TASARIMI

Form tasarımında aşağıdaki gibi bir tasarım uyguladık. Alanlarımızı görselimiz üzerinde anlatalım.

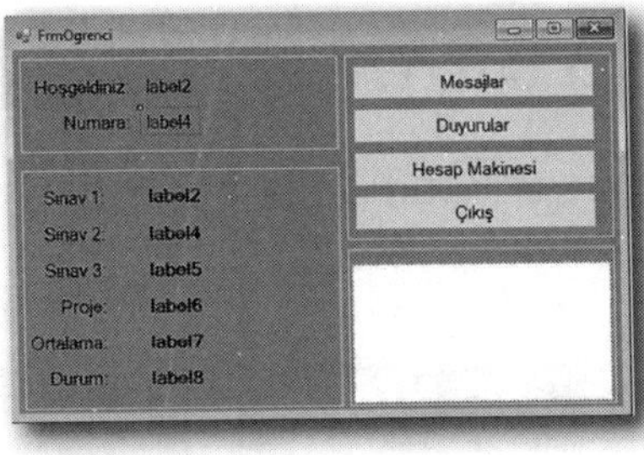

Sol üst tarafta bulunan **Hoşgeldiniz** kısmının karşısına sisteme giriş yapan kişinin ad ve soyad bilgisini yazdıracağız. Hemen altına da giriş formundaki numara bilgisini taşıyacağız. Sol alt kısımda bulunan Groupbox aracı içinde sisteme giriş yapan öğrencinin sınav notları yer alacak. Sağ üst tarafta öğrencinin erişim sağlayabileceği mesajlar, duyurular menüsü ile hesap makinesi ve çıkış alanları yer alacak. Sağ alt tarafta da sisteme giriş yapan öğrencinin fotoğrafını Picturebox aracı içinde göstereceğiz.

ÖĞRENCİ FORMUNA GİRİŞ VE NUMARANIN TAŞINMASI

Giriş formunda işlemlerimizi bu kez öğrenciye göre gerçekleştireceğiz. Eğer numara ve şifre değeri doğruysa bu numara ve şifre değerini öğrenci formuna taşıyarak buradan da numaraya göre işlemlerimize devam edeceğiz. Bu işlemi zaten daha önce yaptığımız için yalnızca numara taşıma işlemini gerçekleştireceğiz.

Uygulama 33

Giriş formunda numara ve şifresini giren kişiyi öğrenci formuna yönlendiren kodu yazalım.

```
// Giriş Formu
private void BtnOgrenciGiris_Click(object sender, EventArgs e)
        {
            SqlCommand komut = new SqlCommand("Select * From TblOgrenci where
Numara=@p1 and Sıfre=@p2", bgl.baglanti());
             komut.Parameters.AddWithValue("@p1", MskOgrenciNumara.Text);
             komut.Parameters.AddWithValue("@p2", TxtOGrenciSifre.Text);
             SqlDataReader dr = komut.ExecuteReader();
```

```
            if (dr.Read())
            {
                FrmOgrenci frm = new FrmOgrenci();
                frm.numara = MskOgrenciNumara.Text;
                frm.Show();
                this.Hide();
            }
            else
            {
                    MessageBox.Show("Hatalı Numara ya da Şifre", "Uyarı!",
MessageBoxButtons.OK, MessageBoxIcon.Stop);
            }
            bgl.baglanti().Close();
        }

//Öğrenci Formu
public string numara;
        private void FrmOgrenci_Load(object sender, EventArgs e)
        {
            LblNumara.Text = numara;
        }
```

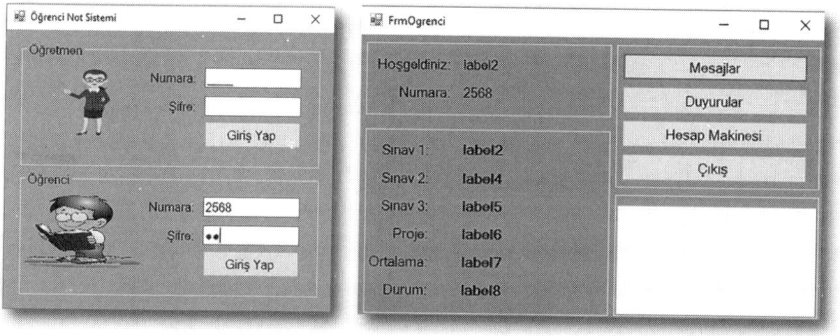

Kodlarımızı daha önce yazmıştık. Kod bloğumuzda bir iki değişiklik yaptık. Mesaj kutusunu sadece hatalı durumlarda vermesini istedik. Sisteme giriş doğru bir şekilde yapılıyorsa mesaj vermesine gerek yok. Sisteme giriş yapmadan önce öğrenci formunda global ve erişimi herkese açık bir değişken tanımladık. Bu değişkenimizi `LblNumara` aracına yazdırdık. Daha sonra giriş formunda `frm` nesnemizin `show` özelliğinden önce numara değişkenine atama işlemini gerçekleştirdik. Daha sonra `show` metoduyla öğrenci formunu açıp işlemlerimizi tamamladık. Kod bloğumuzu önceki sayfalarda açıkladığımız için yeniden açıklamaya ihtiyaç duymadık.

NUMARAYA GÖRE İSİM BİLGİSİNİN GETİRİLMESİ

Sisteme giriş yapan öğrencinin numarasına göre yani global alanda tanımladığımız numara değişkenin aldığı değere göre ad, soyad ve ilgili öğrencinin fotoğrafını listeleyelim. Tıpkı öğretmen formunda öğretmenin ad ve soyad bilgisini getirdiğimiz gibi burada da öğrencinin kişisel bilgilerini görüntüleyeceğiz.

Uygulama 34

Öğrenci formuna giriş yapan öğrencinin numarasına göre ad, soyad ve fotoğrafını getiren kod yazalım.

```
SqlBaglantisi bgl = new SqlBaglantisi();
private void FrmOgrenci_Load(object sender, EventArgs e)
        {
            LblNumara.Text = numara;

            //Numaryaa göre isim bilgisi getirme

            SqlCommand komut = new SqlCommand("Select * From TblOgrenci where 
Numara=@p1", bgl.baglanti());
            komut.Parameters.AddWithValue("@p1", numara);
            SqlDataReader dr = komut.ExecuteReader();
            while (dr.Read())
            {
                LblAdSoyad.Text = dr[1] + " " + dr[2];
                pictureBox1.ImageLocation = dr[5].ToString();
            }
            bgl.baglanti().Close();
        }
```

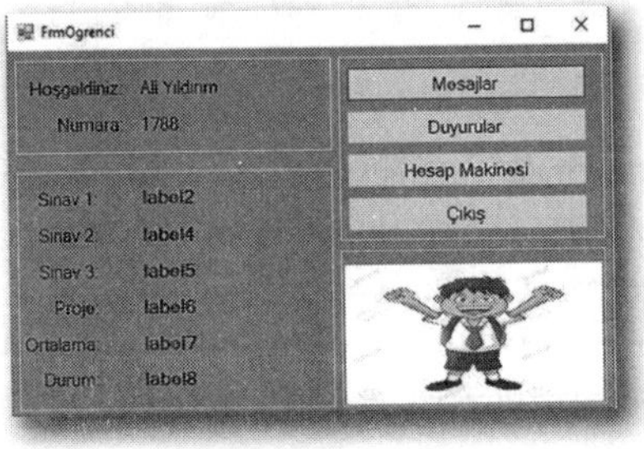

Global alanda ilk olarak SQL Bağlantısı sınıfımızdan bir nesne türettik. `Form load` bloğu içinde `SqlCommand` sınıfımızdan komut adında bir nesne türeterek bu nesnemize sorgu değeri olarak `Select * From TblOgrenci` ifadesini yazdık.

Böylece öğrenci formundaki tüm sütunları çekecektir. Ancak bir şart ekledik `where numara=@p1` komutuyla `numara` değeri `parametre1`'e eşit olan kayıtları getirmesini istedik. Parametre atamalarını yaptıktan sonra `LblAdSoyad` Label aracımıza 1 ve 2. sütunda bulunan `ad` – `soyad` bilgilerini, Picturebox aracımıza ise 5. sütunda bulunan `fotoğraf` değerini atadık. Bağlantımızı kapatıp kod bloğumuzu tamamladık.

NUMARAYA GÖRE SINAV NOTLARININ GETİRİLMESİ

Sisteme giriş yapan öğrencinin numara bilgisine göre ad ve soyad bilgisini listeledik. Şimdi de notlar tablosundan ilgili öğrencinin ID değerini baz alarak notları görüntüleyeceğiz. Bu noktada yine bir alt sorguya ihtiyacımız olacak.

Uygulama 35

Öğrenci formuna giriş yapan öğrencinin sınav notlarını listeleyen kodları yazalım.

```
//Not Listesi

            SqlCommand komut2 = new SqlCommand("Select * From TblNotlar where
Ogrıd=(Select ID From TblOgrenci Where Numara=@p1)", bgl.baglanti());
            komut2.Parameters.AddWithValue("@p1", LblNumara.Text);
            SqlDataReader dr2 = komut2.ExecuteReader();
            while (dr2.Read())
            {
                LblSınav1.Text = dr2[1].ToString();
                LblSınav2.Text = dr2[2].ToString();
                LblSınav3.Text = dr2[3].ToString();
                LblProje.Text = dr2[4].ToString();
                LblOrtalama.Text = dr2[5].ToString();
            }
            bgl.baglanti().Close();

            if (Convert.ToDouble(LblOrtalama.Text) >= 50)
            {
                LblDurum.Text = "Geçti";
            }
            else
            {
                LblDurum.Text = "Kaldı";
            }
```

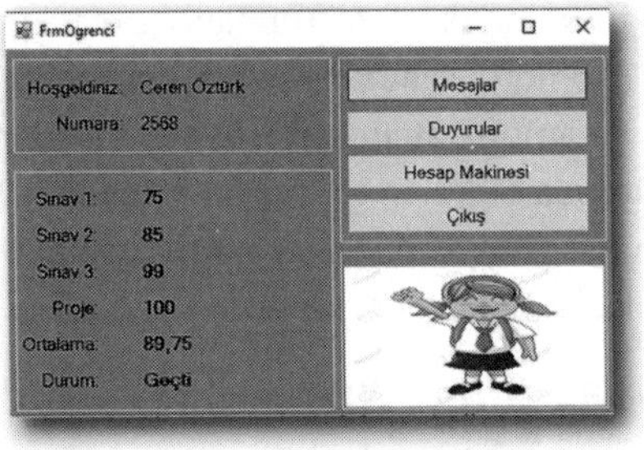

`SqlCommand` sınıfından `komut2` isminde bir nesne türettik. `Komut` nesnesini daha önce öğrenci bilgilerini çektiğimiz alanda kullandığımız için türettiğimiz nesne adını farklı bir değer olarak verdik.

Öğretmen bölümünde öğrenciye ait not bilgisini getirmek için kullandığımız alt sorguyu burada yeniden kullandık. Notlar ile öğrenciler tablosu arasında ilişki bulunduğundan ve ilişki alanımız ID değerine göre olduğundan dolayı biz de alt sorguda anahtar sütunu ID alanı olarak belirledik. Sisteme giriş yapan öğrenci numarasına göre notlarımızı listeleyip değerlerimizi Label araçlarımıza yazdırdık. Son olarak eğer ortalama 50'den büyükse veya eşitse durum Label aracımıza geçti, aksi durumda kaldı yazdırarak kodlarımızı tamamladık. Öğrencimizin kişisel bilgilerinin ve notlarının listelenmesi işlemini tamamlamış olduk.

Ödev

Öğrencinin şifresini değiştirebilmesi için gerekli olan form tasarımı ve kodlamayı yapın.

Mesajlar Formu

Mesaj formumuzu öğretmen formunu oluştururken tamamlamıştık. Burada öğrenci için mesaj formu hazırlarken yeniden bir form tasarımı yapmaya ya da yeniden mesaj formunu kodlamaya ihtiyacımız yoktur. Sadece ilgili öğrencinin numara değerini mesaj formuna taşımamız gerekecek. Böylece ilgili öğrenciye gönderilen ya da öğrencimizin gönderdiği mesajları görebileceğiz.

Uygulama 36

Öğrenci formundan mesajlar formuna geçiş yapalım.

```
    //Mesajlar formu

public string numara;

        private void FrmMesjalar_Load(object sender, EventArgs e)
        {
            MskGonderen.Text = numara;

            GelenMesajlar();

            GidenMesajlar();
        }
    //öğrenci formu
private void BtnMesajlar_Click(object sender, EventArgs e)
        {
            FrmMesjalar frm = new FrmMesjalar();
            frm.numara = LblNumara.Text;
            frm.Show();
        }
```

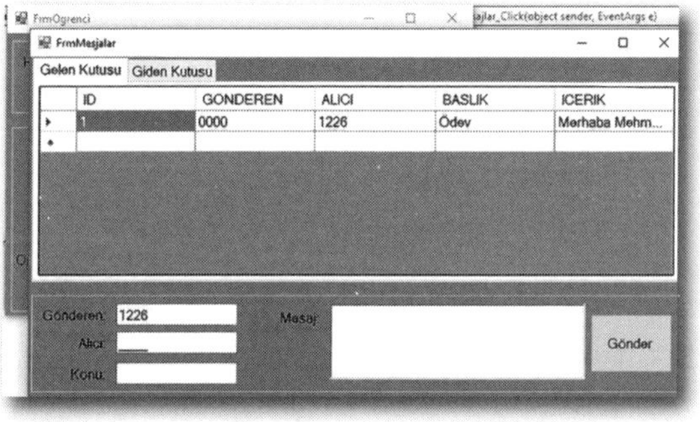

Üst kısımda yazan mesajlar formu kod bloğunu yeniden yazmadık. Bu zaten mesajlar formunda var olan kodlarımızdı sadece burada da hatırlamak adına yeniden gösterdik. Öğrenci formundaki mesajlar butonumuza **çift tıklayıp** kodlarımızı yazmaya başladık. Mesajlar formundan `frm` isminde bir nesne türettik. Türettiğimiz bu nesne aracılığı ile mesajlar formunda bulunan numara değişkenine erişim sağladık. Daha sonra bu değişkenimize `LblNumara` üzerinde bulunan değeri atadık. Son olarak `show` metodunu kullanarak mesajlar formumuzu açtık. Böylece ilgili öğrenci numara bilgisi ile mesajlar formuna taşınmış oldu.

DUYURULAR FORMU

Öğretmen tarafından oluşturulan duyuruları listeleyeceğimiz form olacak. Duyurular için daha önce dinamik bir ListBox aracı üzerinden listelediğimiz bir form olduğu için yeni bir form oluşturmaya gerek duymuyoruz. Öyleyse öğrenci formundan duyurulara geçiş yapalım.

Uygulama 37

Öğrenci formundan duyurular formuna geçiş yapan kodu yazalım.

```
private void BtnDuyurular_Click(object sender, EventArgs e)
     {
         FrmDuyuruListesi frm = new FrmDuyuruListesi();
         frm.Show();
     }
```

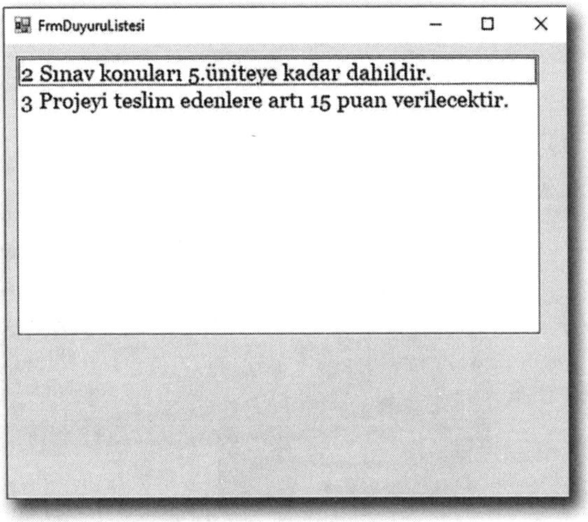

Duyurular formundan frm isminde bir nesne türettik. Daha sonra `show` metodu aracılığı ile duyuru listesi formumuzu görüntüleyerek kod bloğumuzu tamamladık.

HESAP MAKİNESİ

Öğrenci **kaç puan daha alırsam sınavı geçerim** şeklinde hesaplama yapmak istediği durumlarda başlat menüsünden hesap makinesini açmak yerine çok daha pratik bir yöntem kullanarak hesap makinesine erişim sağlamak için tek bir Button tıklaması ile gerçekleştireceğimiz komut alanıdır.

Uygulama 38

Öğrenci formunda bulunan hesap makinesi butonuna tıkladığımız zaman hesap makinesini çalıştıran kodu yazalım.

```
private void BtnHesapMakinesi_Click(object sender, EventArgs e)
      {
          System.Diagnostics.Process.Start("Calc.Exe");
      }
```

Butonumuza çift tıklayıp kodlarımızı yazmaya başladık. `cmd` ile gelen çalıştır alanındaki tüm uzantıları `System Diagnostics Process Start` komutu ile çalıştırabiliriz.

`System`; sistem anlamına gelmektedir.

`Diagnostics`; tanılamak anlamı taşıyor.

`Process`; start ise başlat anlamındadır.

`Calc.Exe` komutu hesap makinesini çalıştırmak için gerekli olan uzantıdır. Yani toparlarsak kod bloğumuz; sistemde tanılamış olduğumuz şu işlemi çalıştır, anlamına gelmektedir.

ÇIKIŞ

İşlemlerimizi bitirdikten sonra formu kapatmak için çıkış seçeneğine tıklayarak projemizi kapatalım.

Uygulama 39

Öğrenci formunda çıkış seçeneğine tıklayınca formu kapatan kodu yazalım.

```
private void BtnCikis_Click(object sender, EventArgs e)
        {
            DialogResult dr = MessageBox.Show("Gerçekten Kaptmak İstiyor
Musunuz?", "Uyarı!", MessageBoxButtons.YesNo, MessageBoxIcon.Warning);
            if (dr == DialogResult.Yes)
            {
                Application.Exit();

            }
```

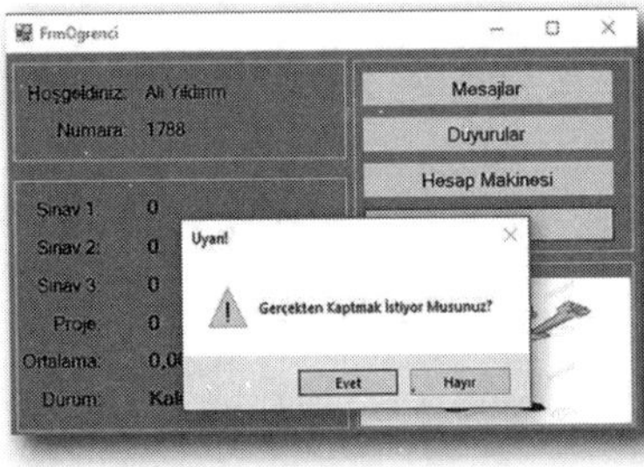

Bu kez direkt olarak `Application Exit` komutu yerine bir diyalog pencersi aracılığı ile soru sorarak çıkış sağladık. `Dialogresult` sınıfından `dr` isminde bir nesne oluşturduk ve bu nesnemize bir mesaj kutusu görevini gönderdik. Eğer kişi `dr` ile gelecek olan pencerede `Yes` yani **Evet** seçeneğine tıklarsa uygulamayı kapatmasını istedik **Hayır** seçeneğine tıklarsa herhangi bir işlem yapmayacak sadece diyalog penceresini kapatacaktır. Böylece uygulamamızın sonuna geldik.

NELER ÖĞRENDİK?

Kitabımızın şu ana kadarki en kapsamlı bölümü olan proje bölümünde olabildiğince farklı başlıkları bir araya getirip tek bir proje üzerinde kullanmaya çalıştık. SQL'de bir veritabanında birden fazla tablo oluşturmayı, tablolar arasında birebir ilişkiyi, prosedür oluşturmayı, bir tablodaki kaydın diğer tabloyu etkilemesinden ötürü ilgili tablomuza tetikleyici yazmayı, 4 temel SQL sorgusu olan "Select, Insert, Delete ve Update" komutlarını, birleştirme işlemlerini, alt sorguları, sorgu içinde birden fazla sorgu yazmayı, şartlı sorgulamaları, kullanıcı adı ve şifre değerine göre sisteme giriş yaptırmayı, kullanıcı adına göre bilgi getirmeyi, sisteme giriş yapan kişinin fotoğrafını görüntülemeyi, SQL bağlantı sınıf ve metodu oluşturmayı, neden sınıflara ve metotlara bu kadar ihtiyacımız olduğunu ve sıfırdan adım adım ilerleyerek proje yapmak için gerekli süreci öğrenmiş olduk.

22

İLİŞKİLİ TABLOLAR

BU BÖLÜMDE

Kitabımızın genişletilmiş 2.baskısında daha detaylı olarak yer vermeyi planladığımız ilk bölüm ilişkili tablolardı.

Bu bölümde ilişkili tablo kavramını türleriyle beraber daha detaylı bir şekilde somut örnekler üzerinden oluşturduğumuz bir veritabanı ve tablolarla kullanarak öğreneceğiz.

İLİŞKİLİ TABLO NEDİR?

Kitabımıza bonus bölümler yazarken aklımda olan ilk başlık ilişkili tablolardı. Çünkü ilişkili tabloların yeri veritabanı işlemleri içerisinde çok büyük bir alan kaplamaktadır. İlişkili tablolar birbiriyle aynı yapıda olan tablo sütunlarının iş yüklerini azaltmak, veri tekrarını önlemek, bellekte daha fazla boş alan bırakmak gibi işlemlerin yapılmasını sağlayan yapılardır.

3 Temel ilişki türü bulunmaktadır;

» Bire Bir İlişki

» Bire Çok İlişki

» Çoka Çok İlişki

BİRE BİR İLİŞKİ

İlişki türlerimizi somut örnekler üzerinden anlatmaya çalışalım. Şehirlerarası yolcu taşıma işlemi yapan bir otobüs firması düşünelim. Bu firmanın herhangi bir seferini ele alalım. Bir seferde ortalama 45-50 civarında koltuk bulunmaktadır. Her koltukta sadece bir yolcu oturabilir. Yani sefer işlemlerinde koltuk numaralarını ilişkide kullanacağımız bir alan olarak düşünürsek her bir koltuk numarası sadece bir kez kullanılabilir.

Yani şöyle ki; 23 Haziran 2019 tarihinde 13:00 saatinde kalkacak olan Adana/Bursa arası yolcu taşıyacak **Yazılım Turizm** firmasının seferinde 24 numaralı koltuğa oturan kişi Baran Yücedağ isminde bir genç olsun. Bu koltuk sadece bir kez satın alınabilir, bir başkası gelip bu koltuğu tekrar satın alamaz. Ve Baran Yücedağ isimli genç bu seferde sadece bir tane koltuk satın alabilir zira aynı Türkiye Cumhuriyeti (T.C) kimlik numarası ile bir yolculuk seferinde 2 farklı koltuğa kaydolamaz. İşte bu olay bire bir ilişkidir.

BİRE ÇOK İLİŞKİ

İlişkili tablo türlerimizin 2.'si bire çok ilişkidir. Bire çok ilişkide ise bir tablonun bir başka tablo ile ilişkisi sırasında 2. tabloda birden fazla değer seçmeye olanak sağlamasıdır. Hemen somut bir örnekle pekiştirelim. Öğrenciler ve kulüpler isminde bir tablomuz olsun. Her bir öğrencinin bir kulüp seçeceği formatta bir yapımız var. İlk bakışta bir önceki ilişki türü ile aynı gibi durabilir ama öyle değil. Bu örneğimizde bire bir ilişki kullanırsak bir öğrenci yalnızca bir öğrenci kulübüne kayıt olabilir şeklinde gerçekleşecekti. Ama bizim tablo yapımız bu şekilde değildir. Bir öğrenci bir kulübe kaydolabilir aynı zamanda bir kulüpte birden fazla öğrenci olabilir. Yani aşağıdaki gibi basit bir tablo üzerinden anlatmaya çalışalım.

Öğrenci NO	Öğrenci Adı
1	Mehmet
2	Mahiye
3	Murat
4	Mesut
5	Zeynep
6	Didem
7	Buse
8	Ali

Bu tablomuzda Öğrenci numarasını ve Öğrenci Adını sırayla girdik. Şimdi Kulüpler için tablomuzu oluşturalım.

Kulüp NO	Kulüp Adı
1	BİLİŞİM
2	KİTAP
3	SATRANÇ

2. tablomuza kulüp numarası ve ad bilgilerini girerek tablolarımızı tanımlamış olduk. Şimdi ilişki olmadan sadece örnek veri girişleri ile bire çok ilişki yapısını bir tablo taslağı üzerinden anlatalım.

Öğrenci	Kulüp
Mahiye	Kitap
Mehmet	Bilişim
Seda	Kitap
Beyza	Kitap
Mesut	Bilişim
Ali	Satranç

Öğrencilerimizin adlarını ve her bir öğrencimizin hangi kulübe ait olduğunu tablolar üzerinden tanımladık. Burada dikkat edilmesi gerek durum şudur; her bir öğrenci sadece bir kez tanımlanırken, bir kulüp birden fazla kez tablo içerisinde yer alabiliyor. Yani Kitap kulübü 3, bilişim kulübü 2 satranç kulübü ise 1 kez olmak üzere tablomuz içinde yer aldı. Bu örnek bire çok ilişki türümüzü anlamaya yeterli olacaktır. :)

ÇOKA ÇOK İLİŞKİ

İlişkili tablo türlerimizin 3.'sü çoka çok ilişkidir. Bu ilişki türünde bir tablomuzda bulunan alan diğer tablodaki alanla ilişki kurulurken birden fazla kez yer alabilir ancak bire çok ilişkiden farklı olmak üzere burada 2. tablodaki alanımızda da değerler 1. tablonun içerisinde birden fazla kez yer alabilecektir. Sanırım bu başlık için verilebilecek en iyi örnek öğrenciler ve ders seçimleri işlemidir.

Yeni öğrenim döneminde öğrenciler ders kayıtları yaparken kullandıkları sistemden ders seçimleri yaparlar. Ders seçimlerinde bir öğrenci birden fazla dersi seçebilir aynı zamanda bir ders birden fazla öğrenci tarafından seçilebilir. Yani öğrenciler ve dersler birden fazla kez ilişkinin tutulacağı tablo içinde yer alabilirler. Konumuza yine tablolar üzerinden devam edelim.

Öğrenci NO	Öğrenci Adı
1	Mehmet
2	Mahiye
3	Murat
4	Mesut
5	Zeynep
6	Didem
7	Buse
8	Ali

Bu tablomuzda öğrenci numaraları ve öğrenci adlarını tanımladık. Şimdi ders numaraları ve adlarını tanımlayalım.

Ders NO	Ders Adı
1	Matematik
2	Türkçe
3	İngilizce
4	Biyoloji

2. tablomuza ders numarası ve ders adı bilgilerini girerek tablolarımızı tanımlamış olduk. Şimdi ilişki olmadan sadece örnek veri girişleri ile çoka çok ilişki yapısını bir tablo taslağı üzerinden anlatalım.

Öğrenci	Ders
Mahiye	Biyoloji
Mehmet	Türkçe
Mehmet	Biyoloji
Beyza	Biyoloji
Didem	Türkçe
Didem	Biyoloji
Didem	Matematik

Tablomuzun öğrenciler kısmında 7 tane öğrenci satırı bulunmaktadır ancak farklı değer bazında bakacak olursak 4 farklı öğrenci (Mahiye, Mehmet, Beyza, Didem) olduğunu hemen göreceğiz.

Bu tablomuzda Didem 3 farklı ders, Mehmet 2, Mahiye ve Beyza ise 1'er ders almışlardır. Alınan derslere baktığımız zaman ise Biyoloji dersinin 4, Türkçe 2 ve matematik ders 1 kez alınmıştır. Böylece bu örnek üzerinde çoka çok ilişki yapısının da anlaşıldığını düşünmekteyim.

Bu konuda daha detaylı bilgi için **YouTube** kanalımızda bulunan **60 Derste SQL** serisine veya **İlişkili Tablolar** başlıklı videolarımıza ücretsiz olarak erişim sağlayabilirsiniz. Bu bölümde anlatmamız gereken birkaç başlık daha var ancak bunları burada açıklamak yerine ilgili örneklerimiz arasında sırası geldikçe kullanıp açıklayalım. İlişkili tablolar içerisinde en çok kullanacağımız yapı muhtemelen **bire çok** ilişki yapısı olacaktır. Biz de bir okulda bulunan öğrencilerin sınav notlarının tutulduğu bir sistemi ilişkili tablolar üzerinden tasarlayarak önce sadece SQL sonrasında ise C# kısmından kontrol edilecek formatta gerçekleştirelim. O halde çayınızı, kahvenizi alın gelin yavaş yavaş projemize başlayalım.

Önce projemiz hakkında biraz detay verelim. Projemiz E-Okul gibi ya da üniversitede öğrencilerin sınav notlarının tutulduğu not sistemi gibi, ilişkili tablo alt yapısında oluşturulacak bir veritabanı sistemi olacaktır. Projemizdeki tabloları sıralayacak olursak;

» Öğrenciler Tablosu,

» Dersler Tablosu,

» Kulüpler Tablosu,

» Notlar Tablosu, olmak üzere 4 temel tablomuz yer alacaktır.

Öğrenciler tablomuzda öğrencilerimizin ad, soyad, kulüp, numara ve şifre bilgileri yer alacaktır. Şifre sütununu C# form kısmında sisteme giriş yaparken kullanacağız. Dersler tablomuzda ders adı ve ID değeri, kulüpler tablosunda kulüp

ID ve adı, notlar tablosunda ise öğrencilerin sınav notları ve ortalaması gibi değerlerimiz bulunacaktır. İlk olarak yeni bir veri tabanı oluşturarak projemize başlayalım.

Şekildeki 1. görseldeki gibi database alanımıza sağ tuşla tıklayıp yeni bir veritabanı oluşturalım. Veritabanımızın ismi **DBNotSistemi** olsun.

Veritabanımızı oluşturduktan sonra şimdi geldik tablolarımızı oluşturmaya. Tablo oluşturma işlemi için birden fazla yöntem bulunmaktadır. Biz en klasik yöntemlerden biri olan tablolar üzerinde sağ tuşla tıklayarak oluşturma yöntemini kullanacağız.

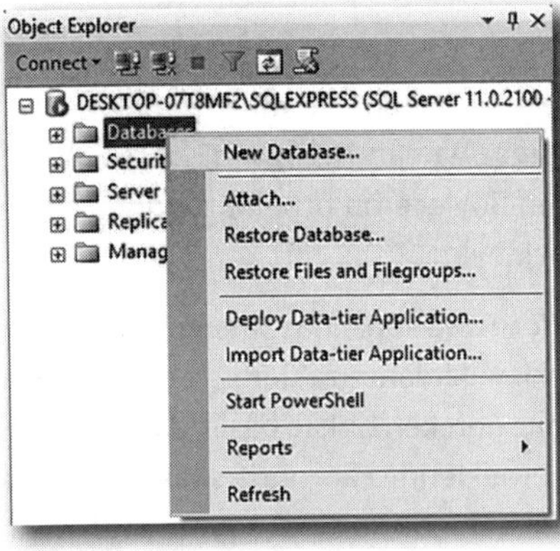

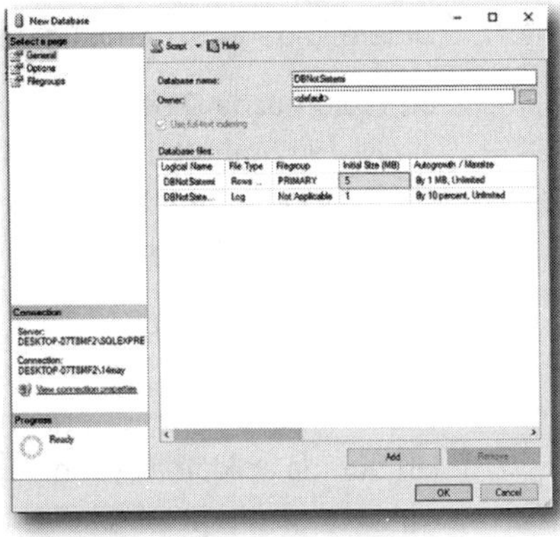

NOT Veritabanları oluştururken başında kullandığımız **DB Data Base** kelimelerinin baş harfleridir.

Tablolarımızı oluşturmaya başlayalım. İlk olarak öğrenci tablomuzu oluşturalım. Resimdeki gibi tablomuz üzerinde sağ tuşla tıklayarak yeni bir tablo oluşturalım.

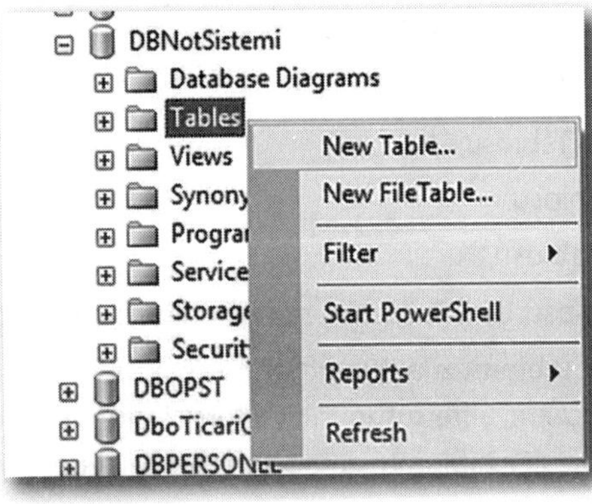

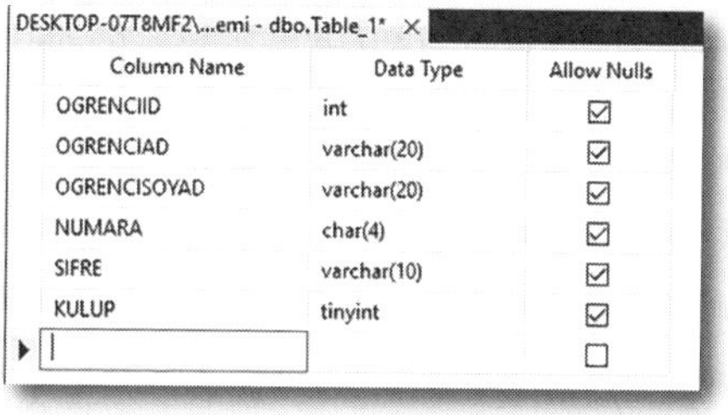

Yukarıda görüldüğü gibi tablo sütunlarımızı oluşturduk. **Öğrenci id** alanımızı int olarak belirledik. Her öğrencimizin bir id değeri olacak ve bu id değeri ilişkili alanlarda kullanılacağı için birincil anahtar seçilmesi ayrıca otomatik artan olması gerekmektedir. Kitabımızın SQL ile ilgili bölümlerinde otomatik artan işlemini görmüştük.

Burada karşımıza çıkan yeni kavram birincil anahtar kavramıdır. Kısaca açıklayacak olursak; bir tabloda ilgili sütun değerini o sütuna ait veriler içerisinde benzersiz kılmak için kullanılan yapıdır örneğin Türkiye'de yaşayan insanlara verilen TC kimlik numarası gibi ya da okullarda öğrencilere verilen öğrenci numarası gibi. Yani her bir tabloda sadece bir kez bulunan alanlardır. Mesela kulüpler tablomuzu tanımlarken her bir kulüp ilgili tabloda yalnızca bir kez yer alacaktır. O zaman kulüp id değerimiz bizim birincil anahtarımız olacaktır.

İlk önce öğrenci id alanımızı otomatik artan yapalım. Bunun için id alanımıza bir kez tıklayıp sütun özellikleri yani **column properties** alana geliyoruz.

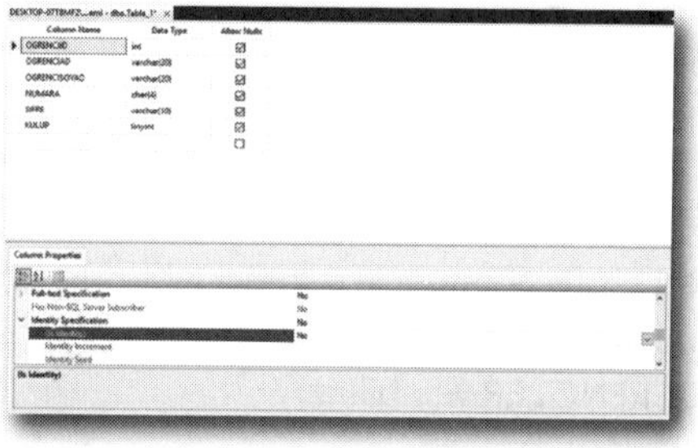

Daha sonra **id identity** alanını sağ tarafındaki kutucuktan **yes** olarak değiştiriyoruz. Bu durum otomatik artan özelliğini etkin hale getirecektir. Sol tarafta bulunan **increament** ve **seed** kelimelerini açıklayalım. **increament** kelimesi miktar anlamına gelmektedir yani artış değeri kaçar kaçar olacak diye soruyor bize SQL. Varsayılan değer olarak da 1'i atamış durumda.

Böylece tablomuzda id değerleri birer birer artacaktır. **Seed** ise kök, tohum manasındadır buradaki ifadesinde ise **başlangıç** anlamı taşıyor. Yani id değeri kaçtan başlayacak ve kaçar kaçar artacak kalıbını önümüze sunmakta.

Id değerimizle ilgili son olarak bu sütunu birincil anahtar yapalım. Bunun için id alanımız üzerinde sağ tuşla tıklayıp birincil anahtar alanını seçelim.

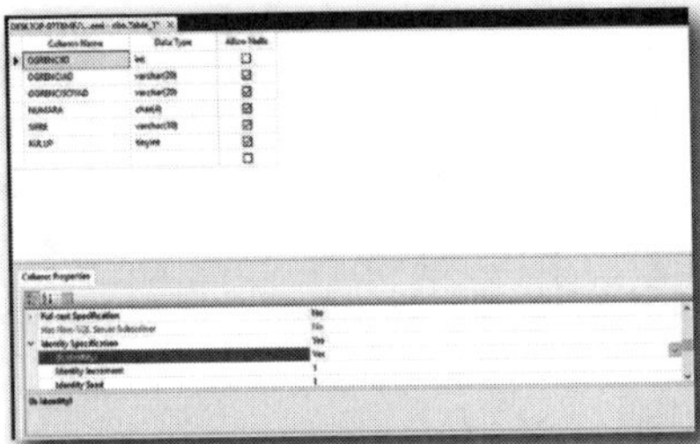

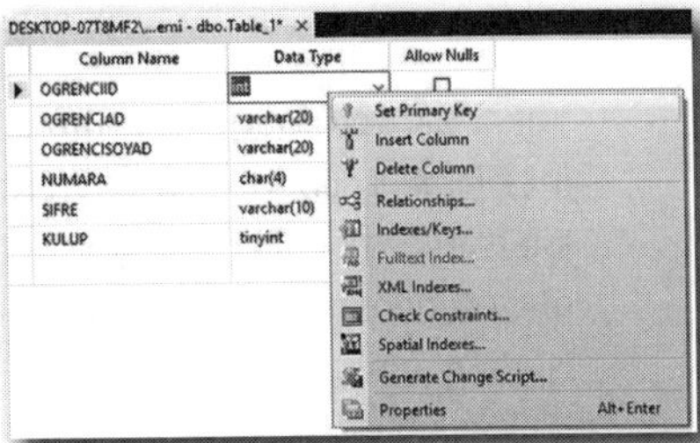

Böylece ID alanımız birincil anahtar olarak tanımlanmış oldu. Öğrenci ad ve soyad değerleri değişken uzunluklu olduğundan dolayı varchar türünde tanımladık ve 20 karakterin yeterli olacağını düşündük. Daha uzun isim veya soy isim girileceğini düşünüyorsanız bu aralığı arttırabilirsiniz. Tüm öğrencilerimiz için 4 karakterli bir numara belirleyeceğimiz için numara alanını sabit veri türü olan char olarak tanımlayıp uzunluğunu 4 olarak belirledik.

NOT char sabit, varchar değişken uzunluklu veriler için kullanılan veri türüdür.

Şifrenin biraz daha kısa ama değişken uzunlukta olacağını varsayarak 10 karakter olarak belirledik. Son olarak gelelim kulüp alanımıza. Kulüplerimiz için tablo oluşturacağımız zaman çok fazla kulüp değerimiz olmayacağını varsayarak tinyint (0-255) türünde kullanmayı planladım. Her öğrenciye ait bir kulüp değeri olacağından ancak bu kulüp değerlerini ad olarak değil id olarak ilişkili formatta tutacağımız için öğrenci tablosunda da bu sütunumuzu tinyint olarak tanımladık. Şimdi **CTRL + S** tuşlarına basarak tablomuzu kaydedelim. İsmini **TBLOGRENCILER** verebiliriz.

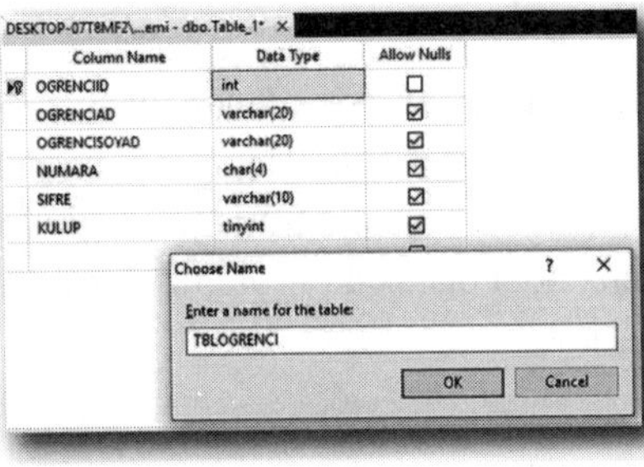

NOT char sabit, varchar değişken uzunluklu veriler için kullanılan veri türüdür.

Şimdi 2. tablomuz olan kulüpler tablomuzu oluşturalım. **Tables** alanı üzerinde sağ tuşla tıklayarak yeni tablomuzu hazırlayalım.

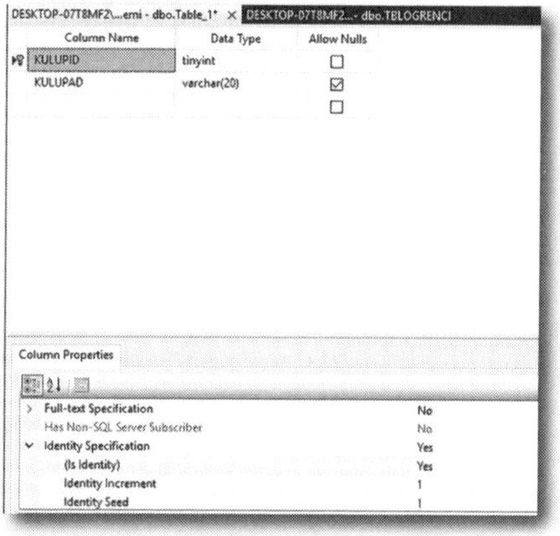

Kulüp tablomuzda id ve kulüp adı olmak üzere yalnızca 2 tane alan bulunmaktadır. Kulüp sayımız çok fazla olmayacağı için **tinyint** veri türünü seçmemiz yeterli olacaktır. Kulüp adı için değişken uzunluktaki verileri tutan **varchar** türünü tanımlayıp karakter sayısını 20 olarak belirledik. Şimdi tablomuzun id alanını birincil anahtar yapıp ismini **TBLKULUPLER** olarak verelim.

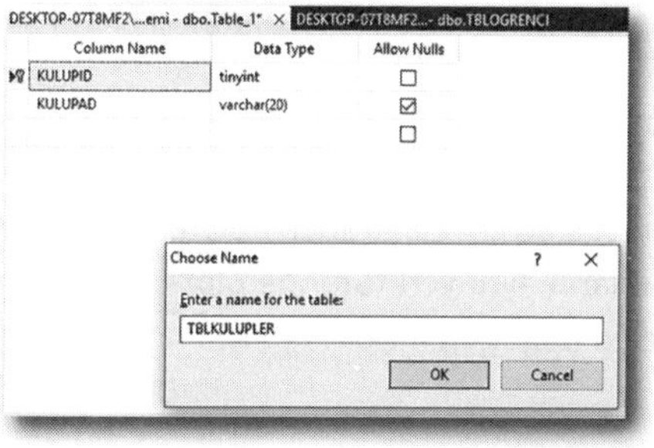

Kulüpler tablomuzdan sonra dersler ve notlar tablolarımızı oluşturalım. Dersler tablomuzda da sadece dersin id değeri ve adı yer alacaktır.

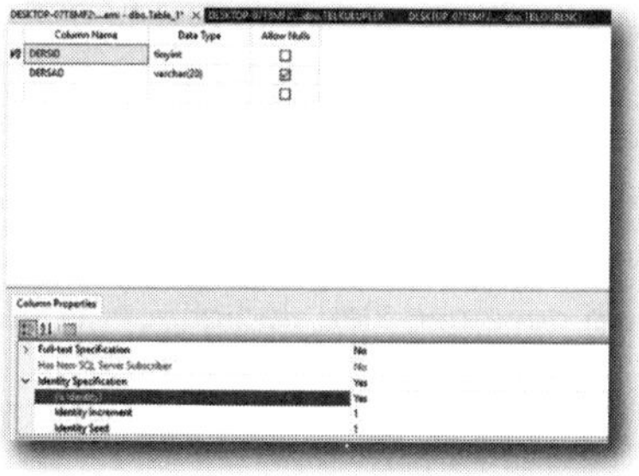

Tablomuzun ismini **TBLDERSLER** olarak yazıp son tablomuz olan notlara geçelim.

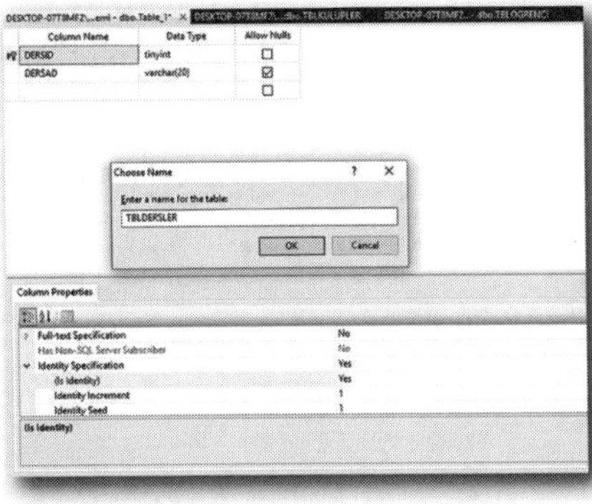

Son olarak notlar tablomuzu oluşturalım. Notlar tablomuz aşağıdaki gibi olacaktır.

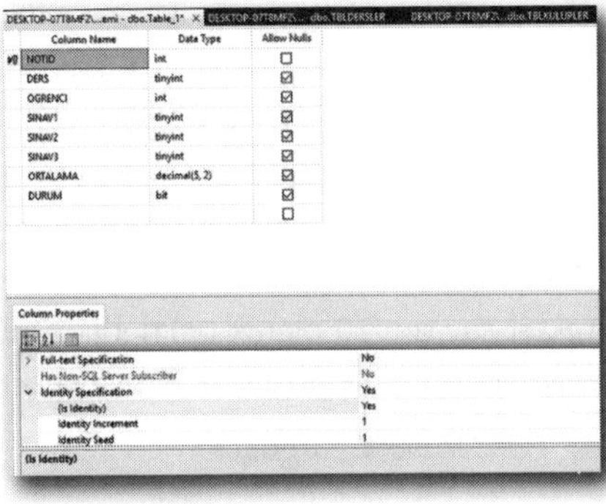

Not id alanımız her bir öğrenci için ilgili ders üzerinden işlem yapmamızı sağlayacak olan alanımızdır. Dersler tablomuzda ders id alanımızı tinyint türünde tuttuğumuz için notlar tablomuzda ad bu alanı tinyint olarak tanımladık. Zira ilişkilerde ilişkiye alınacak sütunların aynı veri türünde olması gerekmektedir. Öğrenciler tablomuzda öğrenci id değerleri int olduğu için notlar tablomuzda da int türünde tanımladık.

Sınav notlarımız 0-100 arasında tam sayı türünde olacağı için tinyint kullanımı en uygun veri türü olacaktır. Öğrencilerin ortalaması küsuratlı olabileceği için ondalıklı türde veri tutan decimal kullanımı bu alan için uygun olacaktır. Decimal veri türünün kullanımı ile ilgili detaylı bilgiyi kitabımızın SQL kısmının veri türleri alanında vermiştik. Durum veri türünde ise öğrencilerin ortalamalarına göre ilgili dersi geçip geçemedikleri ile ilgili değerleri tutacağız. Eğer ortalamaları

50 ve üzerinde ise durum alanı **True** ya da 1, 50'nin altında ise **False** ya da **0** olacaktır. tablomuzun adını **TBLNOTLAR** olarak yazıp kaydedelim.

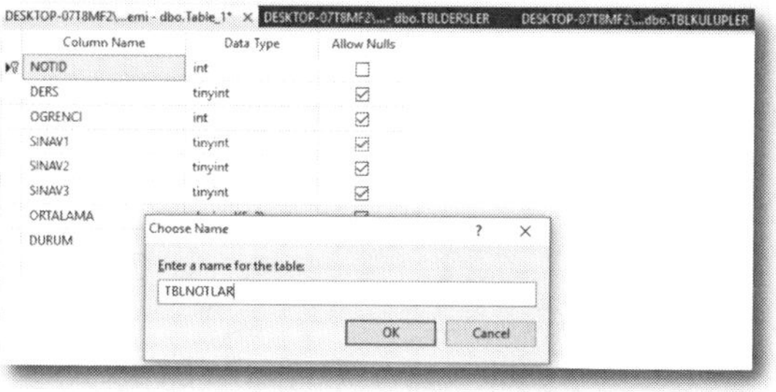

Şimdi geldik ilişkiler kısmına. İlişki kurma işleminde de birden fazla yöntem bulunmaktadır. Biz bunların ilki ve en basiti olan diyagram üzerinden ilişki kurma yöntemini kullanacağız. Diyagramımızı oluşturmak için database diagrams üzerinde sağ tuşla tıklayarak yeni diyagram oluşturma seçeneğine tıklayalım.

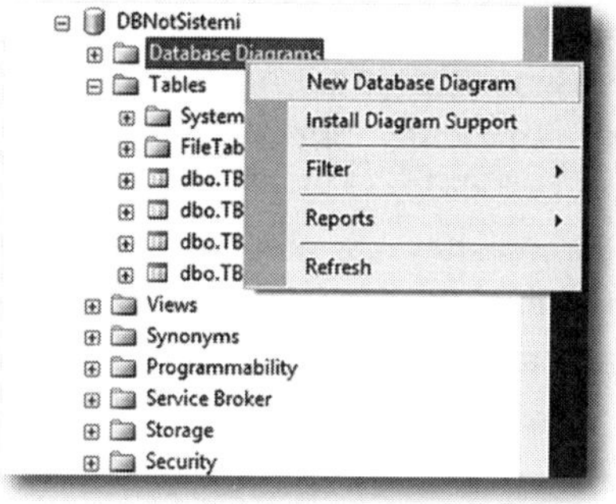

Karşımıza diyagramımıza eklenmesini istediğimiz tabloların bulunduğu küçük bir pencere açılacaktır. Bu pencere içerisinde bulunan tüm tablolarımızı seçip diyagramımızın içerisine ekleyelim.

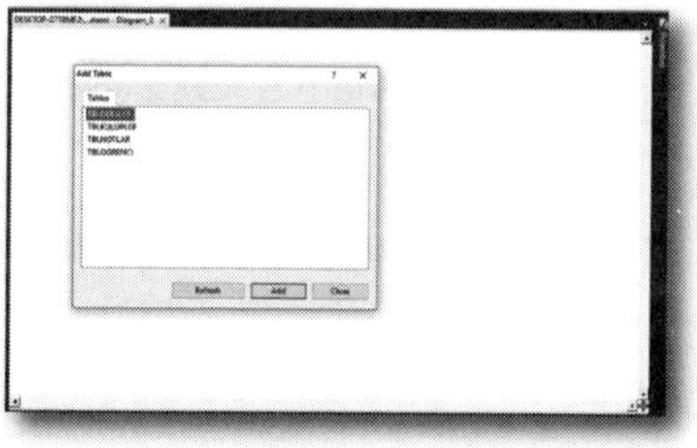

İlk olarak öğrencilerle kulüpleri ilişkilendireceğiz. Bunun için kulüpler tablosunda bulunan birincil anahtar değerimiz olan kulüp id alanını seçelim.

Seçim işlemini yaptıktan sonra kulüp id alanını tutup sürükleyerek öğrenci tablomuzda bulunan kulüp sütununun üzerine bırakalım.

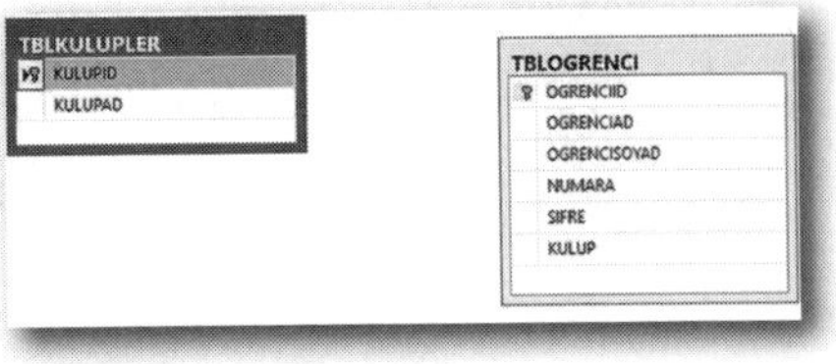

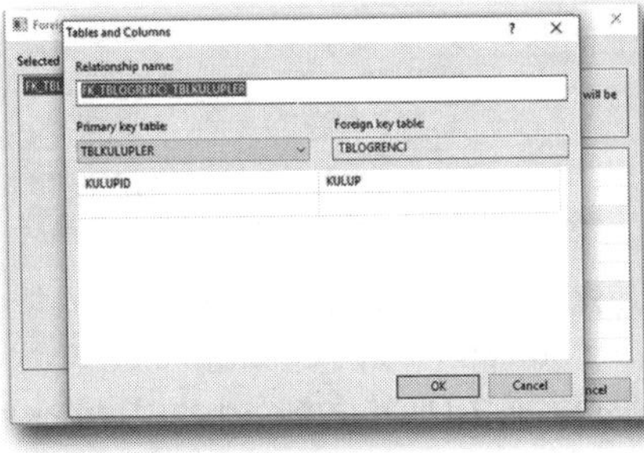

Sürükleme işlemini yaptıktan sonra yukarıdaki resimde görüldüğü gibi tablomuzun ilişkisini oluşturmuş olacağız. **Relationship Name** olarak adlandırılan kısım ilişkimizin ismidir. Buraya istediğiniz herhangi bir ismi verebilirsiniz. **Primary Key** birinci anahtar anlamına geliyor bunu daha önce açıklamıştık. Burada dikkatimizi çeken nokta **Foreign Key** yani yabancıl anahtar kavramıdır. **Foreign Key** kavramı ilişkili tablolarda 2. tablomuzda kısıtlama yapmak için kullanılan alandır. Yani somut bir örnek üzerinden anlatacak olursak kulüpler tablomuzda 3 tane kulüp olduğunu düşünelim bunlar;

» Bilişim,

» Satranç,

» Kitap,

Öğrenciler tablosuna veri girişi yaptığımız zaman yeni bir öğrenci tanımlaması sırasında kulüp değerine 1, 2 ya da 3 değerlerinden istediğimiz herhangi bir değeri sorunsuz olarak tablomuza girebileceğiz ancak bu 3 değer dışında herhangi bir ID değeri girişi sağlanamayacaktır. İşte bu kısıtlama ilişkili tablomuzun foreign key alanı üzerinden sağlanacaktır.

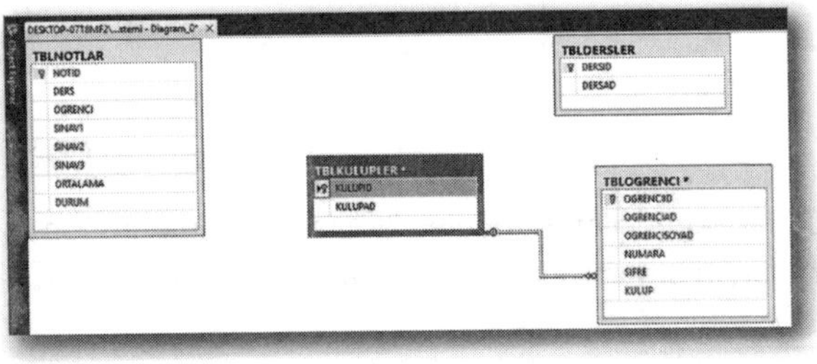

2 tablomuz arasında ilişki işlemi yapıldıktan sonra yukarıdaki gibi bir görüntü karşımıza çıkacaktır. Anahtar sembolü kulüpler, sonsuz sembolü ise öğrenciler tablomuzun üzerinde bulunmaktadır. Bunun anlamı bu tabloda bire çok ilişki bulunduğudur. Anahtar bir, sonsuz sembolü çok anlamındadır. Yani sözümüzü toparlayacak olursak bu tablonun karşılığı **bir kulüpte birden fazla öğrencide bulunabilir** yani bilişim kulübü sadece 1 öğrencide değil pek çok öğrencide olabilecektir. Eğer bir kulüp sadece tek bir öğrencide olsaydı o zaman tablomuzun ilişki belirtecinde sonsuz sembolü olmayacak her iki tarafta da sadece anahtar sembolü bulunacaktı. Şimdi notlar tablomuz üzerindeki ilişkilerimizi kuralım. İlk olarak dersler ile notlar tablomuzu ilişkilendirelim. Bunun için ders id alanımızı seçip notlar tablomuzda bulunan ders alanının üzerine ekleyelim.

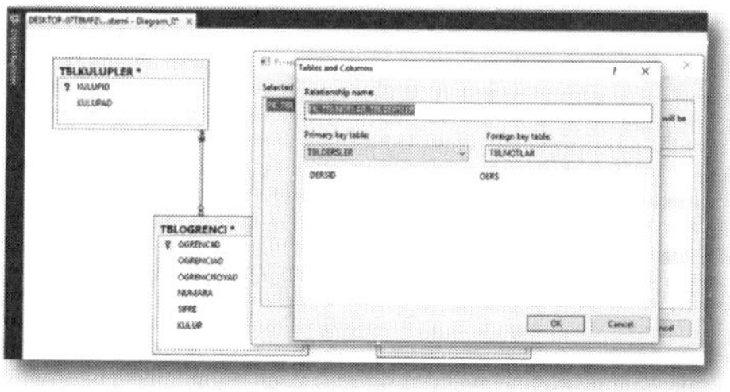

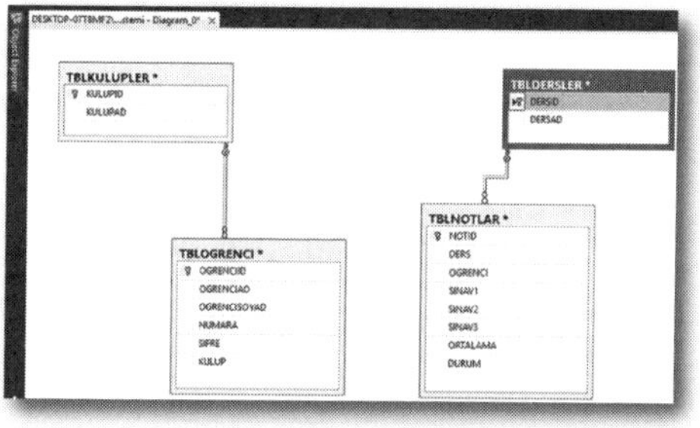

Dersler ile notlar tablomuz arasında bire çok ilişki kurmuş olduk.

Son olarak öğrencilerle notlar arasında bire çok ilişkimizi oluşturalım. Bunun için öğrenciler tablomuzda bulunan id alanı ile notlar tablomuzda bulunan öğrenci alanlarımızı ilişkilendiriyoruz.

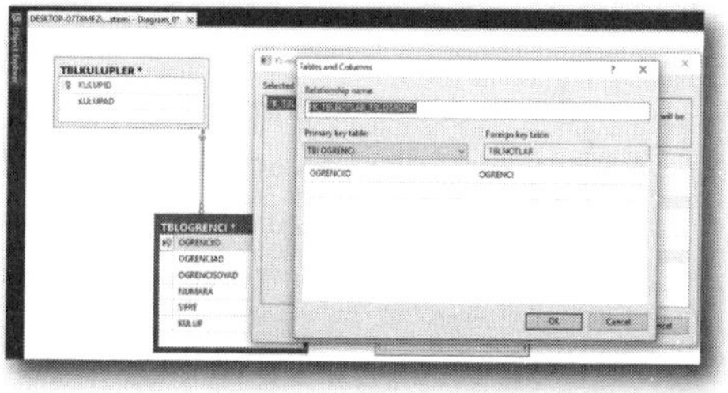

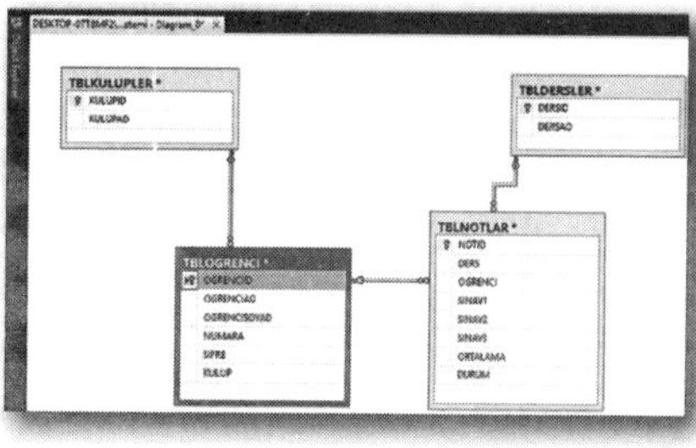

Böylece ilişkilerimizi tamamlamış olduk. Şimdi **Ctrl + S** tuşlarına basarak diyagramımızı kaydedelim. Diyagramın ismi **diagram_0** olarak kalabilir.

Diyagramımızı oluşturduğumuza göre örnek veri girişleri yapabiliriz. Bunun için ilk olarak kulüpler tablomuza birkaç tane örnek kulüp girişi yaparak başlayalım.

Kulüpler tablomuz üzerinde sağ tuşla tıklayarak **Edit Top 200 Rows** alanını seçelim. Sol alt tarafta gördüğünüz alanlar benim bilgisayarımda bulunan diğer veri tabanlarıdır.

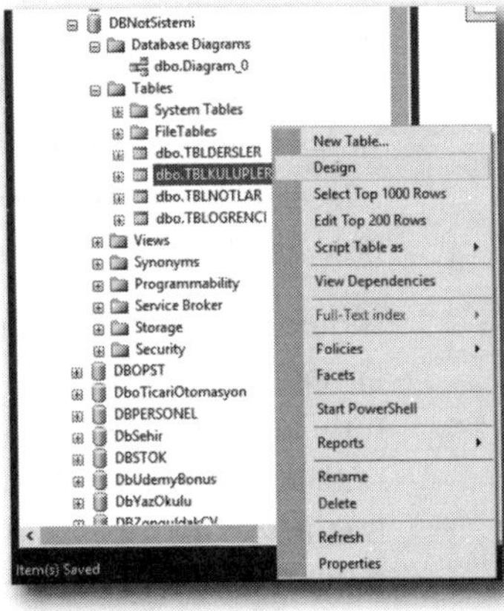

Bilişim, satranç, kitaplık ve temizlik olmak üzere 4 tane kulüp adı girişi yaptık. Siz dilerseniz daha fazla kulüp adı yazabilirsiniz.

DESKTOP-07T8MF2\...dbo.TBLKULUPLER

	KULUPID	KULUPAD
	1	BİLİŞİM
	2	SATRANÇ
	3	KİTAPLIK
	4	TEMİZLİK
▸*	NULL	NULL

Şimdi birkaç tane ders girişi yapalım.

DESKTOP-07T8MF2\...- dbo.TBLDERSLER | DESKTOP-07T8MF2\...dbo.TBLKULUPLER

	DERSID	DERSAD
	1	MATEMATİK
	2	TÜRKÇE
	3	ALGORİTMA
	4	BİYOLOJİ
	5	ATATÜRK İLKE İNKILAP
▸*	NULL	NULL

Örnek ders girişlerimizi yaptık. 5 nolu dersimiz olan **Atatürk İlke İnkılap** karakter sayısı olarak aradaki boşluklarıyla beraber tam 20'dir. Dersin adını uzatmak istersek tablomuzun tasarım kısmına gidip **varchar(20)** olarak tanımladığımız alanın boyutunu arttırmamız gerekecektir.

Gelelim işin en önemli noktası olan ilişkili tablolar arasında veri girişi yapmaya. Şimdi 3 tane öğrenci girelim ve bu öğrencilerin kulüp kısımlarına kulüp tablomuzda var olan id değerlerinden bir tanesini girerek veri girişlerini sağlayalım.

DESKTOP-07T8MF2...- dbo.TBLOGRENCI

	OGRENCIID	OGRENCIAD	OGRENCISOYAD	NUMARA	SIFRE	KULUP
	1	Ekin	Uyar	3406	123	1
	2	Burak	Kaya	3461	abc	2
	3	Baran	Yücedağ	1606	0011	3
▸*	NULL	NULL	NULL	NULL	NULL	NULL

Yukarıda gördüğümüz tablodaki gibi 3 tane öğrenci girişi yaptık. Ekin'e bilişim, Burak'a satranç ve Baran'a kitaplık kulübünü atadık. Tablolarımızın ilgili sütunları arasında ilişki olduğu için kulüp adları yerine sadece isimlerini yazdık. Şimdi şöyle basitçe birkaç başlığı ele alalım. Biz burada ilişki kullanmasaydık ne olacaktı? Her tabloda kulüp adlarını yazmak durumunda kalacaktır. Ortalama bir kulüp adının 6 karakter olduğunu varsayarsak 3 tane öğrenci için 18 karakterlik yer ayrılması gerekecekti. Ama ilişki kullanarak 18 karakterlik alan yerine birer id değeri ile işimizi çok daha kolay bir şekilde çözdük. Şimdi 2 öğrenci eklemesi daha yapalım.

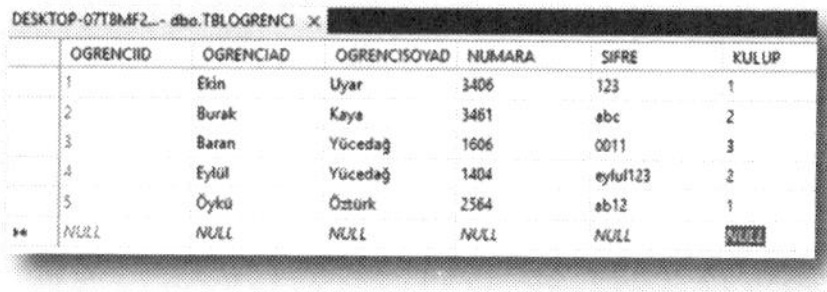

2 öğrenci daha ekledik. Yeni öğrencilerimizin kulüplerini önceki 3 öğrencimizin kaydolduğu kulüpler arasından seçtik. Yani buradan şu sonucu çıkarabiliyoruz. Bir öğrenci kulübüne birden fazla öğrenci kaydolabiliyor. Eğer ki biz herhangi bir öğrencinin kulübünü değiştirmek istersek kulüp sütununa gelip var olan herhangi bir kulübü seçebiliriz. Var olan kulüp değerleri dışında bir id değeri girersek aşağıdaki gibi hata ile karşılaşacağız.

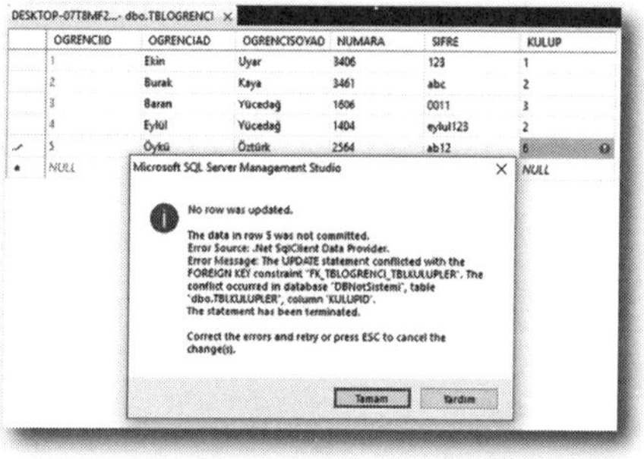

Öykü adlı öğrencimize var olan kulüpler dışında bir değer girmeye çalıştığımız zaman resimdeki gibi hata verecektir. Böylece bölümümüzün sonuna geldik. Bir sonraki bölümde ilişkili tablolar üzerinden sorgulama işlemlerini, birleştirmeleri ve prosedür kullanımlarını detaylı olarak göreceğiz.

NELER ÖĞRENDİK?

Bu bölümde ilişkili tabloları, neden gerekli olduklarını, ilişkili tablo türlerinin neler olduğunu, diyagramların ve modellemelerin oluşturulmasını, bire-bir, bire-çok ve çoka-çok ilişki türlerinin hangi durumlarda kullanıldığını, ilişkili tablolarda veri girişinin id değerlerine göre nasıl yapılacağını öğrenmiş olduk. Bir sonraki bölümde ilişkili tablolarımızda birleştirme işleminin nasıl yapılacağını göreceğiz.

23

İLİŞKİLİ TABLOLARDA BİRLEŞTİRME

BU BÖLÜMDE

Bu bölümde kitabımızın SQL bölümündeki temel birleştirme başlıklarını daha detaylı olarak göreceğiz.

SQL bölümünde sadece Inner Join ile basit bir birleştirmek yaparken; bu bölümde öncelikle where ile birleştirmeyi anlatacağız.

Daha sonra 3 farklı tablonun tek bir sorgu üzerinden nasıl birleştirildiğini Inner Join ile öğreneceğiz.

BİRLEŞTİRMELER

Kitabımızın sorgularla SQL bölümünde ilişkilere çok kısa da olsa değinmiştik. Bu bölümde ise biraz daha detaylı olarak ele alacağız. Geçtiğimiz bölümde öğrencilerin sınav notları üzerine bir veri girişleri yapılan, kişisel bilgilerinin, notlarının ve kulüplerin tutulduğu 4 tablolu bir veri tabanı oluşturmuştuk. Bu veri tabanımızda öğrencilerin kulüp bilgilerini id değeri olarak ilişkili olarak tutup veri girişlerini de bu formatta yapmıştık. Birleştirme işlemlerinde birden fazla tür vardır öncelikle bunları ele alalım.

WHERE İLE ŞARTLI BİRLEŞTİRME

İlişkili veritabanında iki tablonun belirlenen şarta göre birleştirilmesi sırasında kullanılan türdür. Örneğin öğrenciler tablomuzun sonunda her öğrencinin bir kulüp değeri vardı ancak biz kulüpleri id türünde tuttuğumuz için kulüpleri adlarını değil id değerlerini görebiliyoruz. Adlarını da görebilmek için burada bir birleştirmeye ihtiyacımız vardır. Bunun için where ile şartlı birleştirmeyi kullanarak ilgili öğrencinin kulüp id değeri ne ise o id değerine karşılık olan kulüp adını getirmesini sağlayabiliriz. İlk önce öğrencilerimizi listeyelerek başlayalım.

Uygulama 1

Öğrenci tablomuzdaki verileri listeleyen sorgumuzu yazalım.

```
SELECT * FROM TBLOGRENCI
```

Results | Messages

	OGRENCIID	OGRENCIAD	OGRENCISOYAD	NUMARA	SIFRE	KULUP
1	1	Ekin	Uyar	3406	123	1
2	2	Burak	Kaya	3461	abc	2
3	3	Baran	Yücedağ	1606	0011	3
4	4	Eylül	Yücedağ	1404	eylul123	2
5	5	Öykü	Öztürk	2564	ab12	1

SELECT komutunu kullanarak bu şekilde tüm değerlerimizi çektik. Ancak bizim istediğimiz şey şu; kulüp sütununda öğrencilerin kulüp id değerleri yerine bu kulüplerin karşılığı olan ad değerlerinin gelmesidir. Bunun için şartlı birleştirme komutunu kullanmamız gerecektir.

Uygulama 2

Öğrenci tablomuzdaki verileri kulüp adları ile birlikte listeleyen sorguyu yazalım

```
SELECT OGRENCIAD,OGRENCISOYAD,NUMARA,SIFRE,KULUPAD FROM TBLOGRENCI,
TBLKULUPLER WHERE TBLOGRENCI.KULUP=TBLKULUPLER.KULUPID
```

Results | Messages

	OGRENCIAD	OGRENCISOYAD	NUMARA	SIFRE	KULUPAD
1	Ekin	Uyar	3406	123	BİLİŞİM
2	Burak	Kaya	3461	abc	SATRANÇ
3	Baran	Yücedağ	1606	0011	KİTAPLIK
4	Eylül	Yücedağ	1404	eylul123	SATRANÇ
5	Öykü	Öztürk	2564	ab12	BİLİŞİM

SELECT sorgusu ile tablomuzda olmasını istediğimiz tüm alanları tek tek ekledik. Kulüp id yerine kulüpler tablomuzda bulunan kulüp ad alanını yazdık. Daha sonra bu değerlerimizi çekmek istediğimiz tablolarımızı from değerinin arkasına araya bir virgül koyarak ekledik böylece sorgumuza burada bulunan sütunların iki farklı tablodan geleceğini bildirmiş olduk. Daha sonra where ile şartımızı belirledik. Şartımız öğrenci tablosunda bulunan kulüp adlı sütunumuza kulüpler tablosunda ki kulüp id alanının eşit olmasıdır. Bu şartı sağlayan değerleri listeleyerek sorgumuzu tamamlamış olduk.

Geçtiğimiz bölümde notlar tablomuza herhangi bir veri girişi yapmamıştık. Bu bölümde notlar tablomuz üzerinde sorgu yazacağımız için birkaç tane örnek veri girişi yapalım.

DESKTOP-07T8MF2...- dbo.TBLOGRENCI | DESKTOP-07T8MF2\...- dbo.TBLDERSLER | DESKTOP-07T8MF2\...- dbo.TBLNOTLAR

	NOTID	DERS	OGRENCI	SINAV1	SINAV2	SINAV3	ORTALAMA	DURUM
	1	1	1	75	88	95	NULL	NULL
	2	1	2	65	84	77	NULL	NULL
	3	1	3	85	100	72	NULL	NULL
	4	1	4	99	65	54	NULL	NULL
	5	1	5	65	78	84	NULL	NULL
	6	3	1	64	77	36	NULL	NULL
	7	3	2	76	45	84	NULL	NULL
	8	3	3	67	53	25	NULL	NULL
	9	3	4	57	68	90	NULL	NULL
	10	3	5	45	36	80	NULL	NULL
▸*	NULL	NULL	NULL	NULL	NULL	NULL	NULL	NULL

Üstte gördüğünüz resimdeki gibi notlar tablomuza 1 ve 3 nolu dersler için 5 öğrencimizin tamamına not girişi yaptık. Ortalama ve durum değerlerini elle hesaplayıp yazmak yerine sorgumuza yazdıralım. İlk olarak ortalama ile başlayalım.

Uygulama 3

Öğrencilerin sınav notları ortalamasını hesaplayıp ortalama sütununa yazdıran kodu yazalım.

```
UPDATE TBLNOTLAR SET ORTALAMA=(SINAV1+SINAV2+SINAV3)/3
```

Notlar tablomuzu hazırlarken sınav notlarını tinyint türünde tanımlamıştık ancak burada 3 tane sınav notunun toplamı tinyint veri türünün aralığı olan 255'i geçtiği için program tarafında bir hata ile karşılaşmaktayız. Bunun birden fazla çözümü vardır, sorgu esnasında işlem sonucunu daha yüksek aralıklı bir veri türüne dönüştürebilir ya da veri türünü değiştirebiliriz. Biz burada 2. yöntem olan veri türü değiştirmeyi kullanacağız.

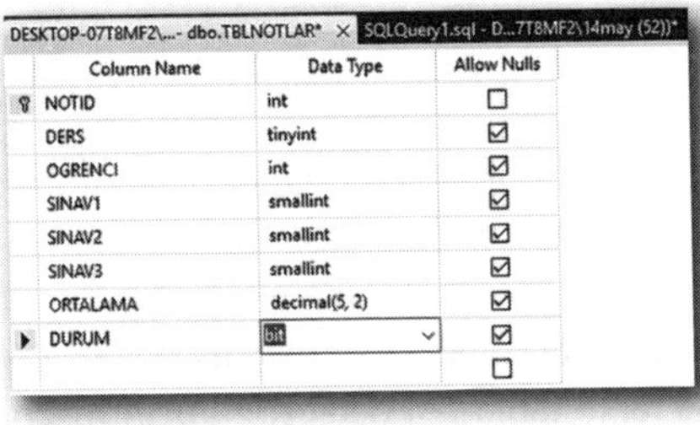

Column Name	Data Type	Allow Nulls
NOTID	int	☐
DERS	tinyint	☑
OGRENCI	int	☑
SINAV1	smallint	☑
SINAV2	smallint	☑
SINAV3	smallint	☑
ORTALAMA	decimal(5, 2)	☑
DURUM	bit	☑
		☐

Üstte gördüğünüz ekrandaki gibi tablomuzun tasarım yani design alanına geri dönüş tinyint olarak tanımladığımız veri türlerini bir üst tam sayı aralığı olan smallint olarak değiştirdik.

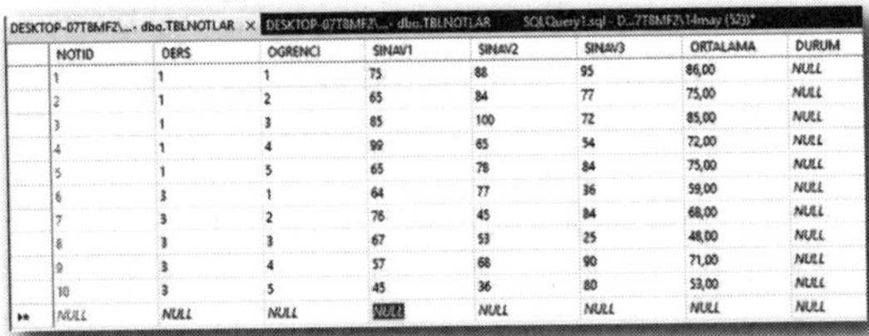

NOTID	DERS	OGRENCI	SINAV1	SINAV2	SINAV3	ORTALAMA	DURUM
1	1	1	75	88	95	86,00	NULL
2	1	2	65	84	77	75,00	NULL
3	1	3	85	100	72	85,00	NULL
4	1	4	99	65	54	72,00	NULL
5	1	5	65	78	84	75,00	NULL
6	3	1	64	77	36	59,00	NULL
7	3	2	76	45	84	68,00	NULL
8	3	3	67	53	25	48,00	NULL
9	3	4	57	68	90	71,00	NULL
10	3	5	45	36	80	53,00	NULL
NULL	NULL	NULL	NULL	NULL	NULL	NULL	NULL

Böylece 10 öğrenci notunun tamamı için ortalama hesabı otomatik olarak yapılmış oldu. Şimdi aynı durumu öğrencilerin durum hesabını bulmak için yapalım. Durum alanında şartımız öğrencinin ortalamasının 50'den büyük mü ya da eşit mi olduğunun kontrolüne bağlıdır eğer öğrenci ortalaması 50'den büyükse ya da eşitse durumu 1 değilse 0 olacaktır.

Uygulama 4

Öğrencilerin ortalama değerine göre durum sütunumuzu güncelleyen sorguyu yazalım.

```
UPDATE TBLNOTLAR SET DURUM=1 WHERE ORTALAMA>=50
UPDATE TBLNOTLAR SET DURUM=0 WHERE ORTALAMA<50
```

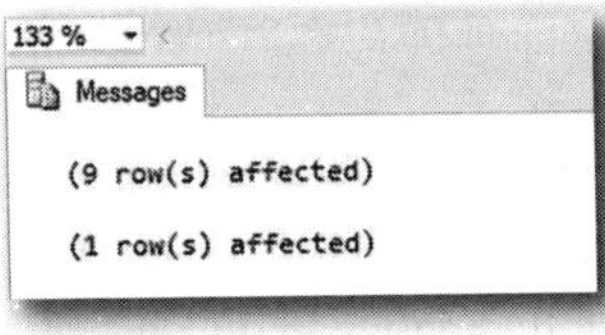

2 Farklı güncelleme şartımız olduğu için 2 tane update sorgusu yazdık. İlk sorgumuz ortalaması 50 ve 50'den büyük olan öğrencilerin durum alanını 1, diğeri ise 50'den küçük ortalamaya sahip öğrencilerin durum değerini 0 olarak değiştirmektedir. Üst resimde görüldüğü gibi ilk sorguda 9 2. sorguda 1 tane değer etkilenmiş yani bu demek oluyor ki öğrencilerden 1 tanesi aldığı 1 dersten kalmıştır. Aşağıda öğrencilerimizin durumlarının hesaplanması sonrasındaki tablo hali mevcuttur.

DESKTOP-07T8MFZ\...- dbo.TBLNOTLAR × DESKTOP-07T8MFZ\...- dbo.TBLNOTLAR SQLQuery1.sql - D...7T8MFZ\14may (57))*

NOTID	DERS	OGRENCI	SINAV1	SINAV2	SINAV3	ORTALAMA	DURUM
1	1	1	75	88	95	86,00	True
2	1	2	65	84	77	75,00	True
3	1	3	85	100	72	85,00	True
4	1	4	99	65	54	72,00	True
5	1	5	65	78	84	75,00	True
6	3	1	64	77	36	59,00	True
7	3	2	76	45	84	68,00	True
8	3	3	67	53	25	48,00	False
9	3	4	57	68	90	71,00	True
10	3	5	45	36	80	53,00	True
NULL	NULL	NULL	NULL	NULL	NULL	NULL	NULL

Şimdi gelelim notlar tablosunda `where` ile birleştirme işlemine. Ders adı ve öğrenci adı notlar tablomuzda id değeri olarak tutulmaktadır. Bunları ad olarak listeleyelim.

Uygulama 5

Notlar tablosunda ilişkili alanlarımızı `where` ile birleştirerek listeleme işlemimizi yapalım.

```
SELECT NOTID,DERSAD,OGRENCIAD,OGRENCISOYAD,SINAV1,SINAV2,SINAV3,ORTALAMA,DURUM
FROM TBLNOTLAR,TBLOGRENCI,TBLDERSLER
WHERE TBLDERSLER.DERSID=TBLNOTLAR.DERS AND TBLOGRENCI.OGRENCIID=TBLNOTLAR.
OGRENCI
```

133 % Results Messages

	NOTID	DERSAD	OGRENCIAD	OGRENCISOYAD	SINAV1	SINAV2	SINAV3	ORTALAMA	DURUM
1	1	MATEMATİK	Ekin	Uyar	75	88	95	86.00	1
2	2	MATEMATİK	Burak	Kaya	65	84	77	75.00	1
3	3	MATEMATİK	Baran	Yücedağ	85	100	72	85.00	1
4	4	MATEMATİK	Eylül	Yücedağ	99	65	54	72.00	1
5	5	MATEMATİK	Öykü	Öztürk	65	78	84	75.00	1
6	6	ALGORİTMA	Ekin	Uyar	64	77	36	59.00	1
7	7	ALGORİTMA	Burak	Kaya	76	45	84	68.00	1
8	8	ALGORİTMA	Baran	Yücedağ	67	53	25	48.00	0
9	9	ALGORİTMA	Eylül	Yücedağ	57	68	90	71.00	1
10	10	ALGORİTMA	Öykü	Öztürk	45	36	80	53.00	1

Notlar tablosunda bulunan tüm sütunlarımıza ek olarak dersler tablomuzda bulunan ders adını ve öğrenciler tablomuzda bulunan öğrenci ad & soyad bilgilerini tablomuzda listeledik. From ifadesinden sonra ilgili sorgumuzda 3 farklı tablodan veri çekme işlemi gerçekleştirdiğimiz için aralarına virgül koyarak bu 3 tablomuzu sorgumuzun içerisine dahil ettik. Son olarak şartlarımız olan dersler tablosundaki ders id değeri ile notlar tablosundaki ders sütunlarının ve öğrenci tablosundaki öğrenci id alanı ile notlar tablosundaki öğrenci değerlerinin eşleşen verilerini kontrol ettirerek listeleme işlemini tamamlamış olduk.

Uygulama 6

Notlar tablosunda sadece matematik dersine ait notları getirelim.

```
SELECT NOTID,DERSAD,OGRENCIAD,OGRENCISOYAD,SINAV1,SINAV2,SINAV3,ORTALAMA,DURUM
FROM TBLNOTLAR,TBLOGRENCI,TBLDERSLER
WHERE TBLDERSLER.DERSID=TBLNOTLAR.DERS AND TBLOGRENCI.OGRENCIID=TBLNOTLAR.OGRENCI
AND TBLDERSLER.DERSAD='MATEMATİK'
```

Results | Messages

	NOTID	DERSAD	OGRENCIAD	OGRENCISOYAD	SINAV1	SINAV2	SINAV3	ORTALAMA	DURUM
1	1	MATEMATİK	Ekin	Uyar	75	88	95	86.00	1
2	2	MATEMATİK	Burak	Kaya	65	84	77	75.00	1
3	3	MATEMATİK	Baran	Yücedağ	85	100	72	85.00	1
4	4	MATEMATİK	Eylül	Yücedağ	99	65	54	72.00	1
5	5	MATEMATİK	Öykü	Öztürk	65	78	84	75.00	1

Bir önceki not listeleme işlemi ile neredeyse aynı olan bu sorgumuzun sonuna sadece ve şartı ekleyerek dersler tablosunda ders adı matematik olan derse ait bilgileri getirerek listeleme işlemini tamamladık.

JOIN İLE BİRLEŞTİRME

Join ile ilgili örnek kullanımları kitabımızın sorgularla SQL bölümü ve sonrasında görmüştük. Burada bir tane örnek yapmak yeterli olacaktır.

Uygulama 7

Notlar tablomuzu join işlemi ile birleştirelim.

```
SELECT NOTID,DERSAD,OGRENCIAD,OGRENCISOYAD,SINAV1,SINAV2,SINAV3,ORTALAMA,DURUM
FROM TBLNOTLAR
INNER JOIN TBLDERSLER ON TBLDERSLER.DERSID=TBLNOTLAR.DERS INNER JOIN TBLOGRENCI
ON TBLOGRENCI.OGRENCIID=TBLNOTLAR.OGRENCI
```

Results | Messages

	NOTID	DERSAD	OGRENCIAD	OGRENCISOYAD	SINAV1	SINAV2	SINAV3	ORTALAMA	DURUM
1	1	MATEMATİK	Ekin	Uyar	75	88	95	86.00	1
2	2	MATEMATİK	Burak	Kaya	65	84	77	75.00	1
3	3	MATEMATİK	Baran	Yücedağ	85	100	72	85.00	1
4	4	MATEMATİK	Eylül	Yücedağ	99	65	54	72.00	1
5	5	MATEMATİK	Öykü	Öztürk	65	78	84	75.00	1
6	6	ALGORİTMA	Ekin	Uyar	64	77	36	59.00	1
7	7	ALGORİTMA	Burak	Kaya	76	45	84	68.00	1
8	8	ALGORİTMA	Baran	Yücedağ	67	53	25	48.00	0
9	9	ALGORİTMA	Eylül	Yücedağ	57	68	90	71.00	1
10	10	ALGORİTMA	Öykü	Öztürk	45	36	80	53.00	1

Inner join işleminde ilk olarak listelemeyi istediğimiz sütun alanlarını Select ifadesinden sonra yazıyoruz sonra ana tablomuzu yazıp ana tablomuz olan notları sırasıyla birleştirme işlemine tabii tutuyoruz. Inner Join ifadesi ile ana tablomuzu birleştireceğimiz ilk tablomuz olan dersler tablosunu yazıp on komutu ile beraber şartımızı ekliyoruz. Burada şartımız notlar tablosundaki ders sütunu ile dersler tablosundaki ders id sütununun birbiriyle eşleşmesidir. Bunlar sağlandıktan sonra bir başka tablo ile daha ilişkilendirmek için sorgumuzun sonuna bir Inner Join ifadesi daha ekleyip bu kez aynı işlemi öğrenci tablomuz için yaparak sorgumuzu tamamladık.

İlişkili tabloların birleştirilmesi noktasında farklı birleştirme yöntemleri de bulunmaktadır fakat bunları şu an için çok gerekli görmüyor sadece where ile birleştirme ve inner join yapısını yeterli buluyoruz. Bu konuda daha detaylı bilgi için Youtube'da bulunan "60 Derste SQL" serimizi ücretsiz olarak izleyebilirsiniz.

NELER ÖĞRENDİK?

Bu bölümde birleştirmeleri where ve inner join olarak ayrı ayrı yöntemlerle kullanıp ilişkili tablolardaki id değerlerinin tekabül ettikleri alanlarla nasıl birleştirileceğini, 2'den fazla tablo üzerinde birleştirmenin nasıl yapılacağını, neden birleştirmelere ihtiyaç duyduğumuzu öğrenmiş olduk.

24

İLİŞKİLİ TABLOLARDA BİRLEŞTİRME

BU BÖLÜMDE

Bu bölümde SQL üzerinde çok büyük önem arz eden bazı temel aritmetik fonksiyonların nasıl kullanıldığını, bunların işlerimizi ne kadar kolaylaştırdığını, neden bu fonksiyonlara ihtiyacımız olduğunu, toplama, sayma, ortalama hesaplama gibi fonksiyonları gruplandırmalar üzerinde nasıl kullanacağımızı, alt sorguların gruplandırmalar ve fonksiyonlarla kullanımını öğreneceğiz.

FONKSİYON NEDİR?

Kitabımızın metotlar kısmında metot kavramını somut örnekler üzerinden görmüştük. C# Formda olduğu gibi SQL'de de bir takım hazır metotlar ya da diğer adıyla fonksiyonlar bulunmaktadır. Bu fonksiyonlar aritmetik olabileceği gibi, tarih zaman, alfabetik veya farklı formatlarda da karşımıza çıkabilirler. Biz ilk olarak aritmetik fonksiyonları ele almak istedik ve en sık kullanacağımız birkaç fonksiyonu sorgular üzerinden örneklerle anlatalım.

COUNT

Tablo içerisinde bulunan kayıt sayısını bulmak için kullanılan fonksiyondur. Count ifadesi yazıldıktan sonra parantez içerisinde sayılmasını istediğimiz sütunun adını yazarak sorgumuzu çalıştırabiliriz. Eğer tüm tablo kayıt sayısını öğrenmek istiyorsak o zaman parantezimizin içerisine * sembolü yazmamız yeterli olacaktır.

NOT * sembolü SQL'de **All** yani Türkçe karşılığı ile **tümü**, hepsi anlamı taşımaktadır.

Uygulama 1

Öğrenci tablomuzda kaç adet öğrencimiz olduğunu listeleyen sorguyu yazalım.

```
SELECT COUNT(*) AS 'ÖĞRENCİ SAYISI' FROM TBLOGRENCI
```

Results | Messages

	ÖĞRENCİ SAYISI
1	5

Yapmak istediğimiz şey bir listeleme olduğu için (bir tabloda bulunan kayıt sayısı da listelemedir) sorgumuza `select` ifadesi ile başladık. Sonra count fonksiyonumuzu yazıp bütün tablo kaydını saymasını istediğimizden dolayı parantez içerisine * sembolünü ekledik. Oluşacak yeni tablomuzun isimsiz gelmemesi adına as komutunu kullanarak **tek tırnak** içerisinde sütunumuza bir isim verdip son olarak hangi tablodan veri çekeceğimizi yazarak sorgumuzu tamamladık.

Uygulama 2

Notlar tablomuzda bulunan öğrenciler arasında başarısız olan öğrenci sayısını listeleyen sorguyu yazalım.

```
SELECT COUNT(*) AS 'ÖĞRENCİ SAYISI' FROM TBLNOTLAR WHERE ORTALAMA<50
```

Results | Messages

	ÖĞRENCİ SAYISI
1	1

Başarısız öğrenci sayısını bulabilmek için şartımız öğrencilerin herhangi bir derste ortalamasının 50'nin altında kalmasıdır. Bunun kontrolünü sağlamak için notlar tablomuzdaki kayıt sayısını getirecek olan `count` sorgumuzu yazıp sonuna şart olarak ortalaması 50'den küçük ifadesini ekleyerek sorgumuzu çalıştırdık.

Uygulama 3

Öğrenci tablosunda her bir kulübe ait kaç tane öğrenci olduğunu bulan sorguyu yazalım.

```
SELECT KULUPAD,COUNT(*) AS 'ÖĞRENCİ SAYISI' FROM TBLOGRENCI INNER JOIN TBLKULUPLER
ON TBLOGRENCI.KULUP=TBLKULUPLER.KULUPID
GROUP BY KULUPAD
```

Results | Messages

	KULUPAD	ÖĞRENCİ SAYISI
1	BİLİŞİM	2
2	KİTAPLIK	1
3	SATRANÇ	2

Burada bir gruplandırma işlemi olduğu için sorgumuzda gruplandırma komutu olan `Group By` ifadesini kullandık. Bu komutumuzu daha önce kitabımızın Sorgularla SQL bölümünde de kullanmıştık. Eğer Inner Join kullanmayıp sadece kulüp id değerlerini getirmeye çalışsaydı gruplandırma kullanarak bunu kolaylıkla sağlayabilirdik ve sorgumuz hatasız bir şekilde çalışırdı fakat biz kulüplerin id değerine karşılık gelen adlarını da öğrenmek istediğimiz için öğrenciler tablomuzla kulüpler tablomuzu birleştirdik. Gruplandırma işlemini kulüp adına göre yaparak sorgumuzu tamamladık.

SUM

Özellikle aritmetik işlemlerin olmazsa olmaz yapılarından birisidir sum işlemi. İstenilen sütundaki tüm kayıtları ya da verilen şartlara göre sadece belirli kayıtları toplama işlemi yapar. Toplanacak olan sütun değeri tıpkı count fonksiyonunda olduğu gibi parantez içerisine yazılır.

Uygulama 4

1 nolu derse ait sınav ortalamalarını toplayan sorguyu yazalım.

```
SELECT SUM(ORTALAMA) FROM TBLNOTLAR WHERE DERS=1
```

Results | Messages

	(No column name)
1	393.00

`count` fonksiyonunda olduğu gibi burada da ifademize select ile başladık. Sonrasında sum yazıp parantez içerisinde toplama işlemini yapmasını istediğimiz sütun olan ortalama ifadesini yazarak ortalamaları toplattık. Tablo adımızı yazdıktan sonra şart olarak ders değerini 1 olarak belirleyip sorgumuzu tamamladık.

Uygulama 5

3 nolu derse ait sınav notlarının ortalamasını hesaplayan sorguyu yazalım.

```
SELECT SUM(ORTALAMA)/COUNT(*) FROM TBLNOTLAR WHERE DERS=3
```

Results | Messages

	(No column name)
1	59.800000

`SUM (ORTALAMA)` ifadesi ile ortalama değerlerini toplatıp bu ortalamalarında öğrenci sayısına bölümüyle ilgili derse ait sınıf ortalamasını hesaplamak için / 5 ifadesi yerine / `Count(*)` diyerek ders numarası 3 olan öğrenci sayısı adedince öğrenciyi işleme tabii tutmasını sağlayarak ortalama hesabını yaptık.

AVG

Yapı olarak `sum` fonksiyonuna çok benzeyen avg fonksiyonu ortalama hesabı için kullanılmaktadır. Bir sütuna ait ortalamanın hesabının yapılabilmesi için avg yazıp parantez içerisine ilgili sütunun yazılması gerekmektedir.

Uygulama 6

Tüm dersler kapsamında öğrencilerimize ait genel ortalamayı hesaplayalım.

```
SELECT AVG(ORTALAMA) FROM TBLNOTLAR
```

Results | Messages

	(No column name)
1	69.200000

Yukarıdaki sorgumuz ile notlar tablosunda bulunan genel ortalamamızı hesaplamış olduk. Peki sorumuzu aşağıdaki gibi bir tık zorlaştıralım bakalım nasıl olacak?

Uygulama 7

Ortalaması genel ortalamanın üzerinde olan öğrencileri listeleyelim.

```
SELECT * FROM TBLNOTLAR WHERE ORTALAMA>=(SELECT AVG(ORTALAMA) FROM TBLNOTLAR)
```

	NOTID	DERS	OGRENCI	SINAV1	SINAV2	SINAV3	ORTALAMA	DURUM
1	1	1	1	75	88	95	86.00	1
2	2	1	2	65	84	77	75.00	1
3	3	1	3	85	100	72	85.00	1
4	4	1	4	99	65	54	72.00	1
5	5	1	5	65	78	84	75.00	1
6	9	3	4	57	68	90	71.00	1

İçte bulunan SQL ifadesi ile amaç genel ortalamayı hesaplamaktı. Yani aslında iç sorgudan dönen değer bir önceki örneğimizde olduğu gibi 69.20 olacaktır. O halde sorgumuzun where kısmı şöyle oldu, notlar tablosunda bulunan öğrenciler içerisinde ortalaması 69.20'den büyük veya eşit olanlara bilgileri getir. Alt sorgunun yer aldığı bu örneğimizle avg başlığımızı da noktalayıp bir diğer fonksiyonumuza geçelim.

MAX

Adından da anlaşılacağı gibi bir sütun içerisinde bulunan en yüksek değere sahip veriyi listeleyen fonksiyonumuzdur. Örneğin; öğrencilerin girmiş oldukları sınavlar içerisinde 1.sınavı en yüksek olan öğrenciyi bulmak ya da sınıf içerisinde en yüksek ortalamanın kaç olduğunu öğrenmek için `max` fonksiyonumuzdan yararlanabiliriz.

Uygulama 8

En yüksek ortalamanın kaç olduğunu bulan sorgumuzu yazalım.

```
SELECT MAX(ORTALAMA) FROM TBLNOTLAR
```

	(No column name)
1	86.00

Tıpkı `count` ve `sum` fonksiyonlarımızda olduğu gibi işlem yaptırmak istediğimiz sütunumuzu parantez içerisinde yazarak en yüksek ortalama değerini getirdik.

Uygulama 9

En yüksek ortalamaya sahip öğrenci bilgilerini getiren sorguyu yazalım.

```
SELECT * FROM TBLNOTLAR WHERE ORTALAMA=(SELECT MAX(ORTALAMA) FROM TBLNOTLAR)
```

	NOTID	DERS	OGRENCI	SINAV1	SINAV2	SINAV3	ORTALAMA	DURUM
1	1	1	1	75	88	95	86.00	1

Bir önceki örneğimize ek olarak bu kez bir alt sorgu işlemini işin içine dahil ettik. Notlar tablosundan * sembolümüzü kullanarak ilgili `not` değerine ait tüm bilgileri getirmesi istedik. Şart olarak ise ortalama değerinin en yüksek ortalamaya eşit olmasını ekleyip sorgumuzu tamamladık.

ÖDEV En yüksek ortalamaya sahip öğrencinin adını soyadını ve kulübünü listeleyen sorguyu yazın.

MIN

Bir sütun içerisindeki en düşük aritmetik değere sahip olan veriyi getirir. Yapı ve kullanım olarak max ile birebir aynıdır. Sadece `max` en yüksek değeri `min` ise en düşük değeri getirmektedir.

Uygulama 10

Matematik dersindeki en düşük 1.sınav notunu bulalım.

```
SELECT MIN(SINAV1) FROM TBLNOTLAR WHERE DERS=1
```

Results | Messages

	(No column name)
1	65

Sorgumuzun sonuna `where` şartı koymayıp sadece select ifadesini yazmış olsaydık bütün dersleri kontrol edip bu dersler içerisindeki en düşük ortalamaya sahip olan veriyi karşımıza getirecekti. Biz `where` ifadesin ile sorgumuza bir kısıtlama getirip şartımızı ders id değeri 1 olanlar içerisinden olacak şekilde kontrol etmesini sağladık. Eğer ki ders id değeri değil de ada göre kontrol etmek isteseydik bu kez bir alt sorgu yazmamız gerekecekti.

Uygulama 11

3 nolu derse ait en yüksek ortalama ile en düşük ortalama arasındaki farkı hesaplayalım.

```
SELECT MAX(ORTALAMA),MIN(ORTALAMA), MAX(ORTALAMA) - MIN(ORTALAMA) FROM
TBLNOTLAR WHERE DERS=3
```

Results | Messages

	(No column name)	(No column name)	(No column name)
1	71.00	48.00	23.00

Sorgumuzda sırasıyla en yüksek ortalamayı, en düşük ortalamayı ve bu ikisi arasındaki farkı çekip listeleme işlemini gerçekleştirdik. Aradaki farkı bulmak için aritmetik operatörümüz olan – ile çıkarma işlemini yapabiliyoruz. Aynı durum diğer 3 aritmetik işlem içinde geçerlidir. Böylece 5 temel fonksiyonumuzu birkaç örnek sorgu üzerinden görmüş olduk. Bu konuda daha detaylı bilgi için Youtube kanalımızda bulunan 60 derste SQL serisini izleyebilirsiniz.

Neler Öğrendik?

Bu bölümde fonksiyon yapısını, Count, Avg, Sum, Max ve Min fonksiyonlarının ne işe yaradıkları ve nasıl kullanıldıklarını, fonksiyonları kullanarak gruplandırmaların nasıl yapılacağını, alt sorgularla beraber fonksiyon kullanımını aritmetik sorgular üzerinden gerçekleştirerek bu konuyu pekiştirmiş olduk.

Son Söz

Benim için hazırlaması 8 aydan fazla süren sizler için okuması ve çalışması eminim ki çok daha kısa sürecek olan bu kitabın sonuna geldik. Lütfen eğer okumadığınız, örneklerini uygulamadığınız bir bölüm varsa mutlaka geri dönüp kitapta yapılmamış örnek kalmayana kadar tüm örnekleri tamamlayın. Unutmayın ki YouTube veya benzeri video platformları 2006 yılından önce yoktu ve yazılım dünyasını bugünlere taşıyan insanların en büyük kaynağı kitaplardı. Bu kitap size sıfırdan C# dilini her yönüyle öğretmez fakat iddia ediyorum ki eğer videolarla beraber kitabımızdan faydalanırsanız emin olun size çok ciddi bir seviyeye çıkaracaktır. İzlediğiniz her video ve okuduğunuz her sayfa sizi bir basamak, her video serisi ve her kitap bir kat yukarı çıkmanıza vesile olacaktır. Bilginin en büyük güç olduğunu, toplumların kalkınmasının aydınlanmadan, bilgiden, teknolojik yatırımlardan, akıl ve zekânın ön plana çıkarılmasından geçtiğini unutmayın. Benim video çekecek, bilgimi paylaşacak seviyeye gelmemin arkasında çok uzun yılların birikimi var. Şu an bu satırları yazarken Ağustos ayının son günlerinde 24. yaşımda bu işe biraz erken başlamış olmanın mutluluğu içindeyim. Sizler de asla geç kalmış sayılmazsınız.

Fakat dünya değişiyor, değişim inanamayacağınız kadar hızlı bir şekilde gerçekleşiyor. Dün öğrendikleriniz bugün işlevini yitirebiliyor. Bundan dolayı sürekli olarak öğrenmeli, kendinizi geliştirmeli ve yenilemelisiniz. Başarı; değişime ayak uydurabilme yeteneğidir diyor bir büyüğümüz. Bu sözü de başucunuza not edin. Bol bol kitap okuyun. Kitap okumak sizlerin kreatif ve inovatif düşünme gücünüzü arttıracaktır. İngilizce öğrenin. İngilizce olmadan bu işte belli bir noktadan sonrası sizin için büyük güçlüklere sebep olacaktır. Mutlaka "3 Idiots, Umudunu Kaybetme, Her Çocuk Özeldir, Dünyanın Merkezine Yolculuk, Lucy" gibi ufkunuzu açacak, size çok şey katacak filmleri izleyin. Bu filmler benim favori listemden birkaçtanesi. Olabildiğince dolu şeylerle ve sizleri hep bir adım öteye taşıyacak hobilerle ilgilenmeye çalışın. 24 Yaşında genç bir mühendisin kaleminden çıkanlar bunlardı. Her şeyin gönlünüzce olacağı, güzelliklerle dolu yarınlarda buluşmak ümidiyle. Son sözümüzü Mustafa Kemal Atatürk'ün bir cümlesi ile tamamlayarak kitabımızı kapatalım.

Yalnız tek bir şeye ihtiyacımız vardır, çalışkan olmak. Servet ve onun tabii neticesi olan refah ve saadet yalnız ve ancak çalışkanların hakkıdır. Kendinizin ne kadar kıymetli olduğunu bilerek ona göre çalışınız, sizlerden çok şeyler bekliyoruz....

DIZIN

A

B

C-Ç

D

E

F

G-Ğ

H

I-İ

J

K

L

M

N

U-Ü

V

W

X

Y

Z

MURAT YÜCEDAĞ

muratyucedag.wordpress.com

facebook.com/murattyucedag

twitter.com/murattyucedag

linkedin.com/in/murat-yücedağ-186933149

udemy.com/user/murat-yucedag-3

youtube.com/user/YazilimHerYerde

github.com/MuratYucedag/testproje

yucedagmurat23@gmail.com